한국불교의 상용 진언

단문편

정승석
연산(황갑수) · 성청환

본 도서는 서울특별시의 지원 사업으로 수행한 「2023년 지방보조금
불교의례 고문헌 근현대 문헌 발굴 및 활용」의 일환으로 제작되었습니다.

발간사

불교 의례는 부처님의 가르침을 정해진 법식에 따라 이 땅의 역사와 문화를 함께 담아내는 수행의 결정체이자 종합 예술입니다. 진언은 불교 의례의 꽃입니다. 진언은 부처님의 가르침을 담은 교학과 그 진수를 함축적으로 내포하여 상징적으로 보여줍니다. 불교 의례에 동참하는 대중들로서는 다라니, 즉 진언이 어떤 의미로 그토록 빈번하게 사용되는지에 궁금해 하기 마련입니다. 진언들은 의례 각각의 전반적인 취지와 밀접하게 연관되어 있습니다.

금강경의 제14 이상적멸분(離相寂滅分)에서 부처님은 수보리에게 "여래는 진실한 말을 하는 자이고(如來是眞語者), 실다운 말을 하는 자이며(實話者), 여어로써 있는 그대로 말하는 자이며(如語者), 허황한 말을 하지 않는 자이고(不狂語者), 다른 말을 하지 않는 자이다(不異語者)."라고 말씀합니다.

부처님의 말씀은 진실하고, 실다우며, 여어하여, 허황되지 않고, 이치에 어긋나지 않는다는 것이 곧 진언의 참 의미입니다. 부처님의 말씀을 실천 수행으로 연결하는 것이 곧 진언의 독송입니다.

참다운 불자라면 입으로는 진언을 독송하고, 손으로는 인(印)을 짓는 수인(手印)을 행하고, 마음으로는 관상(觀想)을 하는 삼밀(三密) 수행으로써 부처님의 말씀과 뜻을 오롯이 실천할 수 있습니다. 진언은 장황하거나 다양하게 설명되는 진실을 간결하게 함축하여 일깨우는 지혜의 말씀입니다. 진언은 삼매의 경지에 몰입하는 관상의 수단입니다. 진언을 독송하는 것은 부처님의 법을 진리로 기억하여 간직하는 정신 집중의 과정입니다.

진언은 부처님의 법이라는 깊고 큰 뜻을 짤막한 구문으로 함축하기 때문에, 흔히 번역으로는 진언에 담긴 깊고 큰 뜻을 결코 온전하게 드러낼 수 없다고 생각해 왔습니다. 그러나 부처님의 가르침을 응축한 진언의 상징적 의미를 이해할 수 있을 때 수행과 신앙도 더욱 심화할 수 있습니다.

이번에 각고의 학술적 조명으로 출판하게 된 『한국불교의 상용진언: 단문편』은 260개의 진언을 우선적으로 취급했지만, 이것들 중에서 내용은 동일하면서 다른 명칭으로도 통용되는 45개의 진언을 제외하면 총 215개의 상용 진언을 고찰하고 있습니다. 향후 여기서 보류한 단문의 진언들과 함께 장문의 상용 진언도 고찰할 예정인 이 같은 결실은 의례를 설행하는 스님들과 의례에 동참하는 신도들에게 진언의 심오한 뜻과 가치에 가까이 다가갈 기회를 제공할 것이며, 학자들에게는 불교 의례 연구의 넓이와 깊이를 더욱 확장하는 계기가 될 수 있을 것입니다.

불교 의례의 계승과 발전을 위해서 지속적인 관심을 기울여 주시는 조계종 어산어장 인묵 스님(봉선사 염불원장)과 조계종의례위원장인 원명 스님(봉은사 주지)께 감사드립니다. 아울러 정승석 교수님을 비롯한 공동 저자들의 학문적 정성과 노고에 경의를 표합니다. 끝으로 이러한 연구가 가시적 결실로 이어질 수 있도록 지원한 서울특별시에 고마움을 표하면서, 불교문화를 보존하고 발전시키는 일에 지속적인 관심을 부탁드립니다. 불교의례문화연구소는 앞으로도 고문헌을 중심으로 불교 의례의 학문적 연구에 부단히 노력할 것입니다.

불교의례문화연구소 소장, 우면산 대성사 주지
묘성(妙聲) 법안(法眼) 합장

차 례

일러두기

- 진언들은 명칭에 따라 가나다순으로 배열하고, 주로 사용하는 의례에 따른 용도별 분류는 별도로 제시한다.
- 진언을 표기한 한자와 우리말 독음은 일차로 한글『진언집』에 의거하여 표기하되, 현대 국어에서 거의 사용되지 않은 발음은 현재의 불교 의례에서 통용되는 일반적 표기로 일부 수정한다. 다만 한글『진언집』의 표기가 범어 발음에 더욱 근접할 경우에는 해당하는 낱자의 다음에 위첨자로 병기해 둔다. 사례가 없을 경우에는 한역(漢譯) 대장경에서 통용된 음역과 한국 불교계의 관행을 참고하되, 한글 표기는 범어에 근접한 발음을 채택한다.
- 진언의 범문(梵文)을 표기한 실담자(悉曇字)는 진언 특유의 속어(방언이나 속음)를 제외하고 고전 범어와 합치하는 표기로 전환하여 제시한다.
- 진언의 내용을 한자로 음역한 원문의 사이사이에는 발음상의 유의할 사항을 표시한 기호(引, 去, 二合 등)와 띄어 읽기를 표시한 번호, 간혹은 단어의 의미가 괄호로 삽입되어 있다. 이러한 진언을 제시할 때는 특별한 경우를 제외하고 가독의 편의를 위해 괄호의 내용을 삭제한다.
- 한글『진언집』의 띄어 읽기는 원문을 따르되, 범문의 오독이나 와전으로 인해 현저하게 잘못된 경우에는 부분적으로 범문에 맞추어 수정한다.
- 대괄호([ ])는 한글 독음과는 다른 한자(한자 진언의 독음은 예외), 인용이나 번역에서 원문에는 없으나 함축되어 있는 것으로 추정할 수 있는 말, 괄호가 있는 구문 등을 포괄하는 부호로 사용한다.
- 진언의 명칭 앞에 붙인 부호 °는 이 책에서 고찰한 진언들 중 참고할 다른 진언을 가리킨다.
- 대장경: 중국에서 한문으로 번역했거나 한문으로 작성한 불전들을 집성하여 중국, 한국, 일본에서 간행한 대장경을 일컫고, 인도에서

작성된 범본(梵本)과 이것을 티베트어로 번역한 서장본(西藏本)의 불전들은 여기에 포함되지 않는다. 이 책에서 말하는 '대장경'은 주로 대정신수대장경(T)에 포함되어 있거나 중화전자불전협회(中華電子佛典協會, 약칭 CBETA)에서 전산화하여 공개한 불전들이다.

머리말

불교에서 크거나 작은 각종의 재(齋)를 비롯하여 예불과 법회 등의 다양한 의식은 거의 예외 없이 주문(呪文)을 읊으면서 진행된다. 사실상 불교의 규범적 의식에서 주문은 필수 요소이므로, 주문이 없이 진행되는 의식의 효력은 신뢰를 얻지 못한다고 말해도 과언이 아니다.

다만 '주문'은 세간에서 통용되는 말이고, 불교의 일반어로는 진언(真言, mantra)이며, 이보다 더 전문적인 용어로는 다라니(陀羅尼, dhāraṇī)이다. 진언과 다라니는 통틀어 '주(呪)' 또는 지혜(vidyā)라는 의미의 '명(明)'으로 불릴 뿐만 아니라, 미묘하게 구분할 수는 있으나 그 구분이 그다지 엄밀하지는 않다.

요컨대 주(呪), 진언, 다라니는 장황하거나 다양하게 설명되는 진실을 간결하게 함축하여 일깨우는 '지혜의 말씀'이라는 점에서는 차이가 없다. 이에 따라 불교에서 진언은 글자 그대로 '진실한 말'인 만큼 반복하여 암송함으로써 그 말에 상응하는 효과와 위력을 발휘한다고 믿는다. 이와 더불어 진언은 삼매의 경지에 몰입하는 관상(觀想)의 수단이다. 진언을 암송하는 것은 특히 부처님의 법을 진리로 기억하여 간직하는 정신 집중의 과정이다. 이 때문에 진언은 기억하여 간직한다는 의미를 지닌 '다라니'로 불린다.

이처럼 진언은 부처님의 법이라는 깊고 큰 뜻을 짤막한 구문으로 함축하기 때문에, 중국에서는 진언의 내용을 번역하지 않는다는 것이 전통으로 유지되어 왔다. 번역으로는 진언에 담긴 깊고 큰 뜻을 결코 온전하게 드러낼 수 없다고 생각하기 때문이다.[1] 이것은 물론 부인할 수 없는 사실이지만, 이보다는 시대와 지역과 언어 등의 차이로 인해 진언의 내용을 제대로 번역하기가 갈수록 어렵다는 사실을 더 큰 이유로 들 수 있다. 과거 중국의 역경사(譯經史)를 통해 그 일단을 엿볼 수 있다.

중국의 역경사에서는 구마라집(鳩摩羅什) 이전의 번역을 고역(古譯), 구마라집 이후 현장(玄奘) 스님 이전까지의 번역을 구역(舊譯), 현장 이후의 번역을 신역(新譯)으로 구분한다. 『송고승전』에 의하면 현장 스님은 오종불번(五種不飜), 즉 '번역하지 말아야 할 다섯 가지'를 원칙으로 세웠는데 다라니를 그 첫째로 예시했다.[2] 그런데 중국에서도 처음부터 다라니의 번역을 기피한 것은 아니었다. 다라니품(陀羅尼品) 또는 총지품(總持品)을 포함하고 있을 뿐만 아니라 고역, 구역, 신역이라는 세 가지 번역으로 전승되어 온 『법화경』을 대표적인 예로 들 수 있다.

구마라집이 서기 406년에 번역한 『묘법연화경』은 구역에 속하고, 사나굴다(闍那崛多)와 달마급다(達磨笈多)가 서기 601년에 번역한 『첨품묘법연화경』은 신역에 속한다. 이 둘의 「다라니품」에서는 다라니를 번역하지 않았다. 그러나 축법호(竺法護)가 서기 286년에 번역한 『정법화경』은 가장 이른 시기인 고역임에도 불구하고 「다라니품」에 해당하는 「총지품」에서는 다라니를 번역했다.[3] 이처럼 고역에서는 번역했던 다라니를 구역과 신역에서 번

---

1) 예컨대 望月新亨(1958:1224)은 "다라니와 같은 것은 비밀스럽기 때문에 번역하지 않는다. 즉 경전에서 다라니는 부처님의 비밀스러운 말씀으로서 미묘하고 심오하므로 생각하여 헤아릴 수 없기 때문이다."라고 그 이유를 지적했다.

2) 宋高僧傳 권3(T 50:723b): "玄奘也立五種不翻 … 一譯字不譯音 即陀羅尼是."

3) 村田 忠兵衛(1975) p. 54 참조.

역하지 않은 것은 시대가 흐를수록 다라니에 함축된 진의를 당대(當代)의 언어로 풀어내기가 곤란했기 때문일 것이다.

그러나 불교 의식에 동참하는 대중들로서는 다라니, 즉 진언이 어떤 의미로 그토록 빈번하게 사용되는지에 궁금해 하기 마련이다. 진언들은 해당 의식의 전반적 취지와 밀접하게 연관되어 있기 때문에 더욱 그러하다. 『불설고왕관세음경주석』에서는 이 같은 궁금증에 부응하는 예를 볼 수 있어 흥미롭다. 대부분의 진언들은 '사바하'라는 상투적인 찬탄사로 끝난다. 사바하(娑婆訶)는 svāhā(스와하)라는 범어의 발음을 한자로 옮긴 것에 불과하지만, 『불설고왕관세음경주석』의 저자는 娑婆訶의 각 글자를 다음과 같이 애써 설명한다.

> 사바하(娑婆訶)에서 사(娑)자는 언설이 없음을 의미한다. 바(婆)자는 일체법이 평등함을 의미한다. 하(訶)자는 일체법은 원인이 없고 적정하여 머무는 곳이 없으며 청정하여 불생불멸임을 의미한다.4)

이러한 설명은 svāhā의 실제 의미와는 무관하다. 그럼에도 불구하고 '사바하'를 맹목적으로 되풀이하는 이들에게는 위의 설명이 유익할지언정 결코 무익하지는 않을 것이다. 오히려 그렇게 이해함으로써 '사바하'를 읊조릴 때마다 무상(無常)이나 공(空)의 교리를 떠올릴 수 있다. 아마 저자도 이 같은 이점을 고려하여 굳이 그 의미를 끌어냈으리라 짐작된다.

---

4) 佛說高王觀世音經註釋(X 35:179a): "娑婆訶 娑者 無言說義. 婆者 一切法平等. 訶者 一切法無因 寂靜無住 清淨不生不滅之義." 이와 같은 방식으로 설명하는 다른 예는 「정구업진언에 소개해 두었다. 이 경우에는 "수리수리 마하수리 수수리 사바하"라는 진언의 '수리(修利)'를 범어와는 무관하게 한자의 의미로만 설명한다.

불전에서 진언 또는 다라니를 표기한 한자는 의미를 갖지 않고 발음만 유효하다. '음역(音譯)'이라고 불리는 이러한 한자는 범문(梵文)으로 작성된 원어의 발음을 표시하는 기호와 같은 것이다. 그리고 동일한 하나의 원어일지라도 이것의 발음은 역자에 따라 다른 한자로 다양하게 표기되어 있다.

한국불교에서는 훈민정음이 창제되고 나서 진언을 표기한 한자에 한글로 독음을 달기 시작했다. 이때 한글 독음은 실담자[5]로 표기한 범어의 발음을 우선시하기 때문에, 자전에서 통용되는 한자의 독음과는 일치하지 않는 경우가 많다. 이는 실담자에 정통한 스님들이 적지 않았다는 사실을 반영하며, 이 덕분에 한글 표기의 진언들이 갈수록 널리 유통될 수 있었다. 이와 더불어 한국불교 특유의 진언들도 등장하는데, 이것들은 불전의 근거도 없이 창작되었을 리가 없다고 생각하면 그 출처나 연원이 궁금하지 않을 수 없다. 출처나 연원은 진언의 권위와 효능을 담보하기 때문에 특히 중요하다.

따라서 진언의 의미를 파악하는 것과 더불어 한국불교에서 상용(常用)되는 진언들의 출처나 연원을 밝히는 것이 이 책의 목적

---

5) 실담(悉曇, siddham)은 중국에서 범자(梵字), 즉 범어 문자를 지칭하는 용어로 통용되었다. 인도에서 범어를 표기하는 문자로 정착되어 있는 데바나가리(Devanāgarī)는 13세기 이후부터 통용되었으며, 그 이전에는 지역에 따라 몇 가지 변종의 문자가 사용되었다. 이 중에서 '실담'으로 불리는 문자는 데바나가리의 전신(前身)에 해당한다. 중국에서 서기 806년에 실담을 해설하는 『실담자기(悉曇字記)』가 편찬된 이래 '실담'은 인도에서 통용된 범어 문자를 지칭하는 전용어가 되었다. 그러나 실담자는 중국, 한국, 일본 등의 지역에 따라 서체의 변형이 있을 뿐만 아니라 방언 또는 속음도 섞여 있으므로 고전 범어와는 불합치하는 경우가 빈번하다. 또한 필사하는 과정에서 실수나 착각이 있을 수도 있다. 이에 관한 구체적 사례는 정승석(2008) 참조.

이다.

진언을 한글로 표기한 의례서들이 등장하기 이전까지는 수륙재 또는 생전예수재 관련의 의례서가 한국불교의 진언에 큰 영향을 끼친 것으로 보인다. 가장 먼저 지목할 수 있는 문헌은 중국의 지반(志磐) 스님이 1270년에 찬술한 것으로 알려져 지반문(志磐文)으로도 불리는 『법계성범수륙승회수재의궤』이다. 그리고 한국의 조선조에는 성종(成宗)이 즉위한 1470년에 간행된 이 『법계성범수륙승회수재의궤』보다 앞선 세조 13년(1467)에 간행된 『수륙무차평등재의촬요』는 중국본을 저본으로 삼아 한국불교에서 찬술한 의례서인 점에서 특별히 주목할 만하다. 흔히 결수문(結手文)으로도 불리는 이 『수륙무차평등재의촬요』[6]는 한국불교에서만 통용되는 진언의 전거가 되는 경우가 적지 않기 때문에 더욱 그러하다.

조선시대에 각각의 진언을 한글, 한자, 실담자와 함께 기재하여 수록한 한글 진언집은 선조 2년(1569) 전라도 무등산의 안심사(安心寺), 정조 1년(1777) 전라도 나한산의 만연사(萬淵寺), 정조 24년(1800) 경기도 도봉산의 망월사(望月寺)에서 간행되었다.[7]

---

6) 송일기(2021:32, 2024:30)에 의하면 『수륙무차평등재의촬요』는 세조 13년 경상도 밀양의 만어사(萬魚寺)에서 최초로 간행되었으나, 널리 보급된 것은 성종 원년(1470) 광평대군(廣平大君, 1425～1444)의 부인 신씨(申氏)가 요절한 남편의 극락왕생을 기원하기 위해 왕실의 원찰로서 현재의 봉은사(奉恩寺)인 견성사(見性寺)에서 간행한 이후이다. 『수륙무차평등재의촬요』가 전국 사찰을 중심으로 널리 보급되었다는 것은 1467년부터 1694년까지 해를 걸러가며 전국 각지의 사찰에서 총 44회 간행되었다(송일기 2024:349)는 사실로 알 수 있다.

7) 안심사에서 제진언집(諸真言集)이라는 표제로 한글 진언집이 간행된 이후, 만연사본이 간행되기 이전에도 효종(孝宗) 9년(1658)에는 강원도 설악산의 신흥사(神興寺=新興寺), 숙종(肅宗) 14년(1688)에는 평안도 묘향산의 불영대(佛影臺)와 보현사(普賢寺)에서도 한글 진언집이 간행되었다. 이 밖에 간행된 것들 중에는 시기와 장소가 알려지지 않은 것들도 있다. 선조 8년

이것들 중에서 220여 개의 진언을 수록한 안심사본에는 일부이기는 하지만 진언의 명칭, 또는 진언의 한자와 실담자가 누락된 경우가 있다.8) 만연사본은 이것을 확장하여 270여 개의 진언을 수록하였지만, 안심사본에 있는 오류를 완전히 교정하지는 못했다.9) 이 같은 오류까지 교정하고 안심사본을 확장하여 290개 이상의 진언을 수록한 망월사본은 한글 진언집의 완결판이다. 다만 'ㄸ'이나 'ㅃ'처럼 동일 자음을 중복하는 한글 표기는 배제하면서 대체로 안심사본의 한글 표기를 채택했다. 이와 더불어 안심사본과 만연사본에서는 각 진언을 한글, 한자, 실담자의 순서로 기재했으나 망월사본에서는 이와는 정반대로 실담자, 한자, 한글의 순서로 기재했다.10)

(1575) 용천사(龍泉寺)에서부터 목판본으로 간행되기 시작한 『조상경(造像經)』도 진언을 한글로 표기했다. 그러나 『조상경』에서는 진언의 낱자마다 '실담자-한자-한글'의 순서로 기재하여 띄어 읽기를 전혀 고려하지 않고 연결했다. 실담자의 낱자를 위주로 하여 기재한 이 같은 방식 때문에 진언을 구문으로 읽거나 파악하기가 어렵다.

8) 동령(動鈴)진언과 헌병(獻餠)진언의 명칭이 누락되었고, 헌식(獻食)진언의 경우에는 명칭과 한자와 한글이 누락된 채 실담자만 기재했다.

9) 동령진언의 명칭은 여전히 누락되어 있다. 이 만연사본은 안심사본의 한글 표기도 갱신했다. 특히 ㄸ, ㅃ 등으로 동일 자음을 중복하여 된소리를 표시하고 'ᅘ'로는 장음을 표시하는 것이 특징이다. 예컨대 사바하(svāhā)의 하(hā)는 'ᅘ'로 표기하여 '하아'로 읽도록 표시했다.

10) 한글 진언집에서 실담자의 글씨체는 안심사, 만연사, 망월사의 순서로 개량 또는 정비되어 가는 양상을 드러내면서 한국불교의 독자적인 글씨체를 형성한다. 글씨체로 보면 안심사본은 투박한 반면, 만연사본은 미적 감각을 겸비하여 독특한 개성이 돋보이며, 망월사본은 기존의 글씨체를 정비하여 정자(正字)를 표방한 것으로 보인다. 그러나 일부의 실담자들은 종종 혼동을 야기한다. 대표적인 예를 들면, buddhānām(부처님들께)을 음역한 몯다남(沒馱喃)에서 몯(沒, bu)을 표기한 실담자는 'mu'와 거의 구분되지 않는다. 또한 'vi'의 음역인 미(尾)의 실담자를 'mi'로 읽기 쉬운 경우가 빈번하다. 이 같은 사례는 실담자의 글씨체가 유사하여 필사 과정에서 혼동

이하 본문에서 안심사, 만연사, 망월사의 세 판본을 모두 지칭할 때는 '한글 진언집'으로 언급한다. 판본을 특정하지 않고 '한글 『진언집』'으로 언급할 때는 만연사본도 포함하지만 주로 망월사본을 지칭한다.

했기 때문일 수 있고, 또는 '몯'이나 '미'처럼 음역의 발음인 'ㅁ'을 그대로 실담자에 반영하여 'm'으로 표기해 버린 것일 수도 있다.

한편 만연사본이 간행된 지 얼마 지나지 않은 정조 8년(1784) 경상도 성주 불영산 쌍계사의 수도암(修道庵)에서 간행된 『밀교개간집(密敎開刊集)』의 진언들은 한자는 병기하지 않고 한글과 실담자로 표기되어 있는 경우가 많다. 그리고 이 표기는 안심사본과 만연사본을 거의 그대로 채택했다.

진언 · 주 · 다라니
(真言 · 呪 · 陀羅尼)

갈마바라밀보살진언(羯摩波羅蜜菩薩真言): 갈마금강보살님께 기원하는 진언

"옴[11] 갈마바아리 악"
唵 羯摩嚩日哩 惡
oṃ karma-vajri aḥ
"옴! 갈마금강[보살]이시여, 아하!"

『묘길상평등비밀최상관문대교왕경』(이하 『묘길상대교왕경』으로 약칭)에서 설한[12] 이 진언의 명칭인 '갈마바라밀보살'은 금강업(金剛業)보살로도 불리는 갈마금강(羯磨金剛)보살을 가리킨다. 그래서 『불설유가대교왕경』은 이 진언을 '갈마금강보살진언'으로 설한다.[13] '금강업'에서 업(業)의 범어인 karma를 음역한 말이 갈마(羯磨/羯摩)이므로, 한글 『진언집』은 이 진언을 금강갈마인주(金剛羯摩印呪)라는 명칭으로 수록했다. 이 진언에서 나쁜 것들로부터 멀리 벗어난다는 원리(遠離)의 의미를 함축하는 악(惡, aḥ)은 갈마바라밀을 상징하는 종자[14]이다.

---

11) 옴(om/oṃ)은 인도의 고대 성전 이래 기원하는 글의 시작에 상투적으로 붙이는 찬탄사이다. 범어에서 a, u, m을 합성하면 om이 된다. 힌두교에서는 a, u, m이 각각 비슈누(Viṣṇu), 쉬바(Śiva), 브라마(Brahmā, 梵天)라는 3대신(大神)을 상징하는 것으로 중시되어 왔다. 이에 따라 그 셋을 합성한 '옴'은 기원하면서 맨 처음으로 읊는 성스러운 소리이며, 최대로 찬양한다는 뜻을 담고 있다.

12) 妙吉祥平等祕密最上觀門大教王經 권1(T 20:907a): "北方瑠璃寶瓶 綠色表於佛瓶表羯磨波羅蜜菩薩 以菩薩真言加持一百八遍 真言曰. 唵 羯磨嚩日哩 惡"

13) 佛說瑜伽大教王經 권1(T 18: 563a): "羯磨金剛菩薩真言曰. 唵 羯哩摩嚩日哩 吽" 다만 이 진언에는 맨 끝의 악(惡, aḥ)이 훔(吽, hūṃ)으로 바뀌어 있다.

14) '종자'의 한자로는 種字와 種子가 모두 통용된다. 고대 인도에서는 일찍이 단음절로 구성된 소리와 문자를 철학적 의미가 부여된 특수한 상징으로 사용하는 전통이 있었다. 이러한 전통이 특히 밀교에서는 '종자'로 수용되

밀교에서 갈마바라밀보살은 만다라[15]의 동서남북에 각각 배치하는 네 분의 바라밀보살에 소속되어 있다. 이 경우의 갈마(karma)는 수행자 자신을 완성해 가는 금강과 같은 지혜의 활동이자 중생을 이롭게 하는 활동을 상징한다. 그러므로 이 활동을 완성하는 것이 갈마바라밀이며, 완성하신 분이 '갈마바라밀보살'로도 불리는 갈마금강보살이다. 그런데 갈마금강이 보살의 이름일 경우에는 '금강'이 여성명사(범어로는 vajrī)이므로 갈마금강을 업금강녀(業金剛女)로 번역하기도 한다. 이처럼 보살을 여자로 표현한 것은 보살이 간직한 대비심(大悲心)의 작용을 여자가 남자를 끌어당기는 것에 비유하여, 보살이 대비심으로 중생을 이끌어 구제한다는 것을 강조한 것이다.[16]

었다. 즉 종자들은 제각기 어떤 부처님이나 보살을 비롯하여 천신이나 명왕(明王) 등을 상징하며, 또는 각종의 특별한 의미를 함축하는 상징적 표시로도 통용되었다.

15) 범어 maṇḍala를 음역하여 만다라(曼荼羅, 曼陀羅), 만나라(曼拏羅) 등으로 표기한다. 불교 일반에서 흔히 말하는 만다라는 여러 불보살들을 한 군데에 배치하여 묘사한 도형이나 그림을 가리키며, 이보다 전문적인 의미로는 신성한 단(壇) 또는 영역을 가리킨다. 그런데 이는 만다라가 원래 바퀴와 같은 원형이나 원반 또는 모임을 의미한 데서 유래한다. 진언을 중시하는 밀교에서 만다라는 예배의 대상 또는 관상(觀想)의 대상을 상징하며, 이러한 만다라에는 크게 다음과 같은 네 가지 의미가 담겨 있다. ①깨달음을 완성한 경지, ②깨달음을 얻는 장소가 되는 도량(道場), ③여러 불보살님들을 모시는 단(壇), ④여러 불보살이 모여 무리를 이루는 집회. 中村元(2001) p. 1574d-5a 참조.

16) 八田幸雄(1985) pp. 28-29 참조.
밀교의 금강계(金剛界) 만다라에는 비로자나불인 대일여래(大日如來)를 중심으로 네 방향에 각각 여성의 네 바라밀보살이 배치되는데, 이 중에서 북방(또는 앞쪽)에 배치되는 보살이 갈마바라밀보살이다. 『불설유가대교왕경』에서도 다음과 같이 갈마금강보살(갈마바라밀보살)을 북방에 안치하라고 설한다.
佛說瑜伽大教王經 권1(T 18: 561b): "세 겹의 만다라 중에서 둘째 겹(第二

갈마바라밀진언은 조선시대에 간행된 『조상경(造像經)』[17]에 근본바라밀보살진언, 금강바라밀보살진언, 연화바라밀보살진언, 보생바라밀보살진언과 함께 불복장(佛腹藏) 작법에서 사용하는 일련의 진언으로 수록되어 있다. 이 작법(作法)에서는 다섯 개의 보병(寶甁)을 관정하여 각각 동서남북과 중앙에 가지(加持)하면서 이 진언들을 읊는다. 이때 보병을 북방에 안치하면서 읊는 진언이 갈마바라밀진언이다. 이 같은 작법의 유래는 『불설다라니집경』에서 찾을 수 있다.[18]

감로수진언(甘露水真言): 감로수가 흘러내리기를 기원하는 진언

"옴 수루바야 다타가다야 소로소로 마하소로 바라수루 바라수루 소소로 사바^사하[19]"

重)의 만다라에 네 보살을 안치하되 … 북방에는 갈마금강보살을 안치한다." (復次於第二重曼拏羅安四菩薩 … 北方羯磨金剛菩薩)

17) 조선시대에 목판본으로 간행된 『조상경』의 효시는 선조 8년(1575)에 용허(聳虛) 스님이 편찬하여 전라도 추월산의 용천사(龍泉寺)에 간행한 판본으로 알려져 있다. 이후 간행 시기가 알려진 판본을 기준으로 『조상경』의 목판본은 숙종 23년(1697) 능가사(楞伽寺), 영조 16년(1740) 개심사(開心寺), 영조 22년(1746) 김룡사(金龍寺) 등지에서 간행되면서 내용에 약간의 변화가 있었는데, 순조 24년(1824) 유점사(楡岾寺)에서 간행한 판본에는 내용이 크게 증보되어 있다. 그러므로 이하에서는 『조상경』을 참고할 때는 주로 이 유점사본을 사용한다. 이 밖에 정교한 글씨로 기재한 필사본들도 있다. 연대 및 필사자를 알 수 없는 이것들 중 분량이 많은 것은 유점사본을 그대로 베낀 것이지만, 분량이 적은 나머지는 독자적인 편집본으로 보인다.

18) 佛說陀羅尼集經 권1(T 18:787ab)의 불정삼매만다라법(佛頂三昧曼荼羅法)에서는 불정삼매다라니도량을 건립할 때, 도량을 정화하고 장엄한 후 조성한 단(壇)의 네 모서리에 각각 다섯 개의 병을 놓고, 도량 안에서는 네 방향과 중앙에 화병(華甁)을 놓으라고 설한다.

19) 사바하(svāhā)는 예로부터 인도의 고대 성전에서 옴(om/oṃ)과 짝을 이루

唵 叟嘍嚩野 多他迦哆野 叟嘍叟嘍 摩訶叟嘍 鉢囉叟嘍 鉢囉叟嘍 叟叟嘍 莎賀

oṃ surūpāya tathāgatāya suru suru mahāsuru prasuru prasuru susuru(?) svāhā[20)]

"옴! 형색이 훌륭한 여래(묘색여래)께 [귀의하옵나니]
흘러내리고 흘러내리고 크게 흘러내리소서, 쏟아붓고 쏟아붓고
훌륭하게 흘러내리소서, 기원하옵니다."

한국불교에서는 대체로 한글 진언집 등에 수록된 °시감로진언이 '감로수진언'으로 통용되고 있다. 그런데 안심사본의 한글 진언집에는 시감로진언과는 별개로 위와 같은 감로수진언이 수록되어 있다. 이 감로수진언은 시감로진언을 응용하여 기존의 감로수진언과는 차별되는 특색을 드러내지만, 그다지 호응을 얻지는 못한 것으로 보인다.

『율원사규』를 비롯한 중국 찬술의 불전에 수록된 기존의 감로수진언은 시감로진언과 동일하며, 이것을 아래와 같이 안심사본의 감로수진언과 대조하면 그 차이가 확연하게 드러난다.

어 기원하는 글의 끝에 "축복이 깃들기를!"이라는 뜻으로 붙이는 찬탄사이다. 특히 제사를 지낼 때 신들에게 공물을 바치면서 이 말을 읊는다. 불전에서는 이 말을 기원문이나 진언(다라니)의 마지막에 붙여, 원하는 대로 성취되기를 빌거나 상서로움을 표현하는 뜻으로 사용한다. 이하의 번역에서는 svāhā를 "기원하옵니다"로 통일한다.

20) 안심사본의 한글 진언집은 이 감로수진언을 실담자는 병기하지 않고 한글과 한자로만 기재했다. 그러나 이 범문은 이와 유사한 °시감로진언을 참조하여 추정할 수 있다. 이 범문에서 특별하게 구사된 'suru'에 관한 고찰은 시감로진언 참조.

감로수진언과 시감로진언의 차이

진언 명칭 (출처)	진언 내용	비고
감로수진언 (『율원사규』)	南無 素嚕皤耶 怛他揭多耶 怛你佗 唵 素嚕素嚕 鉢囉素嚕 鉢囉素嚕 莎訶[21]	내용 일치
시감로진언 (한글 진언집)	南無 素嚕皤耶 怛佗揭多耶 怛你也佗 唵 素嚕素嚕 皤囉素嚕 皤囉素嚕 莎訶 나모 소로바야 다타아다야 다냐타 옴 소로소로 바라소로 바라소로 사바하 namaḥ surūpāya tathāgatāya tadyathā. oṃ suru suru prasuru prasuru svāhā	
감로수진언 (안심사본 한글 진언집)	唵 叟嘍嚩野 多他迦哆野 叟嘍叟嘍 摩訶叟嘍 鉢囉叟嘍 鉢囉叟嘍 叟叟嘍 莎賀 옴 수루바야 다타가다야 소로소로 마하소로 바라수루 바라수루 소소로 사바하 oṃ surūpāya tathāgatāya suru suru mahāsuru prasuru prasuru susuru(?) svāhā	일부 변경 및 추가

안심사본의 감로수진언은 나모(南無)가 아니라 옴(唵)으로 시작할 뿐만 아니라, 특이하게도 완전히 생소한 용어인 마하소로(摩訶叟嘍)와 소소로(叟叟嘍)를 추가했다. 이 둘은 편찬자가 지어낸 말임이 분명하다. 특히 '소소로'는 매우 그럴 듯하게 지어낸 susuru의 음역일 것으로 추정할 수 있다.[22]

21) 律苑事規 권10(X 60:138c): "次念甘露水真言 …" 이보다 후대(17세기)의 의례서인 『제경일송집요』에 수록된 감로수진언도 이와 동일하다.
諸經日誦集要 권上(J 32:573b): "南無 蘇嚕婆耶 怛他誐哆耶 怛姪他 唵 蘇嚕蘇嚕 缽囉蘇嚕 缽囉蘇嚕 莎婆訶 (甘露水真言)"
諸經日誦集要 권下(J 19:176a): "甘露水真言. 南無 蘇嚕婆耶 怛哆誐多耶 怛姪他 唵 蘇嚕蘇嚕 缽囉蘇嚕 缽囉蘇嚕 莎婆訶."

22) 소로바야(素嚕皤耶) 또는 수루바야(叟嘍嚩野)로 음역된 'surūpāya'의 su는

참고로 물 수(水)자가 아닌 손 수(手)자를 사용한 감로수(甘露手) 진언도 있다. 그런데 『천수천안관세음보살대비심다라니』에 다음과 같이 수록된 이 진언의 내용은 시감로진언(=감로수진언)에 포함되므로 혼동의 여지가 있다.

唵 素嚕素嚕 鉢羅素嚕 鉢羅素嚕 素嚕 素嚕野 薩嚩賀[23)]
(옴 소로소로 바라소로 바라소로 소로 소로야 사바하)
oṃ suru suru prasuru prasuru suru suruyā svāhā[24)]
"옴! 흘러내리고 흘러내리소서, 쏟아붓고 쏟아부으소서, 흘러내리소서, 형색이 훌륭한 분(묘색여래)이시여, 기원하옵니다."

감로왕여래진언(甘露王如來真言): 감로왕여래님께 귀의하는 진언

"나모 바아바제[데] 아마리다 라아야 다타아다야"
曩謨 婆誐嚩帝 阿勿哩多 囉惹野 怛佗誐多野
namo bhagavate amṛta-rājāya tathāgatāya
"불사(不死)의 왕(감로왕)이시고 여래이신 세존께 귀의하옵니다."

일제강점기에 간행된 『석문의범(釋門儀範)』에는 이 진언이 '나무(南無)감로왕여래'라는 명칭으로 수록되어 있다.[25)] 이의 전거가 되는 『염라왕공행법차제』와 『시제아귀음식급수법』에서는 이 진언의 효능을 "[감로의] 법을 몸과 마음에 부어 넣어 쾌락을 얻게 한

묘색(妙色)여래의 '묘(妙)'로 번역되며, 훌륭하거나 빼어나게 '좋은'이라는 뜻으로 사용되는 접두사이다. 이에 착안하여 suru 앞에 su를 붙인 말이 소소로(叟叟嘍)일 것이다.

23) 千手千眼觀世音菩薩大悲心陀羅尼(T 20:117a): "當於甘露手真言 …"

24) 이 범문은 Chandra(1988) p. 56, No. 41 참조. 범문에서 'suruyā'는 Prakrit로 불리는 방언이며 범어로는 묘색(妙色)으로 번역되는 'surūpā'에 해당한다. Sheth(1928) p. 922a 참조.

25) 安震湖(1935下) p. 254.

다."(灌法身心 令受快樂)라고 약술한다.[26)]

개단진언(開壇真言): 재단(齋壇)을 여는 진언

"옴 바아라 놔로 다가다야 삼마야 바라베사야 훔"
唵 跋折囉 糯嚧 特伽吒耶 三摩耶 八囉吠舍耶 吽
oṃ vajra-dvārodghātaya samaye praveśaya hūṃ
"옴! 금강의 문을 여시고 집회에 들어가게 하옵소서. 훔!"

이 진언은 『금강정유가중략출염송경』에서 모든 중생을 이롭게 하기 위해 사용해야 할 '문을 여는'(開門) 밀어로 제시한 것과 동일하다.[27)] 그러므로 이 진언의 본래 이름은 개문진언(開門真言)일 것이다. 다만 『불설대승관상만나라정제악취경』에서 설하는 개문진언은 다음과 같이 이것과는 약간 다르다.

"옴 살바 미도 바아라 노바로 노가타야 훔"
唵 薩哩嚩 尾咄 嚩日囉 訥嚩嚕 訥伽吒野 吽[28)]
oṃ sarva-vit vajra-dvārodghāṭaya hūṃ
"옴! 모든 것을 아시는 분이시여, 금강의 문을 여소서. 훔!"

범어에서 감탄사의 하나인 hūṃ을 발음 그대로 옮겨, 주로 진언의 끝에 붙이는 훔(吽)은 진언에서 옴(oṃ)과 함께 가장 많이 사용

26) 焰羅王供行法次第(T 21:375c-376a): "曩謨 婆誐嚩帝 阿密嘌帝 羅闍耶 怛宅誐哆耶. 曩謨甘露王如來 灌法身心 令受快樂."
施諸餓鬼飲食及水法(T 21:467c): "曩謨 婆伽筏帝 阿蜜嘌帝 囉惹耶 怛他蘖多耶. 曩謨甘露王如來 灌法身心 令受快樂." 여기에는 이 진언의 실담자도 기재되어 있다.

27) 金剛頂瑜伽中略出念誦經 권3(T 18:241b): "復為利益諸眾生故 應用此密語開門. 密語曰, 唵 跋折囉 糯嚧 特伽吒耶 三摩耶 鉢羅 吠舍耶 吽."

28) 佛說大乘觀想曼拏羅淨諸惡趣經 권下. T 19, p. 92c.

되는 대표적인 종자이다. 보리심(菩提心)을 상징하는 '훔'은 아촉여래와 약사여래를 비롯하여 온갖 보살과 명왕[29] 등에게 발원하는 뜻으로 두루 적용된다.

개법장진언(開法藏真言): 경전을 펴는 진언

"옴 아라남 아라다"
唵 訶囉喃 訶囉馱
oṃ āraṇam ārata
"옴! 심오한 가르침에 심취되기를."

이 진언은 한글 진언집을 비롯한 한국불교의 의례서에 한결같이 이처럼 수록되어 있다. 그러나 대장경에서는 이와 동일한 명칭의 진언을 볼 수 없으므로, 이것은 한국불교의 독자적인 진언에 속한다.

개안광명진언(開眼光明真言): 눈을 열어 빛을 밝히는 진언

"옴 작수작수 삼만다 작수 미슈다니 사바하"
唵 作芻作芻 三滿多 作芻 尾輸馱你 莎賀
oṃ cakṣu cakṣu samanta-cakṣu-viśodhane svāhā
"옴! 눈이여, 눈이여, 완전한 눈으로 정화하시는 분께 기원하옵니다."

『불설일체여래안상삼매의궤경』에서는 불상의 점안식에 사용하

29) 명왕(明王)의 명(明)은 깨달음을 성취한 부처님의 지혜를 의미한다. 밀교에서는 이 같은 지혜의 수호자들을 흔히 명왕으로 일컫는다. 명왕들은 대개 노여워하는 모습으로 위대한 힘을 과시하여 깨달음의 훼방꾼들을 제압한다.

는 개안광(開眼光)진언으로 설하는[30] 이 진언이 "唵 作芻作芻 三滿哆 作芻 尾戍馱儞 娑嚩賀"로 표기되어 있고 내용은 동일하다. 그러나 이 경전에는 다음과 같은 한 구절이 더 추가되어 있다.

"옴 니다라 파타로 바하라나 희릉"
唵 儞怛囉 波吒路 波賀囉拏 呬凌
oṃ netra-paṭalāvaharaṇa hrīḥ
"옴! 눈의 장막을 제거하신 분이시여, 흐리히!"

범어 흐리히(hrīḥ)를 음역한 희릉(呬凌)은 주로 아미타불, 무량수불, 관자재보살 등을 상징하는 종자이다.

개전주(開錢呪) → **개전진언**

개전진언(開錢真言): 저승돈을 쓸 수 있게 하는 진언

"옴 반자나니 훔 사바하"
唵 半遮那尼 吽 莎訶
oṃ pacanāni(?) hūṃ svāhā
"옴! 불길이여, 훔! 기원하옵니다."

저승돈을 함의하는 돈[錢]과 연관된 일곱 가지 진언들 중의 하나인 이 진언은 한자로만 편찬된 예수시왕생칠재의찬요(預修十王生七齋儀纂要, 이하 『예수재의찬요』)에 수록되어 있다.[31] 그러나

---

30) 佛說一切如來安像三昧儀軌經(T 21:934c): "불상의 눈을 열어 빛을 발하도록 마치 눈에 점을 찍는 듯이 하고, 곧 개안광(開眼光)진언을 두 번 염송한다." (為佛像開眼之光明 如點眼相似, 即誦開眼光真言二道.)

31) 朴世敏(1993, 제2집) p. 124. 대우(大愚) 스님이 자료를 모아 찬술한 『예수시왕생칠재의찬요』는 현재까지 발견된 판본들 중 선조(宣祖) 7년(1574)에 전라도 조계산의 송광사에서 간행된 목판본이 가장 이른 시기의 것으로

이 진언에서 반자나니(半遮那尼)는 대장경과 한글 진언집에도 언급된 사례가 없으므로, 범어를 확정할 수 없다. 다만 半遮那尼의 원어를 추정할 수 있는 단서는 '소전진언'(燒錢真言)에서 찾을 수 있다. 이에 의하면 반자나(半遮那)의 원어는 불[火]을 의미하는 pacana이다.

한편 지선(智禪) 스님이 편찬한 『오종범음집』[32]에 수록된 개전주(開錢呪)에서는 半遮那尼가 아래와 같이 아자나니(阿遮那尼)로 바뀌어 있다. 이 阿遮那尼 역시 다른 불전에서는 사용된 예가 없다. 만약 阿遮那尼가 半遮那尼의 착오가 아니라면[33], 개전주의 범문을 다음과 같이 추정할 수 있다.

"옴 아자나니 사바하"
唵 阿遮那尼 莎訶[34]
oṃ ajanani(?) svāhā
"옴! 존재의 소멸이여, 기원하옵니다."

개통도로진언(開通道路真言): 길을 열어 주는 진언

"옴 소시디 가리 아바리다 모리다예 하나하나 훔 바닥"
唵 蘇悉地 伽哩 惹嚩理路 慕栗怛曳 賀曩賀曩 吽 發吒

알려졌지만, 이하에서는 인조(仁祖) 10년(1632)에 경기도 삭녕(朔寧) 수청산(水清山)의 용복사(龍腹寺)에서 간행된 목판본을 주로 인용한다.

32) 五種梵音集은 조선조의 현종(顯宗) 2년(1661)에 전라도 무주(茂朱) 적상산(赤裳山)의 호국사에 판각한 목판본으로 간행되었다. 朴世敏(1993, 제2집) p. 180.

33) 한자로만 작성된 『오종범음집』의 '조전진언(造錢真言)에서 嚩日囉를 阿日囉로 기재한 것(朴世敏 1993 제2집:193b)은 명백한 착오이다. 성전(成錢)진언의 별칭인 성전주에서도 半遮那가 阿遮那로 바뀌어 있다. 이런 사례로 보건대 阿遮那尼는 半遮那尼의 오기일 가능성도 없지는 않다.

34) 朴世敏(1993, 제2집) p. 193b. 이하 『오종범음집』의 인용은 이와 동일.

oṃ susiddhi-kari jvalita-mūrtaye hana hana hūṃ phaṭ
"옴! 교묘한 성취를 이루는 분이시여, 눈부신 분이시여, 아름다움을 위해 [장애를] 타파하소서, 타파하소서, 훔! 팟!"

한글 진언집과 수륙무차평등재의촬요(水陸無遮平等齋儀撮要, 이하 『수륙재의촬요』)[35]에 수록된 이 진언은 『소실지갈라공양법』, 『아촉여래염송공양법』, 『약사의궤일구』에 정치도로(靜治道路) 또는 정치공중도로(淨治空中道路)라는 명칭으로 수록된 진언의 일부[36]이다.

이 진언에서 바닥(癹吒)은 팟(phaṭ)이라는 원어의 음역이다. 범어에서 phaṭ은 깨지거나 부서지는 소리를 표현하는 의성어인데, 여기서는 길을 가로막는 장애를 파괴한다는 의미로 종자처럼 사용되어 이 진언의 용도와 잘 부합한다.

거예진언(去穢真言): 더러운 것을 제거하는 진언

"옴 새리예 바혜 사바하"
唵 室利曳 婆醯 娑嚩訶[37]

---

35) 朴世敏(1993, 제1집) p. 626b. 조선시대에 간행된 의례서들 중에서 『수륙재의촬요』는 안심사본의 한글 진언집보다 거의 100년이나 이른 성종(成宗) 원년(1470)에 간행되었다.

36) 蘇悉地羯羅供養法 권1(T 18:712b): "誦真言 淨治空中道路 然後奉請淨治真言曰. 唵 蘇悉地迦哩 入嚩里多 喃多 慕囉多曳 入嚩囉 入嚩囉 滿馱滿馱 賀曩賀曩 絣泮吒."
阿閦如來念誦供養法(T 19:17c): "靜治道路真言曰. 唵 蘇悉地 迦哩 惹嚩理路 難路 慕嘌怛曳 惹嚩攞 惹嚩攞 滿馱滿馱 賀曩賀曩 吽 癹吒"
藥師儀軌一具(T 19:31c): "淨治空中道路真言曰. 唵 蘇悉地 迦里 入嚩里多 南多 暮羅曳 入嚩羅 滿馱滿馱 賀曩賀曩 絣 泮吒"
이 진언의 의미는 °정로진언 참조.

37) 『치문경훈(緇門警訓)』을 비롯한 다른 불전들에서는 이 娑嚩訶를 莎訶로 표

oṃ śriye vahe svāhā

"옴! 상서로움을 위해[38] 저는 [더러운 것을] 버리옵나니, 기원하옵니다."

한국불교에서는 이 진언을 입측오주(入厠五呪)의 하나로 염송한다. 한글 진언집을 비롯한 한국불교의 불전들에서는 이 진언을 거예진언으로 제시했는데, 이 전거가 되는 것은 『치문경훈』[39]이다. 그러나 『칙수백장청규』, 『증수교원청규』, 『율원사규』, 『입중수지』 등과 같은 중국불교의 불전들에서는 이것을 정신진언(淨身真言)으로 일컫고, 이것과는 다른 진언을 거예진언으로 제시한다.[40] 『증수교원청규』를 예로 들면 "唵 拔枳羅 腦迦吒 婆呵"(옴 바아라 뇌가닥 사바하)가 거예진언이지만, 한국불교에서는 이것을 °정신진언으로 일컫는다.

기한다.

38) śriye는 śrī의 여격(與格)이다. 이 śrī가 고유명사일 경우에는 힌두교에서 비슈누(Viṣṇu) 신의 아내인 락슈미(Lakṣmī) 여신을 가리킨다. 락슈미는 불교에서 길상천(吉祥天) 또는 공덕천(功德天)으로 수용되었다. 静 慈圓(1997) p. 285 참조.

39) 『치문경훈』에서는 5주를 다음과 같이 열거한다.
緇門警訓 권9(T 48:1092b): "**入厠** 唵 狼魯 陀耶 莎訶. **洗淨** 唵 賀曩 密栗帝 莎訶. **洗手** 唵 主迦羅野 莎訶. **去穢** 唵 室利曳 婆醯 莎訶. **淨身** 唵 吱折羅 惱迦吒 莎訶." 한자 入厠은 '입칙'으로도 읽으며 厠은 厠으로도 적는다.

40) 이것과는 다른 거예진언은 °정신진언 참조.
勅修百丈清規 권6(T 48:1145c): "淨身(唵 室利曳 娑醯 娑訶) 去穢(唵 吱折囉 曩伽吒 娑訶)"
增修教苑清規 권下(X 57:342a): "淨身(唵 室利曳 婆薩 娑呵) 去穢(唵 拔枳羅 腦迦吒 婆呵)"
律苑事規 권8(X 60:127a): "淨身(唵 室利曳 娑醯 娑訶) 去穢(唵 抜枳羅 腦迦吒 娑訶)"
入衆須知(X 63:560b): "淨身 唵 室哩夷 摩醯 娑訶. 去穢 唵 跋斫囉 那伽吒 娑訶"

건단진언(建壇真言): 재단(齋壇)을 세우는 진언

"옴 난다난다 나디나디 난다바리 사바하"
唵 難多難多 難地難地 難多嚩哩 莎訶
oṃ nanda nanda naṭi naṭi nanda-bhari svāhā
"옴! 환희를 갖고 환희를 가지신 분이여, 춤의 여신이여, 춤의 여신이여, 환희를 베푸시는 분이여, 기원하옵니다."

이와 동일한 진언이 밀교 경전에서는 작단(作壇)진언으로 불리므로41), 이것이 건단진언의 본래 명칭일 것이다.

결계진언(結界真言): 경계(境界)를 한정하는 진언

"옴 마니미야예 다라다라 훔훔 사바하"
唵 摩尼尾惹曳 達囉達囉 吽吽 莎訶
oṃ maṇi-vijaye dhara dhara hūṃ hūṃ svāhā
"옴! 보주(寶珠)를 가진 승리자시여, 지켜 주시고 지탱해 주소서. 훔! 훔! 기원하옵니다."

불교에서 결계란 특별한 의식을 실행할 때 일정한 장소를 한정하여 삿된 기운의 침입을 방지하는 것, 또는 그렇게 한정된 구역을 지칭한다. 많은 불전들에서 결계진언 또는 결계주(結界呪)를 다양하게 설하는데, 위의 진언은 『광대보누각선주비밀다라니경』에서 두 차례 설하는 결계주와 합치한다.42) 『불공견삭신변진언경』에서는 이와는 다른 결계진언을 네 가지로 제시하는데, 이것들 중에서 첫째는 다음과 같다.

---

41) 大毘盧遮那成佛神變加持經 蓮華胎藏菩提幢標幟普通真言藏廣大成就瑜伽 권上(T 18:145c): "作壇真言曰. 唵 難馱難馱 娜智娜智 難馱婆里 薩嚩賀"

42) 廣大寶樓閣善住祕密陀羅尼經 권中(T 19:642b): "唵 摩尼微射曳 達羅達羅 吽吽 莎訶" ; 권下(T 19:649c): "唵 摩尼微(微者殄)者曳 達囉達囉(執義) 吽吽 莎婆訶"

唵 鉢頭摩暮伽 跋馹囉地瑟詫娜 句嚕 句嚕 莎縛訶[43)]
(옴 바다마모가 바아라디슬타나 구로 구로 사바하)
oṃ padmāmogha vajrādhiṣṭhāna kuru kuru svāhā
"연꽃[같은 얼굴]을 가진 견실한 분이시여, 금강의 거처를 가진 분이시여, [거처를] 완성하소서 완성하소서, 기원하옵니다."[44)]

이 진언을 설하는 『불공견삭신변진언경』에서 불공견삭(不空羂索)의 원어인 Amoghapāśa는 관세음보살 또는 명왕의 이름이다. 또한 이 진언에서 바일라지슬타나의 범어 vajrādhiṣṭhāna는 금강가지(金剛加持)로 번역되어, 금강처럼 불변하고 견고한 힘으로 중생을 가호하는 것을 의미한다. 그러므로 이 결계진언은 견실한 불공견삭에게 결계의 구역을 지켜 달라고 기원하는 진언이다.

계도도장진언(戒度塗掌真言): 계바라밀을 잘 지니는 진언

"옴 아모가 자라미망기긔 소로 소로 사바하"
唵 啊穆伽 左攞弭茫幾 酥盧 酥盧 莎訶
om amogha-jala-vimale[45)] suru suru svāhā
"옴! 견실한 분(不空尊)의 청정한 물이여, 흘러내리고 흘러내리소서. 기원하옵니다."

---

43) 不空羂索神變真言經 권2(T 20:236c): "結界真言 …"

44) 八田幸雄(1985:85, 555번)은 구로(句嚕)의 원어를 'hulu'로 제시했지만, 이는 한자의 음역과도 부합하지 않는다. 『불공견삭신변진언경』의 범본(梵本)에서도 원어는 'kuru'이다. 아래와 같은 이 범본의 원문은 한역(漢譯)의 진언 사이에는 약간의 차이가 있지만 의미상으로는 동일한 내용이다. "연꽃[같은 얼굴]을 가진 견실한 분이시여, 금강의 거처로 완성하소서 완성하소서, 기원하옵니다." (oṃ padmāmogha vajrādhiṣṭhānena kuru kuru svāhā)

45) amoghajalavimale를 'amogha-jala-vimale'로 읽은 아래의 번역은 다음 각주 참조.

대장경에서는 이 명칭으로 불리는 진언을 볼 수 없고 한글 진언집을 비롯한 한국불교의 의례서에서만 통용된다. 이 진언에서 특히 미망기(弭茫幾)라는 음역은 다른 어떠한 진언에서도 언급되지 않으므로 그 원어를 확정하기 어렵다. 그러나 이 진언은 『불공견삭신변진언경』에서 설한 정수진언(淨手真言)에서 유래한 것으로 보이므로, 이에 의거하여 弭茫幾의 원어를 vimale(弭麼隸)로 추정할 수 있다.46)

계장진언(戒藏真言): 계를 구족하게 하는 진언

“옴 흐리부니 사바하”
唵 訖里富尼 娑婆訶
oṃ kṛpāṇī(?) svāhā
“옴! [계(戒)의] 칼날이여(?), 기원하옵니다.”

한글 진언집에 수록되어 있지 않은 이 진언의 전거는 대장경에서도 찾을 수 없다. 일제강점기에 간행된 『불자필람』과 『석문의범』에서 위와 같이 수록한47) 이 진언의 연원은 18세기 후반에 간행된 『삼문직지(三門直指)』에서 찾을 수 있다.48)

---

46) 不空羂索神變真言經 권16(T 20:309a): “淨手真言. 唵 旃暮伽 惹攞弭麼隸 素嚕 素嚕 莎縛訶.”
이 진언은 계도도장진언과 동일한 내용이며, 『불공견삭신변진언경』의 범본(*Amoghapāśakalparāja*)에 있는 “oṃ amoghajalavimale suru suru svāhā”와 일치한다. 84000(2022) 2.1079, n.1580. 그러므로 한글 진언집에서 “左攞 弭茫幾 酥盧 酥盧”의 실담자를 “cala mimaṃke solo solo”로 표기한 것은 와전임이 분명하다.

47) 佛子必覽: 崔就墟・安錫淵(1931) p. 20. 釋門儀範: 安震湖(1935上) p. 100.

48) “奄 訖哩咐尼 娑婆訶 옴 흐리부니 사바하.”
Kabc=ABC_BJ_H0220_T_002&imgId=010_0149_c.

『삼문직지』에는 불삼신(佛三身)진언, 법삼장(法三藏)진언, 승삼승(僧三僧)진언, 계장(戒藏)진언, 정결도(定決道)진언, 혜철수(慧徹修)진언의 순서로 여섯 개의 진언이 연달아 수록되어 있다. 그리고 여섯 진언은 열거한 순서대로 삼보인 불(佛)·법(法)·승(僧)과 삼학(三學)인 계((戒)·정(定)·혜(慧)에 각각 배당한 것들이다. 이 진언들은 대장경에서는 그 연원을 찾을 수 없으므로 한국불교에서만 통용된 특수한 진언에 속한다. 이후 해인사에서 간행한『일용작법』에서는 이것들을 식당작법(食堂作法)의 용도로 수록했는데 진언의 한자는 생략하고 한글만을 발췌했다.49)

필시 한국불교에서 개발했을 이 진언에서 흐리부니(訖里富尼/訖哩咐尼)는 대장경에 용례가 전혀 없는 정체불명의 표기이다. 이에 따라 이 말의 원어도 가장 근접한 것으로 추정했으나 확정할

팔관(捌關) 스님(?~1782)이 편찬한『삼문직지』는 영조 45년(1769)에 평안도 안주(安州) 왕산동(王山洞)의 은적사(隱寂寺)에서 목판본으로 간행되었다. 수록한 진언들은 많지 않으며, 실담자는 전혀 기재하지 않고 한글과 한자를 병기하거나 한글로만 기재했다.

49) "戒藏真言 옴 흐리부니 사바하." 朴世敏(1993 제3집) p. 524b.
조선시대 중기부터 여러 종류의 승가일용식시묵언작법(僧家日用食時默言作法)이 간행되었다. 흔히『일용작법』이라는 약칭으로 통용되고 있는 이것들 중 현재 유통되고 있는 조선시대의 목판본으로는 선조 2년(1569) 무등산 안심사에서 간행한 판본이 가장 이르다. 안심사에서는 같은 해에 한글 진언집도 간행했다. 이후『일용작법』은 1659년 청도의 운문사(雲門寺), 1680년 울산의 운흥사(雲興寺) 등지에서도 간행되면서 확장되었는데, 이것의 완결판은 고종 6년(1869) 해인사의 도솔암(兜率庵)에서 간행한 목판본이다. 해인사에서는 고종 19년(1882)에 이『일용작법』을 제반문(諸般文)이라는 표제로 간행하기도 했다. 서울 우면산 대성사는 안심사본과 두 해인사본을 소장하고 있어,『일용작법』이 변천해 온 일면을 한눈에 파악할 수 있다. 안심사본은 진언의 내용을 한자로만 표기한 반면, 두 해인사본은 한자로 표기하지 않고 한글과 실담자 또는 한글로만 표기한 특징을 지닌다.

수는 없다. 대장경에 수록된 불전들 중에서는 『무외삼장선요』만 이 유일하게 이 계장진언에 상당하는 다음과 같은 다라니를 설하지만[50] 그 내용은 전혀 다르다.

"옴 즐다 바라디 베담 가로미"
唵 喞多 鉢羅底 吠曇 迦嚕迷
oṃ citta prati vaidhaṃ karomi
"옴! 마음이여, 저는 계율로 명한 것을 낱낱이 실행합니다."

결정왕생정토진언(決定往生淨土真言): 정토에 왕생하기를 결정하는 진언

"나모 사만다 못다남 옴 아마리도 다바베 사바하"
南無 三滿多 沒馱喃 唵 阿蜜栗都 特婆吠 娑嚩賀
namaḥ samanta-buddhānām om amṛtodbhave svāhā
"어디에나 계시는 모든 부처님들께 귀의하옵고, 옴! 불사(不死)에 도달하기를 기원하옵니다."

대장경에서는 이와 동일한 명칭과 내용의 진언을 발견할 수 없다. 이 진언은 한글 진언집을 비롯하여 『밀교개간집(密敎開刊集)』과 『일용작법』(日用作法: 僧家日用食時默言作法)과 같은 한국불교의 문헌에만 수록되어 있다. 한글 진언집에서는 이 진언을 두 차례 수록했는데, 두 번째의 경우에는 동일한 내용이 약간 다르게 표기되어 있다.[51]

---

50) 無畏三藏禪要(T 18:0944b): "이 다라니를 세 번 반복하여 읊으면, 이내 일체의 깊고 깊은 계장(戒藏)을 얻고 일체의 씨앗이 되는 지혜를 갖추어 곧바로 위없는 깨달음을 증득하니, 일체의 모든 부처님들이 똑같은 목소리로 함께 설한다." (此陀羅尼復誦三遍, 即得一切甚深戒藏 及具一切種智 速證無上菩提, 一切諸佛同聲共說.)

51) "나모 사만다 못다남 옴 아마리 다바베 사바하 / 南無 三滿多 沒馱喃 唵 阿

그런데 이 결정왕생정토진언은 『금강정유가호마의궤』에 있는 진언[52]을 응용한 것으로 간주할 수 있다. 이 진언에 병기된 실담자를 교정하면, 범문은 "om amṛtodbhave hūṃ phaṭ svāhā"가 된다. 결정왕생정토진언은 이 범문에 있는 훔(吽, hūṃ)과 바닥(發吒, phaṭ)이라는 두 종자를 생략하고, 이 진언 앞에 "나모 사만다 못다남"을 붙인 형태이다. 한국불교에서 "나모 사만다 못다남"을 정형구(定型句)로 사용하여 이 같은 방식으로 새로운 진언을 개발한 예는 °금강부소청진언이나 °금강부진언 등에서도 볼 수 있다.

관세음보살 멸업장진언(觀世音菩薩 滅業障真言): 관세음보살님께 업장 소멸을 기원하는 진언

"옴 아로륵계 사바하"
唵 阿盧勒繼 娑嚩賀
om ārolik svāhā[53]
"옴! [연꽃처럼] 온화한 분(관세음보살)이시여, 기원하옵니다."

이 진언은 한글 진언집에 '멸업장진언'으로 수록되어 있으나,

吻哩 怛婆弊 娑嚩賀"

52) 金剛頂瑜伽護摩儀軌(T 18:921c): "oṃ amṛtudbhava hūṃ phaṭ svāhā 唵阿蜜哩都 納婆嚩 吽 發吒 娑嚩訶"

53) 이 진언에서 ārolik은 범본에 의거한 것이다. 이것을 'ālolik'으로 표기한 坂内龍雄(1986:77-78)은 ālolik을 니토(泥土), 즉 진흙땅인 ālolika의 속어로 간주했다. 이에 따라 그는 ālolik이 "진흙땅에서 자라난 것, 즉 청정한 연꽃을 가리킨다."고 이해하여 ālolik을 연화존(蓮華尊)으로 번역했다. 그러나 ālolik이 '연화'와 직결되어 있는 것은 사실이지만, 진흙땅인 ālolika의 속어라는 것은 어원적 근거가 없다. 참고로 범어에서 ālolikā는 자장가를 의미한다. 八田幸雄(1985:15, 62~64번)이 이것을 'alolik'으로 표기하고 유화자(柔和者), 즉 '온화한 자'로 번역한 것은 진언의 용도에 따라 연꽃 또는 관세음보살을 고려한 것으로 보인다.

이 밖의 다른 의례서들에서는 '관세음보살 멸업장진언'으로 통용되어 있다. 중국에서 작성된 『제경일송집요』에는 이 진언이 '멸업장진언' 또는 '관음보살 멸업장진언'[54]으로 수록되어 있다. 단순해 보이는 이 진언에서 관건이 되는 것은 아로륵계(阿盧勒繼)이다.

『대일여래검인』에는 이 진언이 연화부삼매야인(蓮華部三昧耶印)을 정수리 위에서 풀고 나서 읊는 진언으로 실담자와 함께 제시되어 있는데, 여기서는 '아로륵계'의 원어를 arolik(아로릭)으로 표기했다.[55] 그러나 이에 관한 면밀한 고찰에 따르면 arolik은 속어로서 일찍이 인도의 밀교 불전에서 ālolik 또는 ārolik으로도 빈번하게 언급되었다.[56] 단적인 예로 『소실지갈라경』에서는 이것을 연화부심진언(蓮華部心真言)으로 설한다.[57]

밀교의 불전에서 연화부심진언으로 통용된 ālolik 또는 ārolik의 의미는 문수사리근본의궤경(文殊師利根本儀軌經)의 범본인 *Mañjuśrīmūlakalpa*의 제36장에 "Ārolik은 관조하시는 분(관세음보살)의 마음이자 모든 활동이다."[58]라고 명시되어 있다. 그러므로 위의 진언에서 언급한 아로륵계(ārolik)는 관세음보살을 통칭한 것으로

---

54) 諸經日誦集要 권上(J 32:573b): "唵 阿魯勒繼 莎婆訶 (滅業障真言)"
諸經日誦集要 권下(J 19:175c): "觀音菩薩滅業障真言 唵 阿魯勒繼 莎婆訶"
일본에서는 이 진언이 관음주(觀音咒)라는 약칭으로 통용된다.
坂内龍雄(1986) p. 292.

55) 大日如來劍印(T 18:199b): "次結蓮華部三昧耶印 … 頂上散印 誦真言曰. om arolik svāhā 唵 阿嚧力迦 娑嚩賀"

56) Revire etc.(2021) p. 18b 참조.

57) 蘇悉地羯囉經 권上(T 18:607c): "蓮花部心真言曰 阿路力迦"
上同(T 18:697a): "蓮華部心真言曰 唵 阿路力迦"

58) Gaṇapati Sāstrī(1922) p. 384, 24행. 판본에는 ārolik가 'āroliku'로 표기되어 있으나 이는 분명히 ārolik를 잘못 읽은 것이라고 지적되어 있다. Revire etc.(2021) p. 19, fn. 62.

이해하는 것이 가능하다.[59]

관세음보살 육자대명왕진언(觀世音菩薩 六字大明王真言) → 육자대명왕진언

관욕진언(灌浴真言): 깨끗이 목욕시키는 진언

"옴 디사 디사 싱가 사바하"
唵 地沙 地沙 僧伽 莎訶
oṃ tiṣya tiṣya saṃgha svāhā
"옴! 상서로움이여, 상서로움이여, 승가시여, 기원하옵니다."

이 진언은 『법계성범수륙승회수재의궤』에 목욕진언(沐浴真言)으로 수록되어 있으며[60], 한글 진언집에 수록된 3개의 목욕진언들 중 하나이다. 밀교 경전과 한글 진언집에는 이와는 내용이 다른 목욕진언도 있다. 대장경뿐만 아니라 한글 진언집에도 '관욕진언'으로 불리는 진언은 없다. 그럼에도 이 진언이 '관욕진언'으로 통용된 것은 『범음산보집』에서 관욕게(灌浴偈) 다음에 이 진언을 제시한[61] 데서 유래한 것으로 이해된다.

---

59) ārolik의 어원을 ā-ro-lik으로 분석하여 ā는 '모든', ro는 '윤회하는 삶', lik은 '윤회를 초월하는 것'으로 해석한 학자들도 있다. 이에 따르면 ārolik은 '모든 윤회에서 벗어나는 것'이라는 의미가 된다. Revire etc.(2021) p. 18, fn. 59 참조. 그런데 모든 윤회에서 벗어난 분이 관세음보살이라고 생각하면 이 같은 해석도 통용될 수 있을 듯하다.

60) 法界聖凡水陸勝會修齋儀軌 권2(X 74:792b): "沐浴真言 謹當宣誦. 唵 底沙 底沙 僧伽 娑訶"

61) 김두재(2012) p. 138. 이하에서 『범음산보집』은 조선시대 18세기 전후로 활동한 지환(智還) 스님이 편찬하여 경종 1년(1721) 경기도 양주 삼각산(三角山) 중흥사(重興寺)에서 목판본으로 간행한 천지명양수륙재의범음산보집(天地冥陽水陸齋儀梵音刪補集)의 약칭이다.

관음심주(觀音心呪) → 육자대명왕진언

광명진언(光明真言) → 불공대관정광진언

광박신여래진언(廣博身如來真言): 광박신여래님께 귀의하는 진언

"나모 바아바제[뎨] 미바라 아다라야 다타아다야"
曩謨 婆誐嚩帝 尾補囉 誐怛囉野 怛佗誐多野
namo bhagavate vipula-gātrāya tathāgatāya
"신체가 광대한 여래(광박신여래)이신 세존께 귀의하옵니다."

『석문의범』에서 이 진언을 '나무광박신여래'62)라는 명칭으로 수록한 전거는 『염라왕공행법차제』, 『시제아귀음식급수법』, 『시식통람』63)에서 찾을 수 있다. 『염라왕공행법차제』와 『시제아귀음식급수법』에서는 "목구멍을 크게 넓혀 묘미를 얻는다."(咽喉寬大受妙味)라고 이 진언의 효능을 약술한다.64) 그런데 『불설구발염구아귀다라니경』에서 설하는 광박신여래진언에는 '목구멍'을 의미하는 gala(誐攞)라는 단어가 추가되어 있다.

"나모 바아바제[뎨] 미바라 아라 아다라야 다타아다야"
曩謨 婆誐嚩帝 尾鉢囉 誐攞 孽多怛囉也 怛他孽多也
namo bhagavate vipula-gala-gātrāya tathāgatāya
"목구멍을 광대하게 하시는 여래이신 세존께 귀의하옵니다."

---

62) 安震湖(1935下) p. 254.

63) 施食通覽(X 57:104c): "南謨廣博身如來. 曩謨 婆誐嚩帝 尾補囉 誐怛囉野 怛佗蘖路野."

64) 焰羅王供行法次第(T 21:376a』: "曩謨 婆誐嚩帝 尾補攞 誐怛羅耶 怛侘誐哆耶. 曩謨廣博身如來 咽喉寬大 受妙味."
施諸餓鬼飮食及水法(T 21:467c)" "曩謨 婆伽筏帝 尾布邏 蘖怛羅耶 怛他蘖多也. 曩謨廣博身如來 咽喉寬大 受妙味." 여기에는 이 진언의 실담자도 병기되어 있다.

또한『불설구발염구아귀다라니경』은 이 진언의 효능도 다음과 같이 더 구체적으로 설명한다.

이것을 '광박신여래[진언]'이라고 일컫는다. 광박신여래의 명호를 부르며 가지(加持)함으로써, 온갖 귀신들의 목구멍을 넓고 크게 하여 베푸는 음식을 마음껏 포식하게 할 수 있다.65)

괘전진언(掛錢真言): 저승돈을 영단에 걸어 안치하는 진언

"옴 반쟈나 반자미 훔 사바하"
唵 半遮那 半遮尾 吽 莎訶"
oṃ pacana pacāmi(?) hūṃ svāhā
"옴! 불이여, 저는 태우나니, 훔! 기원하옵니다."

돈[錢]과 연관된 일곱 가지 진언들 중의 하나인 이 진언은『예수재의찬요』에 수록되어 있다.66) 이 진언도 대장경에서는 유례를 찾을 수 없지만 ˚소전진언¹을 참조하여 범문을 추정할 수 있다. 이 진언이『오종범음집』에는 괘전주(掛錢呪)로 수록되어 있으나 그 내용은 약간 다르다.

"옴 바라반자니 사바하"
唵 鈸囉伴遮你 莎訶
oṃ prapacane(?) svāhā

---

65) 佛說救拔焰口餓鬼陀羅尼經(T 21:465a): "此云廣博身如來. 由稱廣博身如來名號加持故, 能令諸鬼咽喉寬大, 所施之食 恣意充飽."

66) 朴世敏(1993, 제2집) p. 124.『석문의범』(安震湖 1935上:236)에서는 "唵 半遮那 半遮尼 吽 莎賀 / 옴 반자나 반자니 훔 사바하"로 기재했는데, 이는 반자미(半遮尾)를 반자니(半遮尼)의 오기로 간주했기 때문인 듯하다. 그러나 이 경우에는 후술할『오종범음집』의 변성주(變成呪 =˚변성금은전진언)와 동일한 진언이 된다.

"옴! 타오르는 불에 기원하옵니다."

구소제악취중진언(鉤召諸惡趣衆真言): 악취의 모든 중생을 끌어올리는(鉤召) 진언

"옴 살바바야 갈사나 미슈다나 바아라 삼마야 훔 바닥"
唵 薩哩嚩播野 葛哩沙拏 尾輸達那 嚩日囉 三摩耶 吽 發吒"
oṃ sarvāpāyākarṣaṇa-viśodhana-vajra-samaya hūṃ phaṭ
(oṃ sarva-apāya-ākarṣaṇa …)
"옴! 모든 악을 분쇄하고 정화하는 금강 [같은 불변의] 서원(誓願)이여, 훔! 팟!"

이 진언의 이름과 내용은 『불설일체여래진실섭대승현증삼매대교왕경』(이하 『현증삼매대교왕경』)에 의거한다. 이 경전에서는 금강수대보살이 지옥에 있는 모든 악취의 무리를 구소하기 위해 이 진언을 설한다.[67] 구소(鉤召)에는 두 가지 의미가 있다. 하나는 아직 불도(佛道)에 다가오지 않은 사람을 가까이하는 것이고, 다른 하나는 불보살과 선신(善神) 등을 초청하여 모시는 것이다. 이 진언에서 구소는 악취 중생을 불도의 세계로 끌어올린다는 의미이다.

귀의삼보진언(歸依三寶真言): 삼보에 귀의하는 진언

"나모 라다나 다라야야 옴 복캄"
那謨 囉怛捺 怛囉夜野 唵 僕欱[68]

---

67) 佛說一切如來真實攝大乘現證三昧大教王經 권10(T 12:375b): "이때 금강수대보살도 호규(號叫)지옥 등의 모든 악취의 무리를 구소하는 대명주(大明呪)를 설하여 이렇게 읊는다. …" (時金剛手大菩薩 亦說鉤召號叫地獄等諸惡趣衆大明曰. 唵 薩哩嚩播野 葛哩沙拏 尾輸達那 嚩日囉 三摩野 吽 發吒)

68) 범어 'bhūḥ khaṃ'의 음역을 한글 진언집에서 복캄(僕欱)으로 표기하고 『

namo ratna-trayāya oṃ bhūḥ khaṃ
"삼보님께 귀의하옵니다. 옴! 대지여, 허공이여!"

한글 진언집을 비롯한 한국불교의 진언에서 특히 첫 부분을 나모라(那謨囉/那謨羅)로 기재한 것은 범어 원문과는 전혀 들어맞지 않는다. 그리고 이 진언의 내용은 단지 삼보(三寶)에 귀의한다는 것에 그치지만, 『종종잡주경』에서 설하는 귀의삼보주(歸依三寶呪)는 다음과 같이 불(佛)·법(法)·승(僧)이라는 삼보에 각각 귀의한다는 내용이다.

那謨 勃陀夜 瞿囉吠 那謨 達囉摩夜 多衍泥 那謨 僧伽夜 麼訶牴 悉得唎驃臂 塞怛多 納莫[69]
(나모 발다야 구라베 나모 달라마야 다연니 나모 승가야 마가저 실득리표비 새달다 나모)
namo buddhāya gurave, namo dharmāya tāyine, namaḥ saṅghāya mahate, tribhyo 'pi satataṃ namaḥ[70]
"수승한 부처님(불)께 귀의하옵니다. 구제하는 가르침(법)에 귀의하옵니다. 위대한 승가(승)에 귀의하옵니다. 삼[보]에도 영원히 귀의하옵니다."

근본바라밀보살진언(金剛根本波羅蜜菩薩真言): 근본바라밀보살님께 기원하는 진언

석문의범』과 『수륙재의촬요』에서 각각 卜숨과 僕㰞으로 표기했다. 그러나 대장경에는 이처럼 음역한 사례가 없다.

69) 種種雜呪經. T 21, p. 640a.

70) 이 범어 원문은 여러 학자들에 의해, 특히 티베트 역본에 의거하여 파악되어 있다. Skilling(2018) pp. 117 이하. 진언 또는 다라니는 티베트 역본에서도 범어의 발음을 티베트 문자로 비꾸었을 뿐이므로 범문을 거의 원형으로 복원할 수 있다.

"옴 상가리 선디가리 우다니 가다야 살발다 사다야 사바하"
唵 商羯里 扇底羯里 虞吒頞 伽吒野 薩嘌嚩囉撻 薩馱野 娑嚩訶
oṃ śaṃkari śāntikari uddāna(?)[71]–ghaṭāya sarvārtha–sādhaya svāhā
"옴! 행복하게 하심이여, 평온하게 하심이여, 모든 일이 성취되게 하소서, 중앙의(?) [보]병에 기원하옵니다."

『조상경』의 불복장 작법에서 보병을 중앙에 안치하면서 읊는 이 진언은 『묘길상대교왕경』에서 유래하며[72], 한글 『진언집』에는 금강근본인주(金剛根本印呪)로 수록되어 있다. 근본바라밀보살 또는 금강근본바라밀보살은 밀교의 금강계 만다라에서 중앙에 배치되는 비로자나불(대일여래)과 상응한다.

금강갈마인주(金剛羯摩印呪) → 갈마바라밀보살진언

금강근본인주(金剛根本印呪) → 근본바라밀보살진언

금강바라밀보살진언(金剛波羅蜜菩薩真言):

살타금강(薩埵金剛)보살님께 기원하는 진언

"옴 사다바 바아리 훔"
唵 薩怛嚩 嚩日哩 吽
oṃ sattva–varji hūṃ

---

71) 한글 『진언집』에서는 우다니(虞吒頞)의 실담자를 'oṭāni'로 표기했지만 범어로는 성립될 수 없는 표기이다. 이 虞吒頞는 妙吉祥平等觀門大教王經略出護摩儀(T 20:935b)에서 齲吒頞로 표기한 것과 함께 이 진언에서만 볼 수 있는 유일한 음역이다. 그러므로 이 진언의 용도를 고려하여 이것의 원어를 'uddāna'로 추정했다.

72) 妙吉祥平等祕密最上觀門大教王經 권1(T 20:906c): "瓶表金剛根本波羅蜜菩薩 以菩薩真言加持一百八遍 真言曰. 唵 商羯哩 扇底羯哩 虞吒頞 佉吒野 薩嚩囉撻 娑馱野 娑嚩賀." 이와 관련된 내용은 °갈마바라밀보살진언 참조.

"옴! 살타금강[보살]이시여, 훔"

『조상경』의 불복장 작법에서는 보병을 동방에 안치하면서 『묘길상대교왕경』에서 설한[73] 이 진언을 읊는다. 한글 『진언집』에는 이 진언이 금강심인주(金剛心印呪)로 수록되어 있다. 이 진언의 내용에서 살타금강(薩埵金剛)은 금강바라밀보살의 별칭으로 여성(범어로는 sattva-vajrī)이다. 이에 따라 살타금강을 각금강녀(覺金剛女)로 표현하기도 한다.

밀교에서 금강바라밀보살은 만다라의 동서남북에 각각 배치하는 네 분의 바라밀보살에 소속되어 있으며, 금강과 같은 견고한 보리심을 상징한다. 이 진언에서는 범어 삿트와(sattva)를 사다바(薩怛嚩)로 음역했지만 이보다 널리 통용되는 음역은 살타(薩埵)이다. 예컨대 『불설유가대교왕경』에서는 만다라의 동방에 살타금강보살을 안치하라고 설한 후에 이 진언을 '살타금강보살진언'으로 제시한다.[74]

금강법인주(金剛法印呪) → **연화바라밀보살진언**

금강보인주(金剛寶印呪) → **보생바라밀보살진언**

금강부소청진언(金剛部召請真言): 금강부의 본존을 불러 청하는

---

73) 妙吉祥平等祕密最上觀門大教王經 권1(T 20:907a): "東方碼磁寶瓶 青色表於佛瓶表金剛波羅蜜菩薩 以菩薩真言加持一百八遍 真言曰. 唵 薩怛嚩 嚩日哩 吽" 금강바라밀보살은 밀교의 금강계 만다라에서 대일여래의 동방(또는 앞쪽)에 배치된다. 이와 관련된 내용은 °갈마바라밀보살진언 참조.

74) 佛說瑜伽大教王經 권1(T 18: 561b): "세 겹의 만다라 중에서 둘째 겹(第二重)의 만다라에 네 보살을 안치하되, 동방에는 살타금강보살을 안치하고 …" (復次於第二重曼拏羅安四菩薩 東方安薩埵金剛菩薩 …)
佛說瑜伽大教王經 권1(T 18: 563a): "薩埵金剛菩薩真言曰. 唵 薩埵嚩日哩 吽"

진언

"나모 사만다 못다남 옴 바아라 다륵가 예혜혜 사바하"
曩謨 三滿哆 沒馱喃 唵 嚩日羅 特勒迦 伊呬曳呬 莎訶
namaḥ samanta-buddhānām oṃ vajra-dhṛk ehy ehi svāhā
"어디에나 계시는 모든 부처님들께 귀의하옵고, 옴! 금강을 호지(護持)하신 분이시여, 오소서 오소서, 기원하옵니다."

『수륙재의촬요』에 수록된 이 진언은 이후의 한글 진언집과 근대의 『석문의범』에도[75] 동일한 내용으로 수록되어 있으므로, 한국불교의 독자적인 진언으로 간주된다.

진언의 시작 부분인 "나모 사만다 못다남"은 다른 많은 진언들에서도 통용되는 정형구에 속한다. 이 정형구에 기원하는 대상이 포함된 다른 진언의 전체 또는 일부를 추가하면 새로운 진언이 된다. 이 금강부소청진언의 경우에는 금강부심(金剛部心)진언인 "옴 바아라 디륵가"(唵 嚩日羅 地勒迦 / oṃ vajra-dhṛk)와 다른 진언들에서 흔히 사용하는 "예혜혜 사바하"(伊呬曳呬 莎訶 / ehy ehi svāhā)를 "나모 사만다 못다남"에 추가했다. 이처럼 기존의 진언을 조합하여 새로운 진언으로 수월하게 개발한 방식은 °금강부진언, °불부소청진언, °연화부소청진언 등에도 적용되어 있다.

금강부심진언(金剛部心真言): 금강부의 불보살님들을 관상(觀想)하는 진언

"옴 바아라 디륵가"

75) 『수륙재의촬요』: 朴世敏(1993, 제1집) p. 627b. 『석문의범』에서는 "나무 사만다 못다남 옴 바아라 다륵가 이혜혜 사바하"(南無 三滿多 沒多南 唵 縛阿羅 多勒伽 伊惠惠 娑婆訶)로 표기가 약간 다를 뿐이다. 安震湖(1935上) p. 246.

唵 嚩日羅 地勒迦
oṃ vajra-dhṛk
"옴! 금강을 호지(護持)하신 분이시여"

『소실지갈라경』과 『소실지갈라공양법』 등의 밀교 불전에서는 이 진언을 빈번하게 설하는데, 옴(唵)을 생략하기도 한다.[76] 그러나 사바하(娑縛賀, svāhā)를 추가하여 '기원하옵니다'로 끝나는 것이 이 진언의 온전한 형태이다.[77]

금강부진언(金剛部真言): 금강부 불보살님들의 출현을 기원하는 진언

"나모 사만다 못다남 옴 바아라 나바바야 사바하"
南無 三滿多 沒駄喃 唵 嚩日羅 納婆婆野 莎訶
namaḥ samanta-buddhānām oṃ vairodbhavāya svāhā
"어디에나 계시는 모든 부처님들께 귀의하옵고, 옴! 금강의 출현을 위해 기원하옵니다."

한글 진언집에 수록된 이 금강부진언은 대장경에서 볼 수 있는 금강부진언보다 짧고 내용도 전혀 다를 뿐만 아니라, 한국불교 이외의 불전들에서는 유례를 찾아볼 수 없다. 다만 이 진언의 후반부인 "옴 바아라 나바바야 사바하"는 『아촉여래염송공양법』을 비롯한 여러 불전들에 '금강부삼매야(金剛部三昧耶)진언'으로 설해

76) 蘇悉地羯囉經 권上(T 18: 607c): "嚩日囉 地嘞迦"; 蘇悉地羯羅經請問品(T 18: 668b): "唵 跋日囉 姪力"; 蘇悉地羯羅供養法 권1(T 18:710a): "唵 嚩日囉 特勒迦"

77) 奇特最勝金輪佛頂念誦儀軌法要(T 19:191a): "金剛部心真言曰. 唵 嚩日羅 地力迦 娑縛賀"
大虛空藏菩薩念誦法(T 20:603b): "即誦金剛部心真言 三遍, 頂左散印真言曰. 唵 嚩日囉 地力迦 娑嚩賀"

져 있다.[78] 그러므로 한국불교의 금강부진언은 금강부삼매야진언 앞에 "나모 사만다 못다남"(南無 三滿多 沒馱喃)을 추가하여 조합한 진언으로 간주된다.

참고로 『소실지갈라경』과 『고려국신조대장교정별록』에 완전히 동일한 내용으로 수록된 금강부진언[79]이 『소실지갈라공양법』에는 '금강부정수주(金剛部淨數珠)진언'으로 수록되어 있다. 이 진언[80]의 내용을 풀이하면 다음과 같다.

> 那謨 羅怛囊 怛羅夜也 那莽 室戰拏 嚩日囉 簸儜曳 摩訶藥乞沙 細囊鉢跢曳 唵 枳里 枳里 勞捺哩尼 莎訶
> (나모 라다나 다라야야 나망 실전나 바아라 파녕예 마하약걸사 세나발다예 옴 지리 지리[81] 노나리니 사바하)
> namo ratna-trayāya namaś caṇḍa-vajra-paṇaye

---

78) 阿閦如來念誦供養法(T 19:16c): "金剛部三昧耶真言曰. 唵 嚩日嚧 納婆嚩野 娑嚩訶" 이와 동일한 명칭과 내용의 진언이 藥師如來觀行儀軌法(T 19:24a), 無量壽如來觀行供養儀軌(T 19:68b), 金剛童子持念經(T 21:133c) 등에도 수록되어 있다. 다만 『자씨보살약수유아염송법』에는 이와는 판이한 금강부삼매야진언이 수록되어 있다.

慈氏菩薩略修愈誐念誦法 권上(T 20:591b): "鄔鉡 蹉躭囉 滿陀 怛喇吒" (옴 바아라 만다 다라다) 이 진언의 범문은 아래와 같이 풀이된다.

oṃ vajra-bandha traṭ ("옴! 금강의 결박이여, 트라트!") 여기서 '다라다'의 원어인 트라트(traṭ)는 분노를 상징하는 종자이다.

79) 蘇悉地羯囉經 권中(T 18:617c) ; 高麗國新雕大藏校正別錄 권7(K 38:559c): "金剛部真言曰. 囊謨 囉怛囊 怛囉夜也 囊莽 室戰拏 嚩日囉 簸儜曳 莽訶藥乞沙 細囊鉢多曳 唵 枳里枳里 嘮捺哩尼 莎訶"

80) 蘇悉地羯羅供養法 권2(T 18:714c): "次說金剛部淨數珠真言曰 … (아래의 한문과 범문) …" 여기에 실담자로 병기한 범문은 매우 정확하다.

81) 지리(枳里)는 키리(kiri)의 음역으로 '분산시키다'라는 의미의 동사 √kṝ에서 파생된 말이다. Wayman(1985:36)에 따르면 이 동사의 명령형은 kira이지만, 진언에서는 어간인 kir를 반복하면서 kiri로 바꾸어 사악한 힘을 흩뜨린다는 의미로 사용한다.

mahā-yakṣa-sena-pataye oṃ kiri kiri raudriṇi svāhā

"삼보에 귀의하옵고, 손에 금강저를 쥔 무서운 분이시요 야차 군대의 우두머리이신 위대한 분께 귀의하옵니다. 옴! [사악한 힘들을] 흩뜨려 버리고 흩뜨려 버리소서, 격노하시는 분께 기원하옵니다."

금강수보살진언(金剛手菩薩真言): 금강수보살님께 기원하는 진언

"옴 바아라 바나예 사바하"
唵 嚩日羅 鉢拏曳 娑嚩訶
oṃ vajra-pāṇaye svāhā
"옴! 금강수[보살]님께 기원하옵니다."

이 진언의 전거는 『묘길상대교왕경』에서 찾을 수 있다.[82] 『조상경』의 경우에는 이 진언을 용천사본(1575년)에서부터 수록했지만, 한글 진언집의 경우에는 만연사본(1777년)에서부터 수록했다. 그러나 『대비로자나성불신변경』에서는 이것과는 다른 내용의 진언을 금강수보살진언으로 설한다.[83]

금강심인주(金剛心印呪) → 금강바라밀보살진언

---

82) 妙吉祥平等祕密最上觀門大教王經 권3(T 20:922c): "金剛手菩薩 … 唵 嚩日囉 鉢拏曳 娑嚩賀"

83) 大毘盧遮那成佛神變經 권2(T 18:119b): "金剛手菩薩真言曰(縛日羅跛抳). 曩莫三滿多 嚩日羅赧 唵 嚩日羅 播抳 嚩日囉 薩怛嚩 吽" 이 진언을 범문으로 복원하여 풀이하면 다음과 같다.
"나모 사만다 바아라난 옴 바아라 바니 바아라 사다바 훔"
namaḥ samanta-vajrāṇāṃ oṃ vajra-pāṇe vajra-sattva hūṃ
"어디에나 계시는 모든 금강님들께 귀의하옵고, 옴! 금강수[보살]이신 금강살타이시여, 훔!"
금강수와 금강살타(金剛薩埵)에 관해서는 °봉송진언 참조.

금강심진언(金剛心真言): 금강 같은 마음을 찬탄하는 진언

"옴 오류니 사바하"
唵 烏倫尼 娑嚩賀
oṃ hṛdi(?) svāhā
"옴! [금강 같은] 마음이여, 기원하옵니다."

이 진언은 『금강경주해』에 수록된 금강심진언과 동일하다.[84] 그러나 대장경에서는 이와는 내용이 다른 두 종류의 금강심진언을 볼 수 있다. 먼저 『불설보장신대명만나라의궤경』의 금강심진언은 약간 다르다.

"하라다 사나야 사바하"
賀囉哆 娑曩野 娑嚩賀[85]
hṛd-āsanāya(?) svāhā
"[금강 같은] 마음에 안주하기를 기원하옵니다."

다음으로 『금강정경유가관자재왕여래수행법』의 금강심진언은 아래와 같고, 『금강정유가청경대비왕관자재념송의궤』의 경우도 그 의미는 이와 동일하다.

"옴 승하라 바나마"
唵 僧訶囉 鉢娜麼[86]
oṃ saṃhara padma
"옴! 집중하게 하소서, 연꽃이여!"

---

84) 金剛經註解 권4(X 24:818c): "唵 烏倫尼 娑婆訶"
85) 佛說寶藏神大明曼拏羅儀軌經 권下. T 21, p. 347c.
86) 金剛頂經瑜伽觀自在王如來修行法. T 19, p. 77c.
金剛頂瑜伽青頸大悲王觀自在念誦儀軌(T 20:494a): "唵 僧賀囉 鉢納麼"

나무감로왕여래진언(南無甘露王如來真言) → 감로왕여래진언

나무광박신여래진언(南無廣博身如來真言) → 광박신여래진언

나무다보여래진언(南無多寶如來真言) → 다보여래진언

나무묘색신여래진언(南無妙色身如來真言) → 묘색신여래진언

나무이포외여래진언(南無離怖畏如來真言) → 이포외여래진언

다보여래진언(多寶如來真言): 다보여래님께 귀의하는 진언

> "나모 바아바제[데] 바라보다 아라다나 다타아다야"
> 曩謨 婆誐嚩帝 鉢囉部多 阿囉怛那 怛佗誐多野
> namo bhagavate prabhūta-ratnāya tathāgatāya
> "보배를 구족하신 여래(다보여래)이신 세존께 귀의하옵니다."

『불설구발염구아귀다라니경』에서 설하는 다보여래진언은 이와는 약간 다르다. 이 진언에서는 다보여래의 의미가 '보배를 구족하신 여래'에서 '지혜를 보배로 구족하신 여래'로 다음과 같이 바뀌어 있다.

> "나모 바아바제[데] 바라지나 보다 라다나 다타아다야"
> 曩謨 婆誐嚩帝 鉢囉枳孃 部多 囉怛曩 怛他孽多也
> namo bhagavate prajñā-bhūta-ratna-tathāgatāya
> "지혜를 보배로 구족하신 여래(다보여래)이신 세존께 귀의하옵니다."

『불설구발염구아귀다라니경』은 이와 아울러 다보여래진언의 효능을 다음과 같이 설명한다.

> 다보여래의 명호를 부르며 가지(加持)함으로써, 일체의 모든 귀신

들이 많은 생을 거쳐 오면서 지은 인색한 악업을 부수어 없애고 곧 원만한 복덕을 얻을 수 있게 한다.[87]

『석문의범』에는 다보여래진언이 '나무다보여래'[88]라는 명칭으로 수록되어 있는데, 이의 전거는 『염라왕공행법차제』, 『시제아귀음식급수법』, 『시식통람』에서 찾을 수 있다. 다만 다보여래는 보승여래(寶勝如來)로 불리기도 하므로 『염라왕공행법차제』와 『시제아귀음식급수법』에서는 이 진언의 명칭을 '나무보승여래'로 기재한다. 이들 두 불전에 수록된 진언의 음역은 범문과 정확하게 합치한다.[89]

위의 한글 진언집에서 아라다나(阿囉怛那)는 범문에 있는 라트나야(ratnāya)의 음역이지만 발음이 범문과는 합치하지 않는다. 그러나 『염라왕공행법차제』, 『시제아귀음식급수법』, 『시식통람』에는 이것이 라다나야(囉怛曩耶, 囉怛曩也, 囉怛曩野)로 음역되어 범문과 합치한다. 라다나야의 범어 ratnāya는 보배(寶)를 의미하는 ratna의 여격이다. 『불설구발염구아귀다라니경』에서는 '라다나야'가 라다나(囉怛曩, ratna)로 표기되어 있으므로 '보배'라는 의미는 동일하다. 아라다나(阿囉怛那)는 원래 광박신여래진언에

---

87) 佛說救拔焰口餓鬼陀羅尼經(T 21:465a): "由稱多寶如來名號加持故, 能破一切諸鬼多生已來慳悋惡業, 即得福德圓滿."

88) 安震湖(1935下) p. 253.

89) 焰羅王供行法次第(T 21:375c): "曩謨 婆誐嚩帝 鉢囉保陀 囉怛曩耶 怛侘誐哆耶. 曩謨寶勝如來 除慳貪業 福德圓滿." 여기서는 "인색하고 탐욕스러운 업을 제거하여 복덕이 원만하다."(除慳貪業 福德圓滿)라고 이 진언의 효능을 약술한다. 施諸餓鬼飮食及水法(T 21:467c)에 수록된 내용은 이와 동일하지만, 진언에는 실담자가 병기되어 있다.
施食通覽(X 57:104b): "南謨多寶如來. 曩謨 婆誐嚩帝 鉢囉部哆 囉怛曩野 怛佗蘖跢野."

해당하므로, 이것은 한글 진언집의 착오일 것으로 간주할 수 있다.90)

답살무죄진언(踏殺無罪真言): 무의식중에 생물을 밟아 죽인 죄를 참회하는 진언

"옴 일디 유리 사바하"
唵 伊羅致 愈哩 莎賀
oṃ nirṛti(?) nari(?) svāhā
"옴! [악업을] 파괴하시는 여신님께 기원하옵니다."

일제강점기에 발간된 『석문의범』과 『불자필람』은 위의 진언 중 '일디 유리(伊羅致 愈哩)'가 이제리니(尼帝里尼)로 바뀐 답살무죄진언을 수록했으나, 한글 진언집 중에서는 망월사본에만 이 진언의 한글과 한자가 위와 같이 수록되어 있다. 대장경에는 답살무죄진언으로 불리는 진언을 언급한 사례가 없다. 그러나 한글 『진언집』의 신증(新增)에 수록된 이 진언이 중국불교의 의례서로서 성기(性祇, 1569~1636) 스님이 1633년에 편찬한 『비니일용록』에서 유래한다는 사실은 『밀교개간집』과 『일용작법』으로 알 수 있다.

먼저 『비니일용록』에는 "唵 逸地律尼 莎訶"라는 내용의 진언이 정하단게주(正下單偈呪)로 수록되어 있다. 여기서 정하단게주는 "발을 내려놓을 때 마땅히 바라옵건대, 중생이 마음으로 해탈을 얻어 편안하게 머물고 동요하지 않기를"이라는 서원과 함께 원여

---

90) 광박신(廣博身)여래진언에 있는 아라다나(阿囉怛那)의 범어 gātrāya는 '[광박]신(身)[여래]께'라는 의미이고, 이 다보(多寶)여래진언 있는 라다나야(囉怛囊野)의 범어 ratnāya는 '[다]보(寶)[여래]께'라는 의미이다. 이처럼 의미로 보더라도 한글 『진언집』의 다보여래진언에서 아라다나(阿囉怛那)는 라다나야(囉怛囊野)의 착오임이 분명하다.

즉시생정토(願汝即時生淨土), 즉 정토에 즉시 왕생하기를 원하여 읊는 진언이다.91) 그런데 『밀교개간집』에서는 이와 동일한 용도로 읊는 진언을 '답살무죄진언'으로 수록하고 이 진언의 내용을 한글로만 "옴 일디유리 사바하"라고 제시했다.92) 그러므로 『밀교개간집』은 정하단게주의 내용인 "唵 逸地律尼 莎訶"를 한글 『진언집』의 답살무죄진언과 동일시하고 "옴 일디유리 사바하"로 읽었음을 알 수 있다.

여기서 주목해야 할 것은 답살무죄진언의 '伊羅致 愈哩'와 정하단게주의 '逸地律尼'가 동일한 말이기 때문에, 한글로는 모두 '일디 유리'로 읽었다는 사실이다. 이와 더불어 밀교의 불전들에는 전혀 용례가 없는 이 일디유리(逸地律尼)의 정체를 파악하기 어렵다는 난관에 봉착한다. 중국에서 찬술된 의례서들이 이 진언의 逸地律尼를 제각각 다양하게 표기하여 혼잡한 양상을 드러내는 것도 이 때문일 것으로 생각된다. 예를 들면 逸地律尼는 ①일제율니(逸帝律尼), ②심제율니(深諦律尼), ③일제율의(逸帝律儀), ④일제율야(逸帝律耶) 등으로 표기되어 있다.93)

---

91) 毗尼日用錄(X 60:145c): "正下單偈呪云 … 下足住時 當願眾生 心得解脫 安住不動 … 願汝即時生淨土. 唵 逸地律尼 莎訶" 여기서 제시한 서원(밑줄)은 『화엄경』에 있는 게송(大方廣佛華嚴經 권14, T 10:70b)을 인용한 것이다.

92) "踏殺無罪真言. 下足住時 當願衆生 心得解脫 安住不動 … 옴 일디유리 사바하" 朴世敏(1993, 제3집) p. 257a. 『밀교개간집』에서는 이처럼 답살무죄진언을 한글로만 기재했고 『일용작법』(朴世敏 1993 제3집:547b)도 이와 동일하지만 '일디유리'를 '이뎨리니'로 표기했다. 이뎨리니는 尼帝里尼의 독음일 것이다.

93) ①毗尼日用切要(X 60:157b): "下單 … 願汝即時生淨土. 唵 逸帝律尼 莎訶"
②宗門拈古彙集 권11(X 66:63b): "深諦律尼 娑婆訶"
③律苑事規 권8(X 60:126): "願汝即時生淨土. 唵 逸帝律儀 娑婆訶"
④律學發軔 권下(X 60:571b): "願汝一時生淨土. 唵 逸帝律耶 娑婆訶"

그러나 문제는 여기에 그치지 않는다. 『사미율의요략증주』에서는 이 용어들이 지리일리(地利日利)로 바뀌었으나, 정토에 즉시 왕생하기를 원하여 읊는다는 진언의 용도는 동일하다. 또한 『선문제조사게송』에서는 地利日利를 지리혈리(地哩穴哩)로 표기하여 동일한 용도의 조신하상염게주(早辰下床念偈呪)로 수록했다.[94] 진언의 명칭으로 보면 조신하상염게주는 새벽에 침상에서 내려오면서 염송하는 주문이고, 『비니일용록』에서 지칭한 정하단게주(正下單偈呪)는 평상 또는 침상에서 바르게 내려오면서 읊는 주문이므로, 두 진언의 취지는 동일하다.

그런데 『비니일용록』에서는 地利日利로 표기한 진언을 逸地律尼로 표기한 '정하단게주'와는 구분하여 행보불상충게주(行步不傷蟲偈呪), 즉 '걸어가면서 벌레를 해치지 않기 위해 읊는 주문'으로 수록했다. 그리고 이 진언 앞에 제시한 서원도 "발을 들어 움직일 때 마땅히 바라옵건대, 중생이 생사의 바다에서 벗어나 온갖 선한 법을 갖추기를"이라고 제시하여, 정하단게주와는 차별했다.[95] 그러나 『제경일송집요』에서는 동일한 용어의 음역일 것으로 보이는 地利日哩와 地利日利를 구분하여 전자의 경우는 하상주(下床呪), 후자의 경우는 행보불상충주(行步不傷蟲呪)로 호칭했다.[96] 여기서 '하상주'라는 명칭은 정하단게주 또는 조신하상염게주의 통칭일

---

94) 沙彌律儀要略增註 권下(X 60:258a): "願汝即時生淨土 … 唵 地利日利 莎訶" 禪門諸祖師偈頌(X 66:751b): "早辰下床念偈呪 … 願汝即時生淨土. 唵 地哩穴哩 莎訶"

95) 毗尼日用錄(X 60:145c): "行步不傷蟲偈呪云. <u>若舉於足 當願眾生 出生死海 具眾善法</u>. 唵 地利日利 娑婆訶" 진언 앞의 서원(밑줄)은 『화엄경』에 있는 게송(大方廣佛華嚴經 권14, T 10:70b)을 인용한 것이다.

96) 諸經日誦集要 권中(J 19:160c): "下床呪, 唵 地利日哩 莎訶. 行步不傷蟲呪, 唵 地利日利 娑婆訶"

것으로 이해되고, 행보불상충주는 행보불상충게주와 합치한다. 그러나 중국불교의 의례서들에서 후자(행보불상충주)는 행로불상충주(行路不傷蟲呪) 또는 거족행보불상충주(舉足行步不傷虫呪)로도 불리는데, 이 경우에는 한결같이 동일한 서원과 '地利日利'라는 표기를 채택한다.97)

이처럼 중국불교에서는 답살무죄진언의 원조에 해당하는 진언이 매우 혼잡한 양상을 드러낼 뿐만 아니라, 이와 병행하여 진언의 의미도 간파하기 어렵다. 진언의 핵심 용어로서 일디유리(逸地律尼)를 비롯한 逸帝律尼, 深諦律尼, 逸帝律儀, 逸帝律耶 등은 범어의 음역이 아니라 중국에서 한자로 지어낸 조어인 것처럼 보일 수도 있다. 예컨대 일지(逸地)와 일제(逸帝)는 율장에서 비구와 비구니에게 적용하는 바일제(波逸提)을 일컫고, 율니(律尼)는 비구와 비구니의 율을 함축하여 일컫는 말일 것으로 추정할 수도 있다.98) 그러나 바일제는 참회로써 해소되는 정도의 가벼운 죄에 해당하므로, 이 진언의 취지와는 그다지 부합하지 않는다. 예시한 용어들이 포함된 진언들은 한결같이 "정토에 즉시 왕생하기를 원하

---

97) 毗尼日用切要(X 60:157b): "行步不傷蟲. 若舉於足 當願衆生 出生死海 具衆善法. 唵 地利日利 莎訶"
律學發軔 권下(X 60:571b): "行路不傷蟲. 念偈曰. 若舉于足 當願衆生 出生死海 具衆善法. 唵 地利日利 娑婆訶"
經律戒相布薩軌儀(X 60:800c): "舉足行步不傷虫呪. 若舉於足 當願衆生 出生死海 具衆善法. 唵 地利日利 娑婆訶"
諸經日誦集要 권中(J 19:160c): "行步不傷蟲咒. 唵 地利日利 娑婆訶"

98) "謂比丘律 尼律 犍度 條部 毗尼 增一"(四分律疏 권1. X 41:540)과 같은 서술에서 比丘律과 尼律을 '律尼'로 통칭했을 수도 있다. 이 같은 추정을 적용하면 심제율니(深諦律尼)의 경우에는 '심오한 진리가 담긴 비구·비구니의 율'이라는 뜻으로 해석될 수 있고, 율의(律儀)는 율니(律尼)의 동의어로 간주할 수 있다. 그러나 이 같은 추정도 율야(律耶)에는 일관하여 적용하기 어렵다는 데서 무리가 있다.

여"(願汝即時生淨土) 읊는다는 용도가 명시되어 있기 때문이다.

더욱이 한자의 조어(造語)가 아니라 필시 음역일 것인 지리일리(地利日利/地利日哩)와 지리혈리(地哩穴哩)는 逸地律尼 등과 동일한 용도의 진언으로 간주되기도 하지만, 명칭은 하상주 또는 행보불상충주 등으로 서로 다른 진언인 것처럼 구분되기도 한다. 이 경우에 地利/地哩와 日利/穴哩는 각각 다라니에서 흔히 중첩적으로 사용되는 dhili 또는 dhiri와 hili의 음역일 가능성이 커 보인다. 그러나 그 의미가 모호하거나 진언의 용도와는 부합하지 않는다.[99]

이상과 같이 답살무죄진언에 해당하는 진언은 중국에서조차 그 의미가 모호한 오리무중의 상태로 사용되었던 것으로 보인다. 그럼에도 이 진언이 널리 통용되었다는 사실은『조선불교통사』에도 반영되어 있다.[100]

한국불교의 답살무죄진언은 명칭으로 보면 행보불상충주 또는 행보불상충게주의 취지와 합치한다. 그렇지만 진언의 내용으로 보면 한글『진언집』의 답살무죄진언에서 표기한 '일디 유리'(伊羅致 愈哩)는 정하단게주의 '逸地律尼'와 행보불상충주의 '地利日利'

---

99) 밀교의 진언에서 흔히 地利/地哩로 음역되는 dhili 또는 dhiri는 √dhṛ(지탱하다)의 2인칭 단수 명령법인 dhara의 변형일텐데, 八田幸雄(1985:72, 430번)과 坂内龍雄(1981:254)은 dhiri를 각각 '마음을 정하라'와 '기억해 지니라'로 번역한 사례가 있다. 그리고 Castro Sánchez(2011:73)에 의하면 진언에서 중첩적으로 사용되는 hili는 이해할 수 없는 대표적인 용어들 중의 하나로 꼽힌다.

100) 朝鮮佛教通史 下編(B 31:738b): "曩謨 三滿多 沒馱喃 唵 秫帝律尼 娑縛訶 十六字(父母往生淨土真言)" 여기서 '秫帝律尼'는 逸帝律尼의 오기일 것이다. 이로써 한국불교에서는『비니일용록』등을 통해 잘 알려진 기존의 진언 앞에 '나모 사만다 못다남'(曩謨 三滿多 沒馱喃)이라는 정형구를 붙여, '부모왕생정토진언'으로 사용하기도 했음을 알 수 있다.

라는 표기와는 판이하다. 어쩌면 두 계열의 표기를 절충했을 가능성도 있는 답살무죄진언은 逸地律尼에 해당하는 표기를 '伊羅致二合 愈哩'로 바꾸어 독자적인 관점을 여실하게 드러낸다. 이 표기에서 '二合'은 앞에 있는 두 글자가 이중 자음으로 이루어진 한 음절이라는 것을 표시하는데, 이 표기 자체로써 일디(伊羅致二合)가 범어라는 사실을 명시한다. 앞에서 중국불교의 사례를 다양하게 예시했지만, 이 경우에는 이런 표기를 사용한 예가 전무하다.

그러므로 한글 『진언집』에 병기된 실담자가 답살무죄진언의 범문을 파악할 수 있는 유일한 단서이지만, '일디 유리'를 실담자로 표기한 'jirṭi yori'는 범어로는 성립될 수 없는 구절이다. 그러므로 범어 음역의 사례들을 낱낱이 조사하여 이에 해당할 수 있는 범어를 추정할 수밖에 없다.

여기서는 일디(伊羅致)와 유리(愈哩)에 해당하는 범어를 각각 니르리티(nirṛtī)와 나리(narī)의 처격인 nirṛti와 nari로 추정했다. 이 둘을 연결한 "nirṛti nari"는 "니르리티(Nirṛtī) 여신에게"라는 의미가 된다. 『비니일용절요향유기』에서 이에 해당하는 진언을 생천녀주(生天女呪)로 제시한 것도 이 같은 이해의 반영일 수 있다.[101] 특히 Nirṛtī는 밀교 불전의 다라니에 '열리지'(涅哩底, 泥哩底)라는 음역으로 자주 언급된다. Nirṛtī는 지하 세계의 지배자로서 나찰과 동일시되는 파괴, 불행, 재앙의 여신이지만 그 파괴력은 번뇌를 척파하는 공덕으로 활용된다.[102] 『비로자나성불경소』에서는 Nirṛtī에 관해 "열리지(泥哩底)는 나찰의 주인이며 또한 부처님의 화신이다."[103]라고 설명하므로, 이 Nirṛtī에게 사소한 살생의 죄를

101) 毗尼日用切要香乳記 권上(X 60:170c): "願汝即時生淨土. 唵 逸帝律尼 莎訶(三遍. 此是生天女呪)"

102) 八田幸雄(1985) p. 118, 870번 참조.

참회한다는 것이 답살무죄진언의 취지일 것으로 이해할 수도 있다.

한편 '일디 유리'를 이제리니(尼帝里尼)로 기재한 『석문의범』과 『불자필람』의 답살무죄진언도 진언의 범문과 의미를 다음과 같이 추정하면, 그 취지는 위의 경우와 유사하다.

"옴 이제리니 사바하"
唵 尼帝里尼 娑婆訶[104)]
oṃ netṛṇi(?) svāhā
"옴! 처벌하시는 분께 기원하옵니다."

위의 진언에서도 '尼帝里尼'라는 음역어는 대장경의 어디에서도 유례를 찾을 수 없다. 이에 가장 근접한 범어로는 네트리니(netṛṇi)를 고려할 수 있는데, 이것은 인도자 또는 처벌자를 의미하는 netṛ의 처격이다. 어쨌든 한국불교의 답살무죄진언은 중국불교에서 정하단게주, 하상주, 행보불상충게주, 행로불상충주, 생천녀주 등으로 혼잡한 양상을 드러내는 해당 진언의 내용을 독자적으로 정비한 흔적이 돋보인다.

대불정수능엄신주(大佛頂首楞嚴神呪) → 수능엄신주

『능엄경』의 온전한 명칭은 대불정여래밀인수증요의제보살만행수능엄경(大佛頂如來密因修證了義諸菩薩萬行首楞嚴經)인데, 이 경전 제7권의 말미에는 장문의 다라니가 첨부되어 있다. 이 다라니를 일컫는 능엄주(楞嚴呪)는 '대불정수능엄신주' 또는 '대불정다라

---

103) 大毘盧遮那成佛經疏 권10(T 39:684a): "泥哩底 是羅刹主 亦佛化身也."
104) 安震湖(1935上) p. 92 ; 崔就墟・安錫淵(1931) p. 13.

니'로 불리기도 한다.[105] 그러나 여기서 말하는 대불정수능엄신주는 이 능엄주의 마지막 구절만을 분리한 진언이며, 한국불교에서는 흔히 '수능엄신주'로 통용되고 있다.

대위덕변식다라니(大威德變食陀羅尼): 한량없는 위엄과 덕으로 음식을 변화시키는 진언 → **무량위덕 자재광명승묘력 변식진언**

대원성취진언(大願成就真言) → **원성취진언**

도향진언(塗香真言): 도향을 공양하는 진언

"옴 바아라 언제[뎨] 악"
唵 嚩日囉 彦帝 虐[106]
oṃ vajra-gandhe gaḥ
"옴! '금강 같은 향기여, 가하!"

밀교 경전에서 설하는 도향진언의 종류는 매우 다양하고 대체로 이보다 길지만, 한글 진언집을 비롯한 한국불교의 여러 의례서에 수록된 이 도향진언과 합치하는 것으로 다음과 같은 예를 볼 수 있다.

唵 襪日囉 巘弟 虐[107]
鄔含 䟦耽囉 獻度 虐[108]

---

105) 중국의 선원에서 제정한 청규, 즉 칙수백장청규(勅修百丈清規, T 48), 환주암청규(幻住庵清規, X 63), 선림비용청규(禪林備用清規, X 63) 등에서 이 진언은 대불정만행수능엄신주(大佛頂萬行首楞嚴神呪)로도 불린다.

106) 한글 『진언집』에는 동일한 내용의 도향진언이 두 번 수록되어 있다. 둘째 도향진언에서는 언뎨(彦帝)를 안뎨(巘帝)로 기재했다.

107) 阿闍梨大曼荼攞灌頂儀軌. T 18, p. 189c.

108) 慈氏菩薩略修愈誐念誦法 권上. T 20, p. 592c. 여기에는 "oṃ vajra ganvo

위의 진언에서 악(虐)은 가하(gaḥ)의 음역이다. 이 사실은 『염송결호법보통제부』에서 이것을 '가(伽)'로 음역한 것으로도 확인할 수 있다.[109] 밀교의 종자에서 'gaḥ'는 금강도향(金剛塗香, Vajra-gandhā)보살을 지칭하는 성천(聖天)을 상징하는데, 이는 범어로 'ga'가 건달바(Gandharva)[110]를 의미하는 데서 유래한 것으로 보인다. 『불공견삭신변진언경』에는 이처럼 짧은 도향진언도 두 가지로 수록되어 있지만 그 내용은 상당히 다르다.

唵 鉢頭摩 健悌 濕縛哩 許[111]
(옴 바다마 건제 새바리 훔)
oṃ padma-gandheśvari hūṃ
"옴! 연꽃 같은 향의 여신이여, 훔!"

唵 黏麼攞 述悌 許[112]
(옴 닐마라 숫데 훔)
oṃ vimala-śuddhi hūṃ
"옴! 무구(無垢)하고 청정함이여, 훔!"

이상의 것들과는 달리 '나모 사만다 못다남'으로 시작하는 도향

---

gaḥ"로 실담자가 병기되어 있으나, 獻度를 'ganvo'로 표기한 것은 부정확하다.

109) 念誦結護法普通諸部(T 18:903bc): "塗香真言曰. 唵 跋折羅 㦎提 伽." 이 진언의 범문은 八田幸雄(1985) p. 129, 960번 ; 秋山 学(2012) p. 66.

110) 흔히 건달바(乾闥婆)라는 음역으로 잘 알려져 있는 Gandharva는 힌두교의 신화에서 천상의 악사로 묘사된다. 그러나 불교의 교학(특히 『구사론』)에서 Gandharva는 심향(尋香)으로 번역된다. 이 경우의 향(香)은 전생에 훈습된 업을 의미하고, Gandharva는 이 업을 찾아(尋) 여성의 모태로 들어가 생명체를 형성하기 때문에 '심향'으로 해석된다.

111) 不空羂索神變真言經 권19, T 20, p. 329a.

112) 不空羂索神變真言經 권23. T 20, p. 356c.

진언도 『대비로자나성불신변가지경』(이하 『대일경』) 등의 여러 불전에 교시되어 있다. 그런 만큼 널리 유통되었을 이 진언은 다음과 같이 풀이된다.

南麼 三曼多 勃馱喃 微輸馱 健杜 納婆嚩 莎訶[113]
(나모 사만다 못다남 미슈다 건두 나바바 사바하)
namaḥ samanta-buddhānāṃ viśuddha-gandhodbhava svāhā[114]
(… viśuddha-gandha-udbhava …)
"어디에나 계시는 모든 부처님들께 귀의하옵고, 청정한 향에서 발생하신 분이시여, 기원하옵니다."

한편 『대비로사나성불신변가지경연화태장비생만다라광대성취의궤』에서 교시한 도향진언은 "귀명(歸命) 미슈다 아도 나바바 사바하"[115]처럼 '귀명'으로 시작하는데, 이 경우의 '귀명'은 '나모 사만다 못다남'을 한마디로 축약하여 번역한 말이므로 위의 진언과 동일한 내용이다.

그런데 여기서 고찰하고 있는 한글 진언집의 도향진언은 불설대비공지금강대교왕의궤경(佛說大悲空智金剛大教王儀軌經, 이하 『대비공지금강경』으로 약칭)에서 설하는 5공양(供養)[116]의 진언 중

113) 大毘盧遮那成佛神變加持經 권2(T 18:13a): "塗香真言曰 …"
『대비로자나성불신변가지경연화태장보리당표치보통진언장광대성취유가』에서는 '나모 사만다 못다남' 다음의 낱말들을 분석하여 의미를 첨가했다.
大毘盧遮那成佛神變加持經蓮華胎藏菩提幢標幟普通真言藏廣大成就瑜伽 권上(T 18:150b): "塗香真言曰 … 曩莫 糝滿多 沒馱喃 尾(真言體)輸馱(淨)誐度(塗香)納婆嚩(發生) 娑嚩賀."

114) 이 범문은 胎藏梵字真言(T 18:165a)과 大日經持誦次第儀軌(T 18:184c)에 실담자로 정확하게 기재되어 있다.

115) 大毘盧舍那成佛神變加持經蓮華胎藏悲生曼荼羅廣大成就儀軌 권上(T 18:132b): "塗香真言曰. 歸命 尾輸馱 誐度 納婆嚩 娑嚩賀."

하나를 채택하지 않은 점에서 이례적이다. 5공양의 진언 중에서 이 도향진언을 제외한 다른 진언들(°헌등진언, °헌식진언, °헌향진언, °헌화진언)은 그 유래를 『대비공지금강경』에서 찾을 수 있기 때문이다.

한글 진언집의 도향진언은 『법계성범수륙승회수재의궤』(이하 『수륙수재의궤』)에 수록된 두 가지 도향진언 중에서 첫째117)를 채택한 것이다. 둘째 도향진언은 『대비공지금강경』에서 설하는 넷

---

116) 『대비공지금강경』의 원전에 해당하는 범본(*Hevajra-tantra*)에서 열거하는 다섯 가지 공양의 순서는 ①puṣpa(꽃), ②dhūpa(향 연기), ③dīpa(등불) 또는 āloka(광명), ④gandha(향기), ⑤naivedya(음식)이다. 중국에서는 이것들을 각각 ①화(華/花), ②소향(燒香), ③등명(燈明), ④도향(塗香), ⑤음식(飮食) 또는 헌식(獻食)으로 번역했다. 이 경우에는 향을 두 가지(②④)로 구분하기 때문에 종종 혼동을 야기한다. 예를 들면 이 다섯을 분리해 열거하지 않을 때는 ②dhūpa와 ④gandha를 묶어서 소향(燒香)으로 번역하고, ④gandha만을 소향으로 번역한 경우도 있다.
이 다섯 가지를 공양하는 진언의 범문은 *Hevajra-tantra*로 확인할 수 있고, 『대비공지금강경』의 진언도 대체로 이와 합치한다.
*Hevajra-tantra*라는 약칭으로 통용되는 범본의 본명은 *Mahātantrarāja-māyākalpa* 또는 *Hevajra-dākinījāla-sambara-tantra*로도 불린다. 서장본과 대조하면서 교정하여 출판한 Snellgrove(1959)에 의하면, 이 범본의 본명은 *Śri-hevajra-dākinījāla-saṃbara-mahātantrarāja*이다.
이 밖에 정형구를 사용하여 5공양의 각각에 사용하는 별도의 진언은 坂内龍雄(1981) pp. 180-1 ; Sørensen(2022) pp. 23-25 참조.

117) 『수륙수재의궤』: "塗香真言 唵 縛日囉 彦帝 虐." 朴世敏(1993, 제1집) p. 583a.
법계성범수륙승회수재의궤(法界聖凡水陸勝會修齋儀軌)는 중국의 남송(南宋) 시대에 지반(志磐) 스님이 찬술(1270년)했다. 이하에서 약칭으로 인용하는 『수륙수재의궤』는 선조 6년(1573) 충청도 속리산의 공림사(空林寺)에서 간행한 목판본이다. 이 『수륙수재의궤』는 조선시대의 성종 원년(1470)에 『수륙재의촬요』와 함께 간행되었다.

째 공양진언(즉 도향진언)에서 유래한 것이 확실하다. 아래의 비교로 알 수 있듯이, 둘째 도향진언(①)은 『대비공지금강경』의 진언(②)에서 맨 끝의 사바하(薩嚩訶)만 생략한 형태이기 때문이다.

①唵 嚩日囉 乾底 阿 吽[118)]
(옴 바아라 건저 아 훔)

②唵 嚩日囉 唵提 阿 吽 薩嚩訶[119)]
(옴 바아라 언제 아 훔 사바하)
oṃ vajra-gandhe āḥ hūṃ svāhā[120)]
"옴! '금강 같은 향기여, 아하! 훔! 기원하옵니다."

한글 진언집의 도향진언이 위의 진언을 채택하지 않은 이유는 간파하기 어렵다. 그럼에도 가장 그럴 듯한 이유로는 5공양의 진언들 중 다른 진언들은 『수륙재의촬요』에 수록되어 있으나 도향진언은 누락되었음을 들 수 있다. 후술한 고찰로 확인할 수 있듯이 5공양의 진언들 중 한글 진언집에 수록된 다른 진언들(°헌등진언, °헌식진언, °헌향진언, °헌화진언)은 『수륙재의촬요』를 전거로 들 수 있기 때문이다.

참고로 『금강정경』[121)]에서 정형구를 15회 이상 사용하여 설하

118) 『수륙수재의궤』: "塗香真言 唵 嚩日囉 乾底 阿 吽." 上同 p. 593a.

119) 佛說大悲空智金剛大教王儀軌經 권3. T 20, p. 595a.

120) *Hevajra-tantra* 2.1.4. Snellgrove(1959) p. 42.

121) 『금강정경』은 18회로 구성되어 10만 송에 이르는 방대한 경전으로 알려져 있지만 중국에서 완역되지는 않았고, 그 일부를 번역한 금강정일체여래진실섭대승현증대교왕경(金剛頂一切如來真實攝大乘現證大教王經) 3권을 흔히 '금강정경'으로 약칭한다. 이보다 더 많은 30권으로 번역한 『현증삼매대교왕경』은 전체 18회 가운데 초회(初會)에 해당하는 내용을 담고 있다.

는 각종 진언들 중에는 헌식진언을 제외한 5공양의 진언도 포함되어 있는데, 여기서는 도향진언에 해당하는 향(gandha) 공양의 진언을 이렇게 설한다.

唵 薩嚩 怛他誐哆 巘馱 布惹銘伽 三母捺囉 娑頗囉拏 三摩曳 吽[122)]
(옴 살바 다타아다 헌다 보아명가 삼모나라 사바라나 삼마예 훔)
oṃ
sarva-tathāgata-gandha-pūjā-megha-samudra-spharaṇa-samaye hūṃ[123)]
"옴! 서원하건대 모든 여래님께 올리는 향 공양[의 공덕]이 구름 바다처럼 퍼져 나가기를, 훔!"

동령진언(動鈴真言): 금강령을 치면서 읊는 진언

"옴 바아라 건다 도샤 혹"
唵 嚩日囉 建多 都史野 斛
oṃ vajra-ghaṇṭā-tuṣya hoḥ[124)]
"옴! 금강령(金剛鈴)의 희열이여, 호호!"

『조상경』에 수록된[125)] 이 진언이 안심사본과 만연사본의 한글

---

122) 金剛頂一切如來真實攝大乘現證大教王經 권下. T 18, p. 320a. 아래의 경우도 이와 동일한 진언이다.
金剛頂蓮華部心念誦儀軌(T 18:307bc): "唵 薩嚩 怛他誐多 巘陀 布惹咩伽 三母捺囉 薩發囉拏 三摩曳 吽"
新集浴像儀軌(T 21:489a): "獻塗香真言曰. 唵 薩嚩 怛佗誐多 巘馱 布惹謎伽 娑母捺囉 娑頗羅拏 三摩曳 吽."

123) 범문은 八田幸雄(1985) p. 200, 1631번 ; 秋山 学(2012) p. 71 ; Sørensen(2022) p. 24. 이 범문은 gandha(향)라는 말을 다른 말로 교체하면서 계속 반복되므로 정형구를 형성한다. 이 정형구 적용의 실례는 ° 헌좌진언[3] 참조.

124) 범문은 坂内龍雄(1981) p. 180 ; 八田幸雄(1985) p. 132, 993번.

진언집에는 명칭이 누락된 채 수록되어 있다. 대장경에서는 '동령진언'이라는 명칭을 볼 수 없으나, 『오대허공장보살속질대신험비밀식경』에서는 이와 동일한 내용의 진언을 영진언(鈴真言)으로 설한다.[126] 그리고 이 진언에 정작 합당할 명칭인 '금강령진언'의 내용은 후술할 °집령진언의 원조로 간주된다.

이 진언에서 혹(斛, hoḥ)은 경애(敬愛), 환희, 희열의 뜻을 표시하는 종자이다. 이 hoḥ는 흔히 唬(호)로 음역되고 斛(곡)으로도 표기되지만, 우리말의 진언에서는 모두 '혹'으로 읽는다. 둘 중에서 특히 斛은 중국어의 발음('후')이 hoḥ와 유사하기 때문이다.

그런데 『제반문』[127]을 비롯하여 『밀교개간집』과 『석문의범』 등에서는 이 진언의 종자를 혹(斛, hoḥ)이 아니라 훔(吽, hūṃ)으로 기재했다. 이는 착오가 아니라면, 훔(吽)이 금강부(金剛部)에 두루 통용되는 종자인 점을 고려했을 수도 있다. 특히 『밀교개간집』과 『석문의범』에서 이 진언을 "옴 바아라 건다도 사야 훔"(唵婆阿羅建多都 娑野 吽)[128]이라고 표기한 것은 범어의 구성을 고려하지 못한 띄어쓰기의 오류이므로, 이 중에서 '건다도 사야'는 '건다 도사야'로 읽는 것이 옳다.

멸악취진언(滅惡趣真言): 악취를 제거하는 진언

"옴 아모가 미로자나 마하모나라 마니 바나마 아바라 바라말다야 훔"

唵 阿謨伽 尾嚧左曩 摩賀母捺囉 麼抳 鉢納麼 入嚩攞 鉢囉抹哆野 吽

125) 朴世敏(1993, 제3집) p. 362a.

126) 五大虛空藏菩薩速疾大神驗祕密式經(T 20:609a): "鈴真言曰. 唵 嚩日羅 健吒 覩使也 斛."

127) 朴世敏(1993, 제2집) p. 529b.

128) 安震湖(1935下) p. 97.

om amogha-vairocana-mahāmudrā maṇi-padma-jvala pravarttaya hūṃ[129)]

"옴! 당신은 결실한 비로자나시요 위대한 수인(手印)이시니, 보주(寶珠)와 연꽃의 광명이시여, 장애 없이 나아가게 하소서. 훔!"

진언의 명칭에서 악취(惡趣)는 윤회의 세계인 육도(六道) 중에서 악업의 과보로 태어나는 곳이므로 '악도'라고도 불린다. 육도 중에서는 지옥, 아귀, 축생의 세계를 흔히 3악도라고 한다. 그런데 한글 진언집에는 이 진언이 내용은 동일하면서 음역만 약간 달리한 불공대관정광(不空大灌頂光)진언으로도 수록되어 있다. 대경장의 여러 불전들에서도 이와 동일한 내용을 '불공대관정광진언'으로 설하고 있으므로, 이것이 이 멸악취진언에 통용된 명칭이었을 것이다.

대장경의 불전 목록 중 『입당신구성교목록』과 『제아사리진언밀교부류총록』에는 1권으로 된 「범자(梵字) 멸악취진언」이 있었음을 기록하고 있으나[130)] 현존하지 않으므로 그 내용을 알 수는 없다. 그리고 『여래광효십종보은도량밀교』에 유일하게 수록된 멸악취진언은 다음과 같이 전혀 다른 내용의 진언이다.

---

129) 八田幸雄(1985:13, 50번)은 이 범문에서 "maṇi padma jvala"를 "maṇi-padma-jvala"(보주-연화-광명)라는 복합어로 파악하고, 이 구절을 "청정한 본성과 자비와 지혜의 덕이 있는 자여"라고 해석했다. 그에 의하면 이 진언은 대일여래의 진언으로서 일체의 모든 불보살을 총괄하는 주문이다. 이 때문에 이 주문을 수지(受持)하여 독송하면 무량무변의 공덕이 있어 일체의 죄장(罪障)을 소멸하여 제거할 수 있으므로, 생전에 저지른 중죄도 소멸하게 된다. 이와 관련된 다른 해석은 °불공대관정광진언 참조.

130) 入唐新求聖教目錄(T 55:1082b), 諸阿闍梨真言密教部類總錄 권上(T 55:1122b): "梵字滅惡趣真言 一本"

怛姪他 輸達泥 輸達泥 薩嚩波播 毗輸達泥 輸睇毗戍睇 薩嚩羯麼 毗戍睇 娑婆訶131)
(다냐타 수다니 수다니 살바바바 비수다니 수제비슈제 살바갈마 비슈제 사바하)
tadyathā śodhani śodhani sarva-pāpa-viśodhani
śuddha-viśuddhe sarva-karma-viśuddhe svāhā
"이에 읊어 아뢰옵나니 청정하고 청정하신 분이시여, 모든 죄악을 정화하시는 분이시여, 청정한 중에도 더욱 청정하신 분이시여, 모든 업을 완전히 정화하시는 분이시여, 기원하옵니다."

이 진언의 내용은 악업의 정화를 기원하는 점에서 '멸악취진언'의 취지와 부합하기는 하지만, 실제 의례에서는 그다지 통용되지 않았던 것으로 보인다.

멸업장진언(滅業障真言) → 관세음보살 멸업장진언

멸정업진언(滅定業真言): 정업(定業)의 소멸을 기원하는 진언

"옴 바라 마리다니 사바하"
唵 鉢囉 末哩馱額 莎訶
oṃ pra-mardani svāhā
"옴! 말끔히 씻어 주소서, 기원하옵니다."

한글 진언집에 수록된 이 진언의 명칭은 『제경일송집요』과 일치한다.132) 그러나 『작법귀감』과 『범음산보집』을 비롯한 한국불교의 의례서들에서는 이 진언을 『안락묘보』133)의 경우처럼 '지장보살멸정업진언'으로 일컫기도 한다.

---

131) 如來廣孝十種報恩道場密教 권下. Z, p. 346a.
132) 諸經日誦集要 권上(J 32:573b): "唵 缽羅 末鄰陀額 娑婆訶 (滅定業真言)"
133) 安樂妙寶(B 11:47a): "地藏菩薩滅定業真言. 嗡 鉢喇 嘛尼達你 司乏哈"

멸죄진언(滅罪眞言): 죄업을 소멸하는 진언

"옴 삼마니 사바하"
 唵 三摩尼 莎賀
oṃ saṃmaṇi svāhā
"옴! 참된 보주(寶珠)여, 기원하옵니다."

『제경일송집요』의 멸죄진언[134]과도 다른 이 진언은 한글 진언집과 『일용작법』을 통해 한국불교에서만 유통된 것으로 보인다. 이 진언의 범문에서 삼마니(三摩尼)의 범어를 saṃmaṇi로 기재한 것은 한글 진언집의 실담자에 따른 것이다.[135] 그러나 三摩尼의 마니(摩尼)는 불전에서 흔히 보주(寶珠) 또는 주(珠)로 번역되는 maṇi의 음역이기 때문에, 이 三摩尼는 '세 가지 마니'(tri-maṇi)를 지칭한 것일 수도 있다. 三摩尼가 '세 개의 보주'라는 의미로 구사된 용례는 다음과 같이 『경률이상』에서 볼 수 있다.

> 용왕은 '세 개의 마니'(三摩尼)인 보주를 골라서 한 개는 부처님께 올리고, 다른 한 개는 여러 스님들께 보시하고, 마지막 한 개는 도인에게 준다.[136]

만약 멸죄진언에서 말하는 三摩尼(saṃmaṇi)도 이 같은 의미를 고려했다면, saṃmaṇi의 saṃ은 '세 개'(tri)를 통합한 참된(saṃ) 것으로 이해할 수 있다. 접두사 saṃ은 '통합'의 의미로도 사용되기 때문이다.

다른 한편으로 三摩尼는 『제경일송집요』의 칠불멸죄주(七佛滅

134) 諸經日誦集要 권中(J 19:160c): "滅罪眞言 唵 牟尼 薩嚩賀"
135) saṃmaṇi는 범어의 정음인 sanmaṇi와 동일한 발음으로 통용될 수 있다.
136) 經律異相 권19(T 53:107c): "龍王選三摩尼珠 一以上佛 一以施眾僧 一與道人."

罪咒)[137]에서 말하는 삼모니(三牟尼)와 혼용되었을 가능성도 있다. 우선 이 칠불멸죄주는 다음과 같이 풀이할 수 있다.

唵 牟尼 牟尼 三牟尼 薩嚩賀
(옴 모니 모니 삼모니 사바하)
oṃ muni muni tri-muni svāhā
"옴! 성자(聖者)여 성자여, 세 분의 성자여, 기원하옵니다."

이 진언에서 모니(牟尼)는 거의 한결같이 '성자'를 의미하는 muni의 음역으로 사용된다. 그러므로 三牟尼는 '세 분의 성자'를 지칭하는데, 이 용례를 『구사론』에서 볼 수 있다.

또한 경(經)에서는 '세 분의 모니가 있다'고 설하며, 또한 경에서는 '세 가지의 청정이 있다'고 말하니, 그 셋은 다 같이 신(身)과 어(語)와 의(意)이다.[138]

이 설명에 따르면 '세 분의 모니'(삼모니)는 몸[身]과 말[語]과 생

137) 諸經日誦集要 권中(J 19:160c): "七佛滅罪咒 唵 牟尼 牟尼 三牟尼 薩嚩賀."
중국에서 『제경일송집요』을 편찬한 주굉(袾宏)의 생존 연대(1535~1615)로 보건대, 1569년에 간행된 안심사본의 한글 진언집이 『제경일송집요』을 참조했을 가능성은 희박하다. 釋惠敏(2017:60)에 의하면 『제경일송집요』의 편찬 시기는 1600년이다. 한편 『비니일용절요향유기』에서는 이 진언을 '칠불멸죄진언'으로 수록했으나, 이러한 진언은 『대방등다라니경』에서 유래한 칠불멸죄진언과는 전혀 다르다. 이에 관해서는 °칠불여래멸죄진언에서 상술한다.
毗尼日用切要香乳記 권下(X 60:198c): "唵 牟尼 牟尼 三牟尼 薩縛賀(三遍. 此是七佛滅罪真言)"

138) 阿毘達磨俱舍論 권16(T 29:84a): "又經中說有三牟尼 又經中言有三清淨 俱身語意."
『구사론』의 범본에서 삼모니(三牟尼)의 원어는 'trīṇi mauneyāni'(세 성자의 지위)로 기재되어 있다. 平川 彰(1977) p. 162b 참조.

각(意)으로 짓는 삼업의 청정을 의미한다. 이 같은 삼모니는 멸죄(滅罪)의 조건으로 충분하다. 그러므로 멸죄진언에서 말하는 삼마니(saṃmaṇi), 즉 '참된 보주'도 삼업의 청정을 비유한 것으로 이해하면, 멸죄의 취지와 부합하게 된다.

멸죄청정주(滅罪淸淨呪): 죄업을 소멸하여 청정하게 하는 주문

"①나모 하라[139]다나 다라야야 나모 아리야 바로기데[데] 새바라야 모디사다라야 [*[140]] 마하가로니가야 ②다냐타 옴 다례다례 도다례 도도다례 도다례 사바하"

①曩謨 喝囉怛曩 怛囉夜野 曩謨 阿哩也 嚩嚕枳帝 濕嚩囉野 冒地薩怛囉野 [*] 摩訶迦嚕抳迦野 ②怛你也佗 唵 哆唎哆唎 咄哆唎 咄咄哆唎 咄哆唎 娑嚩賀

①namo ratna-trayāya nama āryāvalokiteśvarāya bodhisattvāya [*] mahākāruṇikāya ②tadyathā oṃ tāre tāre tutāre tu tutāre tutāre svāhā

"①삼보에 귀의하옵고, 크나크신 자비를 구족하시고 성스러운 관자재보살[*]님께 귀의하오며, ②이에 읊어 아뢰옵나니 옴! 구제하고 구제하는 분이시여, 오직 구제하는 분이시여, 참으로 오직 구제하고 오직 구제하는 분이시여, 기원하옵니다."

한국불교의 의례서들 중에서는 한글 진언집이 거의 유일하게 '멸죄청정주'라는 명칭의 진언을 수록했다. 그런데 『종종잡주경』

139) 한글 진언집에서는 喝囉의 실담자를 'hara'로 적고 한글로는 '하라'로 표기했다. 이는 후술할 『종종잡주경』이나 『범음산보집』의 경우처럼, 범어 ra(라)를 曷囉(알라) 또는 喝囉(애라)로도 음역한 사례가 있음을 몰랐기 때문일 것이다.

140) 정형화되어 있는 근본다라니의 첫 구절(°정본관자재보살여의륜주 참조)을 인용하면서 이 위치에 있는 하나의 단어(mahāsattvāya)가 누락 또는 생략되었다.

에서 설한 멸죄청정주가 있음에도 불구하고 한글 진언집의 멸죄청정주는 사실상 『범음산보집』에 관욕게주(灌浴偈呪)로 수록된 진언의 후반부141)를 그대로 채택했음을 알 수 있다. 더욱이 양쪽의 '멸죄청정주'에는 약간의 차이가 있으므로, 한글 진언집의 멸죄청정주가 다음과 같은 『종종잡주경』의 멸죄청정주에서 유래했다고 단정하기는 어렵다.

①那謨 曷囉踄那 怛囉耶夜 那麼 阿唎耶 皤盧抧羝 鑠皤囉夜 菩提娑踄婆夜 麼訶娑踄婆夜 麼訶迦嚕孋迦夜 ②踄姪他 烏钟 多嚟 覩多嚟 覩嚟 皤闍囉 謨叉孋 娑婆訶142)
(①나모 알라다나 다라야야 나마 아리야 바로기데 새바라야 모디사다바야 마하사다바야 마하가로니가야 ②다냐타 옴 다례 도다례 도례 발사라 목차내 사바하)
①namo ratna-trayāya nama āryāvalokiteśvarāya bodhisattvāya mahāsattvāya mahākāruṇikāya ②tadyathā oṃ tāre tutāre ture vajra-mokṣaṇe svāha
"①삼보에 귀의하옵고, 크나크신 자비를 구족하시고 성스러운 관자재보살 마하살님께 귀의하오며, ②이에 읊어 아뢰옵나니 옴! 구제하고 오직 구제하는 분이시여, 강력하신 분께 금강 같은 해탈을 위해 기원하옵니다."

위의 진언에서 한글 진언집의 멸죄청정주와 다른 부분은 밑줄

141) "①曩謨 喝囉怛曩 怛囉夜野 曩謨 阿哩也 嚩嚕枳帝 伊濕囉野 冒地薩怛囉野 [*] 摩賀迦嚕抳迦野 ②怛你也他 唵 哆唎哆唎 咄哆唎 咄咄哆唎 咄哆唎 莎嚩賀." 김두재(2012) p. 522 ; 朴世敏(1993, 제3집) p. 82ab. 이 진언에서 '嚩嚕枳帝 伊濕囉野'(바로기데 이새라야)는 'valokita-īśvarāya'를 음역한 한자이다. 그러나 이것을 'valokiteśvarāya'로 읽는 것이 원칙이고, 이에 합당한 음역은 '嚩嚕枳帝 濕嚩囉野'(바로기데 새바라야)이다. 이에 따라 한글 진언집에서는 伊濕囉野(이새라야)만을 濕嚩囉野(새바라야)로 수정했다.

142) 種種雜呪經(T 21:639): "第一 滅罪清淨呪 …"

로 표시해 두었다. 첫째 구절(①)에 있는 마하사다바야(麼訶娑路婆夜), 즉 '마하살님께'라는 의미의 mahāsattvāya가 한글 진언집의 멸죄청정주에는 누락되어 있다. 짐작건대 이는 착오가 아니라, 마하살과 보살은 동의어이므로 '마하살'을 일부러 생략한 것일 수 있다. 여기서 관건이 되는 것은 다음과 같이 크게 다른 둘째 구절(②)이다.

멸죄청정주의 둘째 구절(②)

	한글 진언집	『종종잡주경』
독음	옴 다례다례 도다례 도도다례 도다례 사바하	옴 다례 도다례 도례 발사라 목차내 사바하
음역	唵 哆唎哆唎 咄哆唎 咄咄哆唎 咄哆唎 娑嚩賀	烏鈝 多嚟 覩多嚟 覩嚟 皤闍囉 謨叉孍 娑婆訶
범문	oṃ tāre tāre tutāre tu tutāre tutāre svāhā	oṃ tāre tutāre ture vajra-mokṣaṇe svāha
번역	옴! 구제하고 구제하는 분이시여, 오직 구제하는 분이시여, 참으로 오직 구제하고 오직 구제하는 분이시여, 기원하옵니다.	옴! 구제하고 오직 구제하는 분이시여, 강력하신 분께 금강 같은 해탈을 위해 기원하옵니다.

위의 대조에서 『종종잡주경』의 진언은 『대일여래검인』과 『불설유가대교왕경』에서 설하는 '다라보살(多羅菩薩)진언'과 『대일여래검인』에 수록된 '금강해탈(金剛解脫)진언'을 조합한 형태이다. 그리고 한글 진언집의 진언은 다라보살진언을 최대로 확장한 변형으로 간주되며, 이것과 거의 동일한 진언이 『관자재보살수심주경』에서 설하는 수심인주(隨心印呪)에 포함되어 있다.[143]

143) 다라보살진언: "oṃ tāre tutāre ture svāhā" 이에 관한 상세한 고찰은 °정신진언 참조.
금강해탈진언: "oṃ vajra-mokṣa muḥ" 관련 내용은 °봉송진언 참조.

목욕진언[1](沐浴真言): 목욕시키는 진언

"옴 바다모사니사 아모가 아례 훔"
唵 鉢頭暮瑟尼灑 旃暮伽 惹嚟 吽
oṃ padmoṣṇīṣa amogha-jale hūṃ
"옴! 연꽃 같은 육계(肉髻)를 지닌 분이시여, 견실한 물이여, 훔!"

이것은 한글 진언집에 수록된 3개의 목욕진언 중 첫째이며, 『불공견삭신변진언경』에 명시된 목욕진언과 동일하다.144) 진언에서 바다모사니사(鉢頭暮瑟尼灑)의 원어인 padmoṣṇīṣa(육계를 지닌 분)는 부처님의 본생담을 범어로 수록한 *Mahāvastu*(大事)에 부처님의 500가지 별호(別號)들 중 하나로 언급되어 있다.

목욕진언[2](沐浴真言): 목욕시키는 진언

"나모 사만다 못다남 옴 아아나 삼마삼마 사바하"
曩謨 三滿多 沒馱喃 唵 誐誐那 三摩三莫 莎訶
namaḥ samanta-buddhānām oṃ gagana samāsama svāhā
"어디에나 계시는 모든 부처님들께 귀의하옵고, 옴! 허공처럼 더 비교할 데 없이 평등한 분이시여, 기원하옵니다."

이 진언은 『석문의범』에도 수록되어 있으나145) 대장경에서는 이와 동일한 내용의 목욕진언이 발견되지 않는다.146) 『소실지갈

수심인주: "oṃ tāre tāre tutāre tu tutāre ture svāhā" 이에 관한 상세한 고찰은 °정신진언 참조.

144) 不空羂索神變真言經 권19(T 20:328c): "沐浴真言. 唵 鉢頭暮瑟抳灑 旃暮伽 惹嚟 許"

145) 安震湖(1935下) p. 105.

146) 이와 가장 유사한 목욕진언이 高峯龍泉院因師集賢語錄 권7(X 65:30b)에 "南無 三滿哆 沒馱喃 唵 毗鉢枳哩 薩訶"로 수록되어 있다. 그러나 이 진언

라경』의 「청문품」에서 설하는 목욕진언은 다음과 같이 간결하다.

唵 阿密栗底 虎件 抪[147]
(옴! 아마리디 훔! 발!)
om amṛte hūṃ phaṭ
"옴! [불사(不死)의] 감로수여, 훔! 팟!"

이보다 더 간결하게 발(抪, phaṭ)이라는 의성어가 없는 목욕진언도 있다.[148] 그러나 『소실지갈라공양법』에는 이 진언이 실담자와 함께 지송수(持誦水)진언으로 수록되어 있으며[149], 『금강정유가호마의궤』에는 쇄수진언(灑水真言)으로 수록되어 있다.[150]

목욕진언[3](沐浴真言) → **관욕진언**

묘색신여래진언(妙色身如來真言): 묘색신여래님께 귀의하는 진언

"나모 바아바제[뎨] 소로바야 다타아다야"
曩謨 婆誐嚩帝 素嚕婆野 怛佗誐多野
namo bhagavate surūpāya tathāgatāya
"형색이 훌륭한 여래(妙色如來)이신 세존께 귀의하옵니다."

『석문의범』에 수록된 이 진언의 명칭은 '나무묘색신여래'[151]이며, 이의 전거는 『염라왕공행법차제』, 『시제아귀음식급수법』, 『불

에서 '아아나 삼마삼마'(誐誐那 三摩三莫)를 대신하는 '毗鉢枳哩'는 유례가 전무하여 의미를 파악할 수 없는 음역이다.

147) 蘇悉地羯羅經 請問品 第一. T 18, p. 667a.

148) 七俱胝佛母所說準提陀羅尼經會釋 권上(X 23:753a): "唵 阿蜜哩帝 吽"

149) 蘇悉地羯羅供養法 권1(T 18:707b): "持誦水真言曰. 唵 闍沒嘌帝 許 泮吒"

150) 金剛頂瑜伽護摩儀軌(T 18:917c): "灑水真言曰. 唵 阿蜜哩諦 吽 發吒"

151) 安震湖(1935下) p. 253.

설구발염구아귀다라니경』에서 찾을 수 있다.[152] 이 불전들에서는 "추하고 천한 모습이 없어지고 상호가 원만하게 된다."(破醜陋形相好圓滿)라고 이 진언의 효능을 제시한다.[153]

무량수불설왕생정토주(無量壽佛說往生淨土呪): 무량수불이 설하신 대로 정토에 왕생하는 주문

"나모 아미다바야 다타가다야 다디야타 아미리 도바비 아미리다 싯담바비 아미리다 비가란데 아미리다 비가란다 가미니 가가나 기다가례 사바하"

南無 阿弥多婆夜 哆他伽哆夜 哆地夜他 阿弥唎 覩婆毗 阿弥唎哆 悉耽婆毗 阿弥唎哆 毗迦蘭帝 阿弥唎哆 毘迦蘭哆 伽弥膩 伽伽那 枳多迦隸 娑嚩賀

namo 'mitābhāya tathāgatāya tadyathā. om amṛte 'mṛtodbhave 'mṛta-siddhaṃ bhave 'mṛta-vikrānte 'mṛta-vikrānta-gāmini gagana kīrti-karī svāhā

"아미타[무량광(無量光)]여래님께 귀의하옵고 이에 읊어 아뢰옵니다. 옴! 불사(不死)에 도달하기를, 불사를 성취할 수 있기를, 불사에 도달하기를, 불사를 성취할 수 있기를, 불사를 넘어서기를, 불사를 넘어 더 나아가기를, 허공이여! 영광을 누리는 자가 되기를 기원하옵니다."

---

152) 焰羅王供行法次第(T 21:375c): "曩謨 婆誐嚩帝 蘇嚕婆耶 怛侘誐哆耶. 曩謨妙色身如來 破醜陋形 相好圓滿."
施諸餓鬼飮食及水法(T 21:467c): "曩謨 薄伽筏帝 蘇嚕波耶 怛他蘖多也. 曩謨妙色身如來 破醜陋形 相好圓滿." 위의 『염라왕공행법차제』와 동일한 내용이지만, 진언에 실담자를 병기한 점이 다르다.
佛說救拔焰口餓鬼陀羅尼經(T 21:465a): "那謨 婆誐嚩帝 素嚕波耶 怛他誐哆野(此云 南無妙色身如來)"

153) 특히 『불설구발염구아귀다라니경』(T 21:465a)에서는 "묘색신여래의 명호를 부르며 가지(加持)함으로써, 모든 귀신들의 누추하고 악한 형상을 부수어 곧 고운 모습을 구족할 수 있게 한다."(由稱妙色身如來名號加持故, 能破諸鬼醜陋惡形, 即得色相具足)라고 상술한다.

이 진언은 '불설왕생정토진언'으로도 불리지만, 한글 진언집에는 '무량수불설왕생정토주'로 수록되어 있으며, 『불설아미타경』에도 이 명칭으로 설해져 있다.[154] 다만 양쪽을 비교하면 한자까지 동일하지만, 한글 진언집에서는 '아미리다 비가란다'(阿弥唎哆 毘迦蘭哆) 앞에 '아미리다 비가란데'(阿弥唎哆 毗迦蘭帝)를 추가한 것만 다르다. 이는 『용서증광정토문』에서 설한 왕생정토진언[155]을 채택한 것으로 보인다.

무량수불진언(無量壽佛真言): 무량수불께 기원하는 진언

"옴 아미다바 하릭"
唵 阿彌哆婆 紇哩
om amitābha hrīḥ
"옴! '무량한 광휘'(아미타불)이시여, 흐리히!"

무량수불은 아미타불 또는 아미타여래로도 불린다. 『조상경』과 한글 『진언집』에 수록된 무량수불진언이 『묘길상평등관문대교왕경약출호마의』(이하 『대교왕경약출호마의』)에는 °오여래진언의 하나인 아미타여래진언으로 수록되어 있다.[156] 이 진언에서 하릭(紇哩, hrīḥ)은 무량수불 또는 아미타불을 상징하는 종자이다.

---

154) 佛說阿彌陀經(T 12:348b): "南無 阿彌多婆夜 哆他伽哆夜 哆地夜他 阿彌唎 都婆毘 阿彌唎哆 悉耽婆毘 阿彌唎哆 毘迦蘭哆 伽彌膩 伽伽那 枳多迦隷 莎婆訶" 이 진언은 돈황본(燉煌本)의 『불설아미타경』에 수록되어 있다.

155) 龍舒增廣淨土文 권4(T 47:263b): "往生淨土真言. 南謨 阿彌多婆夜 掇拕茄多夜 掇逮夜多 阿彌里 都婆毘 阿彌里掇 悉耽婆毘 阿彌里掇 毘加蘭帝 阿彌里掇 毘加蘭掇 加彌膩 茄茄那 止多加戾 娑婆訶"

156) 妙吉祥平等觀門大教王經略出護摩儀(T 20:935b): "阿彌陀如來 唵 阿弭多婆 紇哩以" 여기서 紇哩以는 범어 흐리히(hrīḥ)를 온전하게 음역한 표기이다.

무량수여래심주(無量壽如來心呪): 무량수여래의 마음을 헤아려 기원하는 주문

"옴 아마리다 제데체체 하라 훔"
唵 阿蜜栗哆 帝際 賀囉 吽
om amṛta-tejehara hūṃ
"옴! 불사(不死)의 빛을 가져오는 분이시여, 훔!

한글 진언집에 수록된 이 진언은 『대일여래검인』에 위의 범문과 일치하는 실담자와 함께 수록되어 있다.157) 그러나 『대불정광취다라니경』 등에서는 이 진언을 아미타불심주(阿彌陀佛心呪)로 설하는데158), 진언의 내용이 한글 진언집에 수록된 °아미타불심주와는 다르다. 이 같은 혼동은 아미타불(아마타여래)과 무량수불(무량수여래)이 동일한 부처님으로 간주된 데서 기인한 것으로 보인다.159) 이와 유사한 양상은 °아미타불심중심주의 경우에도 나타난다.

무량위덕 자재광명승묘력 변식진언(無量威德 自在光明勝妙力 變食真言): 한량없는 위엄과 덕, 걸림 없는 광명과 수승하고 묘한 힘으로 음식을 변화시키는 진언

---

157) 大日如來劍印(T 18) p. 201a.

158) 大佛頂廣聚陀羅尼經 권4(T 19:166a): "阿彌陀佛心呪. 唵 阿密利多 帝誓訶羅 吽"

159) 아래에 예시한 것처럼 동일한 내용의 이 진언을 불전에 따라 무량수여래심진언, 아미타불심주, 아미타불심진언으로 호칭한다.
樂邦文類 권1(T 47:162a): "無量壽如來心真言曰. 唵 阿蜜㗚多 帝際賀囉 吽"
密呪圓因往生集(T 46:1011c): "阿彌陀佛心呪. 唵 啊密㗚怛 矴幯曷囉 吽"
慧日永明寺智覺禪師自行錄(X 63:162b): "阿彌陀佛心真言 … 唵 阿密栗多 帝際賀囉 吽"

"나막 살바 다타아다 바로기데 옴 삼바라 삼바라 훔"[160)]
娜謨 薩嚩 怛他蘖多 嚩盧枳帝 唵 參婆囉 參婆囉 吽[161)]
namaḥ sarva-tathāgatāvalokite oṃ saṃbhara saṃbhara hūṃ
(namaḥ sarva-tathāgata-avalokite …)
"자재하신 모든 여래님께 귀의하옵니다. 옴! 베풀어 주시고 베풀어 주소서, 훔!"

『불설구발염구아귀다라니경』에 따르면 이 진언은 세존께서 "지금 수지(受持)하면 복덕과 수명이 모두 늘어날 것이다."라고 아난에게 설한 다라니이다.[162)] 『칠구지불모소설준제다라니경회석』에도 동일한 명칭과 내용으로 이 진언이 수록되어 있다.[163)] 그리고 이 진언이 『수륙수재의궤』에는 대위덕변식다라니(大威德變食陀羅尼)로 수록되어 있으며[164)], 『수륙재의촬요』에 따르면 '변식진언'

160) 진언의 내용을 한자로는 기재하지 않는 『밀교개간집』에서는 이 진언의 한글을 이와 같이 표기했다. 朴世敏(1993, 제3집) p. 249b.

161) 顯密圓通成佛心要集 권下(T 45:1004c): "次誦無量威德自在光明勝劣力變食真言 … 娜謨 薩嚩 怛他 蘖多 嚩盧枳帝 唵 參婆囉 參婆囉 吽." 『현밀원통성불심요집』에서는 이 진언의 한자들 앞에 낱낱이 실담자를 병기했는데, 이 실담자들을 연결하면 진언의 범문은 아래와 같이 완성된다.
"namo sarva-tathāgatāvalokite oṃ saṃbhara saṃbhara hūṃ"
이 범문에서 namo는 namaḥ로 교정해야 하는데 『밀교개간집』에는 정확하게 'namaḥ'로 표기되어 있다.

162) 佛說救拔焰口餓鬼陀羅尼經(T 21:464c-465a): "부처님께서 아난에게 말씀하셨다. '무량위덕자재광명수승묘력이라는 다라니가 있으니 … 아난아! 너도 지금 수지하면 복덕과 수명이 모두 늘어날 것이다.' 이때 세존께서는 아난을 위해 다라니를 이렇게 설하셨다. …" (佛告阿難 有陀羅尼 名曰無量威德自在光明殊勝妙力 … 阿難! 汝今受持福德壽命皆得增長. 爾時 世尊即為阿難說陀羅尼曰. 那謨 薩嚩 怛他蘖多 嚩盧枳帝 唵 參婆囉 參婆囉 吽.)

163) 七俱胝佛母所說準提陀羅尼經會釋 권下(X 23:777a): "次誦無量威德自在光明勝妙力變食真言. 合掌加持二十一遍 真言曰. 娜謨 薩嚩 怛他孽跢 嚩路枳帝 唵 三跋囉 三跋囉 吽."

164) "加持大威德變食陀羅尼 … 曩謨 薩哩嚩 怛他葛哆 嚩盧枳帝 唵 三跋囉 三跋囉

이라는 약칭으로 통용되었음을 알 수 있다. 『수륙재의촬요』에서는 이와 동일한 내용의 진언을 두 차례에 걸쳐 '변식진언'으로 명시하기 때문이다.165)

그런데 특이하게도 한글 진언집에는 이처럼 뿌리 깊은 이 진언이 수록되어 있지 않다.

무병수진언(無甁水真言): 해우소의 물이 청정해지기를 기원하는 진언

"옴 정체혜체 사바하"
唵 定體醯體 莎訶
oṃ ---- svāhā
"옴! 정체혜체여, 기원하옵니다."

대장경뿐만 아니라 한글 진언집에도 없는 정체불명의 이 진언을 『불자필람』과 『석문의범』에서는 입측오주에 추가하여166) 수록했다. 이 진언에서 정체혜체(定體醯體)는 범어의 음역이 아니라 한자의 조어로서 그 의미가 명확하지 않다. 진언의 취지를 고려하면 정체(定體)는 고이는 물, 혜체(醯體)는 원래의 상태로 환원하는 물을 의미하는 듯하다. 이와 관련하여 『불설여의륜연화심여래수행관문의』에 수록된 아래의 정수진언(淨水真言)은 '정체혜체'의

吽." 朴世敏(1993, 제1집) p. 611a.

165) "變食真言曰 … 曩謨 薩哩巴 怛他葛哆 嚩路枳帝 唵 三把囉 三把囉 吽." 朴世敏(1993, 제1집) p. 634b. 두 번째의 변식진언에서는(p. 638a) 薩哩巴(sarva)가 薩嚩(살바)로 바뀌었다.

166) 崔就墟・安錫淵(1931) p. 136 ; 安震湖(1935下) pp. 166-7. 여기서는 '입칙오주'라는 제목으로 입칙진언, 세정(洗淨)진언, 세수(洗手)진언, 거예(去穢)진언, 정신(淨身)진언, 무병수진언을 차례로 열거한다. 그러나 무병수진언은 『치문경훈』(T 48:1092b)에 수록된 5주에 포함되지 않는다.

의미를 이해하는 데 참고할 만하다.

唵 戍弟 耨戍馱曩野 娑嚩訶[167]
(옴 슈제 누슈다나야 사바하)
oṃ śuddhe viśodhanāya svāhā
"옴! 청정함이여, 정화를 위해 기원하옵니다."

위의 진언에서 슈제(戍弟: 청정함)와 누슈다나야(耨戍馱曩野: 깨끗이 씻어 냄)은 각각 무병수진언의 定體와 醯體에 상당한다.

문수사리법인주(文殊師利法印呪): 문수사리보살의 법을 결인(結印)하는 주문

"옴 바계다 나마 사바하"
唵 婆計陀 那摩 莎訶
oṃ vākye da namaḥ svāhā
"옴! 금언(金言)이여, 베푸심이여, 귀의하옵고 기원하옵니다."[168]

한글『진언집』에서는 이 진언을 이와 같이 띄어 읽는다. 그러나 범문에 맞추면 '바계다 나마'는 ''바계 다 나마'라고 읽는 것이 타당하다. 이 진언은 문수사리보살법인주(文殊師利菩薩法印呪)로도 불리는데, 띄어 읽는 방식이 다르게 표기되어 혼동을 자아낸다. 특히 마지막의 사바하(莎訶)를 제외하면 이 진언의 내용은 문수보살육자(文殊菩薩六字)진언과 동일하게 된다.

---

167) 佛說如意輪蓮華心如來修行觀門儀(T 20:221a): "淨水真言曰. 唵 戍弟 耨戍馱曩野 娑嚩訶."

168) 八田幸雄(1985:185, 1511번)은 금언을 '변설하시는 분'(辨說尊), 베푸심을 '베풀어 주시는 분'(布施尊)으로 해석했는데, 이 둘은 모두 문수사리보살을 지칭한다.

『불설다라니집경』의 권2와 권6에는 이 진언이 각각 문수사리인주(文殊師利印呪)와 '문수사리보살법인주'라는 두 가지 명칭으로 수록되어 있다. 그러나 띄어 읽는 방식이 위의 진언과는 다르다.[169] 그런데 이 진언을 '문수사리보살법인주'로 명명한『불설다라니집경』 권6에서는 진언의 말미에 "본래 사바하(莎訶)는 없다"(本無莎訶)라고 부기(附記)한다. 그러므로 이 진언은 맨 끝의 '사바하'가 없는 문수보살육자진언에서 유래했음을 알 수 있다.『대일여래검인』에서 설하는 문수보살육자진언은 아래와 같다.

唵 嚩 計 娜 曩 莫[170]
(옴 바 계 나 나 모)
oṃ vā-khye-da na-maḥ

육자진언이란 범어의 진언을 여섯 한자로 음역하여 육자(六字)에 맞춘 것이다. 이 점을 고려하여 위의 범문도 여섯 음절로 구분해 두었다.『대일여래검인』에서는 이에 해당하는 실담자를 "oṃ va ko da na maḥ"로 병기했다. 실담자에서 'va ko'를 범어로 바르게 표현하면 'vākhye'(vākhyā의 단수 호격)가 된다. 이 진언을 온전한 범문으로 복원하면 "oṃ vākhye da namaḥ"(옴! 금언이여, 베푸심이여, 귀의하옵니다.)가 된다.

169) 佛說陀羅尼集經 권2(T 18:801c): "文殊師利印呪 第七 … 唵(一) 婆雞陀那麼(二) 莎訶(三)"
佛說陀羅尼集經 권6(T 18:838c): "文殊師利菩薩法印呪 第三 … 唵(一) 婆雞陀那麼(二) 莎訶(三 又本無莎訶)"

170) 大日如來劍印. T 18, p. 197a.

문수사리보살법인주(文殊師利菩薩法印呪) → 문수사리법인주

반야무진장진언(般若無盡藏真言): 지혜가 한량없음을 찬탄하는 진언

"나모 바가바제[뎨] 바리야 바라미다예 다냐타 옴 하리다리 새리 시로디 삼미리디 빌사예 사바하"
納謨 薄伽伐帝 鉢喇若 波羅蜜多曳 怛姪佗 唵 紇唎地唎 室哩 戍嚕知 三蜜栗知 佛社曳 娑嚩訶"
namo bhagavate prajñā pāramitāye tadyathā. oṃ hrīḥ dhīḥ śrī-śruti-smṛti-vijaye svāhā
"지혜를 완성하신 세존께 귀의하옵고 이에 읊어 아뢰옵니다. 옴! 흐리히! 디히! 듣고 기억하는 지혜가 수승하신 상서로운 분께 기원하옵니다."

한글 진언집에 수록된 이 진언의 출처는 고려대장경에는 없는 『소석금강과의회요주해』와 『금강경주해』에서 찾을 수 있다.171) 이 진언에서 다리(地唎)의 범어는 디히(dhīḥ)로서 지혜를 상징하는 종자이다.

반야바라밀다주(般若波羅蜜多呪) → 반야주

반야심경주(般若心經呪) → 반야주

반야주(般若呪): 깨달음의 지혜를 기원하는 주문

"아제 아제 바라아제 바라승아제 모지 사바하"
揭帝 揭帝 般羅揭帝 般羅僧揭帝 菩提 僧莎訶
gate gate pāragate pārasaṃgate bodhi svāhā
"도달함이여, 도달함이여, 피안에 도달함이여, 피안에 완전히

---

171) 銷釋金剛科儀會要註解 권9. X 24, p. 749b ; 金剛經註解 권4. X 24, p. 818b.

도달함이여, 깨달음이여[172], 기원하옵니다."

흔히 반야심경(般若心經)이라는 약칭으로 잘 알려진『반야바라밀다심경』의 말미에 있는 이 유명한 진언의 온전한 명칭은 '반야바라밀다주'[173]이며, '반야심주' 또는 '반야심경주'로도 불린다.

발보리심진언(發菩提心真言): 보리심을 발원하는 진언

"옴 모디지다 모다바나야미"
唵 母地喞哆 沒怛囉那野弭
oṃ bodhi-cittam utpādayāmi
"옴! 저는 깨닫고자 하는 마음(보리심)을 일으키옵니다."

『수보리심계의』에서는 이 진언을 수보리심계(受菩提心戒)진언으로 설한다.[174]

---

172) 범문에서 '깨달음이여'에 해당하는 bodhi는 범어의 문법에 들어맞지 않는다는 문제를 지적하여, 원형인 'bodhi-prajñe'에서 prajñe를 생략했다고 단정하는 연구가 있다. 白石真道(1979:414-5)의 연구에 따르면, 이 같은 생략은 주문(呪文)의 특성상 대중의 독송에 적합하도록 운율을 고려한 데서 기인하며, 앞 구문의 맥락으로 생략어를 능히 파악할 수 있기 때문이다. 이에 따르면 '깨달음이여'는 '깨달음의 지혜여'(bodhi-prajñe)라는 의미를 함축하는데, 이는 깨달음의 지혜인 '반야'의 성취를 염원하는 반야심경의 취지와 잘 부합한다.

173) 현장(玄奘) 역 般若波羅蜜多心經(T 8:848c): "故說 般若波羅蜜多咒 即說咒曰. 揭帝 揭帝 般羅揭帝 般羅僧揭帝 菩提 僧莎訶"
법월(法月)의 중역(重譯)인 普遍智藏般若波羅蜜多心經(T 8:849b)에는 이 진언이 "揭諦 揭諦 波羅揭諦 波羅僧揭諦 菩提 莎婆訶"로 음역되어 있다.

174) 受菩提心戒儀(T 18:941a): "次誦 受菩提心戒真言曰. 唵 冐地喞多 母怛波那野彌"

백산개진언(白傘盖真言): 하얀 산개를 공양하는 진언

"옴 살바 다타아다 졔다라 보아명가 삼모나라 빠[빠]라나 삼마예 훔"
唵 薩嚩 怛他蘖哆 揆怛羅 布惹銘伽 三母捺羅 沙頗羅拏 三摩曳 吽
oṃ
sarva-tathāgata-chatra-pūjā-megha-samudra-spharaṇa-samaye hūṃ
"옴! 서원하건대 모든 여래님께 올리는 산개(傘蓋) 공양[의 공덕]이 구름바다처럼 퍼져 나가기를, 훔!"

『묘길상대교왕경』에서 설한175) 이 진언을 조선시대의 의례서들 중에서는 『조상경』이 맨 처음 수록했을 것으로 추정된다. 즉 이 진언은 만연사본(1777년)의 한글 진언집에 수록되기 이전에 용천사본(1575년)의 『조상경』에 수록되었다. 이후 간행된 『밀교개간집』(1784년)도 용천사본 『조상경』의 한글 표기를 따랐다.176)

위의 진언에서 졔다라(揆怛羅, chatra)를 제외한 나머지 구문은 정형구로서 다른 각종의 공양진언에 그대로 적용된다. (°헌좌진언[3] 참조)

법삼장진언(法三藏真言): 법보(法寶)인 삼장(三藏)에 기원하는 진언

"옴 불모규라혜 사바하"
唵 佛母規羅慧 娑婆訶

175) 妙吉祥平等祕密最上觀門大教王經 권1(T 20:910a): "白傘蓋真言 一百八遍 真言曰. 唵 薩嚩 怛他蘖哆 揆怛囉 布惹銘伽 三母捺囉 娑頗囉拏 三摩曳 吽."

176) 진언 중에서 한자 '布惹銘伽'와 한글 '보아명가'는 용천사본의 『조상경』 이래 한글 진언집과 『밀교개간집』(朴世敏 1993 제3집:246a)에서 동일하다. 다만 유점사본(1824년)의 『조상경』(朴世敏 1993 제3집:352b)에서는 '보아명가'를 '보아망가'로 표기했다.

oṃ　---　svāhā
"옴! 경 · 율 · 논 삼장이여, 기원하옵니다."

대장경과 한글 진언집에는 없는 이 진언이 『불자필람』과 『석문의범』에 위와 같이 수록되어 있다.177) 그리고 이 진언의 연원은 °계장진언의 경우처럼 『삼문직지』에서 찾을 수 있다.178)

『삼문직지』에서는 '불모규라혜'의 '규라'를 범어의 음역인 것처럼 䂓囉로 표기했으나 이에 해당하는 범어는 찾을 수 없다. 『불자필람』과 『석문의범』에서 이것을 規羅로 표기한 것은 불모규라혜(佛母規羅慧)를 범어의 음역이 아니라 한자의 조어로 간주했기 때문인 듯하다. 이 경우에는 이것과 삼장(三藏)과의 연관을 고려하는 것으로 그 의미를 파악할 수 있다. 즉 불모(佛母)는 불교의 모태가 되는 경장(經藏)을 의미하고, 규라(規羅)는 규범(계율)들을 망라한 율장(律藏)을 의미하며, 혜(慧)는 경과 율에 대한 논사들의 지혜를 집성한 논장(論藏)을 의미하는 것으로 이해된다.

법신진언(法身真言): 법신을 다섯 종자로 관조(觀照)하는 진언

"암 밤 람 함 캄"
暗 鑁 囕 唅 坎
aṃ vaṃ raṃ haṃ khaṃ
"암! 밤! 람! 함! 캄!"

---

177) 佛子必覽: 崔就墟 · 安錫淵(1931) p. 20. 釋門儀範: 安震湖(1935上) p. 100.

178) "唵 佛母䂓囉慧 娑婆訶 옴 불모규라혜 사바하"
Kabc=ABC_BJ_H0220_T_002&imgId=010_0149_c
한편 『일용작법』(朴世敏 1993 제3집:524b)에는 한글로만 수록되어 있다.

한글 진언집에서는 다섯 개의 종자로 이루어진 이 진언을 법신진언으로 수록하고, 밤(鑁)과 람(囕)의 순서만 뒤바뀐 것을 오륜종자(五輪種字)로 수록했다. 오륜종자의 순서가 이처럼 뒤바뀐 것은 밀교 불전에서 정형(定型)으로 열거하는 순서와는 어긋난다.

인도에서는 예로부터 지수화풍공(地水火風空)을 '5대(大)'로 일컫고 물질 세계의 근본 요소로 중시했다. 불교에서는 밀교가 흥성하면서 이 5대의 각각에 기본 종자를 부여하여 5대의 상징으로 사용했다. 즉 아(a)는 지(地), 바(va)는 수(水), 라(ra)는 화(火), 하(ha)는 풍(風), 카(kha)는 공(空)을 상징하는 종자이다. 이것들 각각에 아누스와라(anusvāra)로 불리는 후속음으로 비음(鼻音)처럼 발음하는 ṃ(우리말 진언의 'ㅁ'에 상당)을 붙인 것이 위의 법신진언이다.[179]

그런데 밀교 불전에서 통용된 법신진언의 첫째 종자는 한글 진언집의 법신진언과는 약간 다르다. 즉 『금강정경』에서 설한 오부진언(五部真言)의 5부를 각각 지수화풍공(地水火風空)에 배당하여 법신진언을 설명하는 『삼종실지파지옥전업장출삼계비밀다라니법』에서는 첫째 종자를 암(暗, aṃ)이 아니라, 아(阿, a)로 제시한다.[180] 그리고 『불정존승심파지옥전업장출삼계비밀삼신불과삼종실지진언의궤』에서는 이 법신진언을 다음과 같이 상술한다.

---

179) 앞 글자를 화살표의 방향으로 바꾼 것. 𑖀(a) → 𑖀𑖽(aṃ), 𑖪(va) → 𑖪𑖽(vaṃ),
𑖨(ra) → 𑖨𑖽(raṃ), 𑖮(ha) → 𑖮𑖽(haṃ), 𑖏(kha) → 𑖏𑖽(khaṃ)

180) 三種悉地破地獄轉業障出三界祕密陀羅尼法(T 18:910c): "아(阿), 밤(鑁), 람(覽), 함(唅), 캄(欠). 이 다섯 글자가 법신진언이다." (阿鑁覽唅欠. 右上五字法身真言.) 이 불전에는 이에 앞서 다섯 종자의 실담자가 도형과 함께 명시되어 있다.

1. 아(阿): 금강정경의 지부(地部). [阿(a)자로 지(地)를 관조하고 금강좌(金剛座)를 관조한다. 모양은 사각형이고 색깔은 황색이며, 금강지(金剛智)로도 불리는 대원경지(大圓鏡智)를 상징한다.]

2. 밤(鑁): 금강정경의 수부(水部). [鑁(vaṃ)자로 수(水)를 관조하고 연화를 관조한다. 모양은 보름달과 같고 색깔은 백색이며, 연화지(蓮華智) 또는 전법륜지(轉法輪智)로도 불리는 묘관찰지(妙觀察智)를 상징한다.]

3. 람(覽): 금강정경의 화부(火部). [覽(raṃ)자로 태양을 관조한다. 모양은 삼각형이고 색깔은 적색이며, 관정지(灌頂智)로도 불리는 평등성지(平等性智)를 상징한다.]

4. 함(唅): 금강정경의 풍부(風部). [唅(haṃ)자로 달을 관조한다. 모양은 반월이고 색깔은 흑색이며, 갈마지(羯磨智)로도 불리는 성소작지(成所作智)를 상징한다.]

5. 캄(欠): 금강정경의 공부(空部). [欠(khaṃ)자로 공(空)을 관조한다. 모양은 보름달과 같고 색깔은 갖가지이며, 법계성지(法界性智)를 상징한다.]

'지수화풍공'이라는 오륜(五輪)의 종자는 아(阿), 밤(鑁), 람(覽), 함(唅), 캄(欠)이라는 다섯 글자이다.[181)]

밀교의 오륜성신관(五輪成身觀) 또는 오자엄신관(五字嚴身觀)은 이 다섯 종자를 신체의 다섯 부위에 배당하여 관조(명상)하는 것으로 즉신성불(卽身成佛)을 추구하는 수행법이다. 여기서 5륜은

---

181) 佛頂尊勝心破地獄轉業障出三界祕密三身佛果三種悉地真言儀軌(T 18:912c):
阿 金剛地部一 (阿字作地觀金剛座觀. 形四角色黃, 大圓鏡智又名金剛智)
鑁 金剛水部二 (鑁字作水觀蓮華觀. 形如滿月色白, 妙觀察智又名蓮華智亦轉法輪智)
覽 金剛火部三 (覽字作日觀. 形三角色赤, 平等性智亦名灌頂智)
唅 金剛風部四 (唅字作月觀. 形如半月色黑, 成所作智亦名羯磨智也)
欠 金剛空部五 (欠字作空觀. 形如滿月色種種, 法界性智)
地水火風空五輪之種子 阿鑁覽唅欠五字.

신체의 다섯 부위를 지칭하는데 이것과 다섯 종자 및 5대와의 관계는 다음과 같이 상응한다.182)

5자(종자)	5대	신체
아(阿) = a	지(地)	배꼽(臍) 이하
밤(鑁) = vaṃ	수(水)	배꼽으로부터 심장(心)에 이르는 사이
람(覽) = raṃ	화(火)	심장으로부터 목구멍(咽)에 이르는 사이
함(唅) = haṃ	풍(風)	목구멍으로부터 정수리(頂)에 이르는 사이
캄(欠) = khaṃ	공(空)	정수리

이 같은 상응 관계는 신체의 아랫부분에서 윗부분까지 올라가는 순서의 부위183)에 맞추어 다섯 종자와 5대의 각각을 그 부위에 배당한 것이다. 밀교에서는 이와 같이 아(a), 밤(vaṃ), 람(raṃ), 함(haṃ), 캄(khaṃ)이라는 5자로 이루어진 진언이 비로자나(毘盧遮那)진언184), 즉 대일여래의 진언으로 통용되었다. 특히 밀교의 삼종실지궤(三種悉地軌)는 법신과 보신(報身)과 화신(化身)에 적용하는 3종 실지(悉地)185)의 진언을 각각 상품과 중품과 하품으로 구분하는데, 이 5자는 법신에 적용하는 상품실지186)로 불린다. 이

182) 八田幸雄(1985) p. 16 ; 密教學會(1983) p. 651c 참조.

183) 아랫부분으로부터 윗부분에 이르는 신체의 다섯 부위를 포괄적으로 지목하면 무릎(膝), 배꼽(臍), 가슴(胸), 얼굴(面), 정수리(頂)의 순서가 된다. 中村 元(2001) p. 510a.

184) 佛頂尊勝心破地獄轉業障出三界祕密三身佛果三種悉地真言儀軌(T 18:913c): "阿鑁覽唅欠(上品悉地)毘盧遮那真言"

185) 悉地는 성취 또는 완성을 의미하는 범어 siddhi의 음역이며, 신앙과 수행의 결과로 얻게 되는 다양한 불가사의한 경지를 가리킨다.

186) 상품실지(上品悉地)에서는 아(阿), 밤(鑁), 람(覽), 함(唅), 캄(欠)의 5자로 관

경우에는 5자에 5불(佛)을 비롯한 5대(大), 5방(方), 5색(色), 5온(蘊), 5장(臟), 5근(根), 5행(行), 5미(味), 5계(季), 5신(神) 등을 배당하여 도덕적 색채를 농후하게 드러낸다. 이 중에서 5자가 5불, 5대, 5방, 5색과 상응하는 관계만을 추출하면 아래와 같다.[187]

5자(字)	아(阿 a)	밤(鑁 vaṃ)	람(藍 raṃ)	함(唅 haṃ)	캄(欠 khaṃ)
5불(佛)	아촉	아미타	보생	불공성취	대일
5대(大)	地	水	火	風	空
5방(方)	東	西	南	北	中
5색(色)	青	白	赤	黑	黄

이 표에서는 5자가 지수화풍공과 동서남북중의 순서로 배열되어 있다는 특색이 한눈에 드러난다. 또한 한글 진언집의 법신진언에서 첫 종자 암(暗, aṃ)은 이처럼 밀교 불전에서 설하는 법신진언의 기본형인 아(阿, a)와는 확연히 다르다. 그러나 밀교에서는 사승(師僧)들의 전승에 따라 첫 종자를 암(aṃ)으로 읽는 것도 대일여래의 진언으로 통용되었으므로[188], 한글 진언집도 이 전승에 따른 것으로 이해할 수 있다. 이의 전거가 될 수 있는 것은 『대일경지송차제의궤』이다. 이 불전에서는 '몸을 장엄하는 5자'(五字嚴身)가 상징하는 의미를 각각 상응하는 종자, 5대(大), 신체 부위와 함께 명시하면서 그 이유를 상술한다. 이 상응 관계만을 추출하면 아래와 같다.[189]

조하는 신체 부위가 심장으로부터 정수리까지로 배당된다. 松長有慶(1978) p. 2.

187) 松長有慶(1978) p. 3 참조.

188) 密教學會(1983) p. 600c 참조.

189) 大日經持誦次第儀軌(T 18:185c): "𑖏(kha) 等 𑖏𑖽(khaṃ) 大悲空頂 … 𑖮(ha) 因 𑖮𑖽(haṃ) 大悲風額 … 𑖨(ra) 塵 𑖨𑖽(raṃ) 大悲火心 … 𑖪(va) 言 𑖪𑖽(vaṃ)

5자(字)	의미	종자	5대	신체
카(kha)	평등(等)	캄(khaṃ)	공(空)	정수리(頂)
하(ha)	원인(因)	함(haṃ)	풍(風)	이마(額)
라(ra)	티끌(塵)	람(raṃ)	화(火)	심장(心)
바(va)	말씀(言)	밤(vaṃ)	수(水)	배꼽(臍)
아(a)	앉을자리(座)	암(aṃ)	지(地)	배꼽 이하(界)

신체의 윗부분부터 아랫부분의 순서로 배열한 이 불전의 설명에 따르면, 아(阿, a)와 암(暗, aṃ)은 같은 용도로도 사용할 수 있다. 그런데 한글 『진언집』의 오륜종자에서 밤(鋄)과 람(囕)의 순서를 바꾸어 다음과 같이 기재한 것은 선뜻 납득하기 어렵다.

aṃ	raṃ	vaṃ	haṃ	khaṃ
暗[190](東靑)	囕(南赤)	鋄(西白)	唅(北黑)	坎(中黃)
암	람	밤	함	캄

종자의 독음을 한자로 기재한 위의 둘째 줄에서 괄호에 있는 두 글자는 종자의 방향과 색깔이다. 그리고 이것들은 오방번(五方幡) 또는 오색번(五色幡)에서 오방색이 상징하는 방향과 일치한다. 밀교에서는 '5불(佛)'로 불리는 오지여래(五智如來)를 5방과 5대에 상응하도록 배열한다. 이 전형적인 상응 관계에서는 아미타여래(阿彌陀如來)와 보생여래(寶生如來)를 각각 상징하는 방향이 서쪽(西)과 남쪽(南)이다. 그러나 오방색에서는 그 방향이 이와는 반대로 남쪽(南)과 서쪽(西)이다. 밀교에서 전형으로 통용되는 상응 관

大悲水臍 … 𑖀(a) 座 ā𑖀𑖽(aṃ) 大悲地界 …"

190) 한글 진언집 중에서 안심사본과 만연사본은 '암 aṃ'으로 표기한 한글과 실담자의 한자를 '阿'로 표기했으나, 이후 망월사본은 阿를 '暗'으로 바꾸었다. 阿는 주로 '아(a)'를 표기하는 한자이기 때문에, 망월사본은 이렇게 바꿈으로써 혼동의 여지를 아예 차단했다.

계를 오방색 및 오륜종자의 경우와 대조하면 아래와 같다. 이 표에서는 한글 진언집에 수록된 오륜종자의 순서에 맞추어 종자들을 배열해 두었다.

종자		암(aṃ)	람(raṃ)	밤(vaṃ)	함(haṃ)	캄(khaṃ)
밀교의 전형[191]		아촉여래	아미타여래	보생여래	불공성취여래[192]	대일여래
		水	風	火	空	地
		東	西	南	北	中
오방색		東	南	西	北	中
		청색(靑)	적색(赤)	백색(白)	흑색(黑)	황색(黃)
오륜종자		東/靑	南/赤	西/白	北/黑	中/黃

이처럼 밀교의 전형적인 순서인 '밤 → 람'이 한글 진언집에서 '람 → 밤'으로 바뀐 것은 한국불교의 오방색과 연계되어 있음을 확인할 수 있다. 한국불교의 『조상경』으로 현재 주로 통용되고 있는 것은 강원도의 금강산 유점사(楡岾寺)에서 간행한(1824년) 목판본이다. 그러나 선조(宣祖) 8년(1575)에 전라도의 추월산 용천사(龍泉寺)에서 간행된 목판본이 조선시대 최초의 『조상경』으로 알려져 있다. 그런데 두 판본에 실담자와 함께 기재된 오륜종자의 순서는 다음과 같이 일치하지 않는다.

- 용천사본의 오륜종자[193]

---

191) '람 → 밤'으로 열거한 종자의 순서를 제외한 나머지는 密敎學會(1983) pp. 621a, 633c 참조.

192) 밀교에서 불공성취여래(不空成就如來)는 석가여래(釋迦如来)와 동체(同体)로 간주된다.

193) Kabc=ABC_NC_02807_0001_0023. 아래에서 첫째 종자인 aṃ을 아(阿)로 표기하고서도 '암'으로 읽은 것은 비로자나진언의 아(阿, a)도 통용된다는 것을 시사한다.

종자	aṃ 阿/암	vaṃ 鑁/밤	raṃ 囕/람	haṃ 唅/함	khaṃ 坎/캄
방향	東	南	西	北	中

- 유점사본의 오륜종자194)

종자	aṃ 暗/암	raṃ 囕/람	vaṃ 鑁/밤	haṃ 唅/함	khaṃ 坎/캄
방향	東	南	西	北	中

양자를 대비해 보면 오륜종자의 둘째와 셋째를 열거하는 순서만 다를 뿐이다. 즉 용천사본에서는 '밤(鑁) → 람(囕)'인 순서가 유점사본에서는 반대로 바뀌었다. 그럼에도 불구하고 오륜종자의 순서와는 무관하게 방향의 순서가 '南 → 西'로 일치한다. 이로써 용천사본은 한글 진언집에 수록된 법신진언 및 밀교 전통의 비로자나진언 또는 상품실지의 순서로 오륜종자를 수용했음이 확인된다. 반면에 유점사본은 한글 진언집에 수록된 오륜종자의 순서를 그대로 채택했다.

그러나 복장(腹藏)에 필요한 오방번의 색깔을 제시한 경우에는 양자가 동일할 뿐만 아니라, 오륜종자의 순서도 '람(囕) → 밤(鑁)'으로 일치한다. 두『조상경』은 오륜종자의 각각에 대응하는 방향을 기준으로 번(幡)의 색깔을 아래의 표처럼 명시했다.195)

방향	東	南	西	北	中
종자	aṃ(暗)	raṃ(囕)	vaṃ(鑁)	haṃ(唅)	khaṃ(坎)
오방색	靑	紅=赤	白	黑	黃

---

194) 朴世敏(1993, 제3집) p. 346.

195) 용천사본『조상경』: Kabc=ABC_NC_02807_0001_0019
유점사본『조상경』: 朴世敏(1993, 제3집) p. 345.

그런데 유점사본에서는 용천사본과는 달리 이에 앞서 오륜종자를 별도로 다음과 같이 상술한다.

동방: 암(暗 aṃ)자, 청색, 사각형(方形). 대원경지(大圓鏡智)는 이 글자로부터 출생하며, 배꼽 밑에 안주한다. 금강부(金剛部)에 속하고 주불은 아촉불이다.

남방: 람(囕 raṃ)자, 적색. 삼각형. 평등성지(平等性智)는 … 이 글자로부터 출생하며, 가슴 안에 안주한다. 보성부(寶性部)에 속하고 주불은 보생불이다.

서방: 밤(鑁 vaṃ)자, 백색, 원형. 묘관찰지(竗觀察智)는 … 이 글자로부터 출생하며, 입안에 안주한다. 연화부(蓮華部)에 속하고 주불은 무량수불이다.

북방: 함(唅 haṃ)자, 흑색, 반월형. 성소작지(成所作智)는 … 이 글자로부터 출생하며, 이마 위에 안주한다. 갈마부(羯摩部)에 속하고 주불은 불공성취불이다.

중방: 캄(坎 khaṃ)자, 황색, 원형, 정해진 것이 없다. 방편구경지(方便究竟智)는 … 이 글자로부터 장엄하게 되어 정수리 위에 안주한다. 여래부(如來部)에 속하고 주불은 비로자나불이다.[196]

이 설명은 『불정존승심파지옥전업장출삼계비밀삼신불과삼종실

196) 朴世敏(1993, 제3집) pp. 344-5.

五輪種字

東方. aṃ 暗字 靑色 方形. 大圓鏡智. 從此字出生 安於臍下. 金剛部 主阿閦佛.

南方. vaṃ 囕字 赤色 三角形. 平等性智 … 從此字出生 安於胸中. 寶性部 主寶生佛.

西方. vaṃ 鑁字 白色 圓形. 竗觀察智 … 從此字出生 安於口中. 蓮華部 主無量壽佛.

北方. haṃ 唅字 黑色 半月形. 成所作智 … 從此字出生 安於額上. 羯摩部 主不空成就佛.

中方. khaṃ 坎字 黃色 圓形 無定也. 方便究竟智 … 從此字莊嚴 安於頂上. 如來部 主毘盧遮那佛.

지진언의궤』에서 설하는 법신진언을 반영하여 요점을 간추린 것으로 보이는데, 그 요점은 상품실지의 5자, 5불, 5방, 5색과 상응한다. 그러나 오륜종자를 열거하는 순서와 방향만큼은 한글 진언집의 경우처럼 '람(raṃ) → 밤(vaṃ)', '南 → 西'로 바꾸었다. 그리고 이 순서는 오방번의 색깔을 명시한 용천사본에도 채택되어 있다. 그러므로 한국불교에서는 한글 진언집에 기재된 오륜종자의 순서가 복장 의례에 적용한 오방색의 순서로 통용되어 왔음을 알 수 있다. 현재까지 알려져 있기로 최초의 한글 진언집은『조상경』보다 6년이 앞선 선조 2년(1569) 전라도 무등산의 안심사(安心寺)에서 간행되었다.

법신진언에서 정형으로 열거하는 밤(vaṃ, 鍐)과 람(raṃ, 囕)의 순서가 오륜종자에서는 이처럼 반대로 바뀐 이유를 방향과 색깔이 오륜종자와 일치하는 오방색 이외에서는 찾기 어렵다. 불전에서 5색을 언급할 때는 '青 → 黃 → 赤 → 白 → 黑'의 순서로 열거하기 일쑤이다.[197] 그러므로 이는 '青 → 赤 → 白 → 黃 → 黑'이라는 오방색의 순서와는 무관하다.[198] 이와 관련하여 참고할 만한 사례도 불전에서 찾을 수 있다. 불전에서는 흔히 동서남북(東西南

197) 단적인 예를 들면 아래와 같다.
菩薩處胎經 권5(T 12:1042c): "예전에 듣기로 5색은 청색, 황색, 적색, 백색, 흑색이다." (昔聞有五色 青黃赤白黑)
不空羂索陀羅尼經(T 20:415a): "또한 청색, 황색, 적색, 백색, 흑색 등의 5색을 취하여 다섯 색계(色界)의 통로를 만든다." (又取青黃赤白黑等五色 作五界道)

198) 密教學會(1983:590-1)는 밀교의 불전에서 5색을 열거하는 순서를 다음과 같이 여덟 가지로 망라했지만, 이것 중에도 오방색의 순서와 합치하는 사례는 없다.
①白赤黃青黑, ②白青黃赤黑, ③白黃赤青黑, ④青黃赤白黑, ⑤白赤青黃黑, ⑥白黃青赤黑, ⑦黃赤白黑青, ⑧黃白赤黑青.

北)으로 일컫는 사방의 순서를 '東 → 南 → 西 → 北'의 순서로 열거하는 경우가 빈번하다. 대표적인 예를 들면 『아비달마집이문족론』에서는 다음과 같이 설한다.

> 다시 생각하기를, 그 청색(靑)이 점차 증광하니 東, 南, 西, 北이 모두 온통 이 청색이라고 한다. … 다시 생각하기를, 그 황색(黃)이 점차 증광하니 東, 南, 西, 北이 모두 온통 이 황색이라고 한다. … 다시 생각하기를, 그 적색(赤)이 점차 증광하니 東, 南, 西, 北이 모두 온통 이 적색이라고 한다. … 다시 생각하기를, 그 백색(白)이 점차 증광하니 東, 南, 西, 北이 모두 온통 이 백색이라고 한다. … 다시 생각하기를, 그 허공(空)이 점차 증광하니 東, 南, 西, 北이 모두 온통 이 허공이라고 한다.[199]

그러므로 이러한 사례를 오방색과 함께 고려하면, 한글 진언집의 오륜종자에서 서쪽/백색과 남쪽/적색을 각각 상징하는 밤(vaṃ)과 람(raṃ)의 순서가 람(남쪽/적색)과 밤(서쪽/백색)으로 바뀐 것이 특이하기는 하지만 전혀 이상한 것은 아니다. 이는 해가 동쪽(암, aṃ)에서 떠서 이동하는 '남쪽(람, raṃ) → 서쪽(밤, vaṃ)'의 순서를 고려한 것일 수 있다.

변성금은전진언(變成金銀錢真言): 금은전으로 변화시키는 진언

"옴 발사라 반자니 사바하"
唵 跋闍囉 半遮尼 沙訶
oṃ vajra pacane(?) svāhā

---

199) 阿毘達磨集異門足論 권20(T 26:450a-451c): 復想此青漸次增廣 東南西北遍皆是青 …復想此黃漸次增廣 東南西北遍皆是黃 … 復想此赤漸次增廣 東南西北遍皆是赤 … 復想此白漸次增廣 東南西北遍皆是白 … 復想此空漸次增廣 東南西北遍皆是空.

"옴! 금강이시여, 불에 기원하옵니다."

돈[錢]과 연관된 일곱 가지 진언들 중의 하나인 이것도 대장경은 물론이고 한글 진언집에도 없는 진언이다. 『오종범음집』의 변성주(變成呪)는 이 진언의 약칭일 것이지만, 그 내용은 다음과 같이 약간 다르다.

"옴 반자나 반자니 사바하"
唵 半遮那 伴遮尼 莎[200]
oṃ pacana pacane(?) svāhā
"옴! 불이여, 불에 기원하옵니다."

여기서는 변성금은전진언의 발사라(跋闍囉)가 반자나(半遮那)로 바뀌었고, 『예수재의찬요』에 수록된 괘전진언과 거의 같다. 괘전진언의 반자미(半遮尾)가 반자니(伴遮尼)로 바뀌었을 뿐인데[201], 이는 오기가 아니라면 서로 다른 진언을 만들기 위해 의도적으로 차별한 것일 수 있다.

변식진언(變食真言): 음식을 변화시키는 진언

"나무 살바 다타아다 바로기제[데] 옴 삼바라 훔"
南無 薩嚩 怛佗誐哆 縛路枳帝 唵 三跋羅 吽[202]
namaḥ sarva-tathāga<u>tāv</u>alokite oṃ saṃbhara hūṃ
(namaḥ sarva-tathāga<u>ta-av</u>alokite …)

---

200) 朴世敏(1993 제2집) p. 193b. 목판본 『오종범음집』에서는 '沙訶'를 '沙'로 축약한 것이 아니라 여백이 없어 '訶'를 생략했다.

201) 『석문의범』(安震湖 1935上:236)에서는 이렇게 바뀐 것을 괘전진언으로 수록했다.

202) 한글과 한자는 『범음산보집』(김두재 2012:398)에 따름.

"자재하신 모든 여래님께 귀의하옵니다. 옴! 베풀어 주소서, 훔!"

이 진언은 앞서 소개한 '무량위덕 자재광명승묘력 변식진언'의 약칭으로 간주해도 무방하다. 약소한 차이는 °무량위덕 자재광명승묘력 변식진언에서 거듭 언급하는 삼바라(三跋羅: '베풀어 주소서')를 위의 변식진언에서는 한 번에 그치는 것이다. 그러나 여기에 특별한 의도가 깃들어 있는 것으로 보이지는 않는다. 『수륙재의촬요』에서는 '삼바라'를 중복한 것도 '변식진언'으로 수록했을 뿐만 아니라[203], 이 진언에서 '삼바라'를 한 번만 언급한 사례는 『범음산보집』이 거의 유일하기 때문이다.

보공양진언(普供養真言): 널리 공양을 올리는 진언

"옴 아아나 삼바바 바아라 혹"
唵 葛葛那 三婆嚩 嚩日囉 唬"
oṃ gagana-saṃbhava-vajra hoḥ
"옴! 허공으로부터 모든 것을 생성하는 금강이시여, 호호!"

『성취묘법연화경왕유가관지의궤』에 따르면 이 진언의 온전한 이름은 '대허공장(大虛空藏) 보공양진언'이다.[204] 대허공장은 지혜와 자비의 창고가 허공처럼 광대무변하다는 의미이므로, 이 진언은 그 이름처럼 진실하고 광대하게 공양한다는 뜻을 담고 있다.

---

203) 이에 관한 『수륙재의촬요』의 실례는 °무량위덕 자재광명승묘력 변식진언 참조.

204) 成就妙法蓮華經王瑜伽觀智儀軌(T 19:598a): "大虛空藏普供養真言曰. 唵 誐誐曩 三婆嚩 嚩日囉 斛"

보궐진언(補闕眞言): 빠진 문구들을 원만히 채워 넣는 진언

"옴 호로호로 사야모케 사바하"
唵 虎嚕虎嚕 社野目契 娑嚩賀
oṃ huru huru jaya-mukhe svāhā
"옴! 서둘러 서둘러 극복의 입을 위해, 기원하옵니다."

이보다 더 긴 보궐진언도 있지만, 한글 진언집에 수록된 이 보궐진언은 중국에서 찬술된 『북두칠성호마법』에서 유래한다.[205) 이 진언의 내용에는 진언을 낭송할 때 발음을 잘못하거나 건너뛰는 경우가 적지 않으므로, 마지막으로 이 진언을 외우는 것은 잘못된 것을 복원한다는 뜻이 담겨 있다. huru huru는 hulu hulu로도 표기된다. 고전 범어에서 hulu hulu는 기쁨을 드러내는 감탄사이다.[206)]

---

205) 北斗七星護摩法(T 21:458b): "補闕眞言 唵 呼嚕呼嚕 佐野保計伊 娑婆訶"

206) huru를 hṛ(제거하다, 없애다)의 명령법으로 해석하면 huru huru는 '제거하소서 제거하소서'라는 의미가 되지만, 이 진언의 취지와는 부합하지 않는다. 속어와 뒤섞인 혼성 범어에서 hulu hulu는 으르렁거리는 포효(Edgerton 1953:620) 또는 의성어로서 악마의 무리들이 내는 소리(ibid. p. 397a)이다. 정태혁(1998:162) 박사가 천수다라니(千手陀羅尼)의 범문을 해석하면서 hulu hulu를 '두렵도다'라고 번역한 것은 이에 의거한 것으로 보인다. huru huru 또는 hulu hulu를 신속하다는 의미로 해석한 경우도 있다. 坂内龍雄(1981:195)는 栂尾祥雲이 『常用諸眞言義釈』에서 huru huru를 '신속히 신속히'로 해석한 사례를 인용한다. 천수다라니의 범본을 연구하면서 한국불교의 실담자까지 대조한 Chandra(1988:188)도 hulu hulu를 '빨리빨리'로 해석했다. 이러한 사례들을 참고하여 필자는 hulu hulu를 두려워하여 서둔다는 의미로 해석했다. 그러나 천수다라니를 번역한 八田幸雄(1985:247)은 'hulu hulu'로 기재한 부분의 의미가 분명하지 않다고 하여 이 부분을 음역으로만 표기했다.

보례삼보진언[1](普禮三寶真言): 삼보에 널리 예경하는 진언

"옴 살바못다야 옴 살바달마야 옴 살바싱가야"
唵 薩嚩沒默野 唵 薩嚩達摩野 唵 薩嚩僧伽野
oṃ sarva-buddhāya oṃ sarva-dharmāya oṃ sarva-saṃghāya
"옴! 모든 부처님(佛)께, 옴! 모든 가르침(法)에, 옴! 모든 승가(僧)에 [귀의하옵니다.]"

한글 진언집에는 두 종류의 보례삼보진언이 수록되어 있는데, 이 중에서 첫째가 위의 진언이다. 그러나 대장경에는 이와 동일한 명칭의 진언이 없다. 이 점에서 이 진언의 명칭은 한국불교에서만 통용되지만, 그 내용은 귀의삼보주(°귀의삼보진언 참조)나 °정본관자재보살여의륜주와 같은 다른 진언들에 포함되어 있다. 그리고 이 진언은 °삼귀의진언과 마찬가지로 삼귀의를 범어로 읊는다.

보례삼보진언[2](普禮三寶真言): 삼보에 널리 예경하는 진언

"옴 살바 못다 달마 싱가남 나모 소도데"
唵 薩嚩 沒馱 達摩 僧伽喃 那謨 窣覩帝
oṃ sarva-buddha-dharma-saṃghānāṃ namo 'stu te
"옴! 모든 부처님(佛)과 가르침(法)과 승가(僧)이신 당신들께 귀의하옵니다."

이 진언은 한글 진언집에 둘째 보례삼보진언으로 수록되어 있으며, 『범음산보집』에는 보례게(普禮偈)에 첨부되어 있다.207) 그런데 한국불교에서는 이 진언이 삼정례(三頂禮)진언 또는 위리주(爲利呪)라는 명칭으로도 통용된 이유를 『범음산보집』에서 찾을 수 있다.

---

207) 김두재(2012) p. 584.

『범음산보집』에서는 이 진언을 설하기에 앞서 "삼정례의 끝에 진언을 읊어 위리게주를 마친다."[208] 또는 "다음으로 삼정례를 하고 위리게주를 읊는다."[209]라고 지시한다. 이에 의하면 위리게주는 삼보에 귀의하는 예법인 삼정례를 마무리하는 게송과 주문이다. 여기서 위리게주는 '이롭게 하는 게송(偈)와 주문(呪)'을 함께 일컫는 의미로 풀이되므로, 이 중에서 게(偈)를 제외하면 '위리주'가 된다. 그러므로 삼정례진언이나 위리주는 삼보에 예경하는 위의 보례삼보진언과 동일한 진언으로 통용될 수 있다.

보례진언(普禮真言): 두루 예배하는 진언

"옴 바아라 믹"
唵 嚩日囉 吻
oṃ vajra dhīḥ
"옴! 금강이여, 디히!"

한글 진언집에 수록된 이 진언에서는 믹(吻)이라는 종자의 실담자를 'mīḥ'로 기재했다. 그러나 이것이 'dhīḥ'의 오기라는 사실은 실담자를 병기한 『현밀원통성불심요집』의 보례진언으로 알 수 있다.[210]

『약사여래관행의궤법』에서 다음과 같이 설하는 보례진언에 의하면, 이 진언으로 예배하는 대상은 일체여래(一切如來), 즉 모든 여래님들이다.

---

208) "三頂禮末真言 爲利偈呪畢." 김두재(2012) p. 507.

209) "次三頂禮 爲利偈呪." 김두재(2012) p. 523.

210) 顯密圓通成佛心要集 권下(T 46:1004c): "口誦普禮真言七遍. 真言曰, 唵(oṃ) 縛日囉(vajra) 勿(dhīḥ)"

唵 薩嚩 怛他蘖多 播那 滿那曩 迦嚕弭[211]
(옴 살바 다타아다 바나 만나나 가로미)
oṃ sarva-tathāgata-pāda-vandanāṃ karomi
"귀의하옵고, 모든 여래님들께 엎드려 찬탄하옵니다."

보생바라밀보살진언(寶生波羅蜜菩薩真言): 보금강(寶金剛)보살님께 기원하는 진언

"옴 라다나 바아리 다랑"
唵 囉怛曩 嚩日哩 怛朗
oṃ ratna-varji trāḥ
"옴! 보금강[보살]이시여, 트라하!"

『조상경』의 불복장 작법에서는 보병을 남방에 안치하면서 이 진언을 읊는다. 진언의 명칭인 보생바라밀보살은 보생여래(寶生如來)로부터 출현하는 바라밀보살을 가리킨다. 그래서 진언에 있는 다랑(怛朗, trāḥ)도 보생여래를 상징하는 종자이다.

『묘길상대교왕경』에서는 이 진언을 보바라밀보살진언으로 설하고[212] 『불설유가대교왕경』에서는 보금강보살진언으로 설하는데[213], 한글 진언집 중 망월사본에는 이것이 금강보인주(金剛寶印呪)로, 만연사본에는 금보인주(金寶印呪)로 수록되어 있다. 밀교에

---

211) 藥師如來觀行儀軌法. T 19, p. 23a. 無量壽如來觀行供養儀軌(T 19:68a)에서 설하는 보례진언도 이와 동일하다.

212) 妙吉祥平等祕密最上觀門大教王經 권1(T 20:907a): "南方摩尼寶瓶 黃色表於佛瓶表寶波羅蜜菩薩 以菩薩真言加持一百八遍 真言曰. 唵 囉怛曩 嚩日哩 怛朗" 보바라밀보살은 밀교의 금강계(金剛界) 만다라에서 대일여래의 남방(또는 오른쪽)에 배치된다. 이와 관련된 내용은 °갈마바라밀보살진언 참조.

213) 佛說瑜伽大教王經 권1(T 18: 563a): "寶金剛菩薩真言曰. 唵 囉怛曩 嚩日哩 吽" 이 경전에서는 이에 앞서 보금강보살을 만다라의 남방에 안치하라(T 18: 561b)고 설한다.

서 보바라밀보살은 만다라의 동서남북에 각각 배치하는 네 분의 바라밀보살에 소속되어 있으며, 온갖 선(善)을 성취하게 하는 공덕심을 상징한다. 이 진언의 내용에서 보금강(寶金剛)은 보바라밀보살의 별칭으로 여성(범어로는 ratna-vajrī)이다. 이 점을 고려하여 보금강을 보금강녀로 표현하기도 한다.

보생불진언(寶生佛真言): 보생불께 기원하는 진언

"옴 라다나 삼바바 다락"
唵 羅怛那 三婆嚩 怛洛
oṃ ratna-sambhava trāḥ
"옴! '보배에서 태어난 분'(보생불)이시여, 트라하!

『조상경』과 한글『진언집』에 수록된 이 진언이『대교왕경약출호마의』에는 °오여래진언의 하나인 보생여래진언으로 수록되어 있다.214) 진언의 내용에서 다락(怛洛, trāḥ)은 보부(寶部)의 종자로서 보생여래를 상징한다.

보생화신진언(寶生化身真言): 보생여래의 화신을 기원하는 진언

"바나마 다구 함"
鉢納摩 怛矩 憾
padmāntaka haṃ
"바나마다구[명왕]이시여, 함!"

이 진언의 전거와 유래에 관해서는 °십대명왕진언에 소개해 두었다. 진언의 내용은 십대명왕 중 서방을 수호하는 명왕의 이름과

214) 妙吉祥平等觀門大教王經略出護摩儀(T 20:935b): "寶生如來 唵 囉怛囊 三婆嚩 怛咯"

종자로만 이루어져 있는데, 『묘길상대교왕경』에서는 이 진언을 '서방명왕(西方明王)진언'으로 일컫는다.[215] 위의 진언에서는 명왕의 이름인 Padmāntaka를 서방명왕진언에 표기된 그대로 바나마다구(鉢納摩怛矩)로 표기했으나, 바나마다가(鉢納麼怛迦)[216]가 원음에 더욱 근접한 표기이다. 이 명왕의 별칭은 '마두(馬頭, Haya-grīva)명왕'이다.

간혹 이 진언을 언급하면서 종자인 함(憾, haṃ)을 훔(唅, huṃ)으로 기재한 경우도 있으나[217], 『조상경』과 한글 『진언집』에서는 이것의 실담자를 haṃ(함/憾)으로 명기했다.

보소청진언(普召請真言): 널리 불러 청하는 진언

"나모 보보데리 가리다리 다타아다야"
南無 步布帝哩 伽哩多哩 怛佗葛多野
namo bhūpūteri-kāritāri-tathāgatāya[218]
"대지(大地)의 정화에 강력하시고 흔쾌히 구제하시는 여래님께 귀의하옵니다."

---

215) 妙吉祥平等祕密最上觀門大教王經 권1(T 20:910c): "西方明王真言曰. 鉢納麼怛矩 憾"

216) 上同(T 20:908a): "西方 鉢納麼怛迦大明王真言曰" 이하 불공화신진언, 아미타화신진언[1], 아촉화신진언[1]의 경우도 이와 마찬가지이다.

217) 智冠(2006) p. 319.

218) 이 범문을 "namo bhū bhūri-kāri tāri tathāgatāya"(法護 2005:11)로 파악한 경우에는 "대지여, 넘치는 기쁨이여, 구제하심이여, 여래님께 귀의하옵니다."라고 해석될 수 있다. 그러나 'bhū bhūri'의 bhūri는 데리/제리(帝哩)라는 음역과 전혀 합치하지 않는다. 대장경에서도 그렇게 음역한 전거를 찾을 수 없으며, 한글 『진언집』의 보소청진언에서도 데리(帝哩)는 'teri'로 표기되어 있다. 步布帝哩의 범어를 추정할 수 있는 전거는 °소아귀진언 참조.

보소청진언은 매우 다양하지만, 위와 같은 내용의 보소청진언은 대장경 중에서는 가흥대장경(嘉興大藏經)의 『제경일송집요』에만 수록되어 있다.[219] 반면에 한글 진언집을 비롯한 한국불교의 의례서들에는 이러한 내용의 보소청진언이 두루 수록되어 있다.[220]

그런데 이 보소청진언은 내용이 유사하면서도 명칭이 다른 진언들과 혼동을 자아낸다. 먼저 『법계성범수륙승회수재의궤』에는 위의 보소청진언에서 나모(南無)를 옴(唵)으로, 보보데리(步布帝哩)를 보보리(步布哩)로 바꾼 것[221]이 소청진언(召請真言)으로 일곱 번 되풀이되어 있다. 다음으로 『시제아귀음식급수법』에서는 보소청진언의 보보데리(步布帝哩)만 보보리(步布哩)로 바뀐 것을 '일체의 아귀들이 모두 다 운집하는'(一切餓鬼悉皆雲集) 주문으로 제시한다.[222]

또한 '나모'만을 '옴'으로 바꾸면, 보소청진언은 『염라왕공행법차제』에 수록된 소제아귀(召諸餓鬼)진언 또는 『시제아귀음식급수법』에 수록된 개지옥문급인후주(開地獄門及咽喉呪)과 매우 흡사하다. 두 진언에서는 보소청진언의 보보데리(步布帝哩)와 가리다리(伽哩多哩)가 미묘하게 바뀐다. 소제아귀진언에서는 보보데리가

---

219) 諸經日誦集要 권下(J 19:175c): "普召請真言. 南無 部部帝唎 伽哩哆唎 怛哆誐哆耶"

220) 다만 일제강점기 이래의 의식서에서 '보보데리'를 '보보제리'로 읽는 것은 『불자필람』과 『석문의범』의 표기에 의거한 것으로 보인다. 그러나 해당하는 범어에 따르면, 한글 『진언집』의 표기인 '보보데리'가 보다 적합하다.

221) 法界聖凡水陸勝會修齋儀軌 권1(X 74:85c): "唵 步布哩 迦哩哆哩 怛他評多耶"

222) 施諸餓鬼飲食及水法(T 21:467a): "曩謨 步布哩 迦哩多哩 怛他蘖多也" 이 불전에서는 이 주문의 직후에 내용이 유사한 개지옥문급인후주(開地獄門及咽喉呪)를 제시함으로써 둘을 별개의 진언으로 구분한다.

부보리(部布哩)로 바뀌고, 개지옥문급인후주에서는 가리다리가 가다리(迦多哩)로 바뀐다. 이에 관한 내용과 해석의 차이는 °소아귀진언에서 고찰한다.

보신진언(報身真言): 보신을 다섯 종자로 관조(觀照)하는 진언

"아 바 라 하 카"
阿 嚩 囉 賀 佉
ā vā rā hā khā
"아! 바! 라! 하! 카!"

앞에서 상세히 설명한 °법신진언과 연관이 있는 진언인 것은 분명하지만, 그 내용은 매우 독특하여 한국불교의 독자적인 진언으로 간주할 만한 여지가 있다. 그 이유로 먼저 지목할 수 있는 사실은 이러하다. 한글 진언집에 명기된 이 진언의 실담자는 "ā, vā, rā, hā, khā"로 모음이 모두 장음이다. 그러나 5대(大)를 상징하는 것으로 정형화되어 있는 기존의 진언은 "a(=地), va(=水), ra(=火), ha(=風), kha(=空)"로 모음이 모두 단음이다.

이 같은 한글 진언집의 보신진언은 대장경 전체에서도 그 전거를 찾을 수 없다. 이 보신진언은 일본의 대장경에서 볼 수 있는 두 종류의 보신진언과도 다르다. 즉 『태장계대법대수기』에서 아(阿 a), 밤(鑁 vaṃ), 람(囕 raṃ), 함(含 haṃ), 캄(欠 khaṃ)으로 설하는 보신진언은 법신진언에서 소개한 상품실지의 진언과 동일하다.[223] 또한 『금강계대법대수기』에서 아(阿 a), 미(未 vi), 라(囉 ra), 훔(吽 hūṃ), 캄(欠 khaṃ)으로 설하는 보신진언[224]은 삼종실

223) 胎藏界大法對受記(T 75:59b): "阿鑁囕含欠 是報身真言"

224) 金剛界大法對受記(T 75:189b): "阿(a) 未(vi) 囉(ra) 吽(hūṃ) 欠

지궤(三種悉地軌)의 중품실지에 적용된다.[225)]

한글 진언집의 편찬자가 기존의 보신진언과는 다른 종자들을 독자적인 보신진언으로 수록했을 가능성도 생각해 볼 수 있으나, 그 종자들이 상징하는 의미로 보건대 그럴 가능성은 희박하다.[226)] 그러므로 편찬자는 기존의 보신진언이 법신진언과 혼동될 수 있음을 고려하고 5대를 상징하는 5자와도 차별하기 위해 모음을 모두 장음으로 바꾸었을 수도 있다.

이 밖에 종자로 구성되지 않은 보신진언도 있다. 『제불경계섭진실경』에서 설하는 보신진언을 예로 들면 다음과 같다.

> 唵 娑嚩婆 嚩戍度 憾[227)]
> (옴 사바하 바슈도 함)
> oṃ svāhā viśuddhe haṃ
> "옴! 기원하옵나니 청정하신 분이시여, 함!"

(khaṃ) 名入悉地. 是報身真言"

225) 三種悉地破地獄轉業障出三界祕密陀羅尼法(T 18:911a): "中品悉地 阿尾羅吽欠. 是名入悉地" 중품실지로 관조하는 신체 부위는 배꼽으로부터 심장까지로 배당된다. 松長有慶(1978) p. 2.

226) 한글 진언집에서 보신종자로 열거한 종자들은 밀교에서 주로 다음과 같은 상징으로 통용된다.
아(阿, ā): 평온의 경지, 적정(寂靜)
바(嚩, vā): 음악의 신인 악천(樂天), 바람의 신인 풍천(風天)
라(囉, rā): 혜성을 지칭하는 라후성(羅睺星)
하(賀, hā): 항삼세명왕(降三世明王) 등
카(佉, khā): 마두관음(馬頭觀音)

227) 諸佛境界攝真實經 권中. T 18, p. 275a. 이 경전에는 바슈도(娑嚩戍度)의 실담자가 vaśuddho로 기재되어 있으나 범어의 바른 표기로는 'viśuddhe'가 된다.

보회향진언(普廻向真言): 널리 회향하는 진언

"옴 사마라 사마라 미마나 사라 마하자거라 바 훔"[228]
唵 沙摩囉 沙摩囉 弭摩曩 娑囉 摩訶左乞囉 嚩[229] 吽
oṃ smara smara vimāna sāra mahācakra vaḥ hūṃ
"옴! 기억하소서, 기억하소서, 배분하소서, 건너가소서, 위대한 바퀴여, 바하! 훔!"

한글 진언집에서 실담자와 한글을 병기하여 수록한 이 진언은 이에 앞서 『수륙수재의궤』에 수록되었다.[230] 그런데 『수호국계주다라니경』에 따르면 이 진언은 부처님이 설하신 '회향다라니'이다.[231] 『불설회향륜경』에서는 이와 유사한 진언을 다음과 같이 설하지만 그 용도가 다르다.

唵 娑頗羅 裟頗羅 微摩那 娑囉 摩訶若縛 吽[232]
(옴 사바라 사바라 미마나 사라 마하야바 훔)
oṃ sphara sphara vimāna sāra mahājava hūṃ
"옴! 널리 퍼지소서, 널리 퍼지소서, 배분하소서, 건너가소서 신속히 나아가소서, 훔!"

이 진언은 참회할 때 사용하며, 그 효력으로 모든 죄가 소멸되

---

228) 한글 진언집에서는 "옴 사마라 사마라 미마나 사라마하 자거라 바훔"으로 읽는다. 이 중에서 "사라마하 자거라 바훔"은 "사라 마하자거라 바 훔"으로 읽는 것이 아래의 범문과 합치한다.

229) 바(嚩, vaḥ)는 독각(獨覺) 또는 연각(緣覺)을 상징하는 종자이다.

230) 『수륙수재의궤』에는 이 진언이 한자로만 두 차례 제시되어 있다. 朴世敏(1993 제1집) pp. 594a. 619a.

231) 守護國界主陀羅尼經 권1(T 19:529c): "爾時世尊即說迴向陀羅尼曰. 唵 娑麼囉 娑麼囉 微麼曩 娑囉 摩訶斫迦囉 嚩 吽"

232) 佛說回向輪經. T 19, p. 578a.

고 모든 번뇌가 점차 엷어져서 부처님이 설하신 많은 공덕을 얻게 되며, 사후에는 정토에 태어날 수 있다[233]고 한다.

봉영거로진언(奉迎車輅真言): 수레를 받들어 맞이하는 진언

"나모 따[싸]랴 다미가남 다타아다남 옴 바아랑 이냐 갈사야 사바하"

曩謨 悉底哩也 地尾迦喃 怛佗蘖跢喃 唵 嚩日朗 儗你也 羯哩沙耶 莎訶

namas try-adhvikānāṃ tathāgatānām oṃ vajrāgny-ākarṣāya svāhā

"삼세(三世)의 여래님들께 귀의하옵나니, 옴! 금강의 불길[과 같은 수레]를 끌어 모시고자 기원하옵니다."

대장경에서는 한글 진언집에 수록된 이것과 동일한 명칭의 진언을 찾을 수 없다. 그러나 많은 불전들에 이것과 동일한 내용의 진언이 다른 명칭으로 수록되어 있다. 예를 들면『일자정륜왕염송의궤』에는 영거로인(迎車輅印)이라는 인계(印契)를 맺을 때 읊는 진언으로 수록되어 있으며[234],『무량수여래관행공양의궤』에 송거로(誦車輅)진언으로 수록되어 있다.[235] 이 밖에『약사여래관행의궤법』을 비롯한 열 가지 이상의 불전들이 청거로(請車輅)라는 명칭으로 이 진언을 설한다.[236]

---

233) 佛說回向輪經(T 19:578a): "諸罪銷滅一切煩惱漸得微薄 能獲如前所說功德 … 命終之後得生淨土."

234) 一字頂輪王念誦儀軌(T 19:308b): "次結迎車輅印 … 曩謨 悉底哩也 地尾迦南 呾他蘖多南 唵 嚩日嘲 儗儞也 羯哩沙耶 娑嚩訶"

235) 無量壽如來觀行供養儀軌(T 19:69b): "便誦車輅真言曰. 曩莫 悉底哩耶 地尾迦南 怛他蘖跢南 唵 嚩日朗 儗孃 迦囉灑耶 娑嚩賀"

236) 藥師如來觀行儀軌法(T 19:25b): "便誦請車輅真言曰. 那莫 悉底哩耶 地尾迦南

불전들에서 이 진언의 내용은 한결같지만, 이것을 상거로(上車輅)진언으로 설하는 『아촉여래염송공양법』의 경우에는 약간의 차이가 있다. 즉 "여래님들께"를 의미하는 다타아다남(怛佗蘖跢喃, tathāgatānām) 앞에 살바(薩嚩, sarva)가 추가되어 있으므로[237], "여래님들께"는 "모든 여래님들께"가 된다.

봉송진언(奉送真言): 받들어 보내 드리는 진언

"옴 바아라 사다 목차 목"
唵 嚩日囉 薩埵 目叉 目
oṃ vajra sattva-mokṣa muḥ[238]
"옴! 금강이시여, 중생의 해탈이여, 해방이여."

한글 진언집에 수록된 이것은 길거나 짧은 여러 종류의 봉송진언들 중에서는 짧은 것에 속한다. 그런데 『수륙재의촬요』에는 이보다 더 짧은 진언도 봉송다라니(奉送陀羅尼)로 수록되어 있는데, 다음과 같이 위의 진언 중 목차(目叉) 앞에 있는 사다(薩埵)가 없다.

"옴 바아라 목차 목"
唵 縛日囉 穆叉 目[239]
oṃ vajra-mokṣa muḥ

怛他蘖跢南 唵 嚩日朗 儗孃 迦羅灑耶 娑嚩賀"

237) 阿閦如來念誦供養法(T 19:18a): "請上車輅真言. 娜麼 悉底𠷐野 地尾迦南 薩嚩 怛他誐跢南 唵 嚩日嘲 俔儞夜 羯沙野娑 嚩訶"

238) muḥ는 구속으로부터 벗어나 해방된다는 뜻으로 쓰이는 동사 muc에서 유래한다. 범어의 문법을 적용하면 이 경우의 muḥ는 'muk'로 바뀌어야 한다. 그러나 진언에서는 이것을 종자처럼 사용하여 'muḥ'로 읽는 것이 관례로 통용되어 있다. 범어 불전에서는 "vajra muḥ"(금강이여, 해방이여)라는 진언을 흔하게 볼 수 있다.

"옴! 금강 같은 해탈이여, 해방이여."

진언은 흔히 '다라니'로도 불리므로 봉송진언과 봉송다라니는 동일한 용어임에도 이처럼 내용에 차이가 있는 것은 그럴 만한 이유가 있다. 이 진언은 많은 불전들에 내용의 일부가 다른 금강해탈(金剛解脫)진언으로 수록되어 있는데, 다음과 같이 두 가지 경우를 대조해 보면 한글 진언집의 봉송진언은 이 금강해탈진언들의 조합임을 알 수 있다.

『금강왕보살비밀염송의궤』[240]	『대일여래검인』[241]
"옴 바아라 사다바(=사다) 목" 唵 嚩日囉 薩怛嚩 穆 oṃ vajra-sattva muḥ "옴! 금강살타[242]이시여, 해방이여."	"옴 바아라 모걸차(=목차) 목" 唵 嚩日囉 謨乞叉 穆 oṃ vajra-mokṣa muḥ "옴! 금강 같은 해탈이여, 해방이여."

한글 진언집의 봉송진언은 위의 두 진언에서 사다바(薩怛嚩, sattva)와 모걸차(謨乞叉, mokṣa)를 조합하여 "사다 목차"(薩埵 目叉, sattva-mokṣa: '중생의 해탈')로 재구성한 것이다. 그런데 『불설무량수불화신대분신구마라금강염송유가의궤법』에서는 위의 『

239) 朴世敏(1993, 제1집) p. 642.

240) 金剛王菩薩祕密念誦儀軌(T 18:575a): "置於頂上誦金剛解脫真言 … 唵 嚩日囉 薩怛嚩 穆"

241) 大日如來劍印(T 18:196a): "金剛解脫真言. 唵 嚩日囉 謨乞叉 穆" 이와 동일한 내용이 瑜伽集要救阿難陀羅尼焰口軌儀經(T 21:472a)에도 수록되어 있다. 『대일여래검인』에서 謨乞叉의 실담자를 'mukṣa'로 표기한 것은 'mokṣa'의 오기이다.

242) 금강살타(金剛薩埵)는 금강수(金剛手)보살로도 불린다. 비로자나불인 대일여래로부터 깨달음의 법문을 듣고 견고한 보리심을 갖게 되어, '번뇌가 곧 깨달음'(煩惱卽菩提)이라는 이치와 지혜를 상징하는 보살이다.

대일여래검인』에서 설하는 금강해탈진언을 '봉송진언'으로 명시한다.[243] 『수륙재의촬요』에 수록된 '봉송다라니'는 바로 이것과 동일한 진언이다. 그리고 이것이 봉송진언으로 불리는 이유는 소위 발견법(撥遣法)이라는 작법에 사용되는 진언이기 때문이다. 발견(撥遣/發遣)은 맞이하여 모신 불보살 등을 원래 계셨던 자리로 봉송하는 것을 의미한다.[244]

일본에는 발견법으로 부적을 소각하는 사찰도 있다. 이 경우에는 깨끗한 땅에서 부적에 등, 향, 쌀, 소금을 바치고 발견진언(撥遣真言)을 소리 높여 외우면서 부적을 태우고 쌀과 소금 및 재는 하천이나 연못에 흘려 보낸다.[245] 여기서 말하는 발견진언은 『수륙재의촬요』에 수록된 봉송다라니와 동일하며, 『시제아귀음식급수법』에서는 이 진언에 실담자를 병기하여 발견해탈(發遣解脱)진언으로 설한다.[246]

이상과 같이 한글 진언집의 봉송진언과 『수륙재의촬요』의 봉송

---

243) 佛説無量壽佛化身大忿迅倶摩羅金剛念誦瑜伽儀軌法(T 21:132c): "奉送真言曰. 唵 嚩日囉 謨乞叉 穆"

244) 불전에서는 봉송(奉送)을 일컫는 용어인 발견의 한자를 撥遣과 發遣으로 혼용한다. 발견은 타방 세계로부터 초청해 모신 본존이나 성중(聖衆)을 작법의 종말에 본토로 봉송하는 것이다. 密教學會(1983) 1818c 참조.

245) 坂内龍雄(1986) p. 226. 부적을 태울 때는 손가락을 튕기는데, 이 작법은 『시제아귀음식급수법』에 설명되어 있다. 아래 각주 참조.

246) 施諸餓鬼飲食及水法(T 21:468a): "發遣解脱真言曰. oṃ vajra mokṣa muḥ 唵 嚩日囉 目乞灑 穆" 여기서 mokṣa는 mukṣa로 기재된 것을 범어의 바른 표기로 전환한 것이다. 이 불전은 곧장 이어 다음과 같이 이 진언의 사용법을 설명한다.
"발견주(發遣呪)를 송창할 때는 먼저 이 주(呪)의 인계를 맺는다. 오른손으로 주먹을 쥐어 엄지손가락으로 집게손가락을 누르고, 손바닥을 위로 향하게 하여 손가락을 튕겨 소리 내는 이것을 발견계(發遣契)라고 한다."
(若誦發遣呪 先作呪印. 以右手作拳 以大指捻頭指, 仰掌彈指作聲 是名發遣契.)

다라니에 차이가 있는 근거를 불전들에서 찾을 수 있다. 이 밖에 『대허공장보살염송법』에서는 목차(穆叉, mokṣa)가 라다나(囉怛曩, ratna)로 바뀐 것을 봉송진언으로 설한다.[247]

부동존진언(不動尊真言): 부동명왕님께 귀의하는 진언

"나모 사만다 바아라 남 전나 마하로사나 살바다야 훔 다라다 함맘"
曩莫 三滿多 嚩日囉 喃 戰拏 摩訶盧沙拏 薩嚩吒耶 吽 坦囉吒 憾 鋡
namaḥ samanta-vajra ṇaṃ caṇḍa-mahā-roṣaṇa sphoṭāya hūṃ traṭ hāṃ māṃ
"어디에나 계시는 금강이시여, 남! 무섭고 위대한 모습으로 분노하시는 분이시여, 산산이 부서뜨리는 분께 귀의하옵니다. 훔! 트라트! 함! 맘!"

이 진언의 범문은 『화우궤별록』에 실담자로 거의 정확하게 병기되어 있다.[248] 부동존은 부동명왕(不動明王)의 별칭이며 부동분노명왕(不動忿怒明王) 또는 부동진노(瞋怒)명왕으로도 불린다. 보

---

247) 大虛空藏菩薩念誦法(T 20:604b): "奉送真言曰. 唵 嚩日囉 囉怛曩 穆" 이 진언의 의미는 "옴! 금강을 보배로 지닌 분이시여, 해방이여"(oṃ vajra-ratna muḥ)가 된다. '금강을 보배로 지닌 분'은 밀교에서 허공장(虛空藏)보살로도 불리는 금강보(金剛寶)보살을 가리킨다.

248) 火吽軌別錄(T 19: 938a): "誦不動尊真言 曰. 娜麼 三漫哆 末日囉 赧 戰拏 摩訶嚕瑟拏 薩發吒野 吽 怛囉吒 桁 莽"(namaḥ samanta vajra ṇaṃ caṇḍa mahā roṣaṇa sphaṭya hūṃ traṭ hāṃ māṃ) 이 범문 중에서 sphaṭya만 부정확 표기로서 범어로는 성립될 수 없는 말이다. 실담자는 병기하지 않았지만 이와 동일한 부동존진언이 大毘盧遮那成佛神變加持經略示七支念誦隨行法(T 18:175a)과 大毘盧遮那略要速疾門五支念誦法(T 18:177b)에도 수록되어 있다.

리심이 견고하다는 것을 함의하는 부동은 특히 부처님이 성도할 때 훼방을 놓았던 악마를 항복시킨 불굴의 지혜를 의미한다. 밀교에서 부동명왕은 대일여래를 대신하여 수행자들을 수호하며, 5대 또는 8대 명왕들 중에서는 중심이자 우두머리가 된다.

이 진언의 내용은 의미가 명칭에 부합할 뿐만 아니라, 다섯 개나 되는 종자들을 구사하고 있는 점이 독특하다. 이것들 중에서 첫째인 남(喃, ṇaṃ)은 귀의한다는 뜻을 상징한다. 다음으로 함(憾, hāṃ)과 맘(鋡, māṃ)은 모두 부동명왕을 상징하는 종자이다. 다른 진언들에서도 자주 사용하는 훔(吽, hūṃ)이 여기서는 공포를 의미하면서 척파하여 항복시킨다는 것을 상징한다.[249] 사용되는 경우가 흔치 않는 다라다(怛囉吒, traṭ)는 종자로는 금강만(金剛鬘) 보살을 상징하지만, 이 경우에는 분노를 표현하는 소리일 것으로 이해하는 것이 무난하다.

분향진언(焚香真言): 향을 사르면서 읊는 진언

"옴 도바시계 구로 바아리니 사바하"
唵 杜婆始契 矩嚕 嚩日哩捉 莎賀
oṃ dhūpa-śikhe kuru vajriṇi svāhā
"옴! 향을 상투로 지닌 분이시여, [저의 분향 공양을] 이행하소서, 금강저를 지닌 분께 기원하옵니다."

한글 진언집에 수록된 이 진언이 『아촉여래염송공양법』에는 '분향공양진언'으로 수록되어 있다.[250] 그런데 『대일경』에서 세 차례 설하는 분향진언의 내용은 아래와 같이 위의 분향진언과는

---

249) 密教學會(1983) p. 1333b 참조.

250) 阿閦如來念誦供養法(T 19:18c): "焚香供養真言曰. 唵 度跛始契 矩嚕 嚩日哩抳 娑嚩訶"

다르다.

南麼 三曼多勃馱喃 達摩馱埵 弩蘖帝 莎訶[251)]
(나모 사만다 못다남 달마다타 노아데 사바하)
namaḥ samanta-buddhānāṃ dharma-dhātv-anugate svāhā
“어디에나 계시는 모든 부처님들께 귀의하옵고, ‘진리의 세계’(법계)에 수순하시는 분께 기원하옵니다.”

『대일경지송차제의궤』 등에서도 이와 동일한 의미의 분향진언을 설하므로[252)], 이것이 아마 보다 널리 통용된 분향진언이었을 것이다.

불공대관정광진언(不空大灌頂光真言): 견실하고 위대한 관정으로 밝게 비추시는 대일여래님께 기원하는 진언

“옴 아모가 베로자나 마하모나라 마니 바나마 아바라 바라말다야 훔”
唵 旃暮伽 廢嚧者哪 摩訶暮捺囉 摩抳 鉢頭麼 入嚩攞 跋囉韈彈野 吽
om amogha-vairocana-mahāmudrā maṇi-padma-jvala pravarttaya hūṃ
“옴! 당신은 결실한 비로자나시요 위대한 수인(手印)이시니, 보주(寶珠)와 연꽃의 광명이시여, 장애 없이 나아가게 하소서. 훔!”

앞에서 소개한 °멸악취진언과 동일한 진언이다. 『불공견삭신변

251) 大毘盧遮那成佛神變加持經 권7. T 18. p. 50b. 이 경전에서는 이 진언을 음역만 약간 달리한 똑같은 내용으로 두 번(114a, 150b) 반복하여 설한다. “焚香真言曰. 曩莫 三滿多 沒馱喃 達麼馱怛 嚩弩蘖帝 娑嚩賀”

252) 大日經持誦次第儀軌(T 18:184c): “焚香真言曰. namaḥ samanta-buddhānāṃ dharmma dhatva nugate svāhā 南麼 三曼多 勃馱喃 達摩馱怛嚩 拏蘖帝 莎訶” 실담자로 기재한 범문 중에서 ‘dharmma dhatv’를 정확하게 표기하면 ‘dharma-dhātv’가 된다.

진언경』 등의 다른 불전들에도 '불공대관정광진언'으로 수록되어 있다.[253] 그러나 이 진언의 온전한 명칭은 '불공견삭비로자나불대관정광진언'이며[254], 흔히 광명진언(光明真言)이라는 약칭으로 널리 통용되어 왔다. 그러므로 이 진언은 불공견삭(不空羂索), 즉 '견실한 밧줄'로 생사의 고해에 빠진 중생을 건져 올려 구제하고 지혜의 광명을 두루 비추는 대일여래(大日如來)인 비로자나불에게 기원하는 진언이다.

일본의 진언종에서는 이 진언을 오지여래(五智如來)로 불리는 금강계(金剛界)의 다섯 부처님께 지혜의 광명을 발산해 달라고 기원하는 진언으로 중시하여 신봉하기도 한다. 이 경우에는 진언에서 말하는 아모가(旖暮伽, amogha)는 불공성취여래(不空成就如來), 베로자나(廢嚧者哪, vairocana)는 대일여래, 마하모나라(摩訶暮捺囉, mahāmudrā)는 아촉여래(阿閦如來), 마니(摩抳, maṇi)는 보생여래(寶生如來), 바나마(鉢頭麼, padma)는 아미타여래를 가리키는 것으로 해석한다.

불공성취불진언(不空成就佛真言): 불공성취불께 기원하는 진언

"옴 아모가 싯제[뎨] 악"
唵 阿謨伽 悉弟 噁
om amogha-siddhe aḥ

---

253) 不空羂索神變真言經 권28(T 20:384c): "不空大灌頂光真言曰. 唵 旖暮伽 廢嚕者娜 摩訶畝捺囉 麼抳 鉢頭麼 入嚩攞 跛囉襪韈野 吽"
遊心安樂道(T 47:119c): "不空大灌頂光真言曰. 唵 荷暮伽 廢嚕者娜 摩訶畝陀囉 麼抳 鉢頭麼 入縛攞 跛囉襪韈野 吽"

254) 不空羂索毘盧遮那佛大灌頂光真言(T 19:606b): "唵 阿謨伽 尾嚧左曩 摩賀母捺囉 麼抳 鉢納麼 入嚩攞 鉢囉韈哆野 吽." 이 진언에는 실담자가 병기되어 있다. 그러나 마하모나라(摩賀母捺囉)는 mahāmudrā의 음역임이 분명하지만, 실담자는 'mahāpro'로 잘못 기재되어 있다.

"옴! '견실하게 성취하신 분'(불공성취불)이시여, 아하!"

『조상경』과 한글 『진언집』에 수록된 이 진언이 『대교왕경약출호마의』에는 °오여래진언의 하나인 불공성취여래진언으로 수록되어 있다.[255] 진언의 내용에서 악(噁, aḥ)은 불공성취여래를 상징하는 종자이다.

불공화신진언(不空化身真言): 불공성취여래의 화신을 기원하는 진언

"옴 닥기 훔 약"
唵 吒枳 吽 弱
oṃ ṭakki hūṃ aḥ
"옴! 닥기[명왕]이시여, 훔! 아하!"

°십대명왕진언에 이 진언의 전거와 유래에 관해 소개해 두었다. 『불설유가대교왕경』과 『묘길상대교왕경』에서 각각 '닥기명왕(吒枳明王)진언'과 '동남방명왕(東南方明王)진언'으로 설하는[256] 이 진언의 내용은 십대명왕 중 동남방을 수호하는 명왕의 이름과 종자로만 이루어져 있다. 닥기명왕의 별칭은 '애염(愛染, Rāga)명왕'이다.

명왕의 이름인 닥기(吒枳)의 원어에 대해서는 설왕설래가 있다. 『조상경』에서는 이 명왕을 '닥기라야(吒枳羅惹)명왕'으로 기재하

255) 妙吉祥平等觀門大教王經略出護摩儀(T 20:935b): "不空成就如來 唵 阿謨伽 悉弟 噁"

256) 佛說瑜伽大教王經 권1(T 18:563c): "吒枳明王真言曰. 唵 吒枳 吽 弱"
妙吉祥平等祕密最上觀門大教王經 권1(T 20:910b): "東南方明王真言曰. 唵 吒枳 吽 弱"

여, 吒枳가 吒枳羅惹의 약칭이라는 사실을 정확하게 인지했다.[257] 吒枳羅惹에서 라야(羅惹)의 원어는 왕(王)을 의미하는 rāja가 분명한 반면 吒枳의 원어는 tarki, ṭarki, ṭaki 등으로 애매하다.[258] 근래의 연구와 범본에서 吒枳는 ṭakki의 음역으로 확인된다.[259]

불부소청진언(佛部召請真言): 최승의 부처님을 불러 청하는 진언

"나모 사만다 못다남 옴 이나이가 예혜혜 사바하"
曩謨 三滿哆 沒馱喃 唵 唹曩唹迦 伊呬曳呬 莎訶
namaḥ samanta-buddhānām oṃ jina-jik ehy ehi svāhā
"어디에나 계시는 모든 부처님들께 귀의하옵고, 옴! 승리자들 중의 승리자이시여, 오소서 오소서, 기원하옵니다."

대장경에서는 이와 동일한 명칭과 내용의 진언을 찾아볼 수 없

---

257) 『묘길상대교왕경』에도 吒枳囉惹(T 20:933c) 또는 吒枳囉(T 20:908b)로 표기되어 있다.

258) 吒枳는 적기(摘枳)로도 표기된다. 『조상경』과 한글 『진언집』에서 吒枳의 실담자는 'ṭaki'로 표기되어 있다. 『밀교대사전』(密教學會 1983:1552ab)에서도 ṭaki를 원어로 간주했으나 그 의미에 관해서는 범어 antaka에서 전와된 것일지도 모른다는 불확실한 추정에 그친다. 이 추정은 사후 세계의 왕인 閻摩(Yama)가 吒枳와 동체로 간주된다는 사례에 의거하여, antaka와 Yama가 항복 또는 죽음이라는 의미를 공유할 것이라는 생각에서 기인한다. 그러나 ṭaki와 antaka의 어형이 너무 판이하여 이 추정은 아무래도 과도한 것으로 보인다. 한편 佛說一切如來金剛三業最上祕密大教王經의 범본에는 吒枳의 원어가 tarki(T 18:486b) 또는 ṭarki(T 18:508b)로 기재된 것으로 파악되어 있다. 이 경우의 tarki는 '사색에 유능한 자'를 의미한 것으로 이해할 수 있지만, 이것이 의미 불명의 ṭarki로도 표기되어 신뢰하기 어렵다.

259) 大西秀城(1994) p. 42 ; Hidas(2021) p. 223, 20행. 이 경우의 ṭakki는 '변방에 사는 사람'을 의미하는 ṭakka에서 유래한 말이며, 범어에는 'ṭakki-buddha'라는 고유명사의 용례가 있다.

으므로, 이것은 한국불교의 창의적 진언에 속한다. 위의 진언에서 "나모 사만다 못다남"을 삭제하면 별개의 진언이 되는데, 한글 진언집에는 이것이 °소아귀(召餓鬼)진언으로 수록되어 있다.

이 불부소청진언은 『대일경』 등에서 설하는 보통종자심(普通種子心)진언과 『대일여래검인』 등에서 설하는 불부심삼매야(佛部心三昧耶)을 조합하여 응용한 것으로 생각된다. 아래의 두 진언 중에서 첫째 진언의 끝에 있는 가(迦, ka)[260]를 생략하고 둘째 진언의 사바하(娑嚩賀) 앞에 예혜혜(伊呬曳呬)를 추가하면, 위의 불부소청진언이 된다.

> 南麼 三曼多 勃馱喃 迦[261]
> (나모 사만다 못다남 가)
> namaḥ samanta-buddhānām ka
> "어디에나 계시는 모든 부처님들께 귀의하옵니다. 카!"

> 唵 爾曩爾迦 娑嚩賀[262]

---

260) 범어 카(ka)를 음역한 가(迦)는 행동을 의미하는 kārya 또는 연민(悲)을 의미하는 karuṇā에서 첫 음인 ka를 따온 종자로 해석된다. 이 ka가 전자일 경우에는 일상적인 행동을 초월한 여래로서의 본래 청정한 행동을 의미하고, 후자일 경우에는 부처님과 같은 대자비를 일으킨다는 의미로 이해된다. 八田幸雄(1985) p. 26, 120번 참조.

261) 大毘盧遮那成佛神變加持經 권7(T 18:51c) ; 大日經持誦次第儀軌(T 18:183b): "普通種子心曰. 南麼 三曼多 勃馱喃 迦"
大毘盧遮那佛說要略念誦經(T 18:61a)과 奇特最勝金輪佛頂念誦儀軌法要(T 19:190c)에서는 이 진언을 각각 보통불부심명(普通佛部心明)과 제불부심진언(諸佛部心真言)으로 설한다.

262) 大日如來劍印(T 18:199a): "佛部心三昧耶印 … 誦真言曰. 唵 爾曩爾迦 娑嚩賀"
大虛空藏菩薩念誦法(T 20:603b): "即誦佛部心真言三遍 頂上散印真言曰. 唵 爾曩爾迦 娑嚩賀"
八田幸雄(1985:45, 240번)은 예혜혜(伊呬曳呬)에 해당하는 범어 'ehy ehi'

(옴 이나이가 사바하)
oṃ jina-jik svāhā
"옴! 승리자들 중의 승리자이시여, 기원하옵니다."

위의 진언에서 이나이가(唹曩唹迦/爾曩爾迦)의 원어인 jina-jik(승리자들 중의 승리자)는 범어 jinajit의 속어형인데[263], 『소실지갈라경』에서는 이것만을 불부심(佛部心)진언으로 설하기도 한다.[264] 밀교 불전의 진언에서 종종 언급되는 jina-jik는 "모든 여래의 마음을 상징"하면서 특히 불부(佛部)의 심주(心呪)로 통용된다.[265]

한편 『석문의범』에 수록된 두 종류의 불부소청진언 중에서 이와 동일한 것[266]은 수륙재의(水陸齋儀)에서 사용하는 진언으로 분류되어 있다. 그리고 『석문의범』과 『밀교개간집』에 이와는 다른 내용으로 수록된 또 하나의 불부소청진언은 한글 진언집의 °불부진언(佛部真言)과 동일하다.

불부진언(佛部真言): 여래의 출현을 기원하는 진언

"나모 사만다 못다남 옴 다타아다 나바바야 사바하"
南無 三滿多 沒馱喃 唵 怛佗誐多 那波嚩野 莎訶
namaḥ samanta-buddhānām oṃ tathāgatodbhavāya svāhā

가 이 진언에 삽입된 "oṃ jina-jik ehy ehi svāhā"를 '불부심삼매야의 진언'으로 제시했다. 이는 티베트 역본에 의거한 것으로 보이지만, 한역(漢譯) 대장경에서는 이렇게 온존한 형태의 불부심삼매야진언을 볼 수 없다.

263) Griffiths etc.(2013) p. 17, fn. 67.

264) 蘇悉地羯囉經 권上(T 18:607c): "佛部心真言曰. 爾曩爾迦"

265) Griffiths etc.(2013) pp. 18-19 참조.

266) 安震湖(1935上) p. 245.

"어디에나 계시는 모든 부처님들께 귀의하옵고, 옴! 여래의 출현을 위해 기원하옵니다."

대장경에 수록된 불부진언 중에는 이와 동일한 내용이 없다. 이 불부진언은 『약사여래관행의궤법』에서 설하는 불부심삼매야(佛部心三昧耶)진언[267]의 앞에 "나모 사만다 못다남"(南無 三滿多 沒馱喃)을 추가하여 조합한 한국불교의 진언이다. 『밀교개간집』에서는 이 진언을 한글로만 기재하여 불부소청진언으로 수록했다.[268] 또한 『석문의범』에 수록된 두 종류의 불부소청진언 중에서 이 불부진언과 동일한 두 번째 것[269]은 불상점안(佛像點眼)에 사용하는 진언으로 구분되어 있다.

참고로 『소실지갈라경』에서는 다음과 같이 전혀 다른 내용을 불부진언으로 설한다.

曩謨 囉怛曩 怛囉夜也 唵 阿那部帝 微若曳 悉馱囉替 莎訶[270]
(나모 라다나 다라야야 옴 아나바데 미아예 싯달제 사바하)
namo ratna-trayāya om adbhute vijaye siddhārthe svāhā
"삼보에 귀의하옵고, 옴! 미증유의 최승자(最勝者)이시요 목적을 달성하신 분께 기원하옵니다."

---

267) 藥師如來觀行儀軌法(T 19:23c): "即誦佛部心三昧耶真言曰. 唵 怛他誐都 納婆嚩耶 娑嚩賀"
이 진언의 범문은 "oṃ tathāgatodbhavāya svāhā"로 불부진언의 뒷부분과 동일하다.

268) 朴世敏(1993, 제3집) p. 265.

269) "佛部召請真言 … 南謨 三滿多 沒多南 唵 多陀訶多那 婆婆野 娑婆訶 / 나모 사만다 못다남 옴 다타아다나 바바야 사바하" 安震湖(1935) p. 97.

270) 蘇悉地羯囉經 권中. T 18, p. 618a. 高麗國新雕大藏校正別錄 권7(K 38:560a)에도 이것과 완전히 동일하게 불부진언이 수록되어 있다.

그런데 『소실지갈라공양법』에서는 이 진언 중 싯달제(悉馱囉替) 앞에 싯디(悉地, siddhi)를 추가한 진언을 '불부정수주(佛部淨數珠) 진언'으로 설한다. 『소실지갈라경』의 불부진언과 비교하면, 이 불부정수주진언은 다음과 같이 '목적을 달성하신 분'이 '목적을 완전히 달성하신 분'으로 바뀌었을 뿐이다.

那謨 羅怛曩 怛囉夜也 唵 阿娜薄帝 微若曳 悉地 悉馱嘌替 莎訶[271]
(나모 라다나 다라야야 옴 아나바데 미아예 싯디 싯달제 사바하)
namo ratna-trayāya om adbhute vijaye siddhi-siddhārthe svāhā
"삼보에 귀의하옵고, 옴! 미증유의 최승자이시요 목적을 완전히 달성하신 분께 기원하옵니다."

『불자필람』은 이 진언의 명칭을 '관세음보살수주수(觀世音菩薩數珠手)진언'으로 바꾸어 관세음보살 42수주(手呪) 중의 하나로 수록했다.[272]

불삼신진언(佛三身真言): 부처님의 세 가지 신체에 기원하는 진언

"옴 호철모니 사바하"
唵 呼徹牟尼 娑婆訶
oṃ --muni svāhā
"옴! 불러서 거두어 주시는 성자시여, 기원하옵니다."

---

271) 蘇悉地羯羅供養法 권2. T 18, p. 714c.

272) "曩謨羅 怛曩怛羅 夜野 唵 阿那婆帝 尾惹曳 悉地 悉馱嘌篸 娑婆訶 / 나모라 다나다라 야야 옴 아나바데 미아예 싯디 싯달제 사바하" 崔就墟・安錫淵(1931) p. 35. 여기서 '나모라 다나다라 야야'는 '나모 라다나 다라야야'로 읽어야 한다.

대장경은 물론이고 한글 진언집에도 없는 이 진언이 『불자필람』과 『석문의범』에 위와 같은 한글과 한자로 수록되어 있다.[273] 그러나 이 진언을 훨씬 먼저 수록한 『삼문직지』에서는 진언 중의 호철(呼徹)을 '湖哲'로 표기했다.[274] 呼徹이든 湖哲이든 이 둘은 범어의 음역이 아닌 것은 분명하다. 그리고 湖哲보다는 呼徹에서 이 진언의 취지와 부합하는 의미를 찾을 수 있다.

이 진언에서 호철모니는 호철(呼徹)이라는 한자어와 모니(牟尼, muni)라는 범어를 엮어서 개발한 것으로 이해된다. 이와 유사한 사례는 °무병수진언과 °법삼장진언에서도 볼 수 있다. 호철모니는 석가모니불을 지칭하는 것으로 보이지만 호철(呼徹)이라는 말이 매우 생소하고 그 의미도 모호하여 면밀한 검토가 필요하다. 이 말이 용어로 사용된 최초의 사례로는 중국에서 현장(玄奘) 법사의 제자로서 법상종(法相宗)을 개창한 규기(窺基) 스님의 『대반야바라밀다경반야이취분술찬』을 들 수 있다. 여기서는 호철이 다음과 같이 언급된다.

> 이와 같이 일부 경전의 뜻을 부처님께 들은 대로 내가 몸소 따르면, 나는 명성을 얻게 되고 <u>호철</u>이 될 것이다.[275]

그런데 여기서 언급하는 '호철'은 규기보다 이른 시기에 생존하

---

273) 佛子必覽: 崔就墟・安錫淵(1931) p. 20. 釋門儀範: 安震湖(1935上) p. 100. 관련 사항은 °계장진언 참조.

274) "唵 湖哲牟尼 娑婆訶 옴 호텰모니 사바하"
Kabc=ABC_BJ_H0220_T_002&imgId=010_0149_c.
『일용작법』(朴世敏 1993 제3집:524b)에서는 한자를 생략하고 한글만 발췌하여 수록했다.

275) 大般若波羅蜜多經般若理趣分述讚 권1(T 33:27b): "如是一部經義 我親從佛聞, 即為我聞作<u>呼徹</u>也."

여 삼론종(三論宗)을 개창했던 길장(吉藏) 스님의 『법화의소』에서 아래와 같이 언급한 농윤(哢胤)이라는 말의 동의어로 사용된 것임이 분명하다.

> 이와 같이 일부 경전을 부처님께 들은 대로 내가 몸소 따르면, 나는 명성을 얻게 되고 농윤이 될 것이다.276)

이로써 규기는 위의 글을 인용하면서 '농윤'을 '호철'로 바꾸었다는 사실을 확인할 수 있다. 여기서 말하는 농윤은 농인(弄引)의 동의어로 간주된다.277) 그리고 '농인'이라는 말을 사용한 원조는 길장과 동시대의 명승으로서 천태종(天台宗)을 개창하여 흔히 천태대사 또는 지자대사(智者大師)로 불렸던 지의(智顗)이다. 지의 스님은 『묘법연화경현의』에서 농인을 다음과 같이 설명한다.

> 어떤 사람은 말하기를 "녹야원에서 시작한 [부처님의 설법] 이래 이 모든 것은 법화경의 농인(弄引)이다."라고 하지만, 이제 말하자면 그렇지 않다. 우선 비근하게 말하면, [부처님께서 정각을 성취한] 적멸도량(寂滅道場) 이래의 모든 것이 법화경의 농인이다. 그러므로 다른 국토를 환하게 비추어 부처님께서 출현하신 것은 모두 돈오(頓悟)가 점오(漸悟)를 여는 것이 된다. 문수보살이 먼저 부처님을 이끈 것도 돈오가 점오를 연 것이다. 이와 같은 것이 농인이다.278)

---

276) 法華義疏 권1(T 34:454b): "如是一部經 我親從佛聞, 即為我聞作哢胤也."

277) 농윤(哢胤)과 농인(弄引)이 동의어로 사용되었다는 것은 후대(10세기)에 찬술된 『종경록』으로도 확인할 수 있다. 즉, 아래 구절의 끝에 언급된 哢胤이 대장경의 판본에 따라 哢引 또는 弄引으로도 기재되었다.
宗鏡錄 권46(T 48:685c): "탐내고 성내는 마음이 그치고 한결같이 편안한 마음을 품게 됨으로써, 자연스럽게 중생을 가르쳐 진리에 들어가는 농윤(哢胤)이 될 것이다." (貪恚心息 安一懷抱 以自然訓物 作入理哢胤.)

278) 妙法蓮華經玄義 권2上(T 33:704b): "有人言 始自鹿苑 皆是法華弄引, 今言不

이 같은 설명에서 농인은 어떤 결과로 이끄는 계기가 되는 것을 의미한다. 더 구체적으로 말하면 '각 단계를 거치며 거듭거듭 전입(轉入)하는 것'[279]이 농인이며, 쉽게 말하면 농인이란 어떤 결과를 낳는 '연줄'이 되는 것이라고 이해할 수 있다. 이와 아울러 농인이라는 말에서 유래한 호철(呼徹)도 이 같은 의미를 지닌 함축하는 말로 사용되었음을 알 수 있다.

그러므로 호철모니는 중생의 깨달음에 연줄을 마련하여, 점차 인도하는 것으로 중생 구제를 거두시는 성자를 일컫는다. 짐작건대 한국불교의 고승들은 현장 법사가 생각했던[280] 것처럼 부처님이 법신(法身), 보신(報身), 응신(應身) 또는 화신(化身)이라는 '세 가지 신체'(三身)로 중생을 구제한다는 믿음을 불삼신진언의 '호철모니'에 반영했을 것이다.

이처럼 『법화경』 연구의 대가인 지의 스님의 저서에서 유래한 농인은 농윤 또는 호철 등과 호환할 수 있는 용어로 사용되었다. 다만 『법화경』을 해설하는 중국 찬술의 많은 불전들에서는 이것들이 '농인'으로 고착되었다.

불설소재길상다라니(佛說消災吉祥陀羅尼): 부처님께서 설하신 대로 재앙을 없애는 상서로운 다라니

爾. 且近說 寂滅道場已來 悉為法華弄引. 所以光照他土現佛 悉為頓開漸. 文殊引先佛 亦為頓開漸. 如此弄引."

279) 陳 敏齡(2016) p. 57.

280) 『대당고삼장현장법사행장』에는 현장 법사가 『삼신론』을 저술하게 된 이유가 이렇게 언급되어 있다.
大唐故三藏玄奘法師行狀(T 50:217b): "법사는 왕을 위해 여래는 세 가지 신체로 중생을 이롭게 한다는 것을 술회하며 찬양했는데, 이러한 인연으로 곧 『삼신론』을 300송으로 짓게 되었다." (法師為王 述讚如來三身利物, 因即為造三身論三百偈.)

"나모 사만다 못다남 아바라디 <u>하다 샤사나남</u>281) 다냐타 옴 카카 카혜 카혜 훔훔 아바라 아바라 바라아바라 바라아바라 디따^{싸} 디따^{싸} 띠^{씨}리 띠^{씨}리 빠^{쌔}다 빠^{쌔}다 선디가 시리예 사바하"
南無 三滿多 沒馱喃 阿鉢囉底 賀哆 舍薩曩喃 怛你也佗 唵 佉佉 佉呬 佉呬 吽吽 入嚩囉 入嚩囉 鉢囉入嚩囉 鉢囉入嚩囉 底瑟吒 底瑟吒 瑟緻哩 瑟緻哩 薩癹吒 薩癹吒 扇底迦 室哩曳 娑嚩賀
namaḥ samanta-buddhānām, apratihata-śāsanānāṃ tadyathā.
oṃ kha kha khāhi khāhi hūṃ hūṃ jvala jvala prajvala prajvala tiṣṭha tiṣṭha ṣṭri ṣṭri sphoṭa sphoṭa śāntika śrīye svāhā.
"어디에나 계시는 모든 부처님들께, 장애를 물리치는 가르침에 이렇게 읊어 아뢰옵니다. 옴! 창공이여, 창공이여, [장애를] 물리치소서, 물리치소서. 훔! 훔! 광명이시여, 광명이시여, 눈부시고 눈부신 광명이시여, 계시옵소서 계시옵소서, 슈트리! 슈트리! [장애를] 쫓아내소서 쫓아내소서, 평온을 낳으시는 분이시여, 행운을 베푸시는 분께 기원하옵니다."

한국불교에서 °사대주의 하나로 통용되는 이 진언이 한글 진언집과 『조상경』 등에는 '소재길상다라니'으로 수록되거나 언급되어 있으며, 『밀교개간집』과 『일용작법』 등에는 '불설소재길상다라니'로 수록되거나 언급되어 있다. 그러나 짤막한 『불설치성광대위덕소재길상다라니경』에서 이 진언을 설하므로282), '치성광대위덕소재길상다라니'가 본래의 명칭일 것이다.

위의 진언 중에서 카카(佉佉)는 'kha kha'의 음역으로 5대(大) 중에서 공(空)을 상징하는 종자로도 사용된다. 그러나 여기서는 kha를 원래의 의미인 '창공'으로 풀이했다. 그리고 이제까지 소개

---

281) 한글 진언집에서 표기한 '하다샤 사나남'은 '하다 샤사나남'으로 읽어야 아래의 범문(hata-śāsanānāṃ)과 합치한다.

282) 佛說熾盛光大威德消災吉祥陀羅尼經(T 19:337c): "曩謨 三滿跢 沒馱喃 阿鉢囉底 賀哆舍娑娜喃 怛姪他 唵 佉佉 佉呬佉呬 吽吽 入嚩囉 入嚩囉 鉢囉入嚩攞 鉢囉入嚩攞 底瑟姹 底瑟姹 瑟致哩 瑟致哩 薩普吒 薩普吒 扇底迦 室哩曳 娑嚩賀"

한 진언들 중에서는 처음 등장하는 띠리(瑟緻哩)는 슈트리(ṣṭri)를 음역한 종자로서 대위덕명왕(大威德明王)을 상징한다. 불법(佛法)을 수호하는 대위덕명왕은 화염 모양의 후광에 여러 가지 무기를 손에 들고 분노한 형상으로 묘사되므로, 이 종자는 악을 분쇄해 달라는 소원을 표시한다.

그런데 진언의 독음에서 티슈타(tiṣṭha)의 음역인 지슬타(底瑟吒)를 '디따' 또는 '지따'로 읽고, 슈트리(ṣṭri)의 음역인 슬치리(瑟緻哩)를 '띠리' 또는 '지리'로 읽는 것은 한글의 고어 발음을 구현하지 못하는 현대 한글의 관행에서 기인한다. 진언을 한글로 표기했던 과거의 고승들은 원래의 발음을 정확히 구현하는 데 주력했다. 그래서 底瑟吒(tiṣṭha)는 '디쌰'로, 瑟緻哩(ṣṭri)는 'ㅼ리'로 표기했다. 이 표기는 '디쌰'를 '디스다'와 가깝게, 'ㅼ리'를 '스디리'에 가깝게 읽으라는 의도였을 것으로 이해되며, 이렇게 읽는 것이 범어의 발음에 더욱 근접한다.

불설왕생정토진언(佛說往生淨土真言) → **무량수불설왕생정토주**

불정심관세음보살모다라니(佛頂心觀世音菩薩姥陀羅尼):
관세음보살님께서 중생의 고통을 없애 주시기 위해 설하신 다라니

"①나모 라다나 다라야야 나막 아리야 바로기데[뎨] 새바라야 모디사다바야 마하사다바야 마하가로니가야 다냐타 아바다 아바다 바리바제[뎨] 인혜혜
②다냐타 살바다라니 만다라야 인혜혜 바라마슈다 모다야
③옴 살바 작슈 가야 다라니 인디리야
④다냐타 바로기데[뎨] 새바라야 살바도따[싸]283) 오하야미 사바하"

---

283) 도따(咄瑟吒)는 두슈타(duṣṭa)의 음역이고, 한글『진언집』에서는 '도쌰'로 표기했다. 이 표기를 '도스다'로 읽는 것이 원음에 더 가깝다.

①那謨 囉怛那 怛囉夜野 那莫 阿唎野 婆路咭帝 濕伐囉野 菩提薩埵跛野 摩賀薩埵跛野 摩訶迦嚧呢迦野 怛你也佗 阿鈸陀 阿鈸陀 跛利跋帝 堙醯夷醯

②跢姪佗 薩婆陀羅尼 曼荼羅野 堙醯夷醯 鉢囉摩輸馱 菩跢野

③唵 薩婆 斫芻 伽耶 陀囉尼 因地唎野

④怛姪佗 婆嚧枳帝 濕嚩囉野 薩婆咄瑟吒 烏訶耶彌[284] 娑嚩賀

①namo ratna-trayāya nama āryāvalokiteśvarāya bodhisattvāya mahāsattvāya mahākāruṇikāya tadyathā. abādha abādha balivate ehy ehi.

②tadyathā sarva-dhāraṇi-maṇḍalāya ehy ehi parama-śuddha-buddhāya

③oṃ sarva-cakṣu-grāhya-dhāraṇi-indriya

④tadyathā avalokiteśvarāya sarva-duṣṭa ūhanīya svāhā.

"①삼보에 귀의하옵고, 크나크신 자비를 구족하시고 성스러운 관자재보살 마하살님께 귀의하오며 이에 읊어 아뢰옵니다. 장애가 없게 하소서, 장애가 없게 하소서, 은혜를 베푸시는 분이시여, 오시옵소서, 오시옵소서!

②또 읊어 아뢰옵나니 모든 다라니와 만다라를 위해 오시옵소서, 오시옵소서, 위없이 청정한 부처님께 [귀의하옵나니],

③옴! 모든 눈으로 다라니를 파악할 수 있는 능력을 지니신 분이시여![285]

④즉 관자재보살님께 모든 죄장(罪障)이 바뀔 수 있기를 기원하옵니다."

---

284) 한글 진언집에서는 이것을 한결같이 오하야미(烏訶耶彌)로 표기하고 단지 이 발음에 맞춘 실담자를 안심사본은 ūhayāmi, 만연사본은 uhayami, 망월사본은 ohayami로 제각기 다르게 기재했다. 그러나 이 진언의 원형을 설하는 『천안천비관세음보살다라니신주경』(다다음 각주 ④)에 따르면 오하야미(烏訶耶彌)는 오하미야(烏訶彌耶, ūhanīya)의 오기이다.

285) 村上真完(2019:196)은 이 구절의 범문을 "일체의 눈, 인식 대상, 다라니, 감관이여"라고 평범한 병렬 복합어로 직역했다

한국불교에서 °사대주의 하나로 중시하는 이 다라니는 『천안천비관세음보살다라니신주경』에서 설하는 4개의 다라니를 순서대로 연결하여 편집한 진언이다. 연결하는 과정에서는 하나의 단어만 교체했으며, 선행하는 세 진언의 끝에 있는 사바하(莎訶)는 생략하고 마지막 진언에만 그대로 두어, 마치 온전하게 하나의 진언인 것처럼 편집했다.[286] 한글 진언집은 전체 중 ②의 구문에서만 단어 하나를 다음과 같이 교체했다.

---

286) 이 차이를 제외하면 진언에 붙인 ①②③④는 『천안천비관세음보살다라니신주경』에서 아래와 같이 설하는 4개의 진언(제1～5이지만 제3에는 진언이 없음)과 동일하다. 네 진언의 순번은 불정심관세음보살모다라니의 순서와 일치한다.

千眼千臂觀世音菩薩陀羅尼神呪經 권上. T 20, p. 85bc. 아래의 각 진언에 병기한 범문은 村上真完(2019) pp. 196-7 참조.

①천안천비관세음보살총섭신인(千眼千臂觀世音菩薩總攝身印) 제1: "那謨曷囉怛那 怛羅夜耶 那謨 阿利耶 波路吉帝 攝伐囉耶 菩提薩埵耶 摩訶薩哆跛耶 摩訶迦嚕尼迦耶 怛姪他 阿跛陀 阿跛陀 跛唎跛帝 堙醯夷醯 莎訶"(namo ratna-trayāya nama āryāvalokiteśvarāya bodhisattvāya mahāsattvāya mahākāruṇikāya tadyathā. abādha abādha balivate ehy ehi svāhā.)

②천안천비관세음보살총지다라니인(千眼千臂觀世音菩薩總持陀羅尼印) 제2: "跢姪他 薩婆陀羅尼 曼茶羅耶 堙醯曳醯 鉢囉摩輸馱 薩跢跛耶 莎訶"(tadyathā sarva-dhāraṇī-maṇḍalāya ehy ehi pparama-śuddha-sattvāya svāhā.)

③천안천비관세음보살천안인주(千眼千臂觀世音菩薩千眼印呪) 제4: "唵 薩婆斫蒭伽羅耶 陀囉尼 因地唎耶 莎訶"(oṃ sarva-cakṣu-grāhya-dhāraṇi-indriya svāhā.)

④천안천비관세음보살천비총섭인(千眼千臂觀世音菩薩千臂總攝印) 제5: "怛姪他 婆盧枳帝 攝伐囉耶 薩婆咄瑟吒 烏訶彌耶 **莎訶**"(tadyathā avalokiteśvarāya sarva-duṣṭa ūhanīya **svāhā**.)

②천안천비관세음보살총지다라니인	불정심관세음보살모다라니 ②
다냐타 살바다라니 만다라야 인혜혜 바라마슈다 사바다야/모다야	
跢姪他 薩婆陀羅尼 曼茶羅耶 堙醯曳醯 鉢囉 摩輸馱 薩跢跛耶 莎訶	跢姪佗 薩婆陀羅尼 曼茶羅野 堙醯夷醯 鉢囉摩輸馱 菩跢野

한글 진언집(우측)에서는 좌측의 사다바야(薩跢跛耶, sattvāya)를 모다야(菩跢野, buddhāya)로 교체했는데, 이에 따라 좌측의 '중생(보살님)께'라는 말이 '부처님께'로 바뀌었다.

비로자나불진언(毗盧遮那佛真言): 비로자나불께 기원하는 진언

"옴 바아라 다도 밤"
唵 嚩日囉 馱覩 鍐
oṃ vajra-dhātu vaṃ
"옴! '금강 같은 [지혜의] 경계를 갖춘 분'(비로자나불)이시여, 밤!"

『조상경』과 한글『진언집』에 수록된 이 진언이『대교왕경약출호마의』에는 ˚오여래진언의 하나인 비로자나여래진언으로 수록되어 있다.287) 이 진언에서 밤(鍐, vaṃ)은 금강계(金剛界)를 상징하는 종자이다. 금강은 여래의 견실한 지혜를 상징하며, 비로자나불을 지칭하는 대일여래(大日如來)는 이러한 지혜의 경계를 몸으로 갖춘 분이기 때문에 '금강계여래'로 불린다.

비로화신진언(毗盧化身真言): 비로자나여래의 화신을 기원하는 진언

287) 妙吉祥平等觀門大教王經略出護摩儀(T 20:935b): "毘盧遮那如來 唵 嚩日囉 馱覩 鑁"

"바라양 다구 맘"
鉢羅儗陽 怛矩 䫂
prajñāntaka māṃ
"바라양다구[명왕]이시여, 맘!"

이 진언의 전거와 유래도 °십대명왕진언에 소개해 두었다. 이 진언은 『묘길상대교왕경』에서 설한 남방명왕(南方明王)진언[288]을 채택한 것이겠지만, 종자가 함(憾)에서 맘(䫂)으로 바뀌었다.[289] 앞서 소개한 두 화신진언(°보생화신진언, °불공화신진언)과 마찬가지로, 이 진언도 십대명왕 중 남방을 수호하는 명왕의 이름과 종자로만 이루어져 있다. 여기서는 명왕의 이름이 바라양다구(鉢羅儗陽怛矩)로 표기되었으나, 이것이 범어 prajñāntaka의 음역인 점을 고려하면 바라니야다가(鉢囉抳也怛迦)라는 다른 표기[290]가 더 적합하다. 이 명왕의 별칭은 '무능승(無能勝, Aparājita)명왕'이다.

비시식진언(非時食真言): 제때가 아닌 식사를 경계하는 진언

"옴 사리 어사리 사바하"
唵 薩哩 閼薩哩 莎賀
oṃ sari asari svāhā
"옴! '제때여, 제때가 아님이여'(?), 기원하옵니다."

---

288) 妙吉祥平等祕密最上觀門大教王經 권1(T 20:910c): "南方明王真言曰. 鉢囉儗陽怛矩 憾"

289) 함(憾, hāṃ)과 맘(䫂, māṃ)은 부동명왕을 상징하는 종자이다.

290) 上同(T 20:908a): "南方 鉢囉抳也怛迦大明王真言曰" 密教學會(1983:893a)는 鉢囉抳也怛迦의 원어를 'pranyāntaka?'로 추정했으나, 근래의 연구(大西秀城 1994:42)와 범본(Hidas 2021:223, 20행)에서는 'prajñāntaka'로 확인된다.

한글 진언집 중에서는 안심사본과 만연사본에도 이 진언은 없다. 망월사본에서만 이 진언에 실담자를 병기하여 수록했으므로 이 진언은 대장경에 의거한 것처럼 보인다. 그러나 대장경에는 이 같은 진언이 전혀 없을 뿐만 아니라, 이 진언을 수록한 『밀교개간집』과 『일용작법』에서는 한글로만 "옴 바사리 어사리 사바하"로 기재하여 망월사본과도 일치하지 않는다. 그러므로 한국불교에서 개발한 이 진언은 의미와 정체가 불명하여 전승에서도 혼동이 있었던 것으로 보인다.

여기서는 이 진언의 실담자가 범어를 정확하게 반영한 것으로 추정하여 그 의미를 풀이했다. 사리(薩哩, sari)는 시간(때)을 의미하기도 하므로 이것의 반대말인 어사리(閼薩哩, asari)는 '제때가 아닌' 비시(非時)를 의미하게 된다. 그러나 이 진언을 원래 이러한 의미로 개발했는지는 단언할 수 없다.

사대주(四大呪): 네 가지 큰 주문

이 진언은 아래의 네 가지 진언을 통칭하므로, 진언의 내용은 명칭의 순서에 따라 별개의 항으로 취급하여 서술했다.[291)]

불설소재길상다라니
불정심관세음보살모다라니
수능엄신주
정본관자재보살여의륜주

---

291) 아래의 넷은 아침의 송주용이거나 상단불공 후 소원 성취의 목적으로 외우는 주요 진언이므로 사다라니(四陀羅尼)와는 다르다. 한국불교의 스님들 사이에서 보통 '사다라니'로 통용되는 것들은 °보공양진언, °보회향진언, °원성취진언, °보궐진언이라는 네 가지이다.

사방진언(四方真言): 동서남북에 기원하는 진언

"아 마 라 하"
阿 末 囉 訶
a ma ra ha
"아(동방)! 마(서방)! 라(남방)! 하(북방)!"

대장경에는 없고 만연사본과 망월사본의 한글 진언집에만 수록된 진언이다. 불전들 중에서 '사방진언'이라는 말은 『금강광염지풍우다라니경』에서만 언급하지만, 이 경우에는 동서남북의 사방에서 불어오는 바람을 막는 지풍진언(止風真言)으로 전혀 다른 내용의 긴 진언을 지칭한다.[292]

°법신진언에서 상술했듯이 지수화풍공이라는 5대(大)를 상징하는 종자는 각각 순서대로 아(a=地), 바(va=水), 라(ra=火), 하(ha=風), 카(kha=空)이다. 이 중에서 공(空)을 제외한 나머지는 차례대로 동(a), 서(va), 남(ra), 북(ha)이라는 사방을 상징하기도 한다. 그런데 위의 사방진언은 서방에 해당하는 종자를 바(va)가 아니라 마(末, ma)로 기재한 점이 특이하여 선뜻 이해하기 어렵다. 이 같은 전례가 없기 때문이다.

범어의 한자 음역과 실담자에서 va(嚩, 𑖪)와 ma(末, 𑖦)는 혼동할 여지가 없이 뚜렷하게 구분되므로, va를 ma로 잘못 기재했을 것 같지는 않다. 이에 관해 유일하게 납득할 수 있는 해결책은 사방진언의 개발자가 범어의 어휘에 해박한 지식이 있었을 것으로 믿는 것이다. 범어에서 ma는 수(水)를 의미하기도 한다. 그래서 5대의 수(水)는 서방을 상징하므로, 수(水)를 의미하는 마(ma, 末)도 서방을 상징할 수 있다. 그러나 이러한 지식을 반영했다고 하더라

---

292) 金剛光焰止風雨陀羅尼經. T 19, pp. 728c-729a, 735bc.

도 va를 굳이 ma로 바꾼 이유는 여전히 이해하기 어렵다.

삭발진언(削髮真言): 삭발할 때 기원하는 진언

"옴 싯뎐도 민다라[293] 발다나야 사바하"
唵 始沙殿都 愍怛羅 跋馱那野 莎賀
oṃ sidhyantu mantra-vardhanāya svāhā
"옴! 그들이 성취하게 하소서. 진언의 증진을 위해 기원하옵니다."

이 진언에서 발다나야(跋馱那野)는 착오일 가능성도 있지만, 여기서는 우선 한글『진언집』의 실담자[294]를 교정하여 풀이해 두었다. 대장경에는 삭발진언으로 불리는 진언이 없다. 그러나 중국에서 찬술된『비니일용록』에는 "수염과 머리를 깎고 마땅히 바라옵건대, 중생이 번뇌를 여의어 마침내 적멸(寂滅)에 이르기를"이라는 서원에 이어 삭발진언과 거의 동일한 내용의 진언이 체두게주(剃頭偈呪)로 수록되어 있다.[295] 그런데『밀교개간집』은 이 체두게주와 동일한 내용을 삭발진언으로 수록했으므로[296], 한국불교에서는 체두게주의 명칭을 '삭발진언'으로 바꾸었음이 분명하다.

---

293) 한글『진언집』에는 '싯뎐 도민다라'(始沙殿 都愍怛羅)로 읽도록 표기되어 있으나, 아래의 범문에 따르면 '싯뎐도 민다라'로 읽는 것이 타당하다.

294) 한글『진언집』에는 "oṃ siddhyanto vintra vardhānaya svāhā"로 기재되어 있다.

295) 毗尼日用錄(X 60:148a): "剃頭偈呪云. 剃除鬚髮 當願眾生 遠離煩惱 究竟寂滅. 唵 悉殿都 漫多羅 跋陀耶 娑婆訶" 이 밖에 毗尼日用切要(X 60:160b)를 비롯한 여러 불전에도 이와 동일한 내용이 수록되어 있다. 진언 앞의 서원은『화엄경』에 있는 게송(大方廣佛華嚴經 권14, T 10:70a)을 인용한 것이다.

296) "削髮真言. 剃除鬚髮 當願衆生 遠離煩惱 究竟涅槃 / 옴 싣전도 만다라 발다아 사바하" 朴世敏(1993, 제3집) p. 257a. 여기서는 이 진언의 실담자와 한자를 기재하지 않았다.

그러나 『밀교개간집』에서 한글 『진언집』의 '민다라 발다나야'를 '만다라 발다아'로 바꾼 것은 '민다라 발다나야'를 착오로 간주했기 때문일 것이다. 그리고 『비니일용록』의 체두게주와 『밀교개간집』의 삭발진언은, 『천수천안관세음보살광대원만무애대비심다라니』에 수록되어 흔히 천수다라니, 천수관음다라니, 신묘장구다라니(神妙章句陀羅尼), 대비주(大悲呪) 등으로 널리 통용되고 있는 다라니의 마지막 구절과 동일하다. 이 구절을 풀이하면 다음과 같다.

> "옴 싯뎐도 만다라 발다야 사바하"
> 唵 悉殿都 曼哆囉 鉢馱耶 娑婆訶[297]
> oṃ sidhyantu mantra-padāya svāhā
> "옴! 그들이 성취하게 하소서. 진언의 말씀을 위해 기원하옵니다."

이 구절에 있는 발다야(鉢馱耶)가 한글 『진언집』의 삭발진언에서는 발다나야(跋馱那野)로 바뀌었으므로, 삭발진언은 이 구절이 와전되었을 가능성이 있다. 그러나 이렇게 속단하기 어려운 것은 '발다나야'를 표기한 실담자가 '발다야'와는 확연히 다르기 때문이다.[298]

---

297) 千手千眼觀世音菩薩廣大圓滿無礙大悲心陀羅尼. T 20, p. 107c. 『천수천안관세음보살대비심다라니』와 『천수안대비심주행법』의 경우에는 맨 앞의 옴(唵)이 없고 나머지는 동일하다.
千手千眼觀世音菩薩大悲心陀羅尼(T 20:117a): "悉殿都 漫哆羅 跋馱耶 娑婆訶"
千手眼大悲心呪行法(T 46:976b): "悉殿都 漫哆羅 跋陀耶 莎婆訶"

298) 한글 『진언집』에서 발다나야(跋馱那野)의 실담자는 vardhānaya(교정하면 vardhanāya)로 표기되어 있으나 발다야(鉢馱耶)는 padāya로 표기된다. 실담자에는 유사한 글씨체가 적지 않아 종종 혼동할 수 있었다고 하더라도 이 둘의 경우에는 혼동의 여지가 없다.

천수다라니의 마지막 구절에서 옴(唵)을 제외한 "싯뎐도 만다라 발다야 사바하"(悉殿都 曼哆囉 鉢馱耶 娑婆訶)에 해당하는 범문(sidhyantu mantra-padāya)은 밀교가 성행하기 이전의 경전들에서부터 통용되었다. 다만 '만다라 발다야'의 발다야(padāya)에는 약간의 변형도 있다. 서기 402년 구마라집이 번역한『사익범천소문경』에서 부처님이 문수사리에게 설한 주문을 단적인 예로 들 수 있다. 이 주문은 "나무불타 싯뎐도 만다라"(南無佛馱 悉纏闘 曼哆邏)로 끝나지만, 이 구절의 의미는 "모든 부처님들께 귀의하면 마땅히 이 주술을 성취할 것이니라."[299]라고 제시되어 있다. 그리고 이 구절에 해당하는 범문에 따르면 '주술'은 mantra-pada(만다라 발다)의 의역이다.[300]

『불모대공작명왕경』을 비롯한 밀교의 불전에서는 이처럼 '만다라 발다야'가 '만다라 발다'로 바뀐 사례를 흔하게 볼 수 있다.[301]

---

299) 思益梵天所問經 권4(T 15:60b): "南無佛馱 悉纏闘 曼哆邏 … 南無諸佛 當成就是呪術."

300) 이 구절의 온전한 범문은 "namaḥ sarva-buddhebhyaḥ [me] sidhyantu mantra-padāḥ"(모든 부처님들께 귀의하옵고, 진언의 말씀들이 [저에게] 성취되게 하소서)이다. 五島清隆(2017:112)이 예시한 다른 범문들에는 me(저에게)가 없다. Davidson(2014:37)은 6세기에 이르러 이 같은 구절이 흔히 통용되었다는 사실을『대운경(大雲經)』의 범본으로 예시했는데, 이 경우의 범문은 다음과 같다.
"namaḥ sarva-buddhebhyaḥ sidhyantu mantra-padāni svāhā" (모든 부처님들께 귀의하옵고, 그들이 진언의 말씀들을 성취하게 하소서. 기원하옵니다.)

301) 佛母大孔雀明王經 권上(T 19:21a): "悉鈿覩 滿怛囉 鉢那 娑嚩賀" 이 진언의 범문은 "sidhyantu mantra-padāḥ svāhā"이고, 아래에 예시한 진언들도 이와 동일하다.
金剛光焰止風雨陀羅尼經(T 19:729b): "悉殿都 漫怛囉 播那 莎訶"
聖虛空藏菩薩陀羅尼經(T 20:606b): "悉殿覩 滿怛羅 波那 娑嚩賀"
西方陀羅尼藏中金剛族阿蜜哩多軍吒利法(T 21:55a): "悉殿都 曼多囉 跛那 莎嚩

그렇다면 한글『진언집』에서 '만다라' 다음의 '발다야'가 '발다나야'로 바뀐 것도 단순한 착오가 아니라 편찬자의 개발일 가능성이 있다. 진언 자체가 말씀에 해당하므로, 의미를 고려하더라도 '진언의 말씀을 위해'(만다라 발다야)보다는 '진언의 증진을 위해'(만다라 발다나야)가 더욱 적절한 것으로 보인다. 그리고 '증진'에 해당하는 범어 vardhana(발다나)는 불전에서 증장(增長) 또는 장양(長養)으로도 번역되어 빈번하게 사용되는 말이다.

삼귀의진언(三歸依真言): 삼귀의를 범어로 읊는 진언

"나모 못다야 나모 달마야 나모 승가야"
那謨 富陀野 那謨 陀囉摩野 那謨 僧伽野
namo buddhāya namo dharmāya namaḥ saṃghāya
"부처님(佛)께 귀의하옵고, 가르침(法)에 귀의하옵고, 승가(僧)에 귀의하옵니다."

이와 같은 삼귀의진언은 대장경뿐만 아니라 한국불교의 진언집에도 수록되어 있지 않다. 그러나 이 진언은 보례삼보진언[1]에 있는 옴(唵)을 나모(那謨)로 바꾸고 살바(薩嚩)를 생략했을 뿐, 그 내용과 용도는 보례삼보진언과 동일하다. 또한 정본관자재보살여의륜주는 위의 진언으로 시작되므로, 불보(佛寶)와 법보(法寶)와 승보(僧寶)인 삼보에 귀의한다는 이 부분만을 발췌하여 '삼귀의진언'으로 일컫고 있다.

『수보리심계의』에 수록된 원래의 삼귀의진언은 "삼보님께 귀의

呵"
佛說最上祕密那拏天經 권上(T 21:360a): "悉殿覩 滿怛囉 鉢捺 娑嚩賀"
佛說陀羅尼集經 권3(T 18:809b): "悉殿都 曼怛囉 跛陀 莎訶"

하옵니다."라고 시작하는 귀의삼보진언의 뒷 부분인 세 음절로서 다음과 같이 간략하다.

"옴 복캄"
唵 步欠[302)]
oṃ bhūḥ khaṃ
"옴! 대지여, 허공이여!"

삼매야계진언(三昧耶戒真言): 평등한 경지를 계로 삼는 진언

"옴 삼매야 살타밤"
唵 三昧耶 薩怛鑁
① oṃ samaya stvaṃ
② oṃ samaya sattvam
"옴! 평등의 경지여, 금강살타(金剛薩埵)가 되기를."

한글 진언집에 기재된 이 진언의 범문 ①은 『시제아귀음식급수법』에 '보살삼매야계다라니'로 수록된 것[303)]과 일치한다. 이 진언에서 살타밤(薩怛鑁, stvaṃ)은 금강살타를 상징하는 종자이므로[304)] 이 진언이 염원하는 것은 금강살타와 하나가 되는 경지이다. 그러나 진언을 연구한 일본의 학자들은[305)] 이 진언의 범문을 "oṃ samayas tvam"으로 제시하는데, 이 범문의 의미는 "옴! 중

---

302) 受菩提心戒儀(T 18, p. 941a): :三歸依真言曰. 唵步欠"
303) 施諸餓鬼飲食及水法(T 21:468a): "誦受菩薩三昧耶戒陀羅尼 … oṃ samaya stvaṃ 唵 三摩耶 薩怛梵"
秋山 学(2018:90)에 따르면 일본에서 이 진언은 '보현보살삼매야(普賢菩薩三昧耶)진언'으로 불린다.
304) 靜 慈圓(1997) p. 214.
305) 八田幸雄(1985) p. 196, 1601번 ; 秋山 学(2012) p. 11.

생과 평등한 경지가 당신이십니다."가 된다.

이 진언의 범문 ②는『금강정일체여래진실섭대승현증대교왕경』(이하『금강정경』)에서 설하는[306] '법계(法戒)다라니'로 불리며 그 의미는 "유정(有情)들에게 법(法)과 계(戒)를 받게 하소서"라고 해석된다.[307] 밀교에서 삼매야계는 '평등의 계'를 의미하고, 이 경우의 삼매야는 부처와 중생이 본질적으로는 평등하여 차별이 없음을 의미한다. 이 때문에 부처는 모든 중생을 깨닫게 하여 부처가 되도록 서원하는데, 삼매야는 이러한 서원을 의미하는 본서(本誓)로 번역되기도 한다.[308]

삼밀진언(三密真言): 삼업을 관상(觀想)하는 진언

"옴 아 훔"
唵 阿 吽
oṃ a hūṃ
"옴! 아! 훔!"

대장경에는 '삼밀진언'으로 불리는 진언이 없다. 그러나 조선시대 중기에 간행된『제반문』의 예오불(禮五佛)에는 위의 세 글자가 점필법(點筆法)에서 사용하는 범자로 맨 먼저 열거되어 있다. 이

306) 金剛頂一切如來真實攝大乘現證大教王經 권上(T 18:312b): "唵 三摩野 薩怛鑁"
307) 정태혁(1998) p. 545.
308) 多屋頼俊 외(1955) p. 176 참조. 密教學會(1983:185c)에 따르면 삼매야(三昧耶, samaya)는 주로 ①평등, ②본서(本誓), ③제장(除障), ④경각(警覺)이라는 네 가지의 뜻으로 불심(佛心)의 경지를 나타낸다. ①평등은 부처님과 중생이 본래 평등하다는 의미이다. ②본서는 모든 중생을 남김없이 구제하겠다는 부처님의 본래 서원을 의미한다. ③제장은 그 본서에 의해 장애가 제거된다는 의미이다. 이에 따라 중생이 미혹의 꿈으로터 각성하기 때문에 ④경각을 의미한다. 佐和隆研(1974) p. 276a.

것이 한국불교에서는 삼밀진언으로 통용되어 왔는데, 이의 근거는 다음과 같이 설명하는 『제교결정명의론』에서 찾을 수 있다.

> 훔(吽)자는 즉 법신(法身)이고, 아(阿)자는 즉 보신(報身)이며, 옴(唵)자는 즉 화신(化身)이다. 이와 같이 세 글자는 이 삼신(三身)을 포괄한다. … 바로 그 세 글자는 또한 금강삼업에 여실하게 안주하니 말하자면 唵, 阿, 吽이다. 이 중에서 唵자는 곧 금강신업(金剛身業)을 일컫고, 阿자는 금강어업(金剛語業)을, 吽자는 금강심업(金剛心業)을 일컫는다.309)

이 설명에 따르면 훔(吽)자는 삼업 중에서 신업(身業), 아(阿)자는 어업(語業) 또는 구업(口業), 옴(唵)자는 심업(心業) 또는 의업(意業)을 상징하는 종자이다. 이 삼업 앞에 '금강'을 붙인 것은 정각을 성취한 모든 부처님들의 삼업임을 가리킨다. 밀교에서는 부처님들의 삼업을 각각 신밀(身密), 구밀(口密) 또는 어밀(語密), 심밀(心密) 또는 의밀(意密)이라는 '삼밀'로 일컬으므로, 삼밀진언이라는 명칭도 여기서 유래한다고 이해할 수 있다.

밀교에서는 이 삼밀이 평등하다는 정신 통일의 수행법을 삼마지법(三摩地法)이라고 특칭한다. 흔히 삼매(三昧)라는 말로 널리 통용되어 있는 삼마지(samādhi)는 정신 통일 또는 관상(觀想)을 의미하며, 진언의 교설을 총칭하기도 한다. 요컨대 삼밀에 삼마지(관상)함으로써 보리심에 통달하는 수행법이 삼마지법이다. 그리

309) 諸教決定名義論(T 32:507c-508a): "吽字即法身, 阿字即報身, 唵字即化身. 如是三字攝此三身. … 即彼三字 亦是金剛三業如實安住, 所謂 唵(引)阿(引)吽(引). 此中唵字是名金剛身業, 阿(引)字金剛語業, 吽字金剛心業." 여기서 둘째 글자를 '阿(引)'로 표기한 것은 이것이 단모음 'a'의 음역은 아니라는 사실을 명시한다. 흔히 장모음 ā를 '阿(引)'로 표기하지만, 후술할 『불설유가대교왕경』에서는 아(阿)의 범어가 'a'임을 실담자로 명기하고 있다.

고『불설유가대교왕경』에서는 삼마지법을 다음과 같이 설명한다.

> 이제 삼마지법을 설하리라. 본래의 몸[身]에서 옴(唵 oṃ)자가 나와 큰 지혜로 변하게 된다고 관상하라. 이 지혜로써 큰 지혜를 열고 이끌어 대변조여래(비로자나불)로 변하게 되느니라. … 입[口] 속에 아(阿 a)자가 있다고 다시 관상하면, 이 아자는 무량수불(아미타불)로 변하게 되느니라. … 이때 아사리가 자기의 본래 마음(心)을 관상하면 월륜(月輪)이 되는데, 월륜은 훔(吽 hūṃ)자로 변하게 되고, 이 훔자가 아촉불로 변하게 되느니라.[310]

여기서는 옴(唵)과 아(阿)와 훔(吽)이라는 세 글자의 근원이 각각 몸[身]과 입[口] 과 마음(心)이라고 명시하면서 그 셋이 각각 신밀(身密), 구밀(口密), 심밀(心密)의 수단이 된다고 가르치고 있다.『불설유가대교왕경』에서 이처럼 설명한 세 글자는 다른 불전들에서 삼자총지(三字總持)진언 또는 삼자총지주(三字總持呪)로 불린다. 그러므로 이것들이 삼밀진언의 본래 명칭이었음을 알 수 있다. 또한『불설유가대교왕경』에서는 세 글자의 범어를 각각 oṃ(唵), a(阿), hūṃ(吽)으로 명기하고 있으나 불전들에 따라서 이것들 중 아(阿)의 범어가 aḥ 또는 āḥ로도 간주되어 일치하지 않는다.

『밀주원인왕생집』에서는『불설유가대교왕경』을 인용하여 삼자총지주를 옴(唵), 아(啞), 훔(吽)으로 표기한다.[311] 그러므로 이 경우에는 아(啞)가 당연히 범어 a의 음역일 것으로 짐작할 수 있다.

---

310) 佛說瑜伽大教王經 권2(T 18:564a-b): "今說三摩地法. 於本身想出(oṃ)唵字變成大智. 以慧開引大智 變成大遍照如來. 復想口中(a)阿字. 阿字變成無量壽佛. 時阿闍梨想自本心而為月輪, 月輪變成(hūṃ)吽字. 吽字變成阿閦佛."

311) 密呪圓因往生集(T 46:1008b): "三字總持呪 唵啞吽. 瑜伽大教王經云 唵字是大遍照如來, 啞字是無量壽如來, 吽字是阿閦如來."

그러나 『불설유가대교왕경』을 똑같이 인용한 『칠구지불모소설준제다라니경회석』에서는 삼자총지진언을 다음과 같이 상술한다.

> 삼자총지진언: 唵啞吽(啞는 阿로도 적는다.) oṃ āḥ hūṃ (바로 이것이 범어로 쓴 唵자, 啞자, 吽자이다.)[312] 『유가대교왕경』에서는 이렇게 말한다. 옴(唵)자는 곧 대변조여래(즉 비로자나불), 아(啞)자는 곧 무량수여래(즉 아미타불), 훔(吽)자는 곧 아촉여래(즉 부동불)을 가리킨다.[313]

여기서는 둘째 글자인 '啞'를 '阿'로도 쓸 수 있다고 부연하면서 啞의 범어가 āḥ라고 명시하고 있다. 그렇다면 阿의 범어는 『불설유가대교왕경』에서 명시한 대로 'a'일 것이다. 즉 『칠구지불모소설준제다라니경회석』은 삼자총지진언의 둘째 글자가 āḥ이지만 'a'로도 쓸 수 있다고 설명한 것으로 이해된다. 다만 이 불전의 저자가 전거로 인용한 『유가대교왕경』(불설유가대교왕경)에서는 이것을 'a'로 명시했음에도 불구하고 이렇게 설명한 이유는 알 수 없다. 더욱이 이와 유관한 다른 불전들을 참조하면 둘째 글자에 대한 혼동은 더욱 가중된다. 예컨대 『수설유가집요시식단의』에서는 삼자총지진언의 둘째 글자를 다음과 같이 서로 다르게 표기한다.

---

312) 『대방광보살장문수사리근본의궤경』에서는 "oṃ āḥ hūṃ"를 대분노명왕심진언으로 설하는데, 이 경우의 āḥ는 '惡'으로 표기되어 있다.
大方廣菩薩藏文殊師利根本儀軌經 권4(T 20:849a): "唵惡吽 此大忿怒明王心真言"

313) 七俱胝佛母所說準提陀羅尼經會釋 권下(X 23:780b): "三字總持真言 唵啞吽(啞亦作阿) (oṃ) (āḥ) (hūṃ) (此是梵書唵啞吽字) 瑜伽大教王經云. 唵字是大遍照如來(即毗盧遮那佛), 啞字是無量壽如來(即阿彌陀佛), 吽字是阿閦如來(即不動佛)"

옴(唵) 아(阿) 훔(吽), 이것을 '삼자총지진언'으로 부른다. 무릇 온갖 작법은 이 진언으로 그 작법을 모두 가지(加持)한다.[314]

윗 스승인 삼보에 (이르기를) 오로지 원하는 것이 옴(唵) 아(啞) 훔(吽)이다. 이렇게 큰 원을 발하고 나서 삼보에 귀의하여 증명을 청하여 구한 다음, 다시 삼자총지진언을 염송한다.[315]

위의 설명만으로는 阿와 啞의 범어를 확정할 수 없다. 이 문제를 해결할 단서는 『유가집요염구시식의』에서 찾을 수 있다. 위의 『수설유가집요시식단의』처럼 삼보에 귀의하라고 설하는 것으로 시작하여 삼귀의찬(三歸依讚)으로 끝나는 이 불전에서는 길거나 짧은 진언들을 설할 때마다 27회에 걸쳐 먼저 읊어야 할 종자로 세 글자를 제시한다. 이 경우의 둘째 종자는 aḥ이지만, 종자를 열거하는 순서는 삼자총지진언과는 정반대인 hūṃ, aḥ, oṃ이다.[316] 다만 예외적으로 오직 한 곳에서 삼자총지진언과 동일한 순서로 열거하는데, 이 경우에는 aḥ를 啞로 표기한다.[317]

이보다 더욱 분명하게, 가흥대장경(嘉興大藏經)에 수록된 『유가집요염구시식의』에서는 일곱 번 읊어야 할 삼자총지진언을 "唵(引)啞(引)吽(引)"으로 표기하고, 이때 사용할 인계를 도형과 함께 제시한다.[318]

314) 修設瑜伽集要施食壇儀(X 59:277b): "唵阿吽, 此名三字總持真言. 凡諸作法 以此真言總加持之."

315) 上同(X 59:283a): "唯願上師三寶(至)唵啞吽. 既發大願已 皈依三寶 請求證明, 復念三字總持真言."

316) 瑜伽集要焰口施食儀(T 21:474a-480c): "(hūṃ) (aḥ) (oṃ)"

317) 瑜伽集要焰口施食儀(T 21:476a): "(oṃ) (aḥ) (hūṃ) 唵 啞 吽"

318) 瑜伽集要燄口施食儀. J 19, p. 207b.

위의 도형에 있는 실담자는 oṃ, aḥ, hūṃ이므로 이 불전에서는 '啞(引)'가 aḥ의 음역임을 표기한다. 또한 『유가집요시식의궤』에서는 각종 진언들을 설하면서 각 진언에 적용할 인계들을 34회에 걸쳐에 도형으로 제시하는데, 이 도형들에는 세 종자가 삼자총지진언의 순서대로 다음과 같이 매회 제시되어 있다.

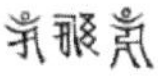[319] oṃ(唵) aḥ(啞) hūṃ(吽)

이제까지 참조한 불전들의 사례를 종합하면 삼자총지진언에서 둘째 글자인 阿는 a의 음역, 啞는 aḥ의 음역으로 함께 통용되었던 것이 대세였다고 판단할 수 있다. 다만 『칠구지불모소설준제다라니경회석』의 경우처럼 啞를 āḥ의 음역으로 표기한 예외적인 사례도 있었다. 그리고 원래 'a'였던 것이 aḥ 또는 āḥ로 바뀐 이유로는 두 가지를 상정해 볼 수 있다.

삼자총지진언의 전거인 『불설유가대교왕경』에서 a(阿)는 무량수불을 상징하는데, aḥ(啞)도 무량수불의 종자로 사용된다.

둘째 글자인 a는 짧게 발음하는 단모음인데 이것의 앞과 뒤에

---

319) 瑜伽集要施食儀軌. X 59, pp. 265c-270c. 이와 동일한 세 종자의 실담 도형은 修習瑜伽集要施食壇儀 권下(X 59:308c-322b)와 瑜伽燄口註集纂要儀軌 권下(X 59:335a-348b)에도 각각 30회와 28회 반복되어 있다.

있는 oṃ과 hūṃ은 길게 발음하는 음절이다. 그러므로 세 글자만을 읊는 진언에서 중간의 짧은 아(a)는 전후의 두 글자와는 음조가 맞지 않는다. 이 때문에 a를 '아하'로 발음되는 aḥ 또는 āḥ로 읊어 음조를 맞추는 것이 관행으로 통용되었을 수도 있다.

『범음산보집』에는 이 진언의 용도가 오방찬(五方讚)으로 바뀌어 있고, 둘째 글자도 어(於)로 표기되어 있다. 편찬자가 이 어(於)의 범어를 a로 생각했는지 aḥ로 생각했는지는 분명하지 않지만, 짐작건대 a로 생각했을 듯하다.[320] 수륙재의 설행에서는 이 진언을 "옴 어훔 어해"라고 읊는데, 여기서 어해(於海)는 다음에 서술하는 오방불(五方佛)의 각각이 바다처럼 광대하다는 것을 형용하는 수식어이다.[321] 『범음산보집』에는 이 진언이 다음과 같이 적용되어 있다.

> 옴! 어! 훔! 바다처럼 [광대하신]
> 동방의 금강사도불을 찬양하옵나니, 옴! 어! 훔! 그 몸은 청색과 같고
> 남방의 묘련보승불을 찬양하옵나니, 옴! 어! 훔! 그 몸은 홍색과 같고
> 서방의 극락미타불을 찬양하옵나니, 옴! 어! 훔! 그 몸은 백색과 같고
> 북방의 유의성취불을 찬양하옵나니, 옴! 어! 훔! 그 몸은 녹색과 같고

---

320) 이 어(於)의 범어를 아(a)로 제시하면서, "'아'는 입을 열어서 내는 최초의 음성으로 자음의 최초이며, '훔'은 입을 닫고서 내는 음성으로 자음의 최후이다. 그래서 이 두 글자는 일체법의 본초(本初)와 궁극(窮極)을 상징한다."(김두재 2012:132)라고 설명한 것은 그럴 듯해 보인다. 다만 범어에서 아(a)가 '최초의 음성'인 것은 옳지만 '자음의 최초'는 아니다.

321) 이에 따라 인묵 스님이 편찬한 『三和寺 國行水陸大齋儀文』(2017:75-76)에서는 오방불을 각각 찬탄할 때마다 "옴 어훔 어해"라고 먼저 읊는다.

중방의 비로자나불을 찬양하옵나니, 옴! 어! 훔! 그 몸은 황색과 같도다.[322]

이처럼 오방찬에 세 종자를 사용한 것은 삼밀진언 또는 삼자총지진언을 염두에 두고 『유가집요시식의궤』 등의 불전을 참고했을 가능성이 다분하다. 『범음산보집』의 협주(夾註)에서는 세 종자를 위와 같이 적용하기에 앞서 "다음으로 변식주(變食呪=변식진언)를 마치고 오방찬을 읊는다."(次變食呪畢 五方讚云)라고 설명하는데, 세 종자를 반복하여 제시하는 『유가집요시식의궤』와 『수습유가집요시식단의』 등의 협주에서도 "다음으로 변식주를 염송한다."(次念變食呪)[323]라고 설명하는 사례가 있다.

삼십이상진언(三十二相真言): 삼십이상을 갖추신 부처님께

---

322) 『법음산보집』(김두재 2012:136): "唵於吽 於海
東方金剛沙兜 與佛唵於吽 其身那青與
南方妙蓮寶勝 與佛唵於吽 其身那紅與
西方極樂彌陁 與佛唵於吽 其身那白與
北方有意成就 與佛唵於吽 其身那綠與
中方毘盧遮那 與佛唵於吽 其身那黃與"
여기서 찬탄하는 오방불 중에서 금강사도, 묘련보승, 유의성취는 대장경에서도 볼 수 없는 특이한 호칭이다. 밀교에서 금강계의 5불(佛)은 비로자나불(대일여래), 아촉불, 보생불, 아미타불, 불공성취불(석가모니불)이다. 그러므로 오방찬의 특이한 호칭도 이 5불에 포함된다. 금강사도에서 사도(沙兜)는 금강살타의 살타(薩埵, sattva)를 달리 음역한 것일 뿐이므로, 금강사도불은 금강살타불로도 불리는 아촉불(阿閦佛)을 가리킨다. 묘련보승은 보생불(寶生佛)을 가리키고, 유의성취는 불공성취불을 가리킨다. 다만 불공성취불을 상징하는 색깔은 흑색으로 통용되어 있으나, 녹색을 유의성취불의 색깔로 간주한 점에서 차이가 있다. 이 밖에 방향은 서로 일치한다.

323) 瑜伽集要施食儀軌(X 59:267a) ; 修習瑜伽集要施食壇儀 권下(X 59:319c).

기원하는 진언

"옴 마하 가로나야 사바하"
唵 摩訶 迦嚕娜野 莎賀
oṃ mahā-karuṇāya svāhā
"옴! [부처님의] 크나크신 연민(悲)에 기원하옵니다."[324)]

대장경에는 이 같은 진언이 없다. 한글 진언집 중에서도 망월사본(1800년)에만 수록된 이 진언을 『조상경』은 유점사본(1824년)부터 그대로 채택하여 수록한 것으로 보인다.[325)] 그러나 이 진언은 내용으로 보면 여러 불전에서 설하는 대비삼마지(大悲三摩地)진언 또는 대비진언(大悲真言)을 응용한 것임을 알 수 있다. 대부분의 불전들에서 '대비삼마지진언'으로 설하는 것을 『금강정유가타화자재천이취회보현수행염송의궤』에서는 다음과 같은 '대비진언'으로 설한다.

唵 麼訶 迦嚕拏 娑頗囉[326)]
(옴 마하 가로나 사바라)
oṃ mahā-karuṇa sphara
"옴! [부처님의] 크나크신 연민이여, 널리 펴지소서."

그런데 동일한 진언일 것이 분명한 대비삼마지진언에서는 이 진언 중의 가로나(迦嚕拏)가 삼십이상진언의 경우처럼 가로나야

324) 한글 『진언집』에는 '가로나야'의 실담자가 karūnaya로 표기되어 있다. 이 표기를 범어로 바르게 교정하면 karuṇāya(연민에, 연민을 위해)가 가장 적합하다. 그러나 이와 연관되어 있는 다른 진언을 고려하면 '가로나야'의 범어는 kāruṇya(연민이여!)일 수 있다.

325) 유점사본의 『조상경』에 추가된 이 진언(朴世敏 1993 제3집:363a)은 莎賀(사바하)를 沙波訶로 바꾸었고, 나머지는 한글 『진언집』과 동일하다.

326) 金剛頂瑜伽他化自在天理趣會普賢修行念誦儀軌(T 20:524c): "大悲真言曰 …"

(迦嚕拏夜/迦嚕拏野)로 바뀐다. 그렇더라도 진언의 의미는 바뀌지 않는다. 『대비심다라니수행염송략의』를 예로 들어 이 진언을 풀이하면 다음과 같다.

唵 摩賀 迦嚕拏野 娑頗囉[327)]
oṃ mahā-kāruṇya sphara
"옴! [부처님의] 크나크신 연민이여, 널리 퍼지소서."[328)]

이와 같은 연관을 고려하면, 삼십이상진언은 대비삼마지진언의 사바라(娑頗囉, sphara)를 사바하(莎賀, svāhā)로 교체한 진언일 것으로 짐작할 수 있다. 대비삼마지진언은 자비희사(慈悲喜捨)라는 사무량심(四無量心) 중에서 연민하는 마음을 의미하는 비(悲)를 기원하는 진언이며, 자(慈)를 기원하는 대자삼마지(大慈三摩地)진언과 짝을 이룬다.

삼십이상은 부처님처럼 위대한 인물의 증표가 되는 신체적 특징으로 32종의 빼어난 모습을 가리키며, 이보다 부차적인 특징을 80종의 상서로운 모습으로 헤아려 팔십종호(八十種好)라고 한다. 사무량심의 자(慈)와 비(悲)가 짝을 이루듯이 삼십이상과 팔십종호도 짝을 이루어 언급된다. 한국불교에서는 이 점에 착안하여 대비

327) 大悲心陀羅尼修行念誦略儀(T 20:128a): "大悲三摩地真言曰 …"

328) 이 진언에서 가로나야의 범어(kāruṇya)는 秋山 学(2012:54)에 의거한다. 그러나 『금강정유가천수천안관자재보살수행의궤경』에서는 아래와 같이 가로나야를 '迦嚕拏夜(引)'로 표기하여 이것의 범어를 'karuṇayā'로 간주했으며, 八田幸雄(1985:103, 741번)도 이에 따랐다. 이 경우에는 진언이 "옴! [부처님의] 크나크신 연민으로 널리 퍼지소서."라고 해석되므로 의미가 어색하게 된다. 이 때문에 八田幸雄는 mahā-karuṇayā를 '대비(大悲)여!'라고 번역했지만, 범어의 문법과는 합치하지 않는다.
金剛頂瑜伽千手千眼觀自在菩薩修行儀軌經 권上(T 20:73a): "大悲三摩地真言曰. 唵 摩賀(引)迦嚕拏夜(引) 娑頗(二合)囉"

삼마지진언을 응용하여 삼십이상진언을 개발했고, 이와 마찬가지로 대자삼마지진언을 응용하여 후술할 °팔십종호진언을 개발했다.

삼정례진언(三頂禮真言) → **보례삼보진언**[2]

대장경에는 이 같은 명칭의 진언이 없지만 한글 진언집에 수록된 보례삼보진언[2]와 동일하다.

상품상생진언(上品上生真言): 상품상생에 왕생하기를 기원하는 진언

"옴 마니다리 훔훔 바닥 사바하"
唵 麽哩馱哩 吽吽 發吒 莎訶
oṃ maṇidhari hūṃ hūṃ phaṭ svāhā
"옴! 보주(寶珠)를 지닌 분이시여, 훔! 훔! 팟! 기원하옵니다."

한국불교에서만 통용된 이 진언은 조선시대의 중종(中宗) 20년(1525)에 안동의 광흥사(廣興寺)에서 구마라집(鳩摩羅什) 번역의『불설아미타경』을 판각하면서 추가한 부록에 수록되어 있다. 한글 진언집은 이것을 채택하여 실담자와 한글을 병기한 것으로 보인다.

이 진언에서 "훔훔 바닥 사바하"(吽吽 發吒 莎訶)는 다른 진언들에서도 흔히 볼 수 있는 음역이지만, 마니다리(麽哩馱哩)는 대장경 전체에서 유례를 찾을 수 없는 음역이다.329) 그리고 麽哩를 '마리'가 아니라 '마니'로 표기한 것으로 보면, 이것의 원어는 흔

329) 한글『진언집』에서는 麽哩馱哩의 실담자를 'maridhari'로 표기했다. 이런 말이 범어에서는 통용되지 않지만, 억지로 번역하자면 '죽음을 지닌 자'가 되어 의미가 통하지 않으므로 필시 와전된 표기일 것이다. 다만 dhari를 다리(馱哩)로 음역한 사례는 있다.

히 마니(摩尼)로 음역하는 maṇi일 것으로 추정된다.330)

상품상생진언이라는 명칭은 생소하더라도 진언의 편찬자가 전혀 근거 없이 그 내용을 범어로 조작하지는 않았을 것이다. 실제로 『광대보누각선주비밀다라니경』에서 설하는 결호주(結護呪)331)를 이 진언의 전거로 지목할 수 있다. 상품상생진언은 "唵 摩尼達哩 吽吽 泮吒"(옴 마니다리 훔훔 바닥)으로 읊는 이 결호주의 끝에 사바하(莎訶)를 덧붙였을 뿐이다.

한편 『광대보누각선주비밀다라니경』에서는 결호주를 설하기에 앞서 수심주(隨心呪)를 설한다.332) 이 수심주는 결호주에서 두 번 읊는 훔훔(吽吽)을 훔(吽)으로 한 번만 읊는 것으로 바뀌었을 뿐이다. 『모리만다라주경』에서도 이와 동일한 수심주를 설하는데333), 이와 유관한 범본(梵本)에 의거하여 이 수심주의 원문은 "oṃ maṇidhari hūṃ phaṭ"으로 확인되어 있다.334)

한국불교의 상품상생진언은 이와 같이 음절 하나의 차이로 다른 진언이 될 수 있는 사례를 적용하여 개발되었을 것이다.

생반진언(生飯真言): 귀신들에게 공양하는 진언

"옴 시리시리 사바하"

---

330) 『석문의범』에서는(安震湖 1935上:11) 이 진언을 "唵 摩尼陀尼 吽吽縛吒 娑婆訶 / 옴 마니다니 훔훔바탁 사바하"로 기재하여, 麽哩를 摩尼로 교체했다. 그러나 다리(馱哩)를 다니(陀尼)로 바꾼 것은 근거 없는 오판이다.

331) 廣大寶樓閣善住祕密陀羅尼經 권中(T 19:642c): "次結護呪曰. 唵 摩尼達哩 吽吽 泮吒"

332) 上同 권上(T 19:641a): "爾時 世尊復說 隨心呪曰. 唵 摩儞達哩 吽 鏺吒"

333) 牟梨曼陀羅呪經(T 19:659b): "又隨心呪 呪曰. 烏唵 摩尼達哩 虎餅 泮吒"

334) Orlina(2012/2013) p. 119. 다만 maṇidhari에서 dhari는 dhārin의 속어형으로 간주된다.

唵 悉利悉利 莎訶
oṃ śrī śrī svāhā
"옴! 길상이시여, 길상이시여, 기원하옵니다."

이 진언을 구성하는 옴(oṃ), 시리(śrī), 사바하(svāhā)는 다른 진언들에서 흔히 사용되는 단어이다. 그러므로 진언의 내용은 특별하지 않지만, 대장경은 물론이고 한글 진언집에서도 볼 수 없는 '생반진언'이라는 명칭은 근대 이후의 한국불교에서만 통용되어 왔다. 이 진언은 1882년에 해인사에서 간행된『일용작법』의 생반게(生飯偈)에 첨부되어 있으므로 생반진언으로 불리게 된 듯하다. 여기에는 한자로만 기재되어 있으나,『석문의범』에서 한글 독음을 위와 같이 기재했다.[335]

석가여래종자심진언(釋迦如來種子心真言): 석가여래의 종자가 되는 마음을 일으키는 진언

"나모 사만다 못다남 박"
南無 三滿多 沒馱喃 縛
namaḥ samanta-buddhānāṃ bhaḥ[336]
"어디에나 계시는 모든 부처님들께 귀의하옵니다. 바하!"

한국불교의 진언집뿐만 아니라 대장경 전체에서도 이 같은 명칭의 진언은 없다. 그러나『대비로자나경공양차제법소』에서는 이와 유사한 명칭으로 '석가종자심(釋迦種子心)진언'을 언급하는데[337], 이 진언은『대비로자나성불신변경』에서 설하는 '석가모니

335) "唵 侍利侍利 娑婆訶 / 옴 시리시리 사바하" 安震湖(1935上) p. 106.
336) 坂内龍雄(1981:193)은 이 범문을 석가여래진언으로 제시했다.
337) 大毘盧遮那經供養次第法疏 권下(T 39:800b): "사팔(四八)이란 32상(相)이고

불진언'을 지칭하는 것으로 이해된다. 석가여래종자심진언은 이 석가모니불진언의 첫 구절과 일치한다.338) 그러므로 석가여래종자심진언은 필시 이 구절을 발췌하여 진언의 명칭도 바꾸었을 것이다.

석가여래종자심진언처럼 "나모 사만다 못다남"에 하나의 종자를 덧붙여 다른 진언으로 만드는 것은 『대일경』에서 설하는 대일여래종자심(大日如來種子心)진언의 형식과 일치한다. 이 경우에는 대일여래를 상징하는 종자인 아(阿, a)를 나모 사만다 못다남"에 덧붙이는 것으로 대일여래종자심진언이 된다.339) 이와 마찬가지로 석가여래종자심진언에서 맨 끝의 박(縛, bhaḥ)은 석가여래를 상징하는 종자인데, 이것이 가(迦, ka)로 바뀐 진언이 밀교의 불전들에는 보통종자심(普通種子心)진언으로 설해져 있다(°불부소청진언 참조).

성전진언(成錢真言): 저승돈이 이루어지는 진언

"옴 반자나 훔 사바하"
唵 半遮那 吽 沙訶
oṃ pacana hūṃ svāhā
"옴! 불이여, 훔! 기원하옵니다."

석가종자심진언의 법문이다." (四八者佛三十二相 釋迦種子心真言門.)

338) 大毘盧遮那成佛神變經 권2(T 18:120b): "釋迦牟尼佛真言曰. 曩莫 三滿多 沒馱喃 婆 … 娑嚩賀" 이 진언을 설하는 다른 불전에서는 바(婆)가 종자라는 사실을 파악하기 어렵다. 이 점을 고려하여 아래의 불전에서는 '婆'가 종자라는 것을 명기했다.
大毘盧遮那成佛神變加持經 蓮華胎藏菩提幢幖幟普通真言藏廣大成就瑜伽 권下(T 18:159a): "釋迦牟尼佛真言曰 … 曩莫 糝曼多 沒馱喃(引) 婆(種子) … 娑嚩賀"

339) 大毘盧遮那成佛神變加持經 권7(T 18:52b): "大日如來種子心曰. 南麼 三曼多 勃馱喃 阿"

돈[錢]과 연관된 일곱 가지 진언들 중의 하나인 이 진언은 『예수재의찬요』에 수록되어 있다.340) 『오종범음집』에서는 이 진언을 성전주(成錢呪)로 수록했으나 성전진언의 반자나(半遮那)가 아자나(阿遮那)로 바뀌어 있다.341) 이것이 착오가 아니라면 성전주는 ° 헌전진언(獻錢真言)과 동일하다.

세수면진언(洗手面真言): 손과 얼굴을 씻는 진언

"옴 사만다 바리슛제[데] 훔"
唵 縒曼多 播囉述悌 許
oṃ samanta-pariśuddhe hūṃ
"옴! 완전한 청정함이여, 훔!"

『불공견삭신변진언경』에서는 이와 똑같은 세수면진언342)뿐만 아니라 내용이 다른 세수면진언도 설한다. 그 내용을 풀이하면 다음과 같다.

唵 旃弭嘌𩏡暮伽 鉢頭摩娑泥 縛喇灑抳 主嚕主嚕 莎縛訶343)
(옴 아밀다모가 바다마사니 바리사니 주로 주로 사바하)
oṃ amṛtāmogha padmāsane pariśani curu curu344) svāhā

---

340) 朴世敏(1993, 제2집) p. 124. 『석문의범』에는 "唵 婆左那 吽 娑婆訶 / 옴 바자나 훔 사바하"로 기재되어 있다. 安震湖(1935上) p. 236.

341) "唵 阿遮那 吽 沙訶"

342) 不空羂索神變真言經 권23(T 20:356c): "唵 縒曼多 播囉述悌 許" 이 진언에서 범어 사만타(samanta)를 縒曼多로 음역한 것은 생소하다. 이 때문에 『불자필람』에서는 이것을 三滿多로 표기했다. 崔就墟・安錫淵(1931) p. 91.

343) 不空羂索神變真言經 권2. T 20, p. 239a.

344) 티베트 역본에 의거한 "pariśani curu curu"는 "parṣaṇi culu culu"의 속음으로 간주되므로, 이 표준어로 번역해야 의미가 통한다. 平川 彰(1997:74, 249)도 主嚕 또는 周樓의 범어를 culu로 추정했다.

"옴! 연화좌에 앉으시어 감로수로 견실한 분이시여, 피안으로 건너게 하심이여, 한 움큼의 물이여 물이여, 기원하옵니다."

그런데 세수면진언과 세수면주(洗手面呪)는 동일한 용도의 진언일 것이지만, 『모리만다라주경』에서 다음과 같이 설하는 세수면주는 바로 위의 세수면진언과는 전혀 내용이다.

嗚唵 毘地余伐低 朅囉朅囉 麼訶麼儞 虎許虎許 泮吒[345]
(옴 비지여바디 가라가라 마하마니 훔훔 바닥)
oṃ vidyuvati khara khara mahāmaṇi hūṃ hūṃ phaṭ
"옴! 뇌운(雷雲)님께 [기원하옵나니], 강성하고 강성하신 분이시여, 고귀한 보주(寶珠)여, 훔! 훔! 팟!"

여기서 '고귀한 보주'는 구름에서 쏟아지는 빗방울을 지칭할 것이다. 그러나 『광대보누각선주비밀다라니경』에는 이와 거의 동일한 진언이 세수주(洗手呪)[346]로 수록되어 있어, 대장경의 여러 불전들에서도 세수면주(세수면진언)와 세수주(세수진언)의 구분에 관해서는 혼선을 빚은 듯하다.

세수진언(洗手真言): 손을 씻는 진언

"옴 주가라야 사바하"
唵 主迦囉野 莎訶
oṃ sukarāya(?) svāhā
"옴! 고결한 손을 위해 기원하옵니다."

---

345) 牟梨曼陀羅呪經. T 19, p. 659c. 이 진언에서 비지여바디(毘地余伐低)는 vidyuvati를 음역한 형태인데, 이는 vidyutvati 또는 vidyudvati의 속음을 취한 것으로 간주된다.

346) 약간의 차이 또는 혼동은 다음의 세수진언 참조.

세수진언이라는 명칭은 한국불교에서만 입측오주의 하나로 통용되고 대장경에는 세수주(洗手呪), 정수주(淨手呪), 정수게주(淨手偈呪) 등으로 수록되어 있다.[347] 이 진언의 내용은 범어 원전이 아니라 중국 찬술의 불전에서 유래하는데, 그 최초의 사례로 들 수 있는 것은『치문경훈』이다.[348] 그러나 이 진언에서 주가라야(主迦囉野/主迦囉耶/主迦羅耶)는 유사한 사례가 전혀 없는 음역이므로 그 원어를 가늠하기 어렵다. 다만 주(主)와 가라야(迦囉野/迦囉耶/迦羅耶)를 분리하여 탐색하면 그 원어를 어느 정도 추정해 낼 수 있다.

주(主)는 매우 드물게 cu의 음역으로 사용된 사례가 유일하다.[349] 가라야(迦囉野/迦囉耶/迦羅耶)의 경우에는『중편제천전』의

---

347) 예컨대『제경일송집요』에서는 세수주,『정토신종』에서는 정수주,『비니일용록』에서는 정수게주로 수록되어 있다.
諸經日誦集要 권中(J 21:160c): "洗手咒. 唵 主迦囉野 莎訶"
淨土晨鐘 권9(X 62:84b): "淨手呪云. 唵 主迦囉野 莎訶"
毗尼日用錄(X 60:146a): "淨手偈呪 … 唵 主迦囉耶 莎訶"
한글 진언집에는 이 진언이 세수진언으로 수록되어 있으나, 서산(西山)대사로 잘 알려져 있는 퇴은(退隱) 스님의『선가귀감』에는 세수주, 이보다 후대인 백암 성총(栢庵性聰) 스님(1631~1700)의『사경지험기』에는 정수주로 수록되어 있다.
禪家龜鑑(X 63:743a): "次誦洗手呪曰. 唵 主迦囉野 莎訶"
四經持驗紀 권3(Kabc=ABC_BJ_H0175_T_004): "淨手呪云. 唵 主迦剌耶 莎訶"

348) 緇門警訓 권9(T 48:1092b): "洗手 唵 主迦羅野 莎訶"

349)『화우궤별록』(T 18:938b)에 수록된 조욕진언(澡浴真言)은 "옴 주 사바하"(唵 主 薩嚩訶)이고 실담자로 병기한 범문은 "oṃ cu svāhā"이다. 그러나 cu(主)가 종자로 사용된 예도 없으므로 이 경우에는 의미가 전혀 통하지 않는다. 만약 cu가『불공견삭신변진언경』의 세수면진언에 있는 '주로'(主嚕, curu/culu)의 축약이라면 '한 움큼의 물이여'라는 의미가 되지만, 이렇게 단정할 만한 전거가 없다.

제천총주(諸天總呪)에 있는 가라야(佉羅耶, kārāya)를 유사한 예로 들 수 있다.[350] 여기서 '가라야'의 범어인 kārāya는 '창조하신 분께'라는 의미이므로 세수진언에서 말하는 '가라야'에 적용하는 것은 부적합하다. 세수진언의 용도를 고려하면 '가라야'로 음역할 수 있는 범어들 중에서는 karāya를 우선적으로 지목할 수 있다. 이 범어에서 kara는 손[手]을 의미하기도 하므로 karāya는 '손을 위해'라고 풀이된다. 이와 더불어 주(主)는 su의 음역일 수 있다. 범어에서 su는 좋은, 빼어난, 훌륭한 등을 의미하는 접두사로 빈번하게 사용된다.

세수진언은 앞서 언급했듯이 세수주(洗手呪)로도 불린다. 그런데 『광대보누각선주비밀다라니경』에서 설하는 세수주는 위의 세수진언과는 전혀 다른 내용이다. 더욱이 다음과 같이 풀이되는 이 세수주는 『모리만다라주경』에서 설하는 세수면주(洗手面呪)와 거의 동일하다.

唵 微唯筏底 訶囉訶囉 摩訶摩儞 吽吽 拓[351]

350) 重編諸天傳 권下(X 88:437a): "諸天總呪曰. 唵 路迦路迦 佉羅耶 娑婆呵" 坂内龍雄(1986:294)이 제시한 이 진언의 범문(oṃ lokāloka-kārāya svāhā)을 번역하면, "옴! 세간과 비세간(非世間)을 창조하신 분께 기원하옵니다."가 된다.

351) 廣大寶樓閣善住祕密陀羅尼經 권下. T 19, p. 649c. 여기서는 『모리만다라주경』의 세수면주에 있는 비지여바디(毘地余伐低)가 미유바디(微唯筏底)로 바뀌고, 가라가라(褐囉褐囉)가 하라하라(訶囉訶囉)로 바뀌었다. 한글대장경의 『광대보누각선주비밀다라니경』에서는 역자가 티베트 역본에 의거하여 미유바디(微唯筏底)와 가라가라(褐囉褐囉)의 범어를 각각 'bidumati'와 'hara hara'로 제시했다. 그러나 微唯筏底(미유바디)로는 음역될 수 없는 bidumati(비두마티)는 vidyumati(비디유마티)의 와전일 것이다. 이 vidyumati는 vidyuvati의 동의어이기 때문에(범어에서 접미사 -vat와 -mat는 똑같이 '소유'의

(옴 미유바디 하라하라 마하마니 훔훔 발)
oṃ vidyuvati hara hara mahāmaṇi hūṃ hūṃ phaṭ
“옴! 뇌운(雷雲)님께 [기원하옵나니], 제거하시고 제거하소서. 고귀한 보주(寶珠)여, 훔! 훔! 팟!”

그런데 『광대보누각선주비밀다라니경』이 이에 앞서 설한 세수진언(洗漱真言)은 내용으로 보면 위의 세수면주와 동일하다.[352] 이처럼 손이나 얼굴을 씻을 때 사용하는 진언들은 내용과 명칭에서 혼동을 유발할 소지가 다분하다. 한국불교에서는 이것들 중 가장 간명한 진언을 채택한 것으로 보인다.

세정진언(洗淨真言): 깨끗이 씻는 진언

“옴 하나 마리제[데] 사바하”
唵 賀曩 蜜嘌帝 莎訶
oṃ hana amṛte svāhā
“옴! [장애를] 타파하소서, [불사(不死)의] 감로수여, 기원하옵니다.”

한국불교에서 입측오주의 하나로 통용된 이 진언도 『치문경훈』에서 유래하며, 서산(西山)대사의 『선가귀감』에는 세정주(洗淨呪)

의미로 사용된다), 티베트 역본에서는 vidyumati가 ‘bidumati’로 와전되었을 수 있다. 『불모대공작명왕경』 권上(T 19:422a)의 백추다라니(百秋陀羅尼)에 vidyumati를 미니유마디(尾儞庾麼底)로 음역한 사례가 있다. 그러므로 微唯筏底의 범어는 vidyumati(尾儞庾麼底)가 아니라 vidyuvati(毘地余伐低)이다. 세수진언(洗漱真言)으로 불리면서도 이 세수면주와 동일한 내용의 진언(아래 각주)에서는 vidyuvati가 미니유바디(尾儞庾嚩底)로도 음역되어 있다.

352) 大寶廣博樓閣善住祕密陀羅尼經 권中(T 19:626b): “洗漱真言曰. 唵 尾儞庾嚩底 訶囉訶囉 摩訶摩抳 吽吽 泮吒”

로 수록되어 있다.[353] 그러나 『대불정여래방광실달다반달라대신력도섭일체주왕다라니경』에서는 이와는 전혀 다른 내용의 진언을 세정진언으로 설한다.

唵 跋折攞 麼尼馱利 唅唅 泮泮[354]
(옴 바아라 마니다리 훔훔 박박)
oṃ vajra-maṇidhari hūṃ hūṃ phaṭ phaṭ
“옴! 금강의 보주(寶珠)를 지닌 분이시여, 훔! 훔! 팟! 팟!”

이 진언은 앞에서 해설한 °상품상생진언과 유사하다.

세족진언(洗足真言): 발을 씻는 진언

“옴 바시 바라마니 사바하”[355]
唵 嚩始 鉢羅摩尼 莎賀
oṃ vaśi-pramaṇi svāha
“옴! 자재롭고 수승한 보주(寶珠)여, 기원하옵니다.”

이 진언에서 바라마니(鉢羅摩尼)는 대장경에도 유례가 없고 한글 『진언집』에서만 유일하게 언급된다. 한글 『진언집』에서 ‘바시 바라마니’의 실담자를 ‘vasi pramaṇi’로 표기했는데, vasi는 ‘vaśi’

---

353) 緇門警訓 권9(T 48:1092b): “洗淨 唵 賀曩 密栗帝 莎訶”
禪家龜鑑(X 63:743a): “次誦洗淨呪曰. 唵 賀曩 蜜嘌帝 莎訶”

354) 大佛頂如來放光悉怛多般怛羅大神力都攝一切呪王陀羅尼經 大威德最勝金輪三昧呪品 第一. T 19, p. 183b.

355) 한글 『진언집』은 세족진언과 °정수진언(淨水真言)을 나란히 수록했는데, 두 진언의 한글은 동일하다. 한자와 실담자의 일부를 변경했으나 실제 발음으로는 구분되지 않는다.

의 와전일 것으로 쉽게 추정할 수 있다.[356] 이 진언을 위와 같이 풀이하면, '자재롭고 수승한 보주'는 발 씻는 물을 비유한 표현일 것으로 이해된다. 그리고 이와 동일한 내용의 진언이 『비니일용록』에는 음수게주(飮水偈呪)[357]로 수록되어 있으므로, 세족진언과 후술할 °정수진언(淨水真言)은 이 음수게주에서 유래했을 것으로 추정할 수 있다. 그러나 『불설여의륜연화심여래수행관문의』에서 아래와 같이 설하는 세족진언은 위의 진언과는 판이한 내용이다.

唵 鉢囉嚩囉 薩訖灑囉 鉢囉底瑳 娑嚩賀[358]
(옴 바라바라 살흘새라 바라디차 사바하)
oṃ pravara sakṣara(?) pratīccha svāhā
"옴! 수승함이여, 고결한 물이여, 받아들이소서, 기원하옵니다."

이 진언에서도 살흘새라(薩訖灑囉)라는 음역은 유일한 사례이므로 진언의 용도에 가장 부합한 범어로 추정했다.[359] 이 밖에 『대

---

356) 한국불교의 의례서들 중에서 찬술자와 연대를 알 수 없는 『예념왕생문』에서 세족진언을 아래와 같이 기재한 것은 '바시 바라마니'(嚩始 鉢羅摩尼)가 이상하다고 여겼기 때문일 것이다.
"唵 婆悉鉢囉 牟尼 娑嚩訶(옴 바시바라 모니 사바하)" 朴世敏(1993 제4집) p. 250a.
이 경우에도 바시바라(婆悉鉢囉)는 정체 불명의 음역이지만, 애써 추정하면 다음과 같은 풀이가 가능하다.
oṃ vaśibala(?) muni svāhā
"자재로운 힘을 지닌 분이시여, 성스러운 분이시여, 기원하옵니다."

357) 毗尼日用錄(X 60:146b): "飮水偈呪 … 唵 嚩悉 波羅摩尼 莎訶." 『정토자량전집』에서는 이것을 방생주(放生呪)로 수록했다.
淨土資糧全集 권4(X 61:579a): "放生呪 … 唵 嚩悉 波羅摩尼 莎訶"

358) 佛說如意輪蓮華心如來修行觀門儀. T 20. p. 222a.

359) 12세기 전후에 작성되어 티베트로 전해진 범본의 불전에는 이와 유사한 진언이 "pravara-satkāraṃ arghaṃ pratīccha hūṃ svāhā"(Mori

비공지금강경』의 범본(*Hevajra-tantra*)에는 이와는 판이한 내용이 '발을 씻는 진언'(pādya-mantraḥ), 즉 세족진언으로 수록되어 있다.360)

소보협다라니(小寶篋陀羅尼): 땅속의 갖가지 보물을 구하는 진언

"옴 바아라 바사가리 아나맘라 훔"
唵 嚩日囉 鉢舍迦里 誐那鈐囉 吽
oṃ vajra-pāśa-kari gagana mara hūṃ
"금강의 오랏줄361)을 손에 쥔 분(금강삭보살)이시여, 허공이여,

2009:66)로 수록되어 있다. 이 진언을 풀이하면 "최상으로 공경하는 공덕수(功德水)를 받아들이소서, 훔! 기원하옵니다."가 된다.

360) "oṃ nī rī hūṃ khaḥ | pādyamantraḥ | " *Hevajra-tantra* 2.1.14. Snellgrove(1959) p. 44.
*Hevajra-tantra*를 영역한 Farrow & Menon(1992:150)은 이 진언의 내용을 "옴! 니! 리! 훔! 카하!"라는 다섯 개의 종자로 간주했다. 그러나 대장경에서는 nī, rī, khaḥ가 종자로 사용된 사례를 거의 발견할 수 없으므로 그 셋의 의미를 반영하면 이 진언은 다음과 같은 의미를 함축한 것으로도 이해할 수 있다.
"옴! 인도하고 나아가소서, 훔! 태양이시니."
흔히 *Saṃpuṭa-tantra*로 불리는 *Sampuṭodbhava*(8.4.43)에 이와 동일한 명칭으로 수록된 진언에는 캄(khaṃ)이라는 종자가 삽입되어 있다.
"oṃ <u>khaṃ</u> nī rī hūṃ khaḥ | pādyamantraḥ ‖ " 84000(2021) ap8.1578.
다른 한편으로 『다라니집경』의 범본(*Dhāraṇīsaṃgraha*)에 다음과 같은 구절이 있음을 고려하면 'khaḥ'는 사자를 상징하는 종자일 수 있지만, 이 세족진언의 취지와는 그다지 부합하지 않는다.
"khaḥ는 사자의 모습, gaḥ는 코끼리의 모습을 의미한다."(siṃharūpe khaḥ gajarūpe gaḥ) Hidas(2021) p. 214, 34행.

361) 한자 용어로는 금강삭(金剛索), 금강견삭(金剛羂索), 보삭(寶索) 등으로 표현된다. 밀교에서는 부처님이 네 가지 도구를 각각 휴대한 사섭(四攝)보살의 모습으로 중생을 포섭하여 교화한다고 설한다. 금강삭은 교화하기 어려운 중생을 포박하여 마귀를 항복시키는 도구이다. 나머지 셋은 금강구(金剛鉤), 금강쇄(金剛鎖), 금강령(金剛鈴)이다.

땅이여, 훔!"

관세음보살 42수주(手呪)의 하나로 통용되고 있는 이 진언의 내용은 한글『진언집』의 실담자[362]를 교정하여 풀이한 것이다.『천수천안관세음보살대비심다라니』에는 이 소보협다라니가 보협수진언(寶篋手真言)으로 수록되어 있다.[363] 그러나『소실지갈라공양법』에는 보협수진언과 거의 같은 진언이 금강견삭진언(金剛羂索真言)으로 수록되어 있다. 이 진언으로 소보협다라니에 있는 아나(誐那)와 보협수진언에 있는 갈나(揭曩)가 가가나(伽伽囊, gagana)의 축약임을 확인할 수 있다. 다만 보협다라니에 있는 바사가리(鉢舍迦里)의 가리(迦里)가 혜리(醯唎)로 바뀐 약간의 차이가 있다. 금강견삭진언은 다음과 같이 풀이된다.

唵 嚩日囉 簸賒醯唎 伽伽囊麼囉 鈝[364]
(옴 바아라 바사혜리 가가나마라 훔)
oṃ vajra-pāśa hare(?) gagana māra hūṃ
"옴! 금강의 오랏줄을 지닌 분(금강삭보살)이시여, [장애를] 제거하는 분이시여, 허공이여, 땅이여, 훔!"

---

362) 이 실담자를 그대로 읽으면 "oṃ vajra pasakari gana maṃra hūṃ"이 되지만, 'pasakari gana maṃra'는 와전된 표기이다. 이 진언에서 kari의 음역인 가리(迦里)는 종자인 흐리(hṛ)의 음역일 가능성도 고려해 볼 수 있다. 坂内龍雄(1981:378)에 의하면 hṛ를 갈리(羯唎) 또는 흘리(訖哩)로 음역할 수도 있기 때문이다. 그러나 hṛ는 하리제모(訶梨帝母)로 불리는 귀자모신(鬼子母神)을 상징하는 종자이므로 금강삭보살과는 그다지 부합하지 않는다.

363) 千手千眼觀世音菩薩大悲心陀羅尼(T 20:118c): "當於寶篋手真言. 唵 嚩日囉 播設迦哩 揭囊鈴囉 吽"

364) 蘇悉地羯羅供養法 권中(T 18:700a): "唵 嚩日囉 簸賒醯唎 伽伽囊麼囉 鈝 (三遍誦之此 是金剛羂索真言)"

이 진언에 있는 혜리(醯唎)의 범어를 추정할 수 있는 단서는 천수다라니에서 찾을 수 있다. 『천수천안관세음보살대비심다라니』에 수록된 천수다라니에는 醯唎가 독립된 단어로 두 번 언급된다. 이 경우의 醯唎는 hare의 음역으로 파악되어 있다.365)

이와는 다른 예로 『청경관음다라니』에서는 醯唎의 실담자를 'hṛe'로 표기하고, 이것의 용도를 "이것으로 삼십삼천왕, 무릇 마혜수라천왕이라는 신이 하늘의 군사를 다스린다."라고 설명한다.366) 여기서 삼십삼천왕은 제석천(帝釋天, Indra)을 가리키고, Maheśra의 음역인 마혜수라는 불전에서 대자재천(大自在天)으로도 번역되는 위대한 신을 지칭한다. 그런데 범어로는 성립될 수 없는 hṛe는 음성학에 부합하도록 전환하면 hare가 된다. 이 hare는 hari의 호격이고, 힌두교에서 hari는 제석천과 범천(梵天, Brahmā), 비슈누(Viṣṇu), 쉬바(Śiva)를 비롯하여 유명한 신들의 별칭으로 사용된다. 따라서 이 점을 고려하면 『청경관음다라니』의 醯唎는 천수다라니의 경우와 부합한다. 그러나 『청경관음다라니』의 醯唎는 흔히 하릭(紇哩)으로 읽는 종자인 hrīḥ의 음역일 가능성도 배제할 수는 없다. hrīḥ는 청경관음의 종자로도 사용될 뿐만 아니라 힐리(纈哩/頡里)로도 음역될 수 있기 때문이다.367)

---

365) 천수다라니를 번역한 정태혁(1998:157-162) 박사와 八田幸雄(1985:247)은 두 차례 언급되는 醯唎의 범어를 hare로 기재했다. 정태혁 박사는 이것을 각각 '태워 주소서'와 '제거하소서'로 각각 번역했다. 이는 hari의 격변화인 hare의 어원을 √hṛ(데려가다, 제거하다)로 파악한 번역이다. 八田幸雄은 첫 번째의 hare를 '인도자여'라고 번역했으나, 두 번째의 경우에는 의미가 분명하지 않다고 하여 번역을 유보했다.

366) 青頸觀音陀羅尼(T 20:499c): "e hṛe 夷 醯唎. 此是三十三天王, 是摩醯首羅天王神領天兵."
이 불전의 원래 명칭은 大慈大悲救苦觀世音自在王菩薩廣大圓滿無礙自在青頸大悲心陀羅尼이다.

한글『진언집』에서 소보협다라니는 장문의 일체여래비밀전신사리보협다라니(一切如來秘密全身舍利寶篋陀羅尼) 다음에 수록되어 있으며, 실제의 의례에서는 대체로 이 장문의 다라니를 대신하여 사용된다.

소송진언(燒送真言): 불태워 보내 드리는 진언

"옴 미노마라 사바하"
唵 尾盧摩羅 娑婆訶
oṃ vairo[cana-]māla(?) svāhā
"옴! 광명을 두루 비추는 화만(華鬘)이여, 기원하옵니다."

이 진언은『작법귀감』에 유일하게 제시되어 있으므로 한국불교에서만 통용된다. 여기서는 진언의 이름을 언급하지 않지만, 이것이 "파손된 불상 및 경전과 가사를 불태워 보내는 법"(破佛及經袈裟燒送法)을 설하는 데서 제시되므로[368] 소송(燒送)진언으로 불렀을 것이다.

그런데 이것이 유일한 진언으로 간주되는 것은 대장경에서는 용례가 전혀 없는 미노마라(尾盧摩羅) 때문이다. 짐작건대 尾盧摩羅는 尾摩羅(vimala, 청정)의 오기가 아니라면 vairocana의 음역인 미로사나(尾盧舍那) 또는 미로자나(尾盧左曩)의 축약일 것이다. 이렇게 추정할 만한 근거로 들 수 있는 것은『관자재보살심진언

367) 菩提金剛(2018:97)이『청경관음다라니』에서 실담자로 표기한 hṛe(醯唎)를 'hrīḥ'로 전환한 것도 이 점을 고려한 것으로 보인다.

368) 作法龜鑑 권下. 朴世敏(1993, 제3집) p. 463b. 백파 긍선(白坡 亘璇, 1767~1852) 스님이 편찬한『작법귀감』은 순조 27년(1827) 전라도 장성 백양산의 운문암(雲門庵)에서 목판본으로 처음 간행된 것으로 알려져 있다.

일인염송법』에서 실담자를 병기하여 제시한 '가지염주(加持念珠) 진언'이다.

唵 尾嚕左囊麼攞 娑嚩賀 (옴 미로자나마라 사바하)
oṃ vairocana-māla svāhā[369]
"옴! 광명을 두루 비추는 화만(=염주)이여, 기원하옵니다."

위의 진언에서 미로자나마라(尾嚕左囊麼攞)의 '미로자나'는 '광명을 두루 비추는 부처님'인 비로자나불로 통용되고, māla 또는 mālā의 음역인 마라(麼攞)는 꽃을 둥글게 엮어 장엄하는 화만인 동시에 염주도 의미한다. 그리고 이 진언은 『비로자나오자진언수습의궤』와 『대비로자나불안수행의궤』에도 수록되어 있다.[370] 이 점을 고려하면 소송진언의 '미로마나'(尾盧摩羅)는 가지염주진언의 '미로자나마라'를 축약하여, 소대(燒臺)에서 화만처럼 타오르는 불꽃을 비로자나불의 광명에 비유한 것으로 이해할 수 있을 것 같다.

369) 觀自在菩薩心真言一印念誦法. T 20, p. 32c. 범문에서 māla는 mala를 교정한 것(八田幸雄 1985:188, 1541번)이다. 이 밖에 『불정존승다라니염송의궤법』 등에서도 이와 동일한 내용을 '가지염주진언'으로 설하지만, 『금강정유가천수천안관자재보살수행의궤경』에서는 이것을 '정주(淨珠)진언'으로 설한다.
佛頂尊勝陀羅尼念誦儀軌法(T 18:367c): "誦加持念珠真言曰. 唵 尾嚧遮那麼羅 娑嚩賀."
聖賀野紇哩縛大威怒王立成大神驗供養念誦儀軌法品 권下(T 20:167a): "次加持念珠真言曰. 唵 尾盧左囊 摩攞 娑嚩賀."
金剛頂瑜伽千手千眼觀自在菩薩修行儀軌經 권下(T 20:80a): "合掌當心誦淨珠真言 加持七遍 真言曰. 唵 尾嚧左囊麼攞 娑嚩賀."

370) 毘盧遮那五字真言修習儀軌(T 18:189a): "唵 吠盧者那摩羅 娑嚩訶"
大毘盧遮那佛眼修行儀軌(T 19:413c』: "唵 尾盧舍那麼攞 娑嚩賀"

소아귀진언(召餓鬼真言): 아귀를 불러들이는 진언

① "옴 지나지가 예혜혜 사바하" 唵 喞囊喞迦 移希曳希 莎訶	② "옴 이나이가 예혜혜 사바하" 唵 哜囊哜迦 噎呬曳呬 沙嚩訶

oṃ jina-jik ehy ehi svāhā[371)]

"옴! 승리자들 중의 승리자이시여, 오소서 오소서, 기원하옵니다."

한글 진언집에는 소아귀진언이 위와 같이 두 가지(①②)로 수록되어 있다. 『불자필람』은 둘 중에서 ①의 한글 표기를 소아귀진언으로 채택했다.[372)] 『석문의범』도 ①을 채택한 듯하지만 소아귀진언을 3회 제시하면서도 그때마다 표기가 약간씩 다르다.[373)] 이 같은 불일치는 소아귀진언의 전거를 제대로 파악함으로써 정비될 수 있다.

우선 소아귀진언 ①과 ②의 차이를 검토해 보면, ②는 앞서 고찰한 °불부소청진언의 후반부와 일치한다는 점에서 ①보다는 신뢰할 수 있는 정형(定型)으로 간주할 수 있다. ①에서는 '지나지가 예혜혜'(喞囊喞迦 移希曳希)의 실담자를 'cinacik ehehe'로 표기했으나, 이는 범어에서 통용될 수 없는 무의미한 표기이다. 반면에 ②에서는 이것을 '이나이가 예혜혜'(哜囊哜迦 噎呬曳呬)로 기재하고 이것의 실담자를 'jinajik ehyehe'로 표기했다. 이 중에서 jina-

371) 八田幸雄(1985) p. 45, 240번.

372) "唵 祇那祇迦 曳醯醯 莎訶 / 옴 지나지가 예혜혜 사바하." 崔就墟・安錫淵(1931) p. 111.

373) 安震湖(1935上) p. 250: "唵 卽那卽迦 移希曳希 娑婆訶 / 옴 직나직가 이히예히 사바하"
安震湖(1935下) p. 50: "唵 卽那卽迦 爾希曳 娑婆訶 / 옴 즉나즉가 이희예 사바하"
安震湖(1935下) p. 79: "唵 卽那卽迦 曳醯醯 沙婆訶 / 옴 직나직가 예혜혜 사바하"

jik는 범어의 속어형에 해당하고(°불부소청진언 참조), ehyehe는 'ehy ehi'로 쉽게 교정할 수 있는 표기이다. 그러므로 ①은 ②의 일부 표기를 변조했을 뿐이며, ②와는 다른 내용의 진언일 수 없다.

다음으로 소아귀진언의 전거를 찾아 거슬러 올라가면, ②와 거의 동일하게 표기한 소아귀진언을 『수륙수재의궤』에서 발견할 수 있다.[374] 그리고 『유가집요구아난다라니염구궤의경』에는 이와 동일한 내용이 소청아귀인(召請餓鬼印)을 짓고 읊는 진언, 즉 소청아귀인진언으로 제시되어 있다.[375] 이와 아울러 『유가집요염구시식의』 등에서 이 진언에 병기한 실담자의 범문은 한글 진언집의 소아귀진언 ②와 합치한다.[376]

그런데 밀교 불전을 비롯한 대장경에서는 '소아귀진언'으로 불리는 진언을 찾아볼 수 없는 대신, 이에 상당하는 것으로 소제아귀(召諸餓鬼)진언을 볼 수 있다. 그러나 그 내용이 소아귀진언과는 판이하다. 『염라왕공행법차제』에 수록된 소제아귀진언은 다음과 같이 풀이된다.

唵 部布哩 迦哩怛哩 怛他揭多夜[377]
(옴 부보리 가리다리 다타아다야)
oṃ bhūpūri-kāritāri-tathāgatāya

374) "召餓鬼真言 唵 吹囊吟迦 噎呬曳呬 娑婆訶." 朴世敏(1993, 제1집) p. 601b.

375) 瑜伽集要救阿難陀羅尼焰口軌儀經(T 21:470b): "次結召請餓鬼印 … 真言曰. 唵 嚩曩嚩迦 噎呬曳呬 娑嚩賀."

376) 瑜伽集要焰口施食儀(T 21:477a): "次結召召請餓鬼印 … oṃ jina-jika ehy ehi svāhā 唵 即納即葛 移希曳歇 莎訶." 여기서 'jina-jika'는 jina-jik와 같은 속어형이다.

377) 焰羅王供行法次第(T 21:375b): "次召諸餓鬼真言 … 真言曰. 唵 部布哩 迦哩怛哩 怛他揭多夜"

"옴! 대지(大地)의 어디에서나 흔쾌히 구제하시는 여래님께 [기원하옵니다.]"

만약 위의 진언에서 낱자가 하나 생략되거나 추가되면 진언의 명칭이 바뀐다. 예컨대 『불설시아귀감로미대다라니경』의 (1)개인후다라니주와 『시제아귀음식급수법』의 (2)개지옥문급인후주의 내용을 다음과 같이 풀이할 수 있다.

(1)개인후다라니주(開咽喉陀羅尼呪)

唵 菩布哩 迦怛哩 怛哆伽哆[378)]
(옴 보보리 가다리 다다가다)
oṃ bhūpūri－katāri－tathāgata
"옴! 대지의 어디에서나 누군가를 구제하시는 여래님이시여!"

(2)개지옥문급인후주(開地獄門及咽喉呪)

唵 步布帝哩 迦多哩 怛他蘖多也[379)]

---

378) 佛說施餓鬼甘露味大陀羅尼經(T 21:485c): "世尊說開咽喉陀羅尼呪曰. 唵 菩布哩 迦怛哩 怛哆伽哆"

379) 施諸餓鬼飮食及水法(T 21:467a): "又誦開地獄門及咽喉呪曰. 唵 步布帝哩 迦多哩 怛他蘖多也"
『제경일송집요』에는 이 진언이 개인후진언(開咽喉真言)으로 수록되어 있다.
諸經日誦集要 권下(J 19:175c): "開咽喉真言. 唵 步步底哩 伽多哩 怛哆誐多耶"
그러나 『유가집요구아난다라니염구궤의경』에서는 아래와 같이 이와는 전혀 다른 내용을 개인후진언으로 설한다.
瑜伽集要救阿難陀羅尼焰口軌儀經(T 21:470c): "開咽喉真言曰. 曩謨 婆誐嚩帝 尾補攞 誐怛囉野 怛他誐多野" 이 진언을 범문으로 복원하여 풀이하면 다음과 같다.
namo bhagavate vipra-gātrāya tathāgatāya
"세존이시요 빼어난 몸을 갖추신 여래님께 귀의하옵니다."

(옴 보보데리 가다리 다타아다야)

oṃ bhūpūteri-katāri-tathāgatāya

"대지의 정화에 강력하시어 누군가를 구제하시는 여래님께 [기원하옵니다.]"

위의 진언 중 ⁽²⁾개지옥문급인후주의 실담자가 『시제아귀음식급수법』에는 "oṃ bhūputeri katari tathāgatāya"로 병기되어 있으나, 'puteri katari'는 부정확한 표기이므로 범어로 통용될 수 있도록 교정하면 'pūteri-katāri'가 된다.[380)]

소재길상다라니(消災吉祥陀羅尼): 재앙을 없애는 상서로운 다라니

앞에서 서술한 °불설소재길상다라니와 동일하다.

소전진언[1](燒錢眞言): 저승돈을 불사르는 진언[381)]

"나모 사만다 못다남 옴 바자나 비로기제[데] 사바하"

---

380) pūteri는 'pūta-irin', katāri는 'ka-tārin'으로 분석할 때라야 그나마 의미를 추출할 수 있다. 일본불교에서 통용된 진언과 다라니를 해설한 사카우치 다츠오는 소아귀진언을 보집아귀진언(普集餓鬼真言)으로, ⁽²⁾개지옥문급인후주를 파지옥문개인후다라니(破地獄門開咽喉陀羅尼)으로 소개하여 해설했다. 그러나 그는 두 진언의 범문을 각각 "oṃ bhū-pūri kāri tāri tathāgatāya"(坂内龍雄 1986:272-3)와 "oṃ bhū-pūteri kāri tāri tathāgatāya"(坂内龍雄 1986:223)로 제시하면서도 진언의 의미를 똑같이 "대지에 편만(遍滿)하여 중생제도에 정진하는 여래께 귀명하옵니다."라고 번역했다. 이 번역에서 pūri와 pūteri의 의미를 근거도 제시하지 않고 '편만'으로 동일시한 것은 pūteri의 정체를 파악할 수 없었기 때문인 것으로 보인다. Lye(2002:428)도 박사학위 논문에서 두 범문을 그대로 인용했지만 번역문은 제시하지 않았다.

381) 소전진언은 '화의재(化衣財)진언'으로도 불리듯이, 설행의 실제에서는 돈과 옷 등의 재물을 태워 올리는 진언이다.

曩謨 三滿多 沒馱喃 唵 般遮那 毗盧枳帝 莎訶
namaḥ samanta-buddhānām oṃ pacana vilokite svāhā
"어디에나 계시는 모든 부처님들께 귀의하옵고, 옴! 불이여, [중생을] 관찰하시는 분께 기원하옵니다."

돈[錢]과 연관된 일곱 가지 진언들 중의 하나인 이 소전진언은 『예수재의찬요』에 두 가지로 수록된 것들 중에서 긴 진언이다.382) 한글 진언집과 『수륙재의촬요』 및 『작법귀감』에는 이것이 화의재(化衣財)진언이라는 명칭으로 수록되어 있다.383) 『범음산보집』에서는 이 진언을 화의재다라니 또는 화의재진언뿐만 아니라 화재게주(化財偈呪)와 화의(化衣)진언이라는 명칭으로도 수록했다.384) 한글 진언집에서는 진언에 있는 바자나(般遮那)의 실담자를 pacana 또는 pācana로 제시했는데, 이 말은 불[火]을 의미한다.

소전진언²(燒錢真言): 저승돈을 불사르는 진언

"옴 비로기제[뎨] 사바하"
唵 毗嚕枳帝 莎訶
oṃ vilokite svāhā

---

382) 朴世敏(1993, 제2집) p. 87a. 이 진언이 『수륙수재의궤』의 화재수용편(化財受用篇)에도 명칭은 언급하지 않은 채 수록되어 있다. "曩謨 三滿多 沒馱喃 唵 跛遮那 毗盧枳帝 莎賀." 朴世敏(1993, 제1집) p. 662a.

383) 『수륙재의촬요』: 朴世敏(1993, 제1집) p. 632b. 『작법귀감』에서는 이 진언을 "나모 사만다 몯따남 옴 바자나 삐로기뎨 사바하"로 읽는다. 朴世敏(1993, 제3집) p. 443a.

384) 김두재(2012) pp. 171, 194, 415. 다만 화의진언은 두 가지인데 하나는 °화의진언¹과 동일하다. 또한 이 진언은 『고봉용천원인사집현어록』에 옴(唵)이 나모(南無)로 바뀐 '화의백(化衣帛)진언'으로 수록되어 있다.
高峯龍泉院因師集賢語錄(X 65:30b): "我佛教中有化衣帛真言, 謹當持誦. 南無三滿哆 沒馱喃 盤遮那 毗盧枳帝 娑訶"

"옴! [중생을] 관찰하시는 분께 기원하옵니다."

이 소전진언은 『예수재의찬요』에 두 가지로 수록된 것들 중에서 짧은 진언이고 『작법귀감』과 『불자필람』에도 수록되어 있다.[385] 그리고 이 진언의 내용은 바로 앞서 소개한 소전진언¹의 일부를 발췌했을 뿐이다.

소청대력선신주(召請大力善神呪): 큰 힘을 지니고 선한 선들을 불러 청하는 주문

"옴 구로다 살바 디바나 사바하"
唵 俱嚕陀 薩婆 提婆那 莎訶
oṃ krodha-sarva-devāya svāhā
"옴! 노여워하시는 모든 신들께 기원하옵니다."

이 진언의 명칭은 한국불교에서만 통용되고 『관자재보살수심주경』에 따르면 소환일체대력귀신천룡팔부인주(召喚一切大力鬼神天龍八部印呪)이다.[386] 그런데 위의 진언에서 디바나(提婆那)의 나(那)는 『관자재보살수심주경』의 표기를 그대로 따른 것이지만, 야(耶)의 오기일 것이다. 디바나에 해당하는 범어는 데바야(devāya)이기 때문이다. 『관자재보살달부다리수심다라니경』에는 提婆那가 아니라 提婆耶로 표기되어 있으며[387], 『석문의범』의 소청대력선

385) 『예수재의찬요』: 朴世敏(1993, 제2집) p. 124b. 『작법귀감』: 朴世敏(1993, 제3집) p. 454a. 『불자필람』에서는 毗嚕枳帝를 毗嚕旣帝(바로기데)로 표기했다. 崔就墟·安錫淵(1931) p. 110.

386) 觀自在菩薩隨心呪經(T 20:458b): "喚一切大力鬼神天龍八部印呪 第十一 … 唵 俱嚕陀 薩婆 提婆那 莎訶"

387) 觀自在菩薩怛嚩多唎隨心陀羅尼經(T 20:464b): "追喚一切大力鬼神天龍八部印第九. 唵 俱嚕陀 薩婆 提婆耶 娑嚩訶"

신주도 이 표기를 채택했다.388) 이처럼 나(那)와 야(耶)의 혼동이 중국의 남송(南宋)시대에 찬술된 『여래광효십종보은도량의』에서는 提婆那를 提婆那耶로 표기하는 결과를 초래한 것으로 보인다.389)

소청사자진언(召請使者真言): 사자(使者)를 불러 청하는 진언

"옴 보보리 가다리 리다가다야 사바하"
唵 步步哩 伽多哩 里馱伽陀野 莎訶
oṃ bhūpūri-katāri-tathāgatāya(?) svāhā
"옴! 대지의 어디에서나 누군가를 구제하시는 여래님께 기원하옵니다."

한국불교에서 이 진언은 한글 진언집을 비롯한 대부분의 의례서에서 위와 같은 내용으로 통용되었다. 그러나 대장경에는 이 같은 명칭과 내용의 진언이 없으므로 이것도 한국불교 특유의 진언으로 간주할 만하다. 다만 진언의 내용까지 독창적인 것이라고 말할 수는 없다. 진언의 내용은 보소청진언에서 고찰한 개지옥문급인후주 및 개인후다라니주390)와 흡사하여, 이것들을 응용하면서 와전되었을 가능성도 엿보이기 때문이다.

위의 소청사자진언에서 도무지 이해할 수 없는 표기는 리다가다야(里馱伽陀野)이다. 와전의 가능성은 한글 『진언집』에서 이 진

388) 安震湖(1935上:248): "召請大力善神呪. 唵 俱魯多 薩婆 提婆耶 娑婆訶"

389) 如來廣孝十種報恩道場儀(Z 8:84a): "唵 俱嚕陀 娑婆 提婆那耶 莎嚩訶" 여기서는 이 진언이 보소청진언(普召請真言)으로 간주되어 있다.

390) 개지옥문급인후주(開地獄門及咽喉呪): "옴 보보데리 가다리 다타아다야" (唵 步布帝哩 迦多哩 怛他蘖多也)
개인후다라니주(開咽喉陀羅尼呪): "옴 보보리 가다리 다다가다" (唵 菩布哩 迦怛哩 怛哆伽哆)

언의 실담자를 "oṃ bhobhūri ghatari lidhaghadhaya svāhā"로 표기한 데서 잘 드러난다. 이 범문에서 bhobhūri는 'bho bhūri'로 읽으면 '오호! 지옥에서'라는 의미가 될 수 있지만, 후속하는 구절의 정체를 파악할 수 없기 때문에 진언의 취지도 불확실하다. 후속하는 'ghatari lidhaghadhaya'는 와전의 결정적인 증거가 된다. 특히 불가해한 lidhaghadhaya'는 tathāgatāya의 와전일 것으로 간주하지 않으면 무의미한 소리에 불과하게 된다. 짐작건대 '里馱伽陀野'의 리(里)는 필사하면서 잘못 추가된 것이거나 와전에 의한 착오일 것이다. 이 때문에 『석문의범』에서는 '里馱伽陀野'를 '多可多耶'(다가다야)로 바꾸었을[391] 것으로 보이는데, 이것 역시 여러 진언들에서 tathāgatāya(여래님께)를 음역한 哆他伽哆夜(다타가다야) 등에서 타(他)가 누락된 것이 아니라면 이것에 해당하는 범어를 추정할 만한 전거가 전혀 없다.

『석문의범』에는 里馱伽陀野가 이라가다야(伊羅可陀野)로 바뀐 소청사자진언도 수록되어 있는데[392], 이 伊羅可陀野와 같은 음역은 대장경 전체에서 전무하다. 伊羅와 可陀野를 분리하여 가능한 범어를 적용하더라도 타당할 만한 의미가 성립되지 않는다. 그런데 伊羅可陀野에서 이라(伊羅)는 필시 음역어가 아닐 것으로 추정하여 伊羅의 수수께끼를 풀면, 伊羅可陀野는 tathāgatāya를 표기한 것으로 판단할 수 있다.

---

391) "召請使者真言 … 唵 步步哩 加多里 多可多耶 娑婆訶 / 옴 보보리 가다리 다가다야 사바하" 安震湖(1935上) p. 243. 해인사에서 간행된 다비문(茶毘文)에는 이와 똑같은 한글로만 기재되어 있다. 더욱이 『석문의범』에는 아래의 각주처럼 리다가다야(里馱伽陀野)가 이라가다야(伊羅可陀野)로 바뀐 소청사자진언도 수록되어 있다.

392) "召請使者真言. 唵 步步哩 可多里 伊羅可陀野 娑婆訶 / 옴 보보리 가다리 이라가다야 사바하" 安震湖(1935上) p. 161.

한문을 읽을 때 한글의 발음과 동일한 한자를 구결(口訣)로 사용하기도 하는데, 인용을 표시할 때 붙이는 구결인 '~이라'는 발음이 같은 한자인 '伊羅'로 표기한다. 예컨대 '~이라 하시다'는 '~伊羅爲時多'로 표기한다.[393] 범어로 tathā는 앞서 말한 '것과 같이' 그러하다는 뜻을 표현하는 부사로서 인용을 대신하여 예를 들 때도 사용된다. 아마도『석문의범』의 편찬자는 이 용례를 적용하여, tathāgatāya의 tathā는 그 의미를 살려 이라(伊羅)로 표기하고, gatāya는 발음을 살려 가다야(可陀野)로 표기했을 것이다.

그러므로 소청사자진언은 내용을 구성한 한자로 보면 개지옥문급인후주와 개인후다라니주의 응용 또는 혼동에 해당한다. 어쩌면 개지옥문급인후주를 응용하면서 보보데리(步布帝哩)를 개인후다라니주에 있는 보보리(步步哩)로 바꾸었거나 그 둘을 혼동했을 수 있다. 그렇지 않다면 소청사자진언은 이처럼 유사한 진언들을 참조하여 개발한 것일 가능성도 배제할 수 없다. 이 가능성을 전제하여 한글『진언집』에 표기된 'bho bhūri'를 그대로 적용하되, 가다리(伽多哩)를 kartari의 음역으로 간주하고 부분적인 와전을 고려하면, 소청사자진언을 다음과 같이 교정하여 풀이할 수 있다.

"옴 보보리 가다리 다가다야 사바하"
唵 步步哩 伽多哩 馱伽陀野 莎訶
oṃ bho bhūri kartari tathāgatāya svāhā
"옴! 오호! 지옥에서 [법을] 집행하시는 분께, 여래님께 기원하옵니다."

---

393) 爲時多에서 위(爲)는 '~하다'라는 뜻의 '하'를 표시하고, 시다(時多)는 발음을 그대로 사용한다. 단국대『한국한자어사전』참조. https://hanja.dict.naver.com/#/entry/ccko/ed4bf3320c99490f99f4d1a5a67774b7 (2023.06.18 검색)

여기서는 개지옥문급인후주가 지옥과 관련된 진언인 점에서 이 같은 의미를 함축하여 개발된 것이 소청사자진언일 가능성도 고려해 보았다. 그러나 이렇게 확신할 만한 전거는 여전히 미흡하다.

다른 한편으로 죽암(竹庵) 스님이 편찬하여 흔히 중례문(中禮文)으로도 불리는 천지명양수륙재의찬요(天地冥暘水陸齋儀纂要, 이하 『수륙재의찬요』)에는 한글 진언집과는 전혀 다른 소청사자진언이 수록되어 있다. 그런데 이 소청사자진언은 『불공견삭신변진언경』에서 설하는 진언을 고스란히 옮긴 것이다. 이 경전에서는 진언의 명칭을 직접 명기하지 않고, 일체사자인(一切使者印)이라는 인계를 지으면서 이 진언을 읊는 것으로 모든 천녀(天女)와 야차를 사자로 소집하면 모두 와서 집회에 참석한다고 설한다. 그러므로 『불공견삭신변진언경』의 그 진언은 '소청사자진언'으로 불릴 만하다. 이 소청사자진언의 내용은 다음과 같다.

> 唵 薩嚩怛囉 葛弭伱 旃皤歌野 滂䩭唎抳 吽[394]
> (옴 살바다라 아미니 아바가야 로나리니 훔)
> oṃ sarvatra gāmini āvāhaya raudriṇi hūṃ[395]
> "옴! 언제든 어디로든 가시는 분이시여, 데려오소서. 격노하시는 천녀이시여, 훔!"

소청삼계제천주(召請三界諸天呪): 삼계의 모든 천신을 불러 청하는 주문

---

394) 不空羂索神變真言經 권4. T 20, p. 246b ; 朴世敏(1993, 제2집) p. 219. 삼화사에서 간행한 『수륙재의찬요』에는 이 진언이 한글 표기와 함께 수록되어 있다. 임종욱(2007) p. 37.

395) 『불공견삭신변진언경』의 티베트 역본에 의거한 이 범문은 84000(2022) n.339.

"옴 삼만다 아가라 바리 보라니 다가다가 훔 바닥"
唵 三曼陀 阿迦囉 鉢哩 布囉尼 馱迦馱迦 吽 泮吒
oṃ samantāgra-paripūraṇi dhaka dhaka[396] hūṃ phaṭ
"옴! 어디에나 계시고 최승(最勝)으로 원만하게 성취하심이여, [장애를] 활활 태우시는 분이시여, 훔! 팟!"

소청삼계제천진언으로도 불리는 소청삼계제천주라는 명칭은 한글 진언집을 비롯한 한국불교의 의례서에서만 통용된다. 그러나 이 명칭은 동일한 내용의 진언을 다음과 같이 설하는 『광대보누각선주비밀다라니경』에서 유래한 것으로 보인다.

다음으로 단 가운데 있는 모든 신들을 청하는 인계와 주문(呪)의 법을 설하니라.
"옴 삼만다가라[397] 바리보라니 다가다가 훔 바닥"
이 법을 실행할 때 그 모든 신들은 두루두루 운집하여, 소원을 만족시켜 주고 구하는 것을 견고하게 호념하니, 이 법을 실행하는 자는 속히 성취할 수 있느니라.[398]

여기서는 모든 신들을 청하는 용도로 주문을 제시하므로, 이 주문은 소청삼계제천주의 용도와 동일하며 그 내용도 동일하다.

---

396) dhaka는 동사 √dah(태우다)에서 유래하여 분노를 표현하는 의성어인 dhak를 명사화한 말로 이해된다. 八田幸雄(1985:70, 426번)은 'dhaka dhaka'를 '분노하라, 분노여!'로 번역했다.

397) 삼만다가라(三漫多迦囉)는 samantāgra를 음역한 말이다. 소청삼계제천주에서는 이것을 더욱 정확하게 '三曼陀 阿迦囉'(amanta-agra)로 음역했다.

398) 廣大寶樓閣善住祕密陀羅尼經 권下(T 19:649a): "次說請住壇中諸神等印呪法 … 唵 三漫多迦囉 鉢哩布囉尼 馱迦馱迦 吽 泮. 作此法時 其諸神等周遍雲集, 滿所願求堅固護念, 作法之者速得成就."

소청삼계제천진언(召請三界諸天真言) → 소청삼계제천주

소청염마라왕진언(召請焰摩羅王真言): 염마라왕(염라대왕)을 불러 청하는 진언

“옴 살바 염마라아 데[뎨]뱌 사바하”
唵 薩婆 焰摩囉闍 第毗耶[399] 莎賀
oṃ sarva-yamarāja-devya svāhā
“옴! 일체의 염라왕이신 천신이시여, 기원하옵니다.”

이 진언의 명칭도 한국불교에서만 통용되지만, 『관자재보살수심주경』에는 이 진언이 환염라왕인주(喚閻羅王印呪)로 수록되어 있다.[400]

소청오통선인주(召請五通僊人呪): 다섯 가지로 신통한 신선(神仙)을 불러 청하는 주문

“옴 살바 가리다 가마바라나 구다예 사바하”
唵 薩婆 訖利知耶 羯摩婆羅那 瞿多曳 莎賀
oṃ sarva-kṛtyā-karma-varaṇa(?)-guptaye svāhā
“옴! 온갖 신통으로 [악한] 업을 저지하시고 [선한 업을] 보호해 주시기를 기원하옵니다.”

이 진언의 명칭도 한국불교에서만 통용되고, 『수륙재의찬요』에서만 이 진언을 소청오통제선주(召請五通諸仙呪)라는 명칭으로 수록했다.[401] 그러나 진언의 내용은 『관자재보살수심주경』에서 설

---

399) 한글 『진언집』에서 第毗耶里馱伽陀野의 毗耶를 ‘뱌’로 표기하여 데비야(devya)의 비야(vya)를 거의 정확한 발음으로 반영했다.

400) 觀自在菩薩隨心呪經(T 20:459a): “喚閻羅王印呪 … 唵 薩婆 焰摩囉闍 第毘耶 娑嚩訶”

401) 朴世敏(1993, 제2집) p. 225.

하는 환소오통등선인인주(喚召五通等仙人印呪)[402]와 일치하며, 『관자재보살달부다리수심다라니경』에도 환오도등선인인(喚五道等仙人印)의 진언[403]으로 설해져 있다. 진언의 내용을 음역하여 표기한 한자로 보면, 소청오통선인주는 『관자재보살수심주경』의 '환소오통등선인인주'라는 명칭을 바꾼 것이 분명하다.

소청오통제선주(召請五通諸仙呪) → **소청오통선인주**

소청일체선신주(召請一切善神呪): 모든 선신(善神)들을 불러 청하는 주문

"옴 샹아례 마하 삼만염 사바하"
唵 商揭隸 摩賀 糝滿談 莎賀
oṃ śaṅkare mahāsamayaṃ svāhā[404]
"옴! 번영을 위한 위대한 서원을 기원하옵니다."

『천수천안관세음보살대비심다라니』에서 "만약 온갖 천계의 선신들을 모두 불러들이려거든 마땅히 보라수진언(寶螺手真言)을 외어야 한다."라고 주문하고서 제시한 것이 위의 진언이다.[405] 이 진언을 한글 진언집에서 '소청일체선신주'로 수록한 이유도 여기서 찾을 수 있다. 그래서 『밀교개간집』에서는 이 진언을 한글과

---

402) 喚召五通等仙人印呪(T 20:459b): "喚召五通等仙人印呪 … 唵 薩婆 訖唎知耶 羯摩婆羅那 瞿路曳 莎訶"

403) 觀自在菩薩怛嚩多唎隨心陀羅尼經(T 20:465b): "喚五道等仙人印 … 真言曰. 唵 薩婆 訖唎多知耶 羯摩婆耶 瞿路曳 娑嚩訶"

404) 문수사리근본의궤경(文殊師利根本儀軌經)의 범본(*Mañjuśrīmūlakalpa*)에도 이와 동일한 범문의 진언이 수록되어 있다. 84000(2020) ap37.27-28.

405) 千手千眼觀世音菩薩大悲心陀羅尼(T 20:118c): "若為呼召一切諸天善神者 當於寶螺手真言. 唵 商揭隸 摩賀糝滿焔 薩嚩賀"

실담자로만 두 차례 수록하면서 각각 보라수진언과 소청일체선신주으로 명기했다.406) 한편 『불자필람』에는 이 진언이 '관세음보살보라수(觀世音菩薩寶螺手)진언'으로 수록되어 있지만, 이에 대한 설명은 『밀교개간집』의 경우와 동일하다.407)

소청일체천룡주(召請一切天龍呪): 모든 천룡(天龍)들을 불러 청하는 주문

"옴 아비사마야 바아례 다라다라 훔"
唵 阿鼻娑摩耶 跋折囉 達囉達囉 吽
oṃ abhisamaya-vajre dhara dhara hūṃ
"옴! 명석하게 깨우친 금강이시여, 지켜 주시고 지탱해 주소서. 훔!"

이 진언이 『대보광박누각선주비밀다라니경』에는 '청일체천룡진언'으로, 『광대보누각선주비밀다라니경』에는 '청일체천룡주'로 설해져 있다.408) 이 같은 명칭을 한글 진언집과 『밀교개간집』에서는 '소청일체천룡주'로 바꾸어 수록했다.

---

406) 朴世敏(1993, 제3집) pp. 230b, 235a. 보라수진언의 경우에는 『천수천안관세음보살대비심다라니』를 인용하여, "若爲呼召 一切諸天善神者 當於此手"라고 이 진언의 용도를 기재했다. 그러므로 여기서 차수(此手)는 보라수(寶螺手)진언을 가리킨다.

407) "若爲呼召 一切諸天善神者 當於此手 / 일체 제천선신을 불러보랴거든 이 주를 외우시요." 崔就墟・安錫淵(1931) p. 35.

408) 大寶廣博樓閣善住祕密陀羅尼經 권中(T 19:627a): "請一切天龍真言曰. 唵 阿鼻娑摩耶 嚩日禮 馱囉馱囉 吽"
廣大寶樓閣善住祕密陀羅尼經 권中(T 19:643b): "請一切天龍呪曰. 唵 阿鼻娑摩耶 拔質黎 達囉達囉 吽"

소청제명선신진언(召請諸明善神真言): 지혜로운 모든 선신들을 불러 청하는 진언

"옴 아모가 니만다라나 미모가사 만나라 미리미리 사바하"
唵 旃暮伽 伱曼怛囉拏 弭目訖灑 曼拏攞 弭哩弭哩 莎訶
om amogha nimantraṇa-vimokṣa-maṇḍale mili mili svāhā409)
"옴! 견실한 분(不空尊)이시여, 해탈의 집회인 만다라에 초청하오니, 동참하소서 동참하소서, 기원하옵니다."

한글 진언집과 『밀교개간집』에410) 수록된 이 진언의 명칭을 대장경에서는 볼 수 없으므로 이 진언도 한국불교 고유의 진언일 것으로 속단할 수 있다. 그러나 『불공견삭신변진언경』에서는 이것과 동일한 내용을 청소진언(請召真言)으로 설하므로411), 소청제명선신진언은 이 청소진언의 명칭을 바꾼 것이다.

---

409) 이 원문은 『불공견삭신변진언경』의 범본으로 이렇게 확정된다. 84000(2022) n.1607. Wayman(1985:37)은 이 원문 중의 mili를 '조우하라!'(encounter!)고 번역했는데, 이는 mili가 동사 √mil(만나다, 모이다)에서 파생한 말이라고 판단했기 때문인 것으로 보인다. 그러나 다라니에서 mili는 불가해한 용어들 중의 하나로 지목되어 있다. Castro Sánchez(2011:73)는 hili, kili, mili와 같은 불가해한 용어 대한 학자들의 견해를 소개하는데, 이것들 중에서 마지막으로 소개한 학자(Tambiah 1968:177-8)의 견해가 이 진언에 있는 mili에 적합하다. 이 견해에 따르면 다라니는 의도한 어떤 대상을 참석하도록 부르거나 소집하고 있다는 점을 고려해야 하므로, mili와 같은 용어들도 무의미한 것이 아니라, 호출되는 대상과 그러한 말로 부르는 이들에게만은 이해할 수 있는 것으로 간주된다. 그러므로 mili의 의미로는 Wayman의 해석이 타당한 것으로 보인다.

410) 朴世敏(1993, 제3집) p. 235b. 여기에 실담자와 한글로만 기재된 이 진언의 표기는 한글 『진언집』의 경우와 일치한다.

411) 不空羂索神變真言經 권16(T 20:310b): "請召真言. 旃暮伽 儞曼怛囉拏 弭目訖灑 曼拏攞 弭理弭理 莎縛訶"

소청제석천진언(召請帝釋天真言): 제석천을 불러 청하는 진언

"나모 삼만다 못다남 옴 샤가라야 사바하"
那謨 三滿多 沒馱喃 唵 設伎囉夜 娑嚩賀
namaḥ samanta-buddhānām oṃ śakrāya svāhā
"어디에나 계시는 모든 부처님들께 귀의하옵고, 옴! 강력하신 분(제석천)을 위해 기원하옵니다."

한글 진언집과 『밀교개간집』에 수록된 이 진언은 『대비로자나성불신변경』과 『대일경』에서 각각 설하는 '제석천진언'과 '석제환인진언'412)의 명칭만 바꾼 것이다.

진언의 내용에서 '강력하신 분'(śakra)은 인드라(Indra)의 별칭이다. 예로부터 인도의 신화에서 인드라는 신들의 제왕으로 묘사되었기 때문에 '샤크라 데바 인드라'(śakra-deva-indra)라고 호칭되었다. 이 호칭을 번역한 것이 제석천이다. 제(帝)는 제왕이라는 뜻으로 indra를 의역한 말이고, 석(釋)은 śakra의 음역을 축약한 말이며, 천(天)은 신을 의미하는 deva의 의역이다. 그리고 석제환인(釋提桓因)은 śakra-deva-indra를 '釋-提桓-因'으로 음역한 말이다. 즉 석(釋)은 śakra의 음역, 제환(提桓)은 deva의 음역이며, 인(因)은 indra의 음역인 인다라(因陀羅)에서 첫 글자만 따온 말이다. 소청제석천진언에서는 인드라의 호칭 중에서 첫 단어인 샤크라(śakra)를 앞의 두 경전에서 음역한 삭흘라(鑠吃囉) 대신 샤가라(設伎囉)로 음역했다.

---

412) 大毘盧遮那成佛神變經 권2(T 18:124b): "帝釋天真言曰. 曩莫 三滿多 沒馱喃 鑠吃囉也 娑嚩賀"
大毘盧遮那成佛神變加持經 권2(T 18:15a): "釋提桓因真言曰. 南麼 三曼多 勃馱喃 鑠吃囉也 莎訶"

소청제용왕진언(召請諸龍王真言): 모든 용왕들을 불러 청하는 진언

"나모 사만다 못다남 옴 미가 마리야 사바하"
那謨 三滿哆 沒馱喃 唵 彌伽 沒哩野 莎賀
namaḥ samanta-buddhānām oṃ meghāśaniye svāhā
(… megha-aśaniye …)
"어디에나 계시는 모든 부처님들께 귀의하옵고, 옴! 구름 속의 벽력이시여, 기원하옵니다."

이 진언에서 '구름 속의 벽력'은 비와 연관이 있는 용왕을 지칭한 것으로 이해된다. 소청제용왕진언이라는 명칭은 한국불교에서만 통용되지만, 대장경에는 이와 동일한 내용을 다른 명칭으로 수록한 불전들이 적지 않다. 그러나 소청제용왕진언에 있는 마리야(沒哩野)라는 표기로 인해 이 사실을 간파하기가 쉽지는 않다. '마리야'는 샤리야(設哩野)의 오기일 것이 분명하기 때문이다. 설(設)을 범어의 발음에 맞추어 '샤'로 읽는 예는 바로 앞에 소개한 소청제석천진언에서 볼 수 있다. 위의 소청제용왕진언에서는 '샤'로 읽어야 할 設을 마(沒)로 잘못 기재했을 것이라는 사실과 이 진언의 범문은 동일한 내용의 진언을 설하는 아래의 불전들로 확인할 수 있다.

먼저『대일경』에서는 이 진언을 제룡진언(諸龍真言)으로 설하는데, 이 진언에는 沒哩野(마리야)에 해당하는 말이 設濘曳(설녜예)로 표기되어 있다.[413] 그리고 이 진언에는 중간에 있어야 할 옴(唵)이 누락되어 있지만, 실수로 인해 이처럼 누락한 경우가 있었다는 사실은 제룡진언을 아래와 같이 기재한『대비로자나성불신변경』으로 입증된다.

413) 大毘盧遮那成佛神變加持經 권2(T 18:15b): "諸龍真言曰. 南麼 三曼多 勃馱喃 謎伽設濘曳 娑訶"

諸龍真言曰 … 曩莫 三曼多 沒馱喃 銘(種子)伽(雲也)捨儞(喫噉)曳 娑嚩賀414)

이 진언에서는 앞 글자의 용도나 의미를 괄호로 첨언했다. 그런데 여기서는 '唵(種子)銘伽(雲也)捨儞(喫噉)曳'로 기재해야 할 것을 '銘(種子)伽(雲也)捨儞(喫噉)曳'로 잘못 기재했다. 의미로 제시한 구름(雲)의 범어는 메가(megha)이므로 이 범어를 음역한 한자는 두 글자인 銘伽(명가)일 수밖에 없다. 더욱이 명(銘)은 종자(種子)일 수가 없는데 '種子'라고 표시한 것으로 보면, 바로 앞에 기재해야 할 실제 종자인 옴(唵)을 빠뜨렸을 것으로 충분히 짐작할 수 있다. 그리고 捨儞(사니)의 의미를 끽담(喫噉)으로 제시한 것은 이에 해당하는 범어를 잘못 추정한 것이다. 짐작건대 捨儞의 의미를 만끽의 동의어인 '끽담'으로 제시한 것은 捨儞를 범어 사니(sani)의 음역으로 간주했기 때문일 것이다.

이처럼 옴(唵)이 누락된 채 범어마저 부정확한 제룡진언이 『태장범자진언』에는 '십제룡진언'이라는 명칭으로 바뀌어 실담자로만 수록되어 있다.415) 그러나 이 전안에서 銘伽捨儞曳(명가사니예)에 해당하는 범어를 'megha śanīye'로 기재한 것은 착오인데, 한글『진언집』의 '미가 마리야'(彌伽 沒哩野)도 이 같은 착오의 소산일 것이다.

이제『화우궤별록』으로 이상의 착오를 바로잡을 수 있는 동시에 소청제용왕진언의 범문도 먼저 제시해 둔 것처럼 확정할 수 있다.『화우궤별록』에는 소청제용왕진언이 제룡왕명(諸龍王明)이라

414) 大毘盧遮那成佛神變經 권2. T 18, p. 123a.

415) 胎藏梵字真言 권上(T 18:166b): "十諸龍真言. namaḥ samanta-buddhānāṃ megha śanīye svāhā"

는 명칭으로 실담자와 함께 수록되어 있다.[416] 여기서는 '미가 마리야'(彌伽 沒哩野)에 해당하는 謎伽設濘曳(미가설녜예), 銘伽捨儞曳(명가사니예)의 범어를 'meghāśaniye'로 정확히 기재하고 이것의 음역을 謎伽捨拏曳(미가사나예)로 표기했다. 물론 진언의 중간에는 종자인 옴(唵)도 기재되어 있다.

이처럼 확실한 전거가 있으므로 소청제용왕진언은 "나모 사만다 못다남 옴 미가샤리야 사바하"(那謨 三滿哆 沒馱喃 唵 彌伽設哩野 莎賀)로 교정하여 읊는 것이 타당하다.

소청주십이궁진진언(召請主十二宮辰真言): 십이궁 별들의 주신(主神)을 불러 청하는 진언

"나모 사만다 못다남 옴 아라혜새바리 바라바달유 아뎨ᄙ마야 사바하"

曩謨 三滿哆 沒馱喃 唵 仡囉係說嚩哩 鉢囉鉢哆哩儒 阿帝哩摩野 莎賀

namaḥ samanta-buddhānām oṃ grahaiśvarya-prāpta jyotirmaya svāhā[417]

"어디에나 계시는 모든 부처님들께 귀의하옵고, 옴! 행성들의 통치권을 획득한 분이시여, 별들로 가득한 분이시여, 기원하옵니

---

416) 火吽軌別錄(T 18:937b): "諸龍王明. namaḥ samanta-buddhānāṃ oṃ meghāśaniye svāhā 曩麼 三曼跢 勃馱喃 唵 謎伽捨拏曳 娑嚩訶"

417) 秋山 学(2012:39, 77)이 '칠요십이궁신구집'과 '칠요'의 진언으로 두 번 제시한 이 범문에 'oṃ'이 없는 것은 칠요십이궁신구집진언(다음 각주)에 의거했기 때문이다. 그는 범문의 일부를 "graheśvarya-prāpta-jyotirmaya"와 "graheśvarya-prāpta jyotirmaya"로 다르게 표기하여 일관성을 상실한 것은 그다지 문제가 되지 않지만, 'graheśvarya'는 'grahaiśvarya'의 오기이다. 오기를 교정하면 전자의 경우에는 "행성들의 통치권을 획득하여 별들로 가득한 분이시여"로 해석되며, 후자의 경우에는 "행성들의 통치권을 획득한 분이시여, 별들로 가득한 분이시여"로 해석된다.

다."

한글 진언집에 수록된 이 진언의 음역 한자와 한글 독음에는 약간의 혼동이 있다.418) 『대비로자나성불신변경』에는 이 진언이 구집진언(九執真言)으로, 『대일경』의 「연화태장보리당표치보통진언장 광대성취유가」에는 칠요십이궁신구집진언(七曜十二宮神九執真言)으로 수록되어 있다. 내용이 동일한 이 진언에는 "나모 사만다 못다남" 다음의 '옴(唵)'이 없다.419)

그러므로 소청주십이궁진진언에서는 원문에 없는 옴(唵)을 삽입했을 것이다. 반면에 소청주십이궁진진언에는 아라혜새바리(仡囉係說嚩哩)의 끝에 붙여야 할 '야(也)'가 누락되어 있다. 또한 이 진언에서 '바라바달유 아델마야'는 '바라바달 유아델마야'로 읽어야 타당하다.420)

---

418) 『밀교개간집』에서는 이진언의 한자를 생략하고 한글 『진언집』의 표기를 그대로 채택했다. 朴世敏(1993, 제3집) p. 236a.

419) 大毘盧遮那成佛神變經 권2(T 18:124b): "九執真言曰. 曩莫 三滿多 沒馱喃 蘖囉醯濕嚩哩也 鉢羅鉢多 孺底囉摩野 娑嚩賀"
大毘盧遮那成佛神變加持經 蓮華胎藏菩提幢幖幟普通真言藏 廣大成就瑜伽 권下(T 18:163b): "七曜十二宮神九執真言曰. … 曩莫 三曼多 沒馱喃 蘖囉醯濕嚩哩也 鉢囉鉢多 孺底麼野 娑嚩賀" 이 진언의 사이사이에 자모를 읽는 기호(引, 二合)와 단어의 의미가 첨언되어 있으나, 여기서는 이것들을 삭제하고 진언만 발췌했다. 한편 아래의 『대비로자나경광대의궤』의 구집진언에서는 "나모 사만다 못다남"(曩莫 三滿多 沒馱喃)을 '귀명(歸命)'으로 번역하여 축약했다.
大毘盧遮那經廣大儀軌 권中(T 18:106b): "九執真言曰. 歸命 蘖囉醯濕嚩哩也 鉢囉鉢多 孺底羅摩耶 娑嚩賀"

420) 한글 『진언집』에서 '바라바달유 아델마야'를 '鉢囉二合鉢哆二合哩儒二合阿帝哩二合摩野'로 표기한 것은 범문을 정확히 반영한 것으로 보인다. 그러나 이 표기를 범문에 맞추어 읽자면 "바라바달(鉢囉二合鉢哆二合 =prāpta) 유아델마야(哩儒二合阿帝哩二合摩野 =jyotirmaya)"로 띄어 읽어야 한다.

소청주십이궁진진언의 내용에서 ‘행성’은 아라혜(仡囉傒)로 음역한 graha의 번역이다. 범어로 graha는 기본적으로 파악 또는 장악을 의미하는데, 인도의 천문학에서 graha는 초자연적인 방식으로 인간의 운명을 장악하거나 운명에 영향을 주는 별 또는 행성을 의미한다. 중국에서 graha를 ‘집(執)’으로 번역한 것은 ‘장악’이라는 의미를 취한 것이고, ‘요(曜)’로 번역한 것은 별 또는 행성이라는 의미를 취한 것이다.

불전들 중에서 『사두간경』, 『마등가경』, 『수요경』은 불교의 점성술을 취급하는 대표적인 경전이다.[421] 이 경전들에서는 별자리들을 상술하는데 구체적으로는 7요(曜), 12궁(宮), 9집(執) 등을 비롯한 28수(宿)이다. 『마등가경』에 따르면 7요는 태양, 달, 화성, 목성, 토성, 금성, 수성이며 여기에 라후(羅睺)와 혜성을 더하면 ‘navagraha’로 불리는 아홉 개의 별이 된다.[422] 중국에서는 이 navagraha를 9집(九執)으로 번역했다. 그리고 태양이 운행하는 하늘의 황도(黃道)를 12개월에 맞추어 배분하고 각각에 위치하는 별자리를 궁(宮)으로 일컫는 것이 12궁이다.[423] 그러므로 소청주십이궁진진언과 구집진언 또는 칠요십이궁신구집진언이라는 명

---

421) 『사두간경』은 舍頭諫太子二十八宿經의 약칭이다. 범본의 명칭에 따르면 사두간(śārdūla-karṇa)은 ‘호랑이의 귀’를 의미하므로 이 경전을 호이경(虎耳經)으로도 별칭한다. 『수요경』은 文殊師利菩薩及諸仙所說吉凶時日善惡宿曜經의 약칭이다.

422) 摩登伽經 권上(T 21:405b): “復說七曜. 日月 熒惑 歲星 鎮星 太白 辰星. 是名為七, 羅睺 彗星 通則為九” 여기서 라후(羅睺, Rāhu)는 일식이나 월식을 가리킨다.

423) 『수요경』(T 21:387b-388a)에서 설하는 12궁은 사자궁(師子宮), 여궁(女宮), 칭궁(秤宮), 갈궁(蝎宮). 궁궁(弓宮), 마갈궁(磨竭宮), 병궁(瓶宮), 어궁(魚宮), 양궁(羊宮), 우궁(牛宮), 음궁(婬宮), 해궁(蟹宮)이다. 12궁이 각각 위치하는 방향과 월(月)은 密教學會(1983) p. 880a 참조.

칭도 여기서 유래한다.

소청지신진언(召請地神真言): 지신(地神)을 불러 청하는 진언

"나모 사만다 못다남 옴 마리제[뎨]미 사바하"
那謨 三滿哆 沒馱喃 唵 沒哩替尾 娑嚩賀
namaḥ samanta-buddhānāṃ oṃ pṛthivyai svāhā
"어디에나 계시는 모든 부처님들께 귀의하옵고, 옴! 지신님께 기원하옵니다."

한글 진언집에 수록된 이 진언의 원형은 『대비로자나성불신변경』을 비롯한 밀교 불전에서 설하는 지신진언(地神真言)424)으로 간주된다. 이 지신진언의 명칭 앞에 '소청'을 붙이면서 지신진언의 중간에 옴(唵)을 추가한 것이 소청지신진언이다.425) 이 같은 방식은 바로 앞에서 소개한 °소청주십이궁진진언의 경우와 동일하다.

다른 한편으로 한글 진언집에서 마리뎨미(沒哩替尾)의 범어를

---

424) 大毘盧遮那成佛神變經 권2(T 18:123a): "地神真言曰. 曩莫 三滿多 沒馱喃 鉢哩體吠曳 娑嚩賀"
大毘盧遮那成佛神變加持經 권2(T 18:15a): "地神真言曰. 南麼 三曼多 勃馱喃 鉢嘌體梅曳 莎訶"
大毘盧舍那成佛神變加持經蓮華胎藏悲生曼荼羅廣大成就儀軌 권上(T 18:129a): "地神真言曰. 喃麼 三曼多 勃馱喃 鉢嘌體梅曳 娑嚩訶"
供養護世八天法(T 21:380c): "地神真言曰. 曩莫 三曼多 母馱喃 鉢囉體吠曳 娑嚩賀"

425) 『태장범자진언』에는 지신진언의 범문이 실담자로 정확히 기재되어 있는데, 아래와 같이 "namaḥ samanta-buddhānāṃ"(나모 사만다 못다남) 다음에 옴(oṃ)이 없다.
胎藏梵字真言 권上(T 18:166a): "地神真言曰. namaḥ samanta-buddhānāṃ pṛthivyai svāhā." 이 범문 중 pṛthivyai를 동일한 여격인 'pṛthiviye'로 기재하는 경우(秋山 学 2018:78)도 있다.

'mṛdhevi'로 기재한 것이 'pṛthivyai'의 와전이 아니라 'mṛddevi'의 오기라면[426], 진언에서 '지신님께'(pṛthivyai)는 '지신이시여'(mṛddevi)이라는 의미가 되어 진언의 취지와 부합한다. 그러나 지신진언과 동일한 내용을 '하방지천(下方地天)진언'으로 수록한 『대교왕경약출호마의』를 고려하면 그럴 가능성은 희박해 보인다.[427] 그러므로 지신진언에 표기된 바리지베예(鉢哩體吠曳) 또는 바리지매예(鉢嘌體梅曳)를 적용하면 '마리데미'는 바리데미예(鉢哩替尾曳)를 잘못 기재한 것일 수 있다.

소청팔부진언(召請八部眞言): 팔부의 신중(神衆)을 불러 청하는 진언

"옴 살바 디바나가 아나리 사바하"
唵 薩婆 提婆那伽 阿那唎 莎訶
oṃ sarva-deva-nāga anale svāhā
"옴! 모든 신과 용[왕]이시여, 불꽃이여, 기원하옵니다."

---

426) 마리데미(沒哩替尾)의 범어에 대해서는 혼동이 있었던 듯하다. 『밀교개간집』에서는 마리데미의 실담자를 'mṛtevi'로 기재했다. 朴世敏(1993, 제3집) p. 235b.

427) mṛddevi는 mṛddevī의 호격으로 성립하며 mṛd는 地, devī는 여신(女神)을 의미하지만, 범문에서는 용례가 없는 조어(造語)에 해당한다. 불전에서 지신 또는 지천(地天)은 한결같이 pṛthivī의 번역이다. 그럼에도 한글 진언집의 편찬자가 pṛthivī 대신 굳이 조어인 mṛddevī(실담자 mṛdhevi의 교정)를 사용했다면, 이는 범문의 어휘에 매우 능통했을 때라야 가능하다. 더욱이 소청지신진언의 沒哩替尾에서 替尾라는 음역은 하방지천진언에서 '必哩替尾曳'로 사용된 예가 거의 유일하며, 이 음역의 범어는 pṛthivyai(pṛthivī의 여격)이다.
妙吉祥平等觀門大教王經略出護摩儀(T 20:936a): "下方地天真言曰. 曩謨三滿哆 沒馱南 必哩替尾曳 娑嚩賀 賀" 이 진언의 마지막에 있는 '賀'는 오기일 것이다.

한글 진언집에 수록된 이 진언은 『천안천비관세음보살다라니신주경』에서 유래한다. 이 경전에서는 이 진언을 천안천비관세음보살이 '천룡팔부의 신과 귀신을 집회에 불러들이는 인계'(呼召天龍八部神鬼集會印)의 주문으로 설한다.[428] 그리고 중국의 지반(志磐) 스님은 『법계성범수륙승회수재의궤』에 이 진언을 '소청팔부진언'으로 수록했다.[429]

그러므로 소청팔부진언의 '팔부'는 천룡팔부(天龍八部)를 함의한다. 불전에서는 천신[天]과 용을 맨 먼저 언급하면서 여덟 부류의 호법 신중(神衆)을 열거하기 때문에, 이 신중을 '천룡팔부'로 통칭한다.[430]

소청호법신진언(召請護法神真言): 호법신을 불러 청하는 진언

"나모 사만다 못다남 옴 마리톄 밀야 사바하"
那謨 三滿多 沒馱喃 唵 沒哩替 尾哩野 沙嚩訶
namaḥ samanta-buddhānām oṃ dṛḍha-vīrya svāhā
"어디에나 계시는 모든 부처님들께 귀의하옵고, 옴! 견고한 능력을 지닌 분이시여, 기원하옵니다."

대장경에는 이와 동일한 명칭과 내용의 진언이 없으므로, 이것도 한국불교에서만 통용된 진언이다. 한글 진언집에서 이 진언의 '마리톄 밀야'(沒哩替 尾哩野)를 표기한 실담자는 'mṛthe mirya'이

428) 千眼千臂觀世音菩薩陀羅尼神呪經 권上(T 20:92b): "千眼千臂觀世音菩薩呼召天龍八部神鬼集會印 … 呪曰. 唵 薩婆 提婆那伽 阿那唎 莎訶"

429) 法界聖凡水陸勝會修齋儀軌 권1(X 74:785b): "我今奉宣普召請八部真言, 願垂加護. 唵 薩婆 提婆那伽 阿那唎 莎訶"

430) 천룡팔부는 천(天 deva), 용(龍 nāga), 야차(夜叉 yakṣa), 건달바(乾闥婆 gandharva), 아수라(阿修羅 asura), 가루라(迦樓羅 garuḍa), 긴나라(緊那羅 kiṃnara), 마후라가(摩睺羅伽 mahoraga)이다.

다.[431] 그러나 불전들의 용례를 적용하여 이 표기를 'dṛḍha-vīrya'로 교정할 수 있다.

불전에서 자주 언급되는 견고정진(堅固精進)은 'dṛḍha-vīrya'를 번역한 용어이다. 그리고 견고정진은 '견고정진 긴나라왕'처럼 호법 신중인 천룡팔부 중의 긴나라(緊那囉, kiṃnara)에 적용되기도 한다.[432] 한편 '마리톄 밀야'에서 밀야(尾哩野)의 범어인 vīrya는 정진 또는 능력을 의미하는데, 尾哩野는 『대비로자나성불신변경』에서 설한 정진바라밀보살진언을 구성하는 핵심 용어이다.[433] 그러므로 소청호법신진언은 호법신인 긴나라와 정진바라밀보살진언을 염두에 두고 개발한 진언으로 간주할 수 있다.

소향진언(燒香真言) → 헌향진언

쇄정진언(灑淨真言): 물을 뿌려 정화하는 진언

한글 진언집에 수록된 °쇄향수진언¹과 동일하다.

---

431) 여기서 마리톄(沒哩替)는 대장경에서도 볼 수 없는 생소한 음역이다. 『밀교개간집』과 『석문의범』의 편찬자들도 이것을 이상하게 여긴 듯하다. 『밀교개간집』에서는 이것을 '마리네 mṛne'로 표기했고, 『석문의범』에서는 '母這贊 모지찬'으로 표기했다. 그러나 교정한 범문과 비교하면 한글 『진언집』의 표기가 더 낫다.
『밀교개간집』: "나모 사만다 못다남 옴 마리네 일야 사바하." 이 진언에는 실담자가 병기되어 있으나 한자는 없다. 朴世敏(1993, 제3집) p. 235b.
『석문의범』: "南無 三曼多 沒多南 唵 母這贊 迷里野 娑婆訶 / 나무 사만다 못다남 옴 모지찬 미리야 사바하." 安震湖(1935下) p. 45.

432) 佛說大乘莊嚴寶王經 권1(T 20:47b): "復有百千緊那囉王. 所謂 妙口緊那囉王 寶冠緊那囉王 … 堅固精進緊那囉王"

433) 大毘盧遮那成佛神變經 권2(T 18:118c): "精進波羅蜜菩薩真言曰. 唵 尾哩野 迦哩 吽 尾哩裔 尾哩裔 娑嚩賀" 이 진언의 범문은 아래와 같다.
oṃ vīrya-kari hūṃ vīrye vīrye svāhā (옴! 정진의 실천이여, 훔! 정진이여, 정진이여, 기원하옵니다.)

쇄정호마다라니(灑淨護魔陀羅尼): 물을 뿌려 호마단을 정화하는 다라니

"나모 사만다 못다남 옴 호로호로 디따^싸^디따^싸^ 반다반다 아나하나 아니제^뎨^ 훔 바닥"
曩謨 三滿多 沒馱喃 唵 虎嚕虎嚕 地瑟吒地瑟吒 泮怛泮怛 阿那訶那 阿扼諦 吽 發吒
namaḥ samanta-buddhānām oṃ hulu[434] hulu tiṣṭha tiṣṭha bandha bandha hana hana amṛte hūṃ phaṭ
"어디에나 계시는 모든 부처님들께 귀의하옵니다. 옴! [장애를] 제거하고 제거하소서, 일어서고 일어서소서, 결박하고 결박하소서, 타파하고 타파하소서, 감로수를 지닌 분이시여, 훔! 팟!"

한글 진언집에 수록된 이 진언의 범문은『비나야가가나발지유가실지품비요』에 수록된 '군다리보살제장난(軍荼利菩薩除障難)진언'으로 추정할 수 있다. 악마를 굴복시켜 감로수로 중생을 장애와 재난에서 구제한다는 군다리보살에게 기원하는 이 진언은 쇄정호마다라니의 "나모 사만다 못다남"(曩謨 三滿多 沒馱喃)을 제외한 나머지 옴(唵) 이하와 동일한 내용으로 끝난다.[435] 그리고 쇄정호마다라니에서 "나모 사만다 못다남"을 생략하면 °십대명왕본존진언이 된다.

쇄향수진언[1](洒香水真言): 향탕수(香湯水)를 뿌리는 진언

---

434) hulu는 huru로도 표기된다. 八田幸雄(1985:247)은 이 진언의 hulu를 '제거하소서'로 번역했는데, 이 번역은 hulu를 동사 hṛ(제거하다, 없애다)의 명령법인 huru로 해석할 때 성립된다.

435) 毘那夜迦誐那鉢底瑜伽悉地品祕要(T 21:322c): "… 唵 呼嚕呼嚕 地瑟吒地瑟吒 盤多盤多 訶曩訶曩 阿蜜㗚帝 吽發吒." 이 진언의 범문은 八田幸雄(1985) p. 73, 437번 참조.

"나모 사만다 못다남 아바라디 삼미 아아나 삼미 사만다 놀아디 바라아리디 미슈디 달마다도 미슈다니 사바하"
那謨 三滿多 沒馱喃 阿鉢囉底 三弭 誐誐那 三弭 三滿多 訥哩誐底 鉢囉吃哩底 尾輸提 達摩馱覩 尾秫馱伱 莎賀
namaḥ samanta-buddhānām apratisame gaganasame samatānugate prakṛti-viśuddhe dharmadhātu-viśodhani svāhā
"어디에나 계시는 모든 부처님들께 귀의하옵고, 견줄 데 없고 허공과 동등하신 분께, 어디에나 미치시어 본성이 청정하신 분께, 법계(法界)를 정화하시는 분께 기원하옵니다."

한국불교의 의례서들에는 길이가 다른 세 종류의 쇄향수진언이 수록되어 있다. 이것들 중에서 가장 긴 위의 진언은 한글 진언집에 수록되어 있으며, 『대일경』을 비롯한 밀교의 경전에서 설하는 쇄정진언(灑淨真言)436)과 동일하다. 특히 『태장범자진언』에는 이 쇄정진언의 범문이 실담자로 정확하게 기재되어 있다.437) 『범음산보집』에서는 이 진언을 쇄수게(灑水偈) 다음에 제시하여438) '쇄수진언'으로 간주한 듯하다.

『소실지갈라공양법』에도 쇄향수(灑香水)진언이 수록되어 있으나 그 내용은 위의 진언보다 짧고, 후술할 두 종류의 쇄향수진언과도 다르다. 또한 『소실지갈라공양법』에서는 이와 동일한 내용을 '비나야가(毘那夜迦)진언'439)으로 일컫기도 한다. 이 진언의 내

436) 大毘盧遮那成佛神變加持經 蓮華胎藏悲生曼荼羅廣大成就儀軌供養方便會 第一(T 18:110a): "灑淨真言曰. 曩莫 三滿多 沒馱喃 阿鉢羅底 娑謎 誐誐曩 娑謎 三滿多 弩蘖帝 鉢羅訖哩底 尾秫弟 達摩馱覩 尾戍馱顐 娑嚩賀"

437) 胎藏梵字真言 권上. T 18, p. 164c. 建立曼荼羅及揀擇地法(T 18:927a)에도 범문이 기재되어 있으나, 이 경우에는 범문 중 prakṛti가 prakyati로 와전되어 있다.

438) 김두재(2012) p. 497.

439) 밀교의 불전에서 자주 언급되는 비나야가(毘那夜迦, Vināyaka)는 '장애의

용은 다음과 같다.

唵 闇沒嘌帝 賀囊賀囊 訡 泮吒440)
(옴 아몰리데 하나하나 훔 바닥)
om amṛte hana hana hūṃ phaṭ
"옴! [불사(不死)의] 감로수여, [장애를] 타파하소서, 타파하소서, 훔! 팟!"

쇄향수진언²(灑香水真言): 향탕수를 뿌리는 진언

"나무 사만다 못다남 옴 호로호로 전나라 마등기 사바하"
南無 三曼多 沒多南 唵 戶魯戶魯 田那羅 摩登幾 娑婆訶
namaḥ samanta-buddhānām oṃ huru huru caṇḍāli mātaṅgi svāhā441)
"어디에나 계시는 모든 부처님들께 귀의하옵고, 옴! 제거하고 제거하소서, 찬달리여, 마탕기여, 기원하옵니다."

한국불교에서 통용된 세 종류의 쇄향수진언 중에서 중간 길이인 이 진언은 『제반문』과 『석문의범』에 수록되어 있다.442) 그런데

제거자'와 '장애'라는 양극의 의미를 지닌다. 비나야가는 전자의 의미에서 관음보살의 화신으로도 간주되지만, 후자의 의미에서는 장애를 일으키는 악한 나찰이나 귀신으로 간주된다. 비나야가진언은 후자의 의미로 장애를 제거하는 진언이다.

440) 蘇悉地羯羅供養法 권下. T 18. p. 703c.
蘇悉地羯羅供養法 권1(T 18:694c): "唵 闇沒嘌帝 賀囊賀囊 訡 泮吒(此是遣除身中 毘那夜迦真言)" 이 비나야가진언의 범문은 蘇悉地羯羅供養法 권1(T 18:707b)에 실담자로 기재되어 있다.

441) 秋山 学(2018:78)은 이 범문 중에서 'huru huru'를 'hulu hulu'로 기재했으나 의미는 동일하다.

442) 諸般文: "南無 三滿多 沒馱喃 唵 虎嚕虎嚕 戰那囉 摩登祇 娑婆訶." 朴世敏(1993, 제2집) p. 489a. 釋門儀範: 安震湖(1935上) p. 133.

이와 동일한 내용의 진언이 『건립만다라급간택지법』과 『불정존승다라니염송의궤법』에는 무능승진언(無能勝真言) 또는 무능승명왕(無能勝明王)진언으로 수록되어 있다.443) 그러므로 이 쇄향수진언은 무능승진언의 명칭만 바꾼 것이다.

위의 진언에서 전나라(田那羅)와 마등기(摩登幾)는 각각 찬달리(caṇḍālī)와 마탕기(mātaṅgī)의 호격이다. 이 둘은 고대 인도에서 수렵, 어업, 도살 등으로 살아가는 최하층 종족의 여성을 지칭했으나 원래는 인도에 정착한 아리안 이외의 미개한 종족이 신앙했던 풍요의 여신이었다. 불교에서는 이들을 섭수하여 불교의 수호자로 삼았을 것인데444), 위의 진언은 이 같은 사실을 반영한다.

쇄향수진언[3](洒香水真言): 향탕수를 뿌리는 진언

> "옴 바아라 바 훔"
> 唵 嚩日羅 擺 吽
> oṃ vajra phaṭ hūṃ
> "옴! 금강이시여, 팟! 훔!"

세 종류의 쇄향수진언 중에서 가장 짧은 이 진언은 『예수재의찬요』와 『석문의범』에 수록되어 있으나445), 한글 진언집뿐만 아

---

443) 建立曼荼羅及揀擇地法(T 18:928c): "以無能勝明王真言 … 無能勝真言曰. 那莫 三滿多 母馱南 唵 戶嚕戶嚕 戰拏哩 麼蹬儗 娑嚩賀"
佛頂尊勝陀羅尼念誦儀軌法(T 19:364b): "其無能勝真言曰. 曩莫 三曼多 沒馱喃 唵 虎魯虎魯 戰拏理 摩蹬儗 娑嚩賀"

444) 坂内龍雄(1981) p. 194 참조.

445) 『예수재의찬요』: "洒香水真言. 唵 嚩日羅 擺 吽" 朴世敏(1993, 제2집) p. 124.
『석문의범』: "灑香水真言. 唵 縛囉 婆 吽 / 옴 바아라 바 훔" 安震湖(1935上) p. 236. 縛囉는 '嚩日羅'의 오기이다.

니라 대장경에서도 이와 동일한 진언을 찾을 수 없다. 특기할 만한 내용이 없는 이 진언은 유사한 명칭과 내용의 다른 진언에서 일부를 발췌하여 엮은 것으로 보인다. 예컨대『염라왕공행법차제』의 쇄정정수(灑淨淨水)진언이나『고봉용천원인사집현어록』의 정수진언(淨水真言)을 참고했을 것으로 간주하면, 이 진언에 함축된 의미가 잘 드러난다. 둘 중에서는 특히 아래와 같은 쇄정정수진언을 응용했을 가능성이 더 크다.

唵 嚩日羅 舍儞 吽 泮吒[446]
(옴 바아라 사니 훔 바닥)
oṃ vajrāśani hūṃ phaṭ (… vajra-aśani …)
"옴! 금강의 벽력이시여, 훔! 팟!"

흔히 '금강'으로 번역되는 vajra(바아라)는 인도의 신화에서 인드라(제석천)의 무기인 벽력(벼락)을 지칭하고 aśani(사니)도 벽력을 의미한다. 가장 짧은 쇄향수진언은 위의 진언에서 사니(舍儞)를 생략하고 훔(吽)과 바닥(泮吒)의 순서를 바꾼 형태이다. 그리고 종자인 phaṭ(泮吒)을 바(擺/婆)로 표기한 사례는 위의 쇄향수진언이 거의 유일하다.

수구진언(漱口真言): 양치질하는 진언

"옴 도도리 구로구로 사바하"

---

446) 焰羅王供行法次第. T 21, p. 374b. 실담자로 병기된 이 진언의 범문에서 'vajra śani'는 vajrāśani(vajra-aśani)로 읽어야만 의미가 통한다. 진언의 실담자와 음역에서는 이처럼 a가 연속하는 경우, 뒤의 a가 누락된 사례를 종종 볼 수 있다.『고봉용천원인사집현어록』의 정수진언에서는 '훔 바닥'(吽 泮吒)이 '훔훔'(吽吽)으로 바뀌었을 뿐이다.
高峯龍泉院因師集賢語錄 권7(X 65:27a): "(淨水真言曰) 唵 拔折羅 舍尾 吽吽"

唵 覩覩哩 矩嚕矩嚕 莎訶
oṃ dantula(?) kuru kuru svāhā
"옴! 이빨을 가진 이여, [깨끗하게] 실행하고 실행하소서, 기원하옵니다."

한글 진언집에 수록된 이 진언이 『소실지갈라공양법』과 『소실지갈라경청문품』에는 연화부의 쇄정진언(灑淨真言), 음수쇄정(飲水灑淨)진언, 수구음수쇄정(漱口飲水灑淨)진언 등의 명칭으로 수록되어 있다.[447] 한국불교에서 통용된 '수구진언'이라는 명칭은 이것들 중에서 수구음수쇄정진언을 약칭한 것으로 이해된다.

한글 진언집에서는 진언의 내용 중 도도리(覩覩哩)의 실담자를 'tutoli'로 표기했고, 『소실지갈라공양법』의 음수쇄정진언에는 그것이 'tutula'로 표기되어 있으나, 어느 것이든 범어로는 성립될 수 없는 말이다. 아마도 tutula는 이빨을 의미하는 dat에서 유래한 'dantula'의 와전일 것으로 짐작된다.

그런데 『소실지갈라경』에서는 이와는 전혀 다른 내용의 진언을 정작 수구(漱口)진언으로 설한다.[448] 이 수구진언은 다음과 같이 풀이된다.

唵 枳里枳里 嚩日囉 吽 泮吒
(옴 지리지리 바아라 훔 바닥)

447) 蘇悉地羯羅供養法 권上(T 18:696a): "唵 覩覩羅 俱嚕俱嚕 莎訶(此是蓮花部灑淨真言)"
蘇悉地羯羅供養法 권1(T 18:709a): "蓮華部飲水灑淨真言曰. oṃ tutula kuru kuru svāhā 唵 覩覩羅 俱嚕俱嚕 莎嚩訶"
蘇悉地羯羅經請問品 第一 권上(T 18:667b): "蓮華部漱口飲水灑淨真言曰. 唵 覩覩囉 矩嚕矩嚕 莎縛訶"

448) 蘇悉地羯囉經 권上(T 18:607b): "誦漱口真言 遍身五處. 唵 枳里枳里 嚩日囉 吽 泮吒"

oṃ kili kili vajra hūṃ phaṭ
"옴! 소리 내어 기뻐하는 금강이여, 훔! 팟!"

수구진언의 취지로 보면 '소리 내어 기뻐하는 금강'이란 이빨을 가리키는 것일 수 있다. 이 진언의 범문에서 'kili kili'는 'kīli kīli'로도 혼용된다. 지리(枳里)로 음역된 kili 또는 kīli는 고전 범어에서는 통용되지 않은 속어형인데, 특히 kili는 진언에서 "뚜껑이나 문을 닫는 소리 또는 기뻐하여 환호하는 소리를 묘사하는 감탄사"[449]라는 두 가지 의미가 적용되었을 것으로 간주된다. 그런데 『일자정륜왕염송의궤』에서는 이 수구진언과 똑같은 내용을 결계진언(結界真言)으로 설하고, 『천수천안관세음보살대비심다라니』에는 이것이 보발수진언(寶鉢手真言)으로 수록되어 있다.[450] 이 경우에는 지리(枳里)가 kīli의 음역으로서 결계의 영역을 표시하는 말뚝(橛)이나 기둥을 의미하는 말로 해석된다. 이에 따라 'kīli kīli vajra'는 금강궐(金剛橛)진언에서 사용된다.[451] 『소실지갈라경』에서 설하는 아래와 같은 금강궐진언에는 바로 이 수구진언 또는 결

449) 坂内龍雄(1981) p. 173. Rhys Davids(1921-1925:216)에 따르면 팔리(Pāli)어에서 kili는 찰칵거리는 소음을 묘사하는 의성어로서, kilikili로 중첩하여 '찰칵찰칵'이라는 소리를 묘사한 용례가 있다. 또한 Edgerton(1953:184)에 따르면 범어 kilakilā의 속어인 kilikila는 혼성 범어에서 기쁨이나 박수와 같은 시끄러운 소리를 표현하는 의성어이다. Castro Sánchez(2011:73)에 의하면 kilikili는 상대편을 겁주기 위해 원숭이가 지르는 소음을 모사한 것이라는 견해도 있다.

450) 一字頂輪王念誦儀軌(T 19:310b): "結界真言曰. 唵 枳里枳里 嚩日囉 吽 發" 千手千眼觀世音菩薩大悲心陀羅尼(T 20:119a): "當於寶鉢手真言. 唵 枳哩枳哩 嚩日囉 吽 泮吒"

451) 범어에서 √kīl이라는 동사는 결박하다, 고정시키다는 의미이므로, 이 경우의 kīli는 이 동사에서 파생한 말일 것으로 파악된다. √kīl의 명사형인 kīla는 집에서 기르는 암소를 묶어 두는 기둥을 의미한다.

계진언이 포함되어 있다.

> oṃ kīli kīli vajra-vajri bhūr bandha bandha hūṃ phaṭ[452]
> "옴! 말뚝을 지니고 말뚝을 지니어 금강 중에서도 금강이신 대지여, 결박하고 결박하소서, 훔! 팟!"

수구진언(隨求真言): 구하는 대로 성취하게 하는 진언

> "옴 바아라 다도 바아라 소다라 반자 락가라 미다니나 훔 다"
> 唵 嚩日羅 馱都 嚩日羅 素怛羅 半左 咯訖羅 尾馱䫂那 吽 吒[453]
> oṃ vajra-dhātu-vajra-sūtra pañcaṃ rakṣa vidhānena hūṃ ṭha
> "옴! 금강계(金剛界)를 설하는 금강의 경전이여, [만다라의] 5부를 의궤(儀軌)로써 보호하소서, 훔! 타!"

한글 진언집 중에서 가장 먼저 간행된 안심사본에는 이 진언이 없으나 후대에 간행된 만연사본과 망월사본 및 『밀교개간집』에 수록되어 있다. 그러나 안심사본의 한글 진언집 직후 용천사본(1575년)부터 유점사본(1824년) 이전까지 간행된 『조상경』들에는 이 진언이 한결같이 '중방본존수구(中方本尊隨求)진언'으로 수록되어 있다.[454] 그런데 이 '중방본존수구진언'은 『묘길상대교왕경』

---

452) 蘇悉地羯囉經 권中(T 18:616b): "金剛橛真言曰. 唵 枳里枳里 嚩日囉 嚩曰利 部囉 滿馱 滿馱 訡 泮吒" 범문은 八田幸雄(1985) p. 30, 150번 ; 秋山 学(2012) p. 12. 坂内龍雄(1981:172)은 이 진언에서 'hūṃ phaṭ', 즉 '訡(훔) 泮吒(바닥)'이라는 종자를 "[땅속의 더러운 것들을] 깨끗하게 제거하여 척파하소서"라고 의역했는데, 이는 이 진언을 결계진언의 취지에 맞추어 해석한 것으로 이해된다.

453) 다(吒)는 '길러 양성한다'는 장양(長養)을 의미하는 종자인 ṭha의 음역으로 파악되어 있다. 종자들 중에서는 사용된 사례가 희소한 편이다. 八田幸雄(1985) p. 183, 1498번 참조.

454) 용천사본(1575): Kabc=ABC_NC_02807_0001_0032

에서 유래하므로455), 이 진언을 약칭한 것이 '수구진언'임을 알 수 있다.

『묘길상대교왕경』에는 중방본존수구진언의 내용이 한자로만 기재되어 있고, 한국불교에서만 수구진언 또는 중방본존수구진언의 내용을 실담자로 병기했다. 그러므로 수구진언의 내용은 한국불교의 실담자에 의거하여 간파할 수 있다. 다만 이 진언을 실담자로 표기한 범문은 정확하지 않으므로 교정이 필요하다.

진언의 내용에서 애매한 구절은 '반자 락가라 미다니나'(半左 咯訖羅 尾馱額那)456)인데, 이것의 원문을 'pañcaṃ rakṣa vidhānena'로 읽을 때라야 의미가 성립된다. 이 구절을 직역하면 "다섯을 의궤로써 보호하소서"가 된다. 여기서 '다섯'이 '[만다라의] 5부'를 가리킨다는 사실의 전거는 금강부(金剛部)의 만다라가 5부로 구성되어 있음을 설하는 『대락금강불공진실삼매경반야바라밀다이취석』에서 찾을 수 있다.457) 이 구절에 앞서 언급한 '금강계를 설하는 금강의 경전'도 이 같은 불전을 지칭한 것으로 이해된다. 또한

능가사본(1697): Kabc=ABC_NC_07267_0001_0036
유점사본(1824): 朴世敏(1993, 제3집) p. 351a.

455) 妙吉祥平等祕密最上觀門大教王經 권1(T 20:910a): "以中方本尊隨求真言 加持一百八遍真言曰. 唵 嚩日囉馱覩 嚩日囉素怛囉 半左咯訖囉 尾馱額曩 吽姹"

456) 한글 『진언집』에서는 이것을 'pacaṃ raḥkra vidhanina'으로 표기했고, 『조상경』에서는 'panca raḥkra vidhanina'로 표기했다. pacaṃ과 panca는 'pañcaṃ'의 오기일 것이며, raḥkra vidhanina는 'rakṣa vidhānena'의 와전일 것이다.

457) 大樂金剛不空真實三昧經般若波羅蜜多理趣釋 권下(T 19:616bc): "금강부 가운데의 만다라는 모두 5부를 구비하고, 그 낱낱의 성중(聖衆)은 다시 무량한 만다라를 구비하며 … 보부(寶部) 가운데에 5부의 만다라를 구비하고 … 연화부(蓮華部) 가운데에 5부의 만다라를 구비하고 … 갈마부(羯磨部)도 5부의 만다라를 구비하며" (金剛部中曼荼羅皆具五部, 一一聖眾具無量曼荼羅 … 寶部中具五部曼荼羅 … 蓮華部中具五部曼荼羅 … 羯磨部具五部曼荼羅)

‘의궤로써 보호하소서’(rakṣa vidhānena)와 상응하는 구절도 밀교 불전의 범본에서 볼 수 있다.[458)]

수능엄신주(首楞嚴神呪): 수능엄삼매의 신통한 경지에 정진하는 주문

“다냐타 옴 아나례 비사디 비라 발샤라[459)] 다리 반다 반다니 발샤라 방니 반 호훔 도르옹[460)] 반 사바하”[461)]

跢姪他 唵 阿那㘑 毘舍提 鞞囉 跋闍囉 陀唎 槃陁 槃陁你 跋闍囉 謗尼 泮 虎吽 都盧甕 泮 沙嚩賀[462)]

tadyathā, oṃ anale viśadī vīra−vajra−dhare bandha bandhane vajrapāṇe phaṭ hūṃ trūṃ phaṭ svāhā[463)]

“이에 읊어 아뢰옵니다. 옴! 불꽃이여, 눈부신 분이시여, 용맹한

---

458) 예를 들면 *Mañjuśrīmūlakalpa*(『문수사리근본의궤경』)에는 ‘보호하는 의궤를 실행함으로써’(kṛta-rakṣā-vidhānena)라는 구절이 있으며, *Dhāraṇīsaṃgraha*(『다라니집경』)에는 ‘다섯 가지로 보호하는 의궤로써’(pañca-rakṣā-vidhānena)라는 구절이 있다. 84000(2020) ap2.137 ; Hidas(2021) p. 237.

459) 한글 진언집에 수록된 °정본능엄주의 경우처럼 ‘발샤라’는 ‘바아라’로도 읽을 수 있다. 발샤라의 한자인 跋闍囉의 범어는 vajra(금강)이다. 그런데 진언에서는 이 vajra를 보통 嚩日囉로 표기하며, 한글 진언에서는 嚩日囉를 한결같이 ‘바아라’로 읽는다.

460) 도로옹(都盧甕)은 trūṃ 또는 troṃ이라는 종자의 음역이며, 한글 진언집에서는 다롬(納嚕唵)으로도 표기한다. 이 종자는 밀교에서 5불정(佛頂) 중의 하나인 광대불정(廣大佛頂)을 상징한다.

461) 『밀교개간집』(朴世敏 1993 제3집:250b)에서는 한글을 이와 같이 표기했다. 그러나 한글 진언집에서는 사실상 이와 동일한 진언을 °정본능엄주로 수록했는데, 한자와 한글의 표기에는 차이가 있다.

462) 김두재(2012) p. 56. 이 진언에서 반다반다니(槃陁槃陁你), 바니반(謗尼泮), 도로옹박(都盧甕泮)으로 표기된 것을 범문에 맞추어 각각 ‘반다 반다니’(槃陁 槃陁你), ‘바니 반’(謗尼 泮), ‘도로옹 박’(都盧甕 泮)으로 수정했다.

463) 이 범문은 정태혁(1998) pp. 247-8 참조.

금강지(金剛持)[보살]이시여, 결박하소서, 결박하시는 금강수(金剛手)[보살]이시여, 팟! 훔! 트룸! 팟! 기원하옵니다."

한국불교에서 °사대주의 하나로 통용되는 이 진언이 『일용작법』에는 '수능엄신주'로 수록되어 있지만, 『범음산보집』과 『밀교개간집』에는 '대불정수능엄신주'로 수록되어 있다.464) 한글 진언집에서는 이 진언에 일부를 추가하여 °정본능엄주로 수록했다.465)

흔히 『능엄경』이라는 약칭으로 통용되는 『대불정여래밀인수증요의제보살만행수능엄경』 제7권의 말미에는 장문의 다라니가 첨부되어 있는데, 이 다라니의 마지막 단락466)이 바로 수능엄신주에

464) 『밀교개간집』(朴世敏 1993 제3집:255a)에서 대불정수능엄신주는 한글과 실담자로만 기재되어 있으나, 『일용작법』에서 수능엄신주는 아래와 같이 첫 단어에만 한자를 제시하고 나머지는 한글로만 기재되어 있다.
『일용작법』(朴世敏 1993 제3집:539a): "首楞嚴神呪. 다냐타 路姪他 此云 卽說呪曰. 옴 아나례 비사디 비라 발샤라 다리 반다반다니 발샤라 방니반 호훔도로 옹반 사바하"
위의 한글 표기에서 '호훔도로 옹반'은 '호훔 도로옹 반'으로 읽어야 한다.

465) 정본능엄주(①)와 수능엄신주(②)를 비교한 아래의 표로 추가된 일부를 확인할 수 있다.

①	다냐타 怛你也佗	옴 唵	아나례 阿曩黎	아나례 阿曩黎	미샤녜 尾捨禰	미샤녜 尾捨禰	베라 吠囉	바아라 嚩日囉	다례 馱嚟	만다니 滿馱顊
②	다냐타 路姪他	옴 唵	아나례 阿那嚟		비사디 毘舍提		비라 鞞囉	발샤라 跋闍囉	다리 陀唎	반다 槃陁

①	만다니 滿馱顊	바아라 嚩日囉	바니 播抳	바닥 癹吒	훔 吽	다롬 紞嚕唵	바닥 癹吒	사바하 娑嚩賀	옴 唵	미로녜 尾嚕禰	사바하 娑嚩賀
②	반다니 槃陁你	발샤라 跋闍囉	방니 謗尼	반 泮	호훔 虎吽	도르옹 都盧甕	반 泮	사바하 沙嚩賀			

466) 大佛頂如來密因修證了義諸菩薩萬行首楞嚴經 권7(T 19:141b): "路姪他 唵 阿那隷 毘舍提 鞞囉 跋闍囉 陀唎 槃陀 槃陀儞 跋闍 囉謗尼 泮 虎許 都嚧甕 泮 莎婆訶"

해당한다. 그러므로 이 마지막 단락을 발췌하여 별개의 진언으로 분리한 것이 수능엄신주, °대불정수능엄신주 등으로 불리는 위의 진언이다.

수륜관진언(水輪觀真言): 물의 본성을 관상하는 진언

“옴 밤 밤 밤 밤”
唵 鋄 鋄 鋄 鋄
oṃ vaṃ vaṃ vaṃ vaṃ
“옴! 밤! 밤! 밤! 밤!”

대부분의 의례서들에서 ‘일자수륜관(一字水輪觀)진언’으로 호칭하는 이 진언이 한글 진언집에는 ‘수륜관진언’으로 수록되어 있다. 다라니에서 종자로 사용되는 밤(鋄, vaṃ)[467]은 지수화풍공(地水火風空)이라는 5대 요소 중에서는 물[水]를 상징한다. 이 같은 하나의 종자로 수륜(水輪), 즉 물의 본성을 관찰하므로 이 진언은 일자수륜관진언 또는 일자수륜주(一字水輪咒)로 불린다.

이 진언은 중국의 송나라 시대에 종효(宗曉) 스님(1151~1214)이 편찬한 『시식통람』에 처음 등장한다. 『시식통람』에서 이 진언은 “저승과 이승의 중생이 비로자나여래의 일자수륜관에 들어가 그 중생들이 모두 10휘[斛]에 달하는 감로의 법수(法水)를 마음껏 마시게 하기 위해” 읊는 다라니로 제시되어 있다.[468] 그러므로 ‘일자수륜관진언’이라는 명칭도 어기서 유래했을 것이다. 그런데

---

467) 다라니에서 밤(vaṃ)을 음역한 한자는 일반적으로 鑁 또는 鋑이다. 그러나 망월사본의 한글 진언집에서는 이것을 鋄으로 표기했다.

468) 施食通覽(X 57:103b): “為一切幽顯有情 入毗盧遮那如來一字水輪觀 令諸有情恣飲十斛甘露法水 陀羅尼曰. 唵 鑁鑁鑁鑁”

이후 편찬된『제경일송집요』에서는 이 진언을 일자수륜주와 일자수륜관진언로 제시하면서 종자인 밤(鍐)을 네 번이 아니라 다섯 번 반복했다.469)

수위안좌진언(受位安座真言) → 안좌진언

수의진언(授衣真言): 옷을 주는 진언

"옴 바리마라바 바아리니 훔"
唵 鉢哩摩囉嚩 嚩日哩尼 吽
oṃ parivarta vajriṇi hūṃ
"옴! 법문이여, 금강저를 지닌 분이시여, 훔!"

이 진언의 명칭은 대장경에서는 볼 수 없고 한국불교에서만 통용된다. 『범음산보집』과 『작법귀감』에 수록된 이 진언의 명칭과 한자는 한글 진언집의 경우와 동일하지만470), 『불자필람』과 『석문의범』에는 진언의 내용이 약간 다르게 표기되어 있다.471) 그러나 『소실지갈라공양법』을 비롯한 밀교의 불전에는 이 진언이 착의진언(著衣真言)으로 제시되어 있다.472)

---

469) 諸經日誦集要 권上(J 32:573b): "唵 鍐鍐鍐鍐鍐(一字水輪真言)"
諸經日誦集要 권下(J 19:176a): "一字水輪咒. 唵 鍐鍐鍐鍐鍐"

470) 『범음산보집』: 김두재(2012) p. 420. 『작법귀감』: 朴世敏(1993, 제3집) p. 463a.

471) "唵 婆里摩羅 婆縛阿里尼 吽 / 옴 바리마라 바바아리니 훔" 崔就墟・安錫淵(1931) p. 92 ; 安震湖(1935下) p. 61. 여기서 '바리마라 바바아리니'는 이 진언의 전거에 따르면 한글『진언집』의 경우처럼 '바리마라바 바아리니'로 읽어야 한다.

472) 蘇悉地羯羅供養法 권1(696a): "oṃ parivarta vajriṇi hūṃ 唵 鉢哩嚩囉多 嚩日哩尼 許(著衣真言)"
蘇悉地羯羅供養法 권上(T 18: 709b): "唵 鉢哩嚩囉跛 嚩日里尼 許(此是著衣真

한글 진언집에는 두 종류의 착의진언이 수록되어 있다. 그러므로 편찬자는 이것과 구분하기 위해 『소실지갈라공양법』 등의 불전에 제시된 기존의 착의진언을 '수의진언'으로 개칭했을 것으로 짐작된다. 그리고 수의진언의 내용 중 바리마라바(鉢哩摩囉嚩)는 기존의 착의진언과 차별하기 위해 고의로 변경한 것이 아니라면, 바리바라다(鉢哩嚩囉多)의 와전일 것이다. 한글 진언집에서는 鉢哩摩囉嚩의 실담자를 한글의 발음(바리마라바)에 맞추어 'parimarava'로 표기했으나, 범어에서는 이런 말이 통용될 수 없다.

『소실지갈라공양법』 권1에서는 제시한 진언들마다 실담자를 병기했다. 착의진언의 경우에는 鉢哩嚩囉多가 'parivarta'로 표기되어 있다. 불전에서 빈번하게 구사되는 이 용어는 전변(轉變), 회전, 복귀, 교환, 보답 등을 의미하는 동시에 법문(法門)을 지칭하기도 한다. 위의 진언에서는 이 용어가 법문할 때의 위의(威儀)에 걸맞는 옷을 주거나 착용한다는 의미를 함축한 것으로 이해된다.

승삼승진언(僧三乘真言): 승보(僧寶)인 삼승을 원만히 갖추게 하는 진언

"옴 수탄 복다혜 사바하"
唵 修呑 福多慧 娑婆訶
oṃ -- --- svāhā

"옴! 수행을 다하여(청정함이여?) 지혜의 복이 많기를 기원하옵니다."

言 無手印)" 한글 『진언집』의 바리마라바(鉢哩摩囉嚩)는 여기에 표기된 鉢哩嚩囉跛를 채택한 것으로 보인다. 그러나 대장경의 다른 판본에서는 鉢哩嚩囉跛의 파(跛)가 다(跢)로 표기되었는데, 이는 실담자를 병기한 바로 위의 바리바라다(鉢哩嚩囉多)와 합치한다.

藥師儀軌一具(T 19:30c): "次即衣著真言曰. 唵 鉢哩嚩羅多 嚩曰里尼 吽"

한글 진언집에 없는 이 진언의 한글과 한자는 『불자필람』과 『석문의범』에 의거한 것이다.[473] 그러나 18세기 후반의 『삼문직지』에 수록된 승삼승진언에서는 수탄(修呑)을 '슈탄(受呑)'으로 표기했다.[474] 그리고 해인사에서 간행한 『일용작법』은 『삼문직지』에서 한글만 발췌하여 승삼승진언으로 수록했다.[475]

대장경에서는 볼 수 없는 이 진언은 한국불교에서 범어가 아닌 한자를 혼용하여 창안했을 것으로 추정된다. 복다혜(福多慧)는 명백한 한자어인 반면, 수탄(修呑)이나 슈탄(受呑)의 경우는 약간 애매하다. 한자로 풀이하면 修呑은 수행을 꾹 참는 것, 즉 수행을 다하는 것이라는 의미로 이해할 수 있다. 그러나 받아 삼키는 것, 즉 수용한다는 의미로 풀이되는 受呑은 진언의 취지로 보면 修呑보다는 미흡하다.

대장경 전체에서 수탄(修呑/受呑)이 음역어로 사용된 사례가 전무하지만, 어쩌면 범어 śodhana(쇼다나)를 염두에 두었을 수도 있다. 그렇다면 修呑/受呑의 의미는 '수행을 다하여'가 아니라, '청정함이여'가 된다.

그러나 『불자필람』과 『석문의범』의 편찬자가 슈탄(受呑)을 수탄(修呑)으로 바꾸어 표기한 것은 그 말을 범어로 간주하기 않았기 때문일 수 있다. 어쩌면 편찬자는 『점비일체지덕경』의 게송과 같은 취지를 염두에 두고, 수행을 남김없이 다한다는 의미에서 受呑을 修呑으로 표기했을지도 모른다.

---

473) 佛子必覽: 崔就墟·安錫淵(1931) p. 20. 釋門儀範: 安震湖(1935上) p. 100. 관련 사항은 °계장진언 참조.

474) "唵 受呑 福多慧 娑婆訶 옴 슈탄 복다혜 사바하." abc=ABC_BJ_H0220_T_002&imgId=010_0149_c

475) "僧三乘真言 옴 슈탄 복다혜 사바하." 朴世敏(1993 제3집) p. 524b.

부처님께서는 분별하고 해설하시어 삼승을 건립하셨네.
수행에 힘써서 중생을 가엾게 여기시고
일체의 지혜에 들어가시어 성스러운 지혜의 공덕을 체득하셨네.[476]

시감로진언(施甘露真言): 감로수를 베푸는 진언

"나모 소로바야 다타아다야 다냐타 옴 소로소로 바라소로 바라소로 사바하"

南無 素嚕皤耶 怛佗揭多耶 怛你也佗 唵 <u>素嚕素嚕 皤囉素嚕 皤囉素嚕</u> 莎訶

namaḥ[477] surūpāya tathāgatāya tadyathā. oṃ <u>suru suru prasuru prasuru</u> svāhā[478]

"형색이 훌륭한 여래(묘색여래)께 귀의하옵고 이에 읊어 아뢰옵니다. 옴! 흘러내리고 흘러내리소서, 쏟아붓고 쏟아부으소서, 기

---

476) 漸備一切智德經 권4(T 10:489b): "佛分別說解 造立於三乘. 有所勤修行 愍哀於群黎 以入一切智 逮得聖慧德."

477) 한글 『진언집』에서 namaḥ(=namas)를 한결같이 namo로 표기한 것은 범어의 연성법칙을 무시하고 진언 음송의 운율을 고려한 것이다. 대장경의 불전들 중에는 이 경우의 namo를 namaḥ로 정확히 기재한 진언들도 있다.

478) 瑜伽集要焰口施食儀(T 21:478a)에 실담자로 병기되어 있는 이 범문은 뉴질랜드에서 태어나 18세부터 일본의 토쿄[東京]대학에 유학한 이래 일본에 거주하면서 주로 밀교 불전들의 연구와 번역에 종사하고 있는 Giebel(2019:2)이 정확히 교정한 것이다.
이 범문에서 "suru suru prasuru prasuru"는 八田幸雄(1985:250)과 坂内龍雄(1981:224)처럼 "sru sru prasru prasru"로 읽을 수도 있으나, 그 의미는 동일하게 해석된다. Giebel(2019:2, n.3)에 의하면 진언을 연구한 일본 학자들은 sru든 suru든 이 둘을 모두 동사 √sru(흐르다, 흘러 나오다)의 명령법으로 간주했다. 예컨대 八田幸雄은 이 진언의 'sru sru'를 '나오라 나오라'(1985:250)로 번역했다. 한편 坂内龍雄은 이 'sru sru'를 '방출(放出)하라 유출(流出)하라'(1981:224)로 번역하고, 다른 진언에 있는 'suru suru'는 '유출해 주소서 유출해 주소서'(1981:21)로 번역했다.

원하옵니다."

이 진언에서 묘색여래(妙色如來)는 감로수를 비유한 것으로 이해된다. 한글 진언집에 수록된 이 '시감로진언'이라는 명칭은 『유가집요구아난다라니염구궤의경』에서 유래한다.[479] 그러나 이 진언은 감로경다라니주(甘露經陀羅尼呪)로도 불렸으며[480], 그 내용은 다음과 같은 『불설묘색다라니경』의 다라니에서 발췌한 것임을 알 수 있다.

①那謨 婆誐嚩帝 蘇嚕播野 怛他誐多野 阿囉曷帝 三藐訖三沒馱野 怛鞥他 ②唵 蘇嚕蘇嚕 鉢囉蘇嚕 鉢囉蘇嚕 三摩囉 三摩囉 婆囉婆囉 三婆囉 三婆囉 薩哩嚩 必隸多 必舍左囊 阿賀囕 捺那彌 娑嚩賀[481]
(①나모 바아바제 소로바야 다타아다야 아라알제 삼먁삼못다야 다냐타 ②옴 소로소로 바라소로 바라소로 삼마라 삼마라 바라바라 삼바라 삼바라 살바 필례다 필사좌낭 아하람 나나미 사바하)
①namo bhagavate surūpāya tathāgatāya arhate samyak-saṃbuddhāya tadyathā ②oṃ suru suru prasuru prasuru smara smara bhara bhara saṃbhara saṃbhara sarva-preta-piśācānām āhāraṃ dadāmi svāhā
"①세존이시요 형색이 훌륭한 여래(묘색여래)님께, 아라한이시요 완전하고 바르게 깨달으신 분(부처님)께 귀의하옵고 이에 읊어 아뢰옵니다. ②옴! 흘러내리고 흘러내리소서, 쏟아붓고 쏟아부으소서, 기억하고 기억하소서, 가져오고 가져오소서, 베풀어 주고 베풀어 주소서. 저는 모든 악령과 귀신들에게 음식을 보시하나니, 기원하옵니다."

479) 瑜伽集要救阿難陀羅尼焰口軌儀經(T 21:470c): "施甘露真言曰. 曩謨 素嚕播耶 怛他誐哆野 怛儞也他 唵 素嚕素嚕 鉢囉素嚕 鉢囉素嚕 娑嚩賀."

480) 佛說甘露經陀羅尼呪(T 21:468b): "南無 素嚕皤耶 怛他揭多耶 怛姪他 唵 素嚕素嚕 皤囉素嚕 皤羅素嚕 莎呵"

481) 佛說妙色陀羅尼經. T 21, p. 906a.

이 같은 다라니의 일부인 시감로진언이 『율원사규』에는 '감로수진언'으로 수록되어 있다.482) 다만 『시식통람』에 수록된 이 진언의 명칭은 '시감로수다라니'이다.483)

시계진언(施戒真言): 계율을 시행하는 진언

"사라 사라디약사 하리다야 사바하"
娑囉 娑囉提藥叉 吗唎陀野 莎賀
sāra-prātimokṣa-hṛdaya svāhā
"견고한 계본(戒本)의 진수(真髓)여, 기원하옵니다."

한글 진언집의 편찬자는 『지각선사자행록』에 수록된 '시계다라니'484)를 시계진언으로 개칭하여 실담자를 추가로 병기하면서 착오를 일으킨 것으로 보인다.485) 이 착오의 일차적 원인은 사라바라(娑囉婆囉)로 기재해야 할 것을 사라사라(娑囉娑囉)로 오기한 데 있다. 필사의 과정에서 바(婆)와 사(娑)를 착각한 사례는 매우 빈번하다. 이 다음의 착오는 『지각선사자행록』의 시계다라니 자체에서 기인한다. 시계다라니에서 波羅提藥叉(바라디약사)로 기재한 근거는 波羅提慕叉와 波羅提藥乞叉에서 찾을 수 있다. 시계다리니의 근거로 먼저 들 수 있는 것은 『관자재보살수심주경』에서 지계

482) 律苑事規 권10(X 60:138c): "(次念甘露水真言) 南無 素嚕皤耶 怛他揭多耶 怛你佗 唵 素嚕素嚕 鉢囉素嚕 鉢囉素嚕 莎訶."

483) 施食通覽(X 57:103b): "佛說施甘露水陀羅尼 … 南無 素嚕皤耶 怛他揭多耶 怛你他 唵 素嚕素嚕 鉢囉素嚕 鉢囉素嚕 莎呵"

484) 慧日永明寺智覺禪師自行錄(X 63:162b): "念施戒陀羅尼 … 真言曰. 娑囉波羅提藥叉 吗唎陀野 薩婆訶"

485) 한글 『진언집』에서는 이 진언의 실담자와 한글을 "sarasaradi yakṣa hṛdaya svāhā / 사라사라디 약사 하리다야 사바하"로 명기했다. 초창기 판본인 안심사본에서는 맨 앞의 사라사라디를 '사라샤라디'로 표기했다.

인주(持戒印呪)로 설하는 진언이다. 이 진언을 풀이하면 아래와 같다.

唵 薩婆 波羅提慕叉 嘻唎陀耶 莎訶[486]
(옴 살바 바라제모차 하리다야 사바하)
oṃ sarva-prātimokṣa-hṛdaya svāhā
"옴! 모든 계본의 진수여, 기원하옵니다."

시계다리니에서는 위 진언의 옴(唵)을 생략한 것으로 보아, '모든'이라는 의미의 살바(薩婆, sarva)도 '견고한'이라는 의미의 사라(娑囉, sāra)로 교체한 듯하다. 그런데 이 경전의 다른 판본인『관자재보살달부다리수심다라니경』에는 바라제모차(波羅提慕叉)가 바라제약걸사(波羅提藥乞叉)로 바뀌었는데[487], 이 용어의 藥乞叉도 진언에서는 '약사'로 읽는다. 잠작컨대 시계다리니는 이 중에서 波羅提藥乞叉를 '波羅提藥叉'로 축약했을 것이지만, 그 의미가 波羅提慕叉와 동일하다는 사실에는 변함이 없다. 한글 진언집의 편찬자는 이 같은 전거까지는 고려하지 못했을 것이다. 이 사실은 약사(藥叉)의 실담자를 야차(夜叉)라는 음역으로 잘 알려져 있는 yakṣa로 표기한 데서 확연하게 드러난다. 이뿐만 아니라 사라사라디(娑囉娑囉提)의 실담자를 'sarasaradi'로 표기한 것은 한자의 발음에 맞춘 것일 뿐, 범어로는 통용되지 않는다. 이 말에서 sarasara만은 '이리저리 유동한다'는 의미로 통용되더라도 sarasaradi라는 말은 성립되지 않는다.

이상과 같이 시계다리니에 의거하면, 한글 진언집의 시계진언

---

486) 觀自在菩薩隨心呪經. T 20, p. 459a.

487) 觀自在菩薩怛嚩多唎隨心陀羅尼經(T 20:465a): "清淨持戒印 第二十一 … 真言曰. 唵 薩婆 波羅提藥乞叉 呬嘌陀那 婆嚩訶"

에서 사라사라디(娑囉娑囉提)는 사라바라디(娑囉波羅提)를 착각한 것이 분명하다. 그러므로 시계진언의 '사라사라디 약사'를 '사라바라디약사'로 교정해서 읽어야 의미가 통한다. 또한 『관자재보살수심주경』의 지계인주(持戒印呪)에 의거하면, 시계다라니의 바라디약사(波羅提藥叉)는 흔히 바라제목차(波羅提木叉, prātimokṣa)로 통용되는 波羅提慕叉의 동의어이다. 율장의 전문어인 바라제목차는 계본(戒本)을 지칭하는 용어로서 비구와 비구니가 준수해야 하는 금계(禁戒)의 조목들을 포괄한다.

시귀식진언[1](施鬼食真言): 아귀에게 음식을 베푸는 진언

"옴 바라보다 미마례 삼바바 훔"
唵 鉢囉步哆 弭摩隷 三皤嚩 吽
oṃ prabhūta-vimale saṃbhava hūṃ
"옴! 풍족하고 청결하게 베풀어 주소서, 훔!"

한글 진언집에는 시귀식진언이 두 가지로 수록되어 있는데, 그 중의 첫째가 이 진언이다.488) 대장경에서는 이와 동일한 진언을 발견할 수 없다. 다만 『유가집요구아난다라니염구궤의경』과 『유가집요염구시식의』에서 설하는 시식진언(施食真言)이 내용상으로는 위의 진언과 유사하다. 이 시식진언의 내용은 아래와 같이 풀이된다.

488) 『석문의범』(安震湖 1935上:257)에서는 이 진언을 "唵 婆阿羅 步多弭摩曳 三婆婆 吽 / 옴 바아라 보다미마예 삼바바 훔"으로 기재했다. 여기서 바아라(婆阿羅)는 한글 진언집에 표기된 바라(鉢囉 pra)를 vajra의 음역인 바아라(鉢日羅)의 오기로 간주한 듯하다. 그러나 이는 한글 진언집의 정확한 표기를 곡해한 것이다.

唵 薩嚩 怛他誐多 嚩路枳帝 鑁 婆囉婆囉 三婆囉 三婆囉 吽[489]
(옴 살바 다타아다 바로기데 밤 바라바라 삼바라 삼바라 훔)
oṃ sarva-tathāgat<u>āv</u>alokite vaṃ bhara bhara saṃbhara saṃbhara hūṃ
(oṃ sarva-tathāgat<u>a-av</u>alokite …)
"옴! 자재하신 모든 여래님이시여, 밤! 가져오시고 가져오소서, 베풀어 주시고 베풀어 주소서, 훔!"

시귀식진언²(施鬼食真言): 아귀에게 음식을 베푸는 진언

"옴 미기미기 야야미기 사바하"
唵 尾枳尾枳 野耶尾枳 娑嚩賀
oṃ mikimiki yāyamiki svāhā

한글 진언집에 둘째 시귀식진언으로 수록된 이 진언은 흔히 '시식진언'이라는 통칭으로 앞의 첫째 시귀식진언보다 더 널리 통용되어 있다. 그러나 이것도 대장경에서는 전거를 찾을 수 없다. 위의 범문은 한글 진언집의 실담자를 옮긴 것이지만 범문으로는 성립될 수 없는 어형이며 유사한 용례도 없어 그 의미를 파악할 수 없다.[490] 그러므로 한글 진언집에 표기된 미기(尾枳)는 미로기데(尾路枳帝)를 축약한 것으로 추정해 볼 수도 있다. 이렇게 축약되었다는 것이 사실이라면, 이 진언의 원형을 다음과 같이 예시할

---

489) 瑜伽集要救阿難陀羅尼焰口軌儀經. T 21, p. 471b. 『유가집요염구시식의』에는 이 진언의 범문이 실담자로 병기되어 있다. 다만 아래의 범문에서 tathāgatā와 sabhara는 각각 'tathāgata'와 'saṃbhara'의 오기이다.
瑜伽集要焰口施食儀(T 21:480a): "說施食真言曰. oṃ sarva tathāgatā avalokite vaṃ bhara bhara sabhara sabhara hūṃ 唵 薩哩斡 答塔葛達 阿呧盧揭諦 鑁 婆囉婆囉 三婆囉 三婆囉 吽"

490) 이와 동일한 진언이 대만의 新竹市大圓覺功德會에서 제공한 阿彌陀佛息誅懷增超渡法에는 "唵 味其味其 野耶味其 娑婆訶"로 수록되어 있다.

수 있을 것이다.

"옴 미로기데 미로기데 야야 미로기데 사바하"
唵 尾路枳帝 尾路枳帝 野耶 尾路枳帝 娑嚩賀
oṃ vilokite vilokite ārya-vilokite svāhā
"옴! [아귀를] 살펴보시고 살펴보시는 분이시여, 살펴보시는 거룩한 분이시여, 기원하옵니다."

시무차법식진언(施無遮法食真言): 막힘없이 평등하게 법식을 베푸는 진언.

"옴 목륵릉 사바하"
唵 穆力陵 娑嚩賀
oṃ muhur āhāraṃ(?) svāhā
"옴! 언제든 음식을 [드소서], 기원하옵니다."

이 진언이 『제경일송집요』에는 '염시무차(念施無遮)진언'으로, 『제경일송집요목록』에는 '시무차식(施無遮食)진언'으로 수록되어 있다.491) 그리고 이 진언은 『비니일용록』을 비롯한 중국불교의 의례서들에 한결같이 "그대들 귀신의 무리이시여, 제가 이제 그대에게 공양을 베푸오니, 이 음식을 시방세계에 분배하여 모든 귀신들과 함께하소서."라고 읊는 게송에 이어 제시되어 있다.492) 한국불교의 의례서들 중에서 『범음산보집』도 이 게송을 인용한 다음에 시무차법식진언을 제시한다.493)

491) 諸經日誦集要 권下(J 19:176b): "念施無遮真言. 唵 穆力陵 娑婆訶"
諸經日誦集要目錄(J 32:573c): "唵 穆力陵 娑婆訶(施無遮食真言)"

492) 毗尼日用錄(X 60:147b): "汝等鬼神眾 我今施汝供 此食徧十方 一切鬼神共. 唵 穆力陵 莎訶." 이 내용은 이 밖에 毗尼日用切要(X 60:159a), 毗尼日用切要香乳記 권下(X 60:190c), 沙彌律儀毗尼日用合參 권中(X 60:389), 經律戒相布薩軌儀(X 60:799c) 등에서도 동일하다.

그러나 목륵릉(穆力陵)이라는 음역은 이 진언에서만 사용되고 다른 유사한 용례도 전무하므로 이에 해당하는 범어를 정확히 파악하기 어렵다. 유일한 단서는 한글 진언집에서 실담자로 표기한 'mūḥraḥraṃ'이지만, 이런 말은 범어로 성립될 수 없으므로 와전일 것이다. 이에 따라 mūḥraḥraṃ에 가장 근접하면서 진언의 취지와도 적합할 것으로 추정되는 범어로는 'muhur āhāraṃ'을 채택할 수 있다.[494]

시수진언(施水真言): 물을 부어 정화하는 진언

"옴 도니도니 가도니 사바하"
唵 度尼度尼 伽度尼 莎賀
oṃ dhuni dhuni ka[495] dhuni svāha
"옴! 활기차고 활기찬 물줄기여, 카! 활기찬 물줄기여, 기원하옵니다."

물[水]과 관련된 진언의 종류는 다양하지만, 대장경에서는 이와 동일한 명칭의 진언을 발견할 수 없다. 한글 진언집은 초창기의 안심사본(1569년)에서부터 이 명칭의 진언을 수록했으나, 『조상경』의 경우에는 유점사본(1824)에 이 진언이 추가되어 있고 이전의 목판본에는 없다. 이 진언의 내용은 『칠구지불모소설준제다라니경회석』에 수록된 '관자재보살감로(觀自在菩薩甘露)진언'[496]의 마

---

493) 김두재(2012) p. 410.

494) mulālin은 식용 가능한 연꽃의 일종이다.

495) 한글 『진언집』에서는 가(伽)의 실담자를 'gha'로 기재했다. 이 경우의 gha는 '실로'라는 부사로 해석된다.

496) 七俱胝佛母所說準提陀羅尼經會釋 권下(X 23:778c): "觀自在菩薩甘露真言 … 唵 度額度額 迦度額 娑嚩賀 oṃ dhuni dhuni kadhuni svāhā"

지막 구절에 해당하므로, 관자재보살감로진언을 시수진언의 전거로 간주할 수 있다.

시식진언(施食眞言) → 시귀식진언[1], 시귀식진언[2]

십대명왕본존진언(十大明王本尊眞言): 십대명왕을 본존으로 섬기는 진언

"옴 호로호로 디따[싸]디따[싸] 반다반다 아나아나 아마리제[뎨] 옴 박"
唵 戶盧戶盧 底瑟吒底瑟吒 盤陀盤陀 阿那阿那 阿密哩帝 嗚吽 抪
oṃ hulu hulu tiṣṭha tiṣṭha bandha bandha hana hana amṛte hūṃ phaṭ
"옴! [장애를] 제거하고 제거하소서, 일어서고 일어서소서, 결박하고 결박하소서, 타파하고 타파하소서, 감로수를 지닌 분이시여, 훔! 팟!"

이 진언은 °쇄정호마다라니에서 시작 부분인 "나모 사만다 못다남"(曩謨 三滿多 沒馱喃)을 생략한 내용으로 구성되어 있다. 『불설다라니집경』에서 '군다리대심(軍荼利大心)진언'497)으로 설한 이 진언을 『법계성범수륙승회수재의궤』에서는 '봉선본존(奉宣本尊)진언'으로, 『수륙도량법륜보참』에서는 '십대명왕본존진언'으로 수록했다.498)

---

497) 佛說陀羅尼集經 권3(T 18:810a): "用軍荼利大心眞言 加持白芥子一百八遍, 眞言曰. 唵 戶盧戶盧 底瑟吒底瑟吒 盤陀盤陀 訶那訶那 阿蜜哩帝 烏鉡 抪"

498) 法界聖凡水陸勝會修齋儀軌 권19(X 74:785b): "我今奉宣本尊眞言 願垂加護. 唵 戶盧戶盧 底瑟吒 底瑟吒 盤陀盤陀 阿那阿那 阿密哩帝 烏鉡 抪"
水陸道場法輪寶懺 권9(X 74:49a): "唵 戶盧戶盧 底瑟吒 盤陀盤陀 阿那阿那 阿蜜哩帝 烏鉡 抪 (十大明王本尊眞言)" 여기서는 두 번 읊는 디따(底瑟吒)를 한 번으로 줄였다. 이 『수륙도량법륜보참』은 『법계성범수륙승회수재의궤』로도 불린다.

십대명왕진언(十大明王真言): 열 분의 위대한 명왕님께 기원하는 진언

『묘길상대교왕경』에서는 사방(四方)과 사우(四隅)와 상하(上下)라는 시방(十方)을 제각기 수호하는 십대명왕에게 각각 적용할 진언을 설하는데, 이것들을 통칭하는 것이 십대명왕진언이다.[499] 이 경전에서 부처님은 십대명왕진언의 각각을 설할 때마다 그 진언을 수지하는 것으로 소원을 성취시켜 주는 명왕들이 제각기 비로자나(毘盧遮那)여래(=대일여래), 보생(寶生)여래, 아미타(阿彌陀)여래, 불공성취(不空成就)여래, 아촉(阿閦)여래라는 5불(佛)의 화신이라고 설한다. 예컨대 부처님은 맨 먼저 염만다가(焰曼怛迦)대명왕진언을 제시하고 나서 다음과 같이 설한다.

> 이 대명왕은 마음이 너그럽고 평등하여 중생을 넉넉하[illegible] 이롭게 하니, 만약 이 진언을 수지하여 독송하면 추구하는 소원을 만[illegible]시키는 아촉여래의 화신이니라.[500]

『묘길상대교왕경』에는 십대명왕진언이 약간 긴 것과 매우 짧[illegible] 두 종류로 제시되어 있다. 이 중에서 매우 짧은 진언들의 내용[illegible] 대체로 명왕의 이름과 종자로 구성된 축약형이다. 목판본으로 [illegible]행된 한국불교의 의례[illegible]들 중에서 용천사본(1575년)의 『조[illegible]』[501]은 바로 이 축약[illegible]의 십대명왕진언을 채택하면서, 십대[illegible]왕

---

499) 妙吉祥平等祕密最上[illegible]門大教王經 권1. T 20, pp. 907c-909b. [illegible]명왕은 흔히 십분노명왕(十[illegible]怒明王) 또는 십분노존(十忿怒尊)으로 불[illegible]. 大西秀城(1994:51)의 연구[illegible] 따르면 범문의 원전이 발견되지 않고 [illegible]베트 역본도 없는 이 『묘길[illegible]교왕경』은 한역(漢譯) 불전들 중에서 [illegible] 십분노존(십대명왕)이 가장 잘 [illegible]비되어 있는 불전이다.

500) 妙吉祥平等祕密最上觀[illegible]門大教王經 권1(T 20:908a): "此大[illegible]王 心坦平等饒益有情, 若有受持讀誦此真[illegible]者 所求願滿 阿閦如來化身."

진언의 각각에 해당하는 화신의 이름을 진언의 명칭으로 사용했다.502) 그리고 한글 진언집 중에서는 만연사본(1777년)부터 이것들을 10개의 화신진언으로 수록했다. 여기서 화신은 5불의 화신이므로 화신진언들의 명칭은 중첩되어 아촉화신진언은 4개, 아미타화신진언은 3개, 나머지 비로화신과 보생화신과 불공화신의 진언은 각각 1개로 배분되어 있다. 이 화신진언들과 십대명왕의 관계는 아래의 표와 같다. 아래의 표에서 명왕의 이름은 해당하는 사례가 있을 경우, 『조상경』과 한글 진언집에서 표기한 발음으로 통일했다.

시방	십대명왕503)	화신진언
동방	염만다가(焰曼怛迦)대명왕	아촉화신진언1
남방	바라니야다가(鉢囉抳也怛迦)대명왕 =바라양다구(鉢羅儗陽怛矩)	비로화신진언
서방	바나마다가(鉢納麼怛迦)대명왕 =바나마다구(鉢納摩怛矩)	보생화신진언
북방	미가나다가(尾屹囊怛迦)대명왕 =미가나다구(尾訖囊怛矩)	아미타화신진언1
동남방	닥기라(吒枳囉)대명왕 =닥기라야(吒枳羅惹)	불공화신진언
서남방	니라낭라(額攞能拏)대명왕	아촉화신진언2
서북방	마하마라(摩訶麼攞)대명왕	아촉화신진언3
동북방	아자라나타(阿左攞囊他)대명왕	아미타화신진언2
하방	바아라파다라(嚩日囉播多羅)대명왕	아미타화신진언3
상방	아사니사자거라바리데(阿瑟抳灑作訖囉嚩哩帝)대명왕 =오사사자거라바리데(塢瑟灑作訖羅縛里帝)	아촉화신진언4

501) Kabc=ABC_NC_02807_0001&imgId=ABC_NC_02807_0001_0028-0031

502) 예를 들어 '비로화신진언'의 경우에는 "南方 鉢羅抳也怛迦大明王 毘盧化身真言"으로 시작한다. 이는 『묘길상대교왕경』에서 언급한 화신의 이름에 '진언'을 덧붙인 것이다.

503) = 다음은 『조상경』에서 이 밖에 달리 표기한 대명왕의 이름.

『묘길상대교왕경』에서 설하는 십대명왕진언이 한국불교에서는 이와 같이 10개의 화신진언으로 채록되었다. 필자는 이 화신진언들은 따로따로 소개해 두었다.

십이인연진언(十二因緣真言): 십이인연의 법문을 찬탄하는 진언

“옴 예달마 헤도바라바바 헤돈제[뎨]션 다타아도 햐바다 제[뎨]션자유니로다이환바디 마하새리마나 사바하”
唵 曳達囉麽 兮覩鉢囉琶嚩 兮敦帝扇 怛佗誐都 戱也嚩撻 帝扇左踰 尼魯達伊縇嚩底 摩訶室哩摩拏 莎訶
oṃ ye dharmā hetu-prabhavā hetuṃ teṣāṃ tathāgato hy avadat, teṣāṃ ca yo nirodha evaṃ-vādī mahā-śramaṇa svāhā.
“옴! 만물(一切諸法)은 원인으로부터 발생하나니, 여래께서는 실로 그것들의 원인을 설하셨고 또한 그것들의 소멸에 대해서도 이와 같이 설하셨도다. 위대한 사문(沙門)이시여, 기원하옵니다.”

이 진언은 반야바라밀보공덕집게(般若波羅蜜寶功德集偈)라는 제목으로 직역할 수 있는 범어 불전(*Prajñāpāramitā-ratna-guṇa-saṃcaya-gāthā*)[504)]의 간기에 기재되어 있는 게송을 온전하게 인용하여 시작과 끝에 ‘옴’과 ‘사바하’를 붙였을 뿐이다.[505)] 『밀주원인왕생집』이나 『수설유가집요시식단의』 등에는 이 진언이 십이인

---

504) 한역 불전들 중에서는 불설불모보덕장반야바라밀경(佛說佛母寶德藏般若波羅蜜經)이 이 범본에 상당한다.

505) 湯山 明(1971:48)은 이 게송의 범문을 번역과 함께 소개했다. 그에 의하면 본문이 완료되었음을 고하고 나서 서사자(書寫者)의 발문이 시작되기 직전에 이 게송이 기재되어 있다. 그리고 이 게송은 *Aṣṭasāhasrīkā Prajñāpāramitā, Daśabhūmīśvara, Gaṇḍavyūha, Laṅkāvatāra, Saddharmapuṇḍarīka, Sukhāvatīvyūha, Suvikrāntavikrāmi, Mahāvastu* 등과 같은 다른 많은 범어 불전들의 말미에서도 발견된다.

연주(十二因緣呪)로 수록되어 있으나, 진언을 어떻게 읽어야 하는지를 거의 방치한 상태로 기재했다. 이에 비해 한글 진언집의 십이인연진언은 범문과 거의 일치하도록 띄어 읽기를 표시했다. 다른 불전의 십이인연주는 이 십이인연진언과 대조할 때라야 범문과 어느 정도 부합하게 읽을 수 있다.506)

아미타불본심미묘진언(阿彌陀佛本心微妙真言) → **아미타불심주**

아미타불심주(阿彌陀佛心呪): 아미타불의 마음을 헤아려 기원하는 주문

> "다냐타 옴 아리다라 사바하"
> 坦你也佗 唵 仡哩哆囉 莎訶
> tadyathā oṃ hṛtara svāhā
> "이에 읊어 아뢰옵나니 옴! [감로수를] 가져와 구제하는 분이시여, 기원하옵니다."

한국불교에서는 이 진언이 아미타불의 본심이 미묘함을 헤아려 기원하는 진언, 즉 '아미타불본심미묘(阿彌陀佛本心微妙)진언'으로도 통용되어 왔다. 그리고 이의 연원은 고려시대 후기의 원참(元

---

506) 密呪圓因往生集(T 46:1012c): "十二因緣呪. 唵 英嚓吟麻形路不囉末斡 形路矴善怛達遏多 纈末嚓怛矴善捞 養禰哴嚓 噗梡 斡溺 麻訶實囉麻捺英 莎訶" → "唵 英嚓吟麻 形路不囉末斡 形路矴善 怛達遏多 纈末嚓怛 矴善捞養 禰哴嚓噗梡斡溺 麻訶實囉麻捺英 莎訶"
修設瑜伽集要施食壇儀(X 59: 254c): "十二因緣呪 … 唵 耶答兒麻兮都 不囉巴斡兮 敦的山 答塔葛答歇斡怛的山 捞約尼嚕怛耶哪叭諦 麻曷釋囉麻納耶 莎訶" → "唵 耶答兒麻 兮都不囉巴斡 兮敦的山 答塔葛答 歇斡怛 的山捞約 尼嚕怛耶哪叭諦 麻曷釋囉麻納耶 莎訶"
위의 십이인연주는 한글 진언집의 십이인연진언과 대조하여 화살표 다음과 같이 바르게 읽을 수 있다.

昆) 스님이 충렬왕 24년(1298)에 저술한 『현행서방경』에서 찾을 수 있다.[507] 그러나 위의 진언에서 아리다라(仡哩哆囉, hṛtara)는 대장경을 비롯한 다른 불전에서도 유례가 없는 음역과 실담자이다.[508] °무량수여래심주에서 소개했듯이, 『대불정광취다라니경』에서 설한 아미타불심주는 °무량수여래심주와 동일하므로, 이것과 차별하기 위해 별도로 개발한 것이 한국불교의 아미타불심주일 수도 있다.

아미타불심중심주(阿彌陀佛心中心呪): 아미타불 심중의 마음을 헤아려 기원하는 주문

"옴 로계 새바라 라아 하릭"
唵 路計 濕嚩囉 囉惹 訖哩
oṃ lokeśvara-rāja hrīḥ
"옴! 세계에 자재하신 왕이시여, 흐리히!"

이 진언은 『무량수여래관행공양의궤』에 '무량수여래심(無量壽如來心)진언'으로 수록되어 있다.[509] 그러나 『대불정광취다라니경

507) 現行西方經: "佛說阿彌陁本心微妙真言. 怛傖他 唵 堇多羅 沙嚩賀"
abc=ABC_BJ_H0109_T_002&imgId=006_0861_a

508) 한국불교에서 아미타불심주를 수록한 『밀교개간집』과 『일용작법』은 '아리다라'의 한자를 기재하지 않았다. 이 진언을 『밀교개간집』은 한자 표기가 없이 한글과 실담자로만 기재했고 『일용작법』은 한글로만 기재했다. 안심사본을 비롯한 한글 진언집과 『밀교개간집』에서 실담자로 표기한 아리다라의 범어는 'hṛtara'이다. 범어에서 hṛtara라는 말은 통용되지 않는다. 다만 이것을 '가져오다'라는 동사의 어근 hṛ와 '구제'를 의미하는 tara를 결합한 복합어로 억지스럽게 해석하면, '가져와 구제하는 분'이라는 의미가 된다.

509) 無量壽如來觀行供養儀軌(T 19:72b): "無量壽如來心真言. 唵 路計 濕嚩囉 囉惹 訖哩"

』에서 아미타불심주에 이어 곧바로 설한 아미타불심중심주는 위의 진언과는 내용이 다르다.510)

아미타여래진언(阿彌陀如來真言) → 무량수불진언

아미타화신진언[1](阿彌陀化身真言): 아미타여래의 화신을 기원하는 진언

"미가나 다구 함"
尾訖曩 怛矩 憾
vighnāntaka haṃ
"미가나다구[명왕]이시여, 함!"

한국불교의 『조상경』은 『묘길상대교왕경』에서 설한 °십대명왕진언 중 3개의 진언을 채택하여 아미타화신진언으로 수록했다. 이것들 중에서 북방을 수호하는 명왕의 이름과 종자만으로 구성된 것이 위의 진언이다. 이 진언은 『묘길상대교왕경』에 "북쪽의 명왕을 떠올리면서 그 명왕의 몸을 묵념하는 진언"으로 제시되어 있다.511)

이 진언에 있는 명왕의 이름은 범어로 '장애를 제거하는 자'를 의미하는 Vighnāntaka이다. 따라서 이 범어의 음역으로는 미가나다구(尾訖曩怛矩)보다는 미가나다가(尾屹曩怛迦)라는 표기512)가

510) 大佛頂廣聚陀羅尼經 권4(T 19:166a): "阿彌陀佛心中心呪. 唵 阿蜜栗底 許許" 이 진언을 범문으로 복원하면 "om amṛte hūṃ hūṃ"(옴! 죽음이 없는 분이시여, 훔! 훔!)이 된다. 범어 불전들 중 *Cakrasaṃvara Samādhi*에서 이 진언이 다음과 같이 확장된 형태를 볼 수 있다.
"om amṛte amṛte amṛtaṃ praveśaya hūṃ" (옴! 불멸이여, 불멸이여, 불멸에 들게 하소서, 훔!) Vam(2021) p. 104.

511) 妙吉祥平等祕密最上觀門大教王經 권3(T 20:919b): "想北明王 默念身真言, 真言曰. 尾仡曩怛矩 憾"

더 적합하다. 이 명왕의 별칭은 흔히 '군다리명왕'으로 통용되는 '감로군다리(甘露軍荼利, Amṛtakuṇḍalin)명왕'이다.

아미타화신진언[2](阿彌陀化身真言): 아미타여래의 화신을 기원하는 진언

"아자라가리 마하바라박 하 호 훔훔훔 바닥"513)
阿左攞訖里 麼訶鉢羅薄 賀 虎 吽吽吽 發吒
acalahṛd(?) mahāpravaḥ ha ho hūṃ hūṃ hūṃ phaṭ
"부동(不動)의 마음을 지닌 분(부동명왕)이시여. 수승하게 눈부신 분이시여, 하! 호! 훔! 훔! 훔! 팟!"

『조상경』이 두 번째의 아미타화신진언으로 수록한 이 진언(°십대명왕진언 참조)의 내용은 『묘길상대교왕경』에서 "동북방의 명왕을 떠올리면서 [이 명왕의] 몸을 묵념하는 진언"514)을 채택하

---

512) 上同 권1(T 20:908a): "北方 尾屹囊怛迦大明王真言曰"

513) 한글 『진언집』에서는 이 진언을 "아자라 가리마하 바라박하 호 훔훔훔 바닥"으로 읽고 실담자를 "acala kṛmaha pravaḥha ho hūṃhūṃhūṃ phaṭ"으로 병기했다. 그러나 특히 'kṛmaha pravaḥha'는 범어로는 통용될 수 없는 표기이므로, 아래의 범문은 이 진언의 전거(다음 각주)를 참조하여 추정한 것이다. 한글 표기의 둘째 단어(가리마하)에서 訖里를 '가리'로 읽은 것은 이것의 실담자를 'kṛ'로 표기했기 때문이다. 그러나 訖里가 'hṛ'의 음역이라고 알았더라면 이것을 '하리'로 읽었을 것이다.

514) 妙吉祥平等祕密最上觀門大教王經 권3(T 20:919c): "想東北方 默念身真言, 真言曰. 阿左囉訖哩 摩賀鉢囉薄 賀賀賀 斛 吽吽吽 發吒" 이 진언을 범문으로 복원하여 풀이하면 아래와 같다.
acalahṛd(?) mahāprabha ha ha ha ho hūṃ hūṃ hūṃ phaṭ
"부동(不動)의 마음을 지닌 분(부동명왕)이시여. 수승하게 눈부신 분이시여, 하! 하! 하! 호! 훔! 훔! 훔! 팟!"
이 진언에서 아자라가리(阿左囉訖哩)와 마하바라박(摩賀鉢囉薄)은 전례가 없는 음역이다. 이 때문에 『조상경』의 편찬자는 이것들을 한자의 발음에 맞추어 실담자로 표기했을 것으로 보인다. 한글 『진언집』은 이 표기를

되, 세 번 반복되는 종자 하(賀, ha)를 한 번으로 줄였다. 여기서 말하는 '동북방 명왕'은 동북방을 수호하는 아자라나타(阿左攞曩他)대명왕을 가리킨다. 대장경에서 아자라나타의 원어인 Aacala-nātha는 부동존(不動尊)이라는 번역어로 통용되어 있다.

『묘길상대교왕경』은 아직까지 범문의 원전이 발견되지 않았을 뿐만 아니라 티베트에서 번역되지도 않았다.[515] 그런 만큼 이 경전의 진언에서 최초로 언급하는 아자라가리(阿左囉訖哩)와 일치하는 용례는 다른 불전들에서도 발견할 수 없다. 그러나 이 말의 범어가 부동심(不動心)이라는 의미의 'acala-hṛd'일 것이라는 단서는 『대승집보살학론』에서 찾을 수 있다. 『대승집보살학론』에는 '부동존명왕심(不動尊明王心)진언'이 수록되어 있으며[516], 이 명칭의 범어는 부동심을 의미하는 'acala-hṛdaya'이다.[517] 아마도 위의 진언에서는 acala-hṛdaya의 동의어인 acala-hṛd를 阿左囉訖哩로 음역했거나 hṛdaya의 음역인 訖哩娜野를 '訖哩'로 축약했을 것으로 추정된다.

진언의 종자들 중에서 하(賀, ha)는 웃음이나 기쁨을 표현하는 감탄사, 무량수불 또는 아미타여래를 상징하는 호(虎, ho)는 사람을 부르거나 놀라움을 표현하는 감탄사에서 유래한다. 여기서는 이것들을 이 같은 감탄사로 이해해도 무방할 듯하다. 특히 ha는 금강명왕이나 지장보살 등을 상징하므로 이 진언의 취지와는 그다지 부합하지 않기 때문이다.

그대로 수용했으나, 범문을 알지 못한 상태에서 띄어 읽기까지 바르게 표시할 수는 없었을 것이다.

515) 大西秀城(1994) p. 51.

516) 大乘集菩薩學論 권9(T 32:102a): "又一切所作誦 此不動尊明王心真言曰 …"

517) 平川 彰(1997) p. 53.

아미타화신진언[3](阿彌陀化身真言): 아미타여래의 화신을 기원하는 진언

> "악달 바아라다로 라아 다리로갸 가라노새사가 바라가리따[싸] 미라 비마졔 가로나 룽가라 미가라 훔"
> 阿達 嚩日羅達魯 攞惹 底里路枳野 訖羅努洒薩迦 鉢羅訖里瑟吒 尾羅毗末揬 迦魯拏 楞迦羅 尾訖羅 吽
> adho-vajra-dhara-rājā trailokyākarṣinaka(?)-prakṛṣṭa vīra-vimati(?)-karuṇālaṃkāra-vikṛ[ta] hūṃ
> (… trailokya-ākarṣinaka(?) … karuṇa-alaṃkāra-vikṛ[ta] hūṃ)
> "금강저를 지닌 하방의 왕이시여, 삼계(三界)를 견인하는 격렬한 분이시여, 용맹하지만 우둔한 자를 자애와 장엄으로 개변하는 분이시여, 훔!"

『조상경』이 세 번째의 아미타화신진언으로 수록한 이 진언(°십대명왕진언 참조)의 내용은 『묘길상대교왕경』의 '하방명왕(下方明王)진언'[518]을 그대로 수용하면서, 맨 끝에 훔(吽)을 종자로 덧붙였을 뿐이다. 『묘길상대교왕경』 이외의 다른 밀교 불전에서는 이와 유사한 진언을 전혀 발견할 수 없다. 그런 만큼 이 진언의 범문을 추정하기가 매우 난해하다. 이 때문에 이 진언의 실담자를

518) 妙吉祥平等祕密最上觀門大教王經 권1(T 20:910b): 下方明王真言曰. "阿達 嚩日囉達嚕 囉惹 底哩路枳也 仡囉努灑薩迦 鉢囉仡哩瑟吒 尾囉毘末𡎺 迦嚕努 楞迦囉 尾仡囉怛"
이 『묘길상대교왕경』의 권3(T 20:919c)에도 이 진언이 반복되어 있다. 여기서는 이것을 "하방의 명왕을 떠올리면서 신묘한 게송을 묵념하는 진언"(想下方明王 默念祕伽陀 真言)으로 설하는데, 원문을 번호로 분절한 표시(뛰어 읽기)대로 옮기면 다음과 같다.
"阿達嚩日囉達嚕囉惹(1) 底哩路枳野仡囉努灑薩迦(2) 鉢囉紇哩瑟姹尾囉毘末攃(3) 迦嚕拏楞迦囉尾仡囉怛(4)"
『조상경』에서는 이 진언의 맨 끝에 있는 怛을 吽(hūṃ)으로 교체하여 종자로 취급했다.

유일하게 제시한『조상경』및 한글『진언집』의 표기도 진언의 원의와는 거의 무관하다고 판단할 수밖에 없다.[519] 이에 따라 위에 제시한 범문은 이 진언의 원래 명칭과 유래를 고려하여 순전히 추정으로 도출한 것이다.[520]

하방을 수호하는 명왕의 이름인 바아라바다라(嚩日囉播哆羅, Vajra-pātāla)는 금강하계(金剛下界)라는 의미로 직역되는데, 지하세계인 바다라(播哆羅, pātāla)의 아수라(阿修羅, asura) 등과 같은 악한 무리를 항복시키기 때문에 그렇게 불린다.[521] 또한『묘길상대교왕경』에서는 이 명왕을 항삼세명왕(降三世明王)으로,『불설환화망대유가교십분노명왕대명관상의궤경』에서는 대분노명왕(大忿怒明王)으로 호칭한다.[522] 항삼세의 범어는 triloka-vijaya 또는

---

519) 한글『진언집』에서『조상경』의 표기를 그대로 따르되 일부의 실담자를 수정한 것도 이 때문일 것이다. 한글『진언집』에서는 이 진언의 띄어 읽기를 "악달 바아라 다로라아 다리로갸 가라노새 사가바라 가리따[싸](嚩日羅 達魯攞惹 底里路枳野 訖羅努洒 薩迦鉢羅 訖里瑟吒) 미라비마졔 가로나 룽가라 미가라 훔"으로 표시하고, 실담자로는 이 진언을 아래와 같이 기재했다.
"aḥdhar vajra dharola atṛ(atrī) lokya kraduṣe sakapra kṛṣṭa vira(vila)nimace karolī(karonī) laṃka(raṃkala) mikra(vikra) hūṃ" 괄호는『조상경』의 표기.

520) 베트남의 불교 단체에서 이 진언을 범어로 복원한 유일한 사례가 있다. 여기서는 진언의 의미까지는 제시하지 않고 범문을 "adha vajra-tarula jaṭirlokyāgra anu-śeṣaka prakṛṣṭa vīra vimate kāruṇa-alaṃkāra vikṛta"로 추정했다. 그러나 특히 밑줄 부분은 성립될 수 없는 구문이므로 그 의미도 알 수 없다.
https://tangthuphathoc.net/kinh-dieu-cat-tuong-binh-dang-toi-thuong-quan-mon-dai-giao-vuong/ (2023.08.01 검색)

521) 密敎學會(1983) p. 1799b 참조.

522) 妙吉祥平等祕密最上觀門大教王經 권1(T 20:905b): "下方 金剛光明 嚩日囉播哆羅 降三世明王"
佛說幻化網大瑜伽教十忿怒明王大明觀想儀軌經(T 18:587b): "說此嚩日囉播多羅

trailokya-vijaya이며 승삼세(勝三世)로도 번역된다. 다만 이 명왕의 본명은 힌두교의 신화에 아수라로 등장하는 Sumbha 또는 Nisumbha이다. 단적인 예로 『소실지갈라경』과 『유희야경』에서는 이 둘이 손바명왕(遜婆明王)으로 언급된다.523)

『현증삼매대교왕경』에서는 금강수(金剛手)보살이 손바명왕의 역할을 맡아 대자재천(大自在天)과 그의 부인인 오마천후(烏摩天后)를 항복시켜 불교에 귀의하게 한다.524) 이 금강수보살을 '족구금강(足鉤金剛)항삼세명왕'으로도 일컫는 것은 이때 금강수보살이 그 둘을 발[足]로 핍박(鉤)하여 제압했기 때문이다. 그런데 이 경우는 힌두교의 Sumbha와 Nisumbha 신화525)를 반대로 적용한 것으로 이해된다. 즉, Sumbha와 Nisumbha가 추악한 형상의 아수라인 점을 고려하여 대자재천과 오마천후로 바꾸고, 이들을 항

大忿怒明王"

523) 蘇悉地羯囉經 권下(T 18:629b, 676c) ; 蕤呬耶經 권中下(T 18:766a, 767a, 769b).

524) 이 이야기는 『현증삼매대교왕경』 권9의 降三世曼拏羅廣大儀軌分(T 18:372a-372c)에 설해져 있다. 대장경에는 「항삼세만나라광대의궤분」을 「항삼세품」 또는 으로 「항삼세대품」으로 약칭한 예가 있다.

525) 범본에서 Sumbha와 Nisumbha는 각각 Śumbha와 Niśumbha로도 표기된다. 힌두교의 신화에서 아수라족의 형제인 이 둘은 대자재천(Maheśvara)의 부인인 파르바티(Pārvatī)를 납치하려다가 오히려 그녀에게 살해당한다. 파르바티의 별명은 Umā인데, 오마천후의 '오마(烏摩)'는 이것을 한자로 음역한 말이다. 이 신화는 원래 *Skanda-purāṇa*와 *Mārkaṇḍeya-purāṇa*에 수록되어 있었는데, 후대에 *Devīmāhātmya*라는 문헌에서는 파르바티가 두르가(Durgā) 여신으로 바뀌어 더욱 각색되었다.
Yokochi(2013:11, n.16)에 따르면 sumbha와 nisumbha는 각각 '파괴하다'와 '살육하다'를 의미하는 동사(예컨대 nisumbhayati)의 명령법 형태이지만, 불교의 밀교 문헌에서는 이것들이 각각 '파괴자여!'와 '살육자여!'라는 호격으로 사용된다.

복시킨 여신 파르바티(Pārvatī)를 금강수보살로 바꾸었을 것으로 이해할 수 있다.[526]

밀교의 다른 불전에서 손바(遜婆, Sumbha)와 바아라바다라는 하방을 수호하는 명왕이다. 그리고 이들 두 명왕이 절충된 형태가 『묘길상대교왕경』에서 설하는 '바아라바다라 항삼세명왕'(嚩日囉播哆羅 降三世明王)이다.[527] 위의 아미타화신진언, 즉 『묘길상대교왕경』의 하방명왕진언도 이 같은 절충을 고려할 때라야 그 취지를 어느 정도 원의에 가깝게 이해할 수 있다. 절충의 대상으로 지목할 말한 두 진언을 각각 『불설환화망대유가교십분노명왕대명관상의궤경』과 『묘길상대교왕경』에서 찾아볼 수 있다. 두 경전에서 진언의 명칭은 대분노명왕 또는 대명왕을 일컫는 바아라바다라(Vajra-pātāla)을 공유한다. 이 진언들은 범본에 사례가 있으므로 쉽게 범문으로 복원하여 풀이할 수 있다.

먼저 『불설환화망대유가교십분노명왕대명관상의궤경』에서 '바아라바다라 대분노명왕대명(大忿怒明王大明)'이라는 명칭으로 설하는 진언을 풀이하면 다음과 같다.

唵 畔惹 薩哩嚩 播跢攞 乃怛也 誐拏 吽吽吽 發吒[528]

---

526) 密敎學會(1983:506c)에서는 이처럼 구체적으로 설명하지는 않지만 이와 같은 이해가 가능할 것으로 추정한다. "Śumbha Niśumbha는 항삼세의 별칭이며 대자재천을 항복시킬 때의 이름이다."(八田幸雄 1985:191, 1561번)라고 설명하는 것도 여기서 유래한 것으로 이해된다.

527) 大西秀城(1994:62, en. 31)이 지목한 다른 두 불전은 티베트 역본이다. 그에 의하면 『비밀집회(秘密集會)탄트라』(*Guhyasamāja-tantra*)에서는 바아라바다라(Vajra-pātāla)가, 『환화망(幻化網)탄트라』(*Māyājāla-tantra*)에서는 손바(Sumbha)가 하방을 수호하는 명왕이다.

528) 佛說幻化網大瑜伽教十忿怒明王大明觀想儀軌經(T 18:587b): "說此嚩日囉播多羅大忿怒明王大明曰. 唵畔惹(1) 薩哩嚩播跢攞乃怛也誐拏(2) 吽吽吽發吒(3)" 이 원

(옴 반야 살바 바다야 내다야 가나 훔훔훔 바닥)
oṃ bhañja sarva-pātāla-nairṛtya-gaṇa hūṃ hūṃ hūṃ phaṭ
"옴! 분쇄하소서, 모든 지하 세계를 파괴하는 분의 권속이시여, 훔! 훔! 훔! 팟!"

이 진언의 한자 표기에서 바다라(播跢攞, pātāla)는 앞서 설명했듯이 아수라 등이 거주하는 지하 세계이며, 내다야(乃怛也, nairṛtya)는 나찰 따위와 같은 악마인 내리지(乃哩底, nairṛti)의 권속을 의미한다. 다음으로 『묘길상대교왕경』에서 설하는 '바아라바다라 대명왕진언'[529]이 한국불교에는 뒤에서 상술할 °항마진언으로 통용되었다.

이상의 두 진언은 '바아라바다라'로 불리는 명왕이 악한 무리를 파괴한다는 관념을 공유한다. 그러므로 아미타화신진언과 하방명왕진언에서 언급하는 '금강저를 지닌 하방의 왕', '삼계를 견인하는 격렬한 분', '우둔한 자를 자애와 장엄으로 개변하는 분' 등은 항삼세명왕을 묘사한 표현이며, 바로 위 두 진언에서 묘사하는 바아라바다라 명왕을 지칭한 것으로 이해할 수 있다.

아촉불진언(阿閦佛真言): 아촉불께 기원하는 진언

"옴 악수뱌 훔"
唵 噁芻毗夜 吽
om akṣobhya hūṃ
"옴! '결코 동요하지 않는 분'(아촉불)이시여, 훔!"

문의 분절에서 (2)는 복합어로 해석해야 한다는 것을 정확하게 표시한다.

529) 妙吉祥平等祕密最上觀門大教王經 권1(T 20:909b): "下方 嚩日囉播多羅大明王真言曰. 唵 遜婆 儞遜婆儞 吽 仡哩恨拏 仡哩恨拏 吽 仡哩恨拏播野 吽 阿曩野斛 婆誐鑁 嚩日囉 吽 癹吒 娑嚩賀." 이 진언의 범문과 의미는 °항마진언에서 상술함.

『조상경』과 한글 『진언집』에 수록된 이 진언이 『대교왕경약출호마의』에는 °오여래진언의 하나인 아촉여래진언으로 수록되어 있다.530) 이 진언에서 훔(吽, hūṃ)은 아촉여래를 상징하는 종자이다.

아촉화신진언[1](阿閦化身真言): 아촉여래의 화신을 기원하는 진언

“옴 바아라 가로다 훔훔훔 바닥 바닥 바닥 염만다구 함”
唵 嚩日囉 屈嚕馱 吽吽吽 癹吒 癹吒 癹吒 焰曼怛矩 憾
oṃ vajra-krodha hūṃ hūṃ hūṃ phaṭ phaṭ phaṭ yamāntaka haṃ
“옴! 금강분노[명왕]이시여, 훔! 훔! 훔! 팟! 팟! 팟! 염만다구[명왕]이시여, 함!”

위의 진언을 포함한 4개의 아촉화신진언이 한글 진언집 중에서 안심사본에는 수록되어 있지 않다. 한국불교의 『조상경』은 『묘길상대교왕경』에서 설한 °십대명왕진언 중 4개의 진언을 채택하여 아촉화신진언으로 수록했다. 이것들 중에서 동방을 수호하는 명왕의 이름과 종자들로 구성된 것이 위의 진언이다. 진언에서 언급하는 염만다구(焰曼怛矩)는 명왕의 이름인 yamāntaka의 음역이며, 이 명왕의 별칭은 대위덕(大威德)이다. 그리고 십대명왕은 '십분노(十忿怒)명왕'으로도 불리므로, 이 진언이 금강분노(vajra-krodha)로 시작하는 것은 십분노명왕의 한 분으로 염만다구를 부르는 것이다. 그런데 위의 진언은 『묘길상대교왕경』에서 "먼저 동방의 명왕을 떠올리면서 묵념하는 진언"(先想東明王 默念真言)으로 설하는 진언 중에서 앞 부분만 제외한 것이다.531)

---

530) 妙吉祥平等觀門大教王經略出護摩儀(T 20:935b): “阿閦如來 唵 惡乞蒭毘夜 吽”
531) 妙吉祥平等祕密最上觀門大教王經 권3(T 20:919b): “先想東明王 默念真言曰. 唵 嚩日囉 捺㗚灑咄嚕怛羯吒 婆野鼻囉嚩野 唵 嚩日囉 屈嚕馱 吽吽吽

위의 아촉화신진언에서 소청의 대상인 염만다구(yamāntaka)는 십분노명왕 중에서는 맨 앞의 위치에 있으며, 그 만큼 가장 중요한 명왕으로 간주된다. 불전들 중에서는 『성염만덕가위노왕립성대신험염송법』[532]에서 최초로 등장하는 이 명왕은 십대명왕과는 별도로 적을 항복시키는 자로서, 특히 말법 시대에 불법승의 삼보를 위협하는 자들로부터 불교를 수호하는 역할을 담당한다. 이 때문에 강력한 힘을 지닌 분노의 형상으로 십분노명왕의 맨 앞에 서

癹吒癹吒癹吒 焰曼矩 憾" 이 진언을 범문으로 복원하면 아래와 같다.
<u>oṃ vajra daṃṣṭhrotkaṭa bhaya-bhairavāya</u> oṃ vajra-krodha hūṃ hūṃ hūṃ phaṭ phaṭ phaṭ yamāntaka haṃ (밑줄은 제외된 부분)
이 진언의 시작 부분에서 "捺嘲灑咄嚕怛羯吒 婆野鼻囉嚩野"의 범문을 추정하는 데에는 어려움이 있으나,
『불설일체여래금강삼업최상비밀대교왕경』에서
감로군나리대분노명왕대명(甘露軍拏利大忿怒明王大明)으로 설하는 진언의 앞 대목에서 용례를 찾을 수 있다. 범본을 통해 이 대목의 범문은 아래와 같이 확인된다. (*Cakrasaṃvara Samādhi*)에도 수록된 이 진언의 원문과 번역은 Vam 2021:66 참조)
佛說一切如來金剛三業最上祕密大教王經 권4(T 18:489b): "那謨 嚩日囉 骨嚕馱野 摩賀 <u>能瑟吒嚕怛迦吒 陪囉嚩野</u>" (namo vajra-krodhāya mahā <u>daṃṣṭhrotkaṭa bhairavāya</u>)
『묘길상대교왕경』의 "捺嘲灑咄嚕怛羯吒 婆野鼻囉嚩野"는 이 범문의 "daṃṣṭhrotkaṭa bhairavāya"에 해당하는데, 다만
陪囉嚩野(bhairavāya)의 앞에 婆野(bhaya)를 추가하여 의미를 강화했다. 이 같은 전거에 따라 『묘길상대교왕경』에서 생략한 앞 부분을 다음과 같이 풀이할 수 있다.
唵 嚩日囉 捺嘲灑咄嚕怛羯吒 婆野鼻囉嚩野(oṃ vajra daṃṣṭhrotkaṭa bhaya-bhairavāya): "옴! 금강이시여, 거대한 송곳니를 지닌 무시무시한 분께 [기원하옵니다.]"
여기서 언급하는 bhairava(무서운 자)는 힌두교에서 쉬바(Śiva) 신이 분노한 모습으로 나타나는 화신이다. 밀교에서는 이것을 수용하여 흔히 'vajra-bhairava'(金剛大惡)로 일컫는다.

532) 聖閻曼德迦威怒王立成大神驗念誦法. T 21, pp. 73a-76a.

게 되었을 것으로 이해된다.533)

아촉화신진언²(阿閦化身真言): 아촉여래의 화신을 기원하는 진언

"옴 니라바아라 나나 훔"
唵 顊攞嚩日囉 難拏 吽
oṃ nīlavajra daṇḍa hūṃ
"옴! 청색 금강을 지닌 분이시여, 곤봉을 지닌 분이시여, 훔!"

『조상경』에 두 번째의 아촉화신진언으로 수록된 이 진언(°십대명왕진언 참조)이 『묘길상대교왕경』에는 "서남방을 떠올리면서 [그 명왕의] 몸을 묵념하는 진언"으로 제시되어 있다.534) 십대명왕 중에서 서남방을 수호하는 명왕의 이름인 니라나나(儞羅難拏/顊攞能拏)535)의 범어는 '청색 곤봉'을 의미하는 Nīladaṇḍa이며, 이 명왕의 별칭은 니라바아라(顊攞嚩日囉, Nīlavajra)이다.536) 그러므로 진언의 내용에서 '청색 금강을 지닌 분'과 '곤봉을 지닌 분'은 니라나나명왕을 지칭한다. 내용상으로는 이와 동일한 진언

533) 大西秀城(1994) p. 57 참조.

534) 妙吉祥平等祕密最上觀門大教王經 권3(T 20:919c): "次想西南方 默念身真言, 真言曰. 唵 顊攞嚩日囉 難拏 吽"

535) 『조상경』을 비롯한 한국불교의 의례서에서는 이것을 顊攞能拏로 표기한다. 『조상경』의 독음 방식에 따르면 顊攞能拏의 한글 표기는 '니라나나'이지만, 『작법귀감』에서는 '니라낭나'. 『불자필람』과 『석문의범』에서는 '이라나나'로 읽는다.

536) 大西秀城(1994) p. 44. Nīlavajra는 『대일경』에 '青金剛'(T 18:34c)으로 번역되어 있으며(Giebel 2005:138), *Sampuṭodbhava*(3.3.20)에서도 언급된다. 84000(2021) ap3.501. 특히 후대(12세기 초)의 밀교 불전인 *Vajrāvalī*에는 아촉화신진언²의 핵심 용어가 'nīla-vajra-daṇḍa'(청색 금강의 곤봉을 지닌 분)이라는 표현으로 반영되어 있다. Mori(2009) p. 274, 7-8행.

이 『불설유가대교왕경』에서 다음과 같이 설하는 '니라나나명왕(儞羅難拏明王)진언'이다.537)

> 唵 儞羅難拏 摩賀難拏 吽538)
> (옴 니라나나 마하나나 훔)
> oṃ nīladaṇḍa mahādaṇḍa hūṃ
> "옴! 청색 곤봉을 지닌 분이시여, 위대한 곤봉을 지닌 분이시여, 훔"

이 진언까지 고려하면 아촉화신진언²은 '청색 금강이라는 위대한 곤봉'을 지닌 니라나나명왕을 소청하는 진언이라고 이해할 수 있다.

아촉화신진언³(阿閦化身真言): 아촉여래의 화신을 기원하는 진언

> "옴 오아라 슈라야 맘"
> 唵 塢仡羅 戍攞野 鋡
> oṃ ugra-śūlāya māṃ
> "옴! 창(槍)을 가진 무서운 분께 [기원하옵니다.] 맘!"

『조상경』에 세 번째의 아촉화신진언으로 수록된 이 진언(°십대명왕진언 참조)이 『묘길상대교왕경』에는 "서북방을 떠올리면서 [그 명왕의] 몸을 묵념하는 진언"으로 제시되어 있다.539) 서북방

---

537) 密教學會(1983:1762bc)는 儞羅難拏明王을 설명하면서 이 진언을 이 범문과 함께 인용한다.

538) 佛說瑜伽大教王經 권1(T 18:563c): "儞羅難拏明王真言曰. 唵 儞羅難拏 摩賀難拏 吽"

539) 妙吉祥平等祕密最上觀門大教王經 권3(T 20:919c): "次想西北方 默念身真言, 真言曰. 唵 塢仡囉 戍攞野 鋡"

을 수호하는 명왕의 이름은 대력(大力)으로 번역되는 마하마라(摩訶摩羅, Mahābala)이다. 따라서 이 명왕은 대력명왕으로도 불린다. 그런데 위의 진언에서는 다른 화신진언들의 경우와는 달리 명왕의 이름을 직접 거명하지 않는다. 그러나 『묘길상대교왕경』에서는 이 진언의 원형으로 간주할 만한 것을 '마하마라대명왕(摩訶麼攞大明王)진언'으로 설하는데, 이 진언에는 다음과 같이 마하마라명왕이 언급되어 있다.

> 唵 吽 癹吒 癹吒 搗仡囉 戍攞播抳 吽吽 癹吒 唵 乳底 儞哩曩娜 吽 唵 癹吒 癹吒 摩賀麼攞野 娑嚩賀"[540]
> (옴 훔 바닥 바닥 오아라 슈라바니 훔훔 바닥 옴 유디 니리나나 훔 옴 바닥 바닥 마하마라야 사바하)
> oṃ hūṃ phaṭ phaṭ ugra-śūlapaṇi hūṃ hūṃ phaṭ oṃ dūti-nirnada hūṃ oṃ phaṭ phaṭ mahābālāya svāha[541]
> "옴! 훔! 팟! 팟! 손에 창을 든 무서운 분이시여, 훔! 훔! 팟! 옴! 사자(使者)의 성난 목소리여, 훔! 옴! 팟! 마하마라[명왕]님께 기원하옵니다."

이 진언은 『대위력오추슬마명왕경』에서 오추슬마(烏樞瑟摩, Ucchuṣma)명왕의 심밀언(心密言)으로 설하는 진언[542]과 완전히 일

540) 上同 권1(T 20:909a): "西北方 摩訶麼攞大明王真言曰. 唵 吽 癹吒癹吒 搗仡囉 戍攞播抳 吽吽癹吒 唵 乳底儞哩曩娜 吽 唵 癹吒癹吒 摩賀麼攞野 娑嚩賀"

541) 이 범문은 密教學會(1983:119b)에 지시되어 있다. 다만 범문 중에서 nirnada의 의미를 무성예(無聲譽)로 제시한 것은 착오인 듯하다. nirnada는 범어 nirnāda의 속어형이다. 범어에서 부정하는 의미로 사용하는 접두사 nir는 긍정의 의미로도 사용되는 접두사 ni와 혼용되기도 한다(Edgerton 1953:301). 그러므로 이 경우의 nirnada(=nirnāda)는 소리나 외침을 의미하는 nināda 또는 ninada와 동일한 의미일 것으로 이해된다. 단적인 예로 『화엄경』의 범본에 언급된 nirnāda가 한역본(漢譯本)에서는 '성난 목소리'(吼聲)로 번역되었다.

치한다. 이 진언의 대부분은 종자들의 반복이다. 아촉화신진언[3]은 이 진언에서 '오아라 슈라'(搗仡囉 戍羅)와 하나의 옴(唵)만을 발췌하고 맘(鋡)라는 종자로 나머지를 대체했다. 그런데 위의 마하마라대명왕진언도 『대위노오추삽마의궤경』에서 설하는 진언[543]을 거의 그대로 수용하면서 지나치게 반복된 종자들의 일부를 생략했을 뿐이다. 그러므로 두 진언의 진언의 의미는 동일하며, 이 때문에 오추슬마와 마하마라는 동일한 명왕으로 간주된다.

오추슬마는 오추사마(烏樞沙摩), 오추삽마(烏芻澁麼/烏蒭澀摩) 등으로도 표기되며, 더러운 것을 제거하고 악을 태워 버리는 위력을 가진 명왕이라는 의미를 지닌다.[544] 위의 진언에서 '창을 가진

---

542) 大威力烏樞瑟摩明王經 권下(T 21:154a): "心密言曰. 唵 訃 頗吒 頗吒 頗吒 鄔仡囉 戍攞播寧 訃訃訃 頗吒 頗吒 頗吒 唵 優秖 寧囉曩娜 訃訃訃 頗吒 頗吒 頗吒 唵唵唵 摩訶麼攞 娑嚩訶"

543) 大威怒烏芻澁麼儀軌經(T 21:137a): "唵 吽 發吒 發[吒] 發[吒] 鄔仡囉 戍攞播寧 吽吽吽 發[吒] 發[吒] 發[吒] 唵 擾秖 寧囉曩娜 吽吽吽 發[吒] 發[吒] 發[吒] 唵唵唵 摩訶麼攞 娑嚩訶" 여기서 밑줄은 마하마라대명왕진언에 포함된 부분을 표시한다. 이 중에서 마지막의 옴(唵)자 하나가 앞으로 이동했을 뿐이다. 아래의 범문도 이와 마찬가지이다.

oṃ hūṃ phaṭ phaṭ phaṭ ugra śūlapaṇi hūṃ hūṃ hūṃ phaṭ phaṭ phaṭ oṃ dūti nirnada hūṃ hūṃ hūṃ phaṭ phaṭ phaṭ oṃ oṃ oṃ mahābāla svāha

『대위력오추슬마명왕경』에서는 위의 진언 중 종자들의 일부와 마하마라(摩訶麼攞)를 생략하여 대위력근본밀언(大威力根本密言)으로 설한다. 위의 진언과 대조한 아래의 진언에서 밑줄은 추가된 종자이고 작은 글씨는 위의 진언에 없는 내용이다.

大威力烏樞瑟摩明王經 권下(T 21:154a): "大威力根本密言曰. 唵 吽吽吽 頗吒 頗吒頗吒 鄔仡囉 戍攞播寧 訃訃訃 頗吒 頗吒 頗吒 唵 擾秖 寧囉曩娜 訃訃訃 頗吒 頗吒 頗吒 唵唵唵 摩訶麼攞 沙嚩訶"

544) 八田幸雄(1985) p. 31, 159번. 一切經音義 권36(T 54:545c)에서는 오추삽마(烏蒭澀摩, Ucchuṣma)를 제예분노존(除穢忿怒尊), 즉 '더러운 것을 제거하기 위해 분노하는 분'이라는 의미로 번역하고, 과거에 이 말을 부정금강

무서운 분' 또는 '손에 창을 든 무서운 분'이라는 표현은 '위대한 힘'(大力/大威力)을 지닌 분이라는 의미의 마하마라와 오추슬마에게 똑같이 적용된다. 이 때문에 밀교 불전에서 오추슬마는 마하마라의 별칭으로 간주된다.545)

아촉화신진언⁴(阿閦化身真言): 아촉여래의 화신을 기원하는 진언

"옴 나모 삼만다 가[야]바가지다 바아라남546) 옴 슈례메 훔"
唵 曩謨 三滿多 迦[野]嚩迦卽 多嚩日羅喃 唵 戍禮禰 吽
oṃ namaḥ samanta kāya-vāk-citta-vajrāṇāṃ oṃ śūlini svāhā
"옴! 어디에나 계시는 모든 신·어·심(身語心)[삼업]의 금강님들께 귀의하옵고, 옴! 창을 든 분께 기원하옵니다."

『조상경』에 네 번째의 아촉화신진언으로 수록된 이 진언(°십대

(不淨金剛) 혹은 예적금강(穢跡金剛) 혹은 화두금강(火頭金剛)으로 번역한 것은 실제의 의미와 들어맞지 않으므로 졸역이라고 지적하면서 바른 의미를 제시한다. 이에 따르면 오추삽마의 의미는 분소예악(焚燒穢惡), 즉 더러운 악을 불살라 없애 버린다는 것이다. 그리고 제예분노존은 깊고 청정한 대비심으로 더러운 것과 접촉하는 것을 피하지 않고 중생을 구호하기 위해, 맹렬한 불길과 같은 큰 위광으로 번뇌와 오염된 분별심을 제거하기 때문에 '제외(除穢)'로 불린다.

545) 『밀교대사전』에서는(密教學會1983:1547bc) 대력명왕(大力明王)인 마하마라(Mahābala)와 오추슬마(Ucchuṣma)를 동일한 명왕으로 취급한다. 그리고 大西秀城(1994:63, ed. 56)의 연구에 따르면, 『비밀집회탄트라』의 제14장과 『환화망탄트라』의 제5장에 제시된 마하마라의 진언이 『대위노오추삽마의궤경』(앞의 각주 참조)에서는 오추슬마의 근본 진언으로 간주되어 있다.

546) 한글 『진언집』에서 '가바가지 다바아라남'으로 잘못 읽은 것은 전거인 『묘길상대교왕경』 권3(다음 각주)에 따른 것이고, 가야바가지(迦野嚩迦卽)로 표기해야 할 것을 '가바가지'로 표기하여 야(野)가 누락된 것은 『조상경』의 표기를 그대로 따랐기 때문이다.

명왕진언 참조)이 『묘길상대교왕경』에는 “상방을 떠올리면서 [그 명왕의] 몸을 묵념하는 진언”으로 제시되어 있다.[547] 상방을 수호하는 명왕의 이름은 범어로 ‘Uṣṇīṣa-cakra-vartin’이다. 불정전륜(佛頂轉輪)으로 번역되는 이 이름을 한자로는 ‘아슬니쇄 작흘라 박리제’(阿瑟抳灑 作訖囉 嚩哩帝) 또는 ‘오슬쇄 작흘라 박리제’(塢瑟灑 作訖羅 縛里帝) 등으로 음역한다. 다만 진언을 우리말로 읽는 관행에 따르면 그 둘은 각각 ‘아사니사 자거라 바리데’ 또는 ‘오사사 자거라 바리데’로 음역될 수 있다.

그런데 『묘길상대교왕경』에서 설하는 이 진언도 『불설일체여래금강삼업최상비밀대교왕경』에서 설하는 두 개의 진언을 조합한 형태이다. 즉 세존이신 보생금강여래(寶生金剛如來)가 선정에서 깨어나 금강삼업(金剛三業)으로 설한 무능승대분노명왕대명(無能勝大忿怒明王大明)의 전반부에 ‘바아라바다라 대분노명왕대명(嚩日囉播多羅 大忿怒明王大明)으로 불리는 진언을 덧붙였다.[548] 진

547) 妙吉祥平等祕密最上觀門大教王經 권3(T 20:920a): “上方明王 默念身真言, 真言曰. 唵$_{(1)}$ 曩謨三滿多$_{(2)}$ 迦野嚩迦唧$_{(3)}$ 多嚩日囉南$_{(4)}$ 唵$_{(5)}$ 戍禮禰$_{(6)}$ 吽娑嚩賀$_{(7)}$” 이 진언의 분절 번호 (3)과 (4)는 착오이므로 “迦野嚩迦唧多$_{(3)}$ 嚩日囉南$_{(4)}$”으로 읽어야 한다. 이 경전의 권1에는 이 진언의 분절이 정확하게 표시되어 있다.
上同 권1(T 20:909b): “上方 阿瑟抳灑作訖囉嚩哩帝大明王真言曰. 曩莫三滿多$_{(1)}$ 迦野嚩迦唧哆$_{(2)}$ 嚩日囉南$_{(3)}$ 唵$_{(4)}$ 戍禮儞$_{(5)}$ 吽$_{(6)}$ 娑嚩賀”

548) 아래의 밑줄 부분을 조합했으며, 괄호 안의 범문은 이 경전에 해당하는 범본으로 확인되어 있다.
佛說一切如來金剛三業最上祕密大教王經 권4(T 18:489b): “以金剛三業. 說此無能勝大忿怒明王大明曰. 那莫 三滿多 迦野嚩訖唧多 嚩日囉赧 唵 吽 嚩那哩致吒 吽吽 發吒 發吒 莎賀” (namaḥ samanta kāya-vāk-citta-vajrāṇāṃ. oṃ hūṃ jina-riṭiha hūṃ hūṃ phaṭ phaṭ svāhā.)
上同 권4(T 18:492a): “說此嚩日囉播多羅大忿怒明王大明曰. 唵 戍梨儞 莎賀” (oṃ śūlini svāhā) 『불설유가대교왕경』 권3(T 18:571c)에서는 이 둘째

언의 내용에서 신·어·심(身語心)은 흔히 신·구·의(身口意)로 불리는 삼업이다. 여기서는 이것이 여래의 삼업이므로 이 삼업을 '금강'으로 호칭하면서 여기에 귀의한다.

안불안진언(安佛眼真言): 부처님의 눈을 편안하게 하는 진언

"옴 살바 라조바하 라나 사바하"
唵 薩哩嚩 囉祖波賀 囉拏 娑嚩賀
oṃ sarva-rajo'paharaṇa svāha (… rajo-apaharaṇa …)
"옴! 모든 티끌을 제거함이여, 기원하옵니다."

이 진언은 『불설일체여래안상삼매의궤경』에서 모든 티끌을 제거할 수 있는 진언으로 설한 '불안보살(佛眼菩薩)진언'549)과 정확하게 일치한다. 그러나 이 진언의 범문을 추정할 수 있는 자료는 안심사본 이래의 한글 진언집이 거의 유일하다.550) 목판본으로 간행된 『조상경』의 경우에는 김룡사본(1746년)부터 이 진언이 실담

진언을 '대분노금강보살(大忿怒金剛菩薩)진언'으로 설한다. 그리고 이 '바아라바다라 대분노명왕대명'은 『불설환화망대유가교십분노명왕대명관상의궤경』에서 설하는 '바아라바다라 대분노명왕대명'(°아미타화신진언³ 참조)과는 다른 내용의 진언이다.

549) 佛說一切如來安像三昧儀軌經(T 21:934a): "佛眼菩薩真言 能除一切垢. 唵 薩哩嚩 囉祖波賀 囉拏 娑嚩賀"

550) 한글 진언집에서 "살바 라조바하 라나"(薩哩嚩 囉祖波賀 囉拏)의 범문을 실담자로 "sarvā racopahā raṇa"로 표기한 것은 띄어 읽기를 무시하면 상당히 정확한 편이다. 이 진언에서는 '라조바하 라나'(囉祖波賀 囉拏)라는 음역의 원어가 관건인데, 불교의 혼성 범어로는 'rajopaharaṇa'가 이 음역과 일치한다. Edgerton(1953:449)은 이것을 rajo'paharaṇa(즉 rajo apaharaṇa)로 파악하고, 청소 도구 또는 청소의 의미로 사용된 불전의 용례를 제시했다. 범어에서 rajo는 어둠이나 티끌, apaharaṇa는 제거를 의미한다.

자와 함께 수록되어 있으나, 그 이전의 목판본에는 없다.

『기특최승금륜불정염송의궤법요』에는 "옴! 부처님의 눈[眼]이여, 기원하옵니다."라고 읊는 불안소주(佛眼小呪)가 수록되어 있다.551) 이 진언을 고려하면, 위의 안불안진언에서 말하는 '모든 티끌을 제거함'이란 모든 티끌이 제거된 '부처님의 눈'(佛眼)을 염두에 둔 것으로 이해할 수 있다.

안상진언(安像真言): 불상을 안존하게 하는 진언

"옴 소바라 디따[싸]다 바아라 나바바야 사바하"
唵 蘇鉢囉 底瑟吒哆 嚩日囉 訥婆嚩野 娑嚩賀
oṃ supra-tiṣṭhita-vajrodbhavāya svāhā
"옴! 더없이 완전한 금강의 출현을 위해 기원하옵니다."

『일체여래대비밀왕미증유최상미묘대만나라경』에서 "[금은과 진언으로] 이와 같이 장엄한 연후에 조성한 불상을 안치하고, 다시 안상진언을 염송한다."라고 제시한 것이 위의 진언이다.552) 이처럼 이 진언의 전거는 확실하지만 『석문의범』에는 진언의 이름이 '안상(安相)'으로 바뀌어 있다.553) 짐작건대 『석문의범』의 편찬자는 이 진언을 "불상의 상호(相好)를 평안하게 하는 진언"으로 이해한 듯하다. 그러나 정조 8년(1784)에 간행된 『밀교개간집』에서

---

551) 奇特最勝金輪佛頂念誦儀軌法要(T 19:192c): "oṃ buddhālocane svāha 唵 沒馱 路左顊 娑嚩賀." 이 진언은 "나모 사만다 못다남"(曩莫 三滿多 沒馱喃)으로 시작하지만, 이 구절에는 실담자가 기재되어 있지 않다.

552) 一切如來大祕密王未曾有最上微妙大曼拏羅經 권5(T 18:558ab): "如是莊嚴已然後安置所作佛像, 復念安像真言曰. 唵 酥鉢囉 底瑟恥多 嚩日嚕 訥婆嚩野 娑嚩賀."

553) "安相真言: 唵 素婆羅 地室地帝 婆阿羅 那婆婆野 娑婆訶 / 옴 소바라 지실지제 바아라 나바바야 사바하" 安震湖(1935下) p. 105.

도 진언의 이름은 安相이 아니라 安像이다.[554]

안위제신진언(安慰諸神真言): 여러 신들에게 안위를 기원하는 진언

"나모 사만다 못다남 옴 도로도로 디미 사바하"
南無 三滿彈 沒馱喃 唵 度嚕度嚕 地尾 莎訶
namaḥ samanta-buddhānām oṃ dhuru dhuru divi(?)[555] svāhā
"어디에나 계시는 모든 부처님들께 귀의하옵고 옴! 지탱하시고 지탱하소서, 하늘[의 신들]에게 기원하옵니다."

『법계성범수륙대재보리도량성상통론』에 수록된[556] 이 진언이 『소석금강과의회요주해』를 비롯한 여러 불전들에는 안토지진언(安土地真言)으로 수록되어 있다.[557] 그러므로 이 진언의 원래 명칭은 안토지진언이었을 것으로 보이는데, 이와 관련하여 진언에서 언급한 디미(地尾)의 범어가 관건으로 대두된다. 더욱이 18세기 초반에 작성되었을 것으로만 추정되고 편찬자와 간행 장소가 미상인 『예념왕생문(禮念往生文)』은 이 진언을 '내외안토지(內外安土地)진언'으로 수록하면서, 디미(地尾)를 地尾哩로 표기하고 '디미'로 읽는다.[558]

진언에 실담자를 병기한 한글 진언집과 『밀교개간집』에서는 地尾의 범어를 'dhvi'로 기재했다. 그러나 범어에서 dhvi라는 말은

---

554) 朴世敏(1993) 제3집, p. 265.

555) 이하의 고찰에 따르면 divi는 pṛthivi(pṛthivī의 호격)로 바뀔 수 있고, 그 의미는 '지신님이시여'가 된다.

556) 法界聖凡水陸大齋普利道場性相通論 권3(X 74:831c): "有安慰諸神真言 謹當宣誦. 南無 三曼彈 沒馱喃 唵 度魯度魯 地尾 娑訶"

557) 銷釋金剛科儀會要註解 권2(X 24:669b): "安土地真言. 南無 三滿哆 母馱喃 唵 度嚕度嚕 地尾 薩婆訶"

558) 朴世敏(1993 제4집) p. 204b.

성립되지 않으므로, dhvi는 div(하늘)의 처격인 divi의 와전일 것으로 추정할 수 있다. 실담자에서 d와 dh는 혼동하기 쉽게 표기된다. 그러나 다른 가능성도 고려해 볼 수 있다.

이 안위제신진언을 앞에서 소개한 °소청지신진언과 비교하면, 디미(地尾)가 마리뎨미(沒哩替尾)로 바뀐 것을 제외하고 나머지는 동일하다. 그리고 소청지신진언에 해당하는 진언이 『대일경』 등에는 지신진언(地神真言)으로 설해져 있다. 지신진언에는 마리뎨미(沒哩替尾)에 해당하는 말이 pṛthivyai(지신님께)를 온전하게 음역한 바리지베예(鉢哩體吠曳)[559]로 표기되어 있다. 이에 따라 디미(地尾)와 마리뎨미(沒哩替尾)와 바리지베예(鉢哩體吠曳)는 상관되어 있으며, 그 원어도 동일할 말에서 유래했을 가능성이 크다. 그리고 동일한 말로 지목할 수 있는 범어는 pṛthivī이다. 안토지진언(=안위제신진언)과 지신진언이라는 명칭에서 토지와 지신(地神)의 범어가 pṛthivī이기 때문이다.

그러나 디미(地尾)는 pṛthivī의 발음(프리티비)과는 전혀 합치하지 않은 듯하다. 地尾가 pṛthivī의 호격인 pṛthivi의 음역이라면 특히 '地'가 음역으로는 부적합하다. 그런데 중국에서 범어를 한자로 음역한 다양한 방식을 고려하면 地尾는 의역과 음역을 혼합한 표기일 것으로 추정할 수도 있다. 이 경우에 地尾는 pṛthivi를 地로 의역한 후에, 끝 음절인 vi를 尾로 음역하여 덧붙인 말이 된다. 이것이 상당히 어색한 형태이기는 하지만 중국의 불전 번역에서 이처럼 의역과 음역을 혼합한 형태는 일반화되어 있을 뿐만 아니라, pṛthi의 발음을 '地'로 음역한 사례는 찾아볼 수 없기 때문에[560], 그렇게 의역과 음역을 혼합한 형태로 추정해 볼 수 있다.

559) 다른 음역의 사례는 °소청지신진언에서 인용한 지신진언 참조.

560) 의역과 음역을 혼합한 일례로는 °갈마바라밀보살진언에서 언급한 금강갈

이상과 같이 추정해 본 이유는 안위제신진언이 안토지진언으로 불렸으므로 진언의 내용도 토지(地)와 밀접한 연관이 있을 것이기 때문이다. 이 점을 무시한다면, 안위제신진언에서 언급한 디미(地尾)의 범어를 divi로 한정한 것이 진언의 명칭과는 잘 부합한다. 그러나 『예념왕생문』의 내외안토지진언에서 '디리'의 한자를 '地尾哩'로 표기한 것은 납득하기 어렵다. 만약 오기가 아니라면, 안위제신진언(=안토지진언)과 구분하기 위해 리(哩)라는 발음을 끝에 붙였을 수도 있다.

안장엄진언(安莊嚴真言): 장엄으로 안치하는 진언

"옴 바아라 바라나 미보사니 사바하"
唵 嚩日囉 婆囉拏 尾部瑟尼 娑嚩賀
oṃ vajra-bharaṇa-vibhūṣaṇi svāhā
"옴! 금강으로 치장한 장엄이여, 기원하옵니다."

이 진언은 『불설일체여래안상삼매의궤경』에 동일한 명칭과 내용으로 설해져 있다.561) 그러나 °안불안진언의 경우처럼 이 진언의 내용을 범문으로 알 수 있는 근거는 한글 진언집에 기재된 실담자가 거의 유일하다.562) 다행히 이 실담자는 온전한 범어를 구

마(金剛羯摩)를 들 수 있다. 금강업(金剛業)이라는 번역으로 통용되는 범어 vajra-karma에서 vajra를 '금강'으로 의역하고 karma를 '갈마'로 음역한 말이 금강갈마이다. 그리고 우리말의 진언에서 '디'로 발음한 地는 대부분 dhi 또는 di, 간혹 ti를 음역하는 한자로 사용된다. 일반적인 예를 들면 samādhi는 三摩地, 'tadyathā'는 哆地夜他/他地耶他, bodhi는 冒地, samāpatti는 三摩鉢地라는 음역으로 통용된다.

561) 佛說一切如來安像三昧儀軌經(T 21:934b): "次誦安莊嚴真言. 唵 嚩日囉 婆囉拏 尾部瑟尼 娑嚩賀"

562) 『조상경』의 경우에는 이 진언이 한글 진언집과 동일하게 유점사본(1824

사하고 있다.

안좌진언(安座真言): 자리를 받아 편안하게 앉는 진언

"옴 마니 군다리 훔훔 사바하"
唵 摩尼 軍荼利 吽吽 莎訶
oṃ maṇi-kuṇḍale hūṃ hūṃ svāhā
"옴! 보주(寶珠)를 지니신 군다리명왕님께, 훔! 훔! 기원하옵니다."

『불자필람』에서는 한글 진언집에 수록된 이 진언을 수위안좌(受位安座)진언, 즉 '자리를 받아 편안하게 앉는 진언'으로 수록했는데, 이 명칭은 『수위안좌』에서 유래한 것으로 보인다. 『범음산보집』에는 "다음에 법주(法主)는 수위안좌편을 마치고 자리를 드리는 게송을 아래와 같이 읊는다."라고 설명하는 협주에 이어 게송과 함께 이 진언이 수록되어 있다.[563] 그러나 『광대보누각선주비밀다라니경』에 따르면 이 진언의 본래 명칭은 좌단주(坐壇呪)이다.[564]

이 진언에서 언급한 군다리(軍荼利)의 원래 의미는 물병[水瓶]이며, 밀교에서는 5대 명왕(明王)의 한 분인 감로군다리(甘露軍荼利)라는 이름에 적용된다. 이는 물병에 담긴 것이 감로수라고 생각하기 때문일 것이다. 위의 진언에서는 보주인 마니주(摩尼珠)가 감로를 대신한다.

년)에 추가되어 있고 그 이전의 판본에는 없다.

563) "次法主 受位安座篇畢 獻座云云 … 唵 摩尼 軍荼利 吽吽 莎訶." 김두재(2012) p. 196.

564) 廣大寶樓閣善住祕密陀羅尼經 권下(T 19:649c): "坐壇呪曰. 唵 摩尼 軍荼利 吽吽 莎訶"

안토지진언(安土地真言): 토지를 편안하게 하는 진언 → 안위제신진언

연화바라밀보살진언(蓮華波羅蜜菩薩真言): 법금강(法金剛)보살님께 기원하는 진언

"옴 달마바아리 하릭"
唵 達摩嚩日哩 紇哩
oṃ dharma-varji hrīḥ
"옴! 법금강[보살]이시여, 흐리히!"

『조상경』의 불복장 작법에서 보병을 서방에 안치하면서 읊는 이 진언이 한글『진언집』에는 금강법인주(金剛法印呪)로 수록되어 있다. 진언의 명칭인 연화바라밀보살은 '법금강(法金剛)보살' 또는 '법바라밀(法波羅蜜)보살'로도 불린다. 예컨대 이 진언의 전거가 되는『불설유가대교왕경』과『묘길상대교왕경』에서는 이 진언을 각각 법금강보살과 법바라밀보살이라는 명칭의 진언으로 설한다.565) 이 보살은 밀교의 만다라에서 동서남북에 각각 배치하는 4바라밀보살의 일원으로서 지혜의 법문을 설하는 덕을 상징한다.

이 진언의 내용에서 달마바아리(達摩嚩日哩)는 dharma와 varji라는 범어의 음역이다. 그리고 불전에서 이 둘은 각각 법(法)과 금강(金剛)이라는 의역으로 널리 통용되어 있다. 다만 varji는 여성

565) 佛說瑜伽大教王經 권1(T 18: 563a): "法金剛菩薩真言曰. 唵 達哩摩嚩日哩 吽." 이 경전에서는 만다라의 서방에 법금강보살을 안치하라(T 18: 561b)고 설한 후에 이 진언을 제시하는데, 진언의 내용에는 하릭(紇哩, hrīḥ)이라는 종자가 훔(吽, hūṃ)으로 바뀌어 있다.
妙吉祥平等祕密最上觀門大教王經 권1(T 20:907a): "西方珊瑚寶瓶 紅色表於佛瓶表法波羅蜜菩薩 以菩薩真言加持一百八遍 真言曰. 唵 達摩嚩日哩 唲哩以" 이 진언에서 종자 흘리이(唲哩以)는 범어 흐리히(hrīḥ)의 온전한 음역이므로, 이 진언은 연화바라밀보살진언과 일치한다.

명사인 varjī를 부르는 말(호격)이므로, 법금강이 보살의 이름일 경우에는 법금강녀(法金剛女)로 표현하기도 한다.[566]

연화부소청진언(蓮華部召請真言): 관음보살님을 불러 청하는 진언

"나모 사만다 못다남 옴 아로륵가 예혜혜 사바하"
曩謨 三滿哆 沒馱喃 唵 阿路力迦 伊呬曳呬 莎訶
namaḥ samanta-buddhānām oṃ alolik[567] ehy ehi svāhā
"어디에나 계시는 모든 부처님들께 귀의하옵고, 옴! 온화(穩和)한 분이시여, 오소서 오소서, 기원하옵니다."

대장경에서는 볼 수 없는 이 진언은 °금강부진언이나 °불부소청진언 등의 경우와 같은 방식으로 한국불교에서 개발한 독자적인 진언들에 속한다. 즉 『무량수여래관행공양의궤』에서 무량수불을 청하여 맞이하는 진언으로 설한 "옴 아로륵가 예혜혜 사바하"[568] 앞에 "나모 사만다 못다남"을 붙인 것이 연화부소청진언이다.

위의 진언 중에서 "옴 아로륵가 사바하"(옴! 온화한 분이시여, 기원하옵니다.)만을 추출하면 연화부심(蓮華部心)진언, 관자재보살심(觀自在菩薩心)진언, 관음만원(觀音滿願)진언, 관음연화부심(觀音蓮華部心)다라니, 관음보살멸업장(觀音菩薩滅業障)진언 등으로 불리는[569] 별개의 유명한 진언이 된다. 그러므로 연화부소청진

---

566) 이와 관련된 내용은 °갈마바라밀보살진언 참조.

567) 아로륵가(阿路力迦)의 원어인 alolik을 'ālolik'으로 표기한 경우도 있어 어원을 둘러싸고 추측이 무성하지만 모두 범어의 속어형이다. 불공견삭신주심경(不空羂索神呪心經)의 범본에 "oṃ alolika svāhā"라는 용례가 있으므로 alolik는 alolika(번덕이나 탐욕이 없는)의 속음으로 간주된다. 문법적으로는 ālolik도 같은 의미로 통용될 수 있다.

568) 無量壽如來觀行供養儀軌(T19:69b): "唵 阿嚧力迦 曀醯呬 娑嚩賀"

569) 奇特最勝金輪佛頂念誦儀軌法要(T 19:191a): "蓮華部心真言曰. 唵 阿嚕力迦 娑

언으로 소청하는 대상, 즉 '온화한 분'은 관음보살임을 알 수 있다.

그런데 한국불교에서는 또 하나의 불부소청진언도 통용되고 있다. 『밀교개간집』에 수록된 이 진언은 한자가 없이 한글로만 기재되어 있다.570) 『제반문』에 기재된 한자에 의거하여 이 진언의 내용을 다음과 같이 풀이할 수 있다.

> "나모 사만다 못다남 옴 바나마 나바바야 사바하"
> 南無 三滿多 沒馱喃 唵 嚩納摩 訥嚩婆野 莎訶
> namaḥ samanta-buddhānām oṃ padmodbhavāya svāhā
> "어디에나 계시는 모든 부처님들께 귀의하옵고, 옴! 연화(관음보살)의 출현을 위해 기원하옵니다."

이 경우도 두 가지의 진언을 조합한 것이다. 즉 『약사여래관행의궤법』에서 설한 연화부삼매야(蓮華部三昧耶)진언571) 앞에 "나모 사만다 못다남"을 붙여 불부소청진언으로 개발했다.

예적대원만다라니(穢迹大圓滿陀羅尼): 몸과 마음을 모두 청정하게

嚩賀"
聖觀自在菩薩心真言瑜伽觀行儀軌(T 20:6a): "誦觀自在菩薩心真言 七遍 … 唵 阿嚧力迦 娑嚩賀"
大虛空藏菩薩念誦法(T 20:603b): "蓮華部心真言 唵 阿嚧力迦 娑嚩賀"
補陀洛迦山傳題辭(T 51:1139b): "觀音滿願真言曰. 唵 阿嚕力伽 娑婆訶"
慧日永明寺智覺禪師自行錄(X 63:161a): "旋繞念觀音蓮華部心陀羅尼 … 唵 阿盧勒繼 娑嚩訶"
諸經日誦集要 권下(J 19:175c): "觀音菩薩滅業障真言 唵 阿魯勒繼 莎婆訶"

570) "나모 사만다 못다남 옴 바나마 나바바야 사바하" 朴世敏(1993, 제3집) p. 265.

571) 藥師如來觀行儀軌法(T 19:23c): "即誦蓮華部三昧耶真言曰. 唵 跛娜謨 納婆嚩耶 娑嚩賀" (옴 바나마 나바바야 사바하)

하는 진언

"옴 ①빌실구리[572] ②마하 바라③한내 ④믹즙믹 ⑤혜마니 ⑥미길⑦미마나셰 옴 ⑧자가나 오심모 구리 훔훔훔 박박박박박 사바하"[573]
唵 ①佛舌屈律 ②摩訶 鉢囉③恨那礙 ④勿汁勿 ⑤醯摩尼 ⑥微吉⑦微 摩那栖 唵 ⑧斫急那 烏深慕 屈律 吽吽吽 泮泮泮泮泮 莎訶

❶ oṃ ①vajra-krodha ②mahābala ③hana daha ④paca matha ⑤hemāni(?) ⑥vikiraṇa ⑦vimanase oṃ ⑧cāgny(?)-ucchuṣma krodha hūṃ hūṃ hūṃ phaṭ phaṭ phaṭ phaṭ phaṭ svāhā
①"옴! 분노하시는 금강이시여, ②'대위력을 지닌 분'(마하마라)이시여, ③타파하고 태우시고 ④태워 없애 파괴하소서, ⑤충동들을(?) ⑥쓸어버리는 분이시여, ⑦어리석은 자를 위해 옴! ⑧또한 불길처럼(?) 분노하시는 오추슬마[명왕]이시여, 훔! 훔! 훔! 팟! 팟! 팟! 팟! 팟! 기원하옵니다."

❷ oṃ ①bhur kuṃ ②③mahāpraṇaye ④bhurci bhur kaṃ ⑤hemāni(?) vikiraṇa vimanase oṃ cāgny(?)-ucchuṣma krodha hūṃ hūṃ hūṃ phaṭ phaṭ phaṭ phaṭ phaṭ svāhā
"옴! ①분투하는 분이시여(?), 쿰! ②③위대한 애정을 위해

---

572) 한글 진언집 중에서 안심사본과 만연사본은 '빌살구리', 망월사본과 『조상경』은 '빍쉬구리'로 읽었으나 『밀교개간집』과 『불자필람』에서는 실용음가에 맞추어 '빌실구리'로 읽는다.

573) 불전들에 따라 혼잡한 양상을 드러내는 이 진언의 범문은 두 가지로 알려져 있다. 이 때문에 한글 진언집에 표기된 띄어 읽기는 더욱 혼동을 야기한다. 여기서는 한글 진언집의 띄어 읽기를 유지하되, 두 가지의 범문과 어떻게 연결되는지를 알 수 있도록 한글, 한자, 범문, 번역에 맞추어 원 번호를 붙여 두었다. 두 가지 범문 중 ❶은 이하에서 고찰할 대심진언을 적용한 것이고, ❷는 대원만다라니신주예적진언을 적용한 것이다. 그리고 두 가지 범문에서 차이가 있는 부분만 밑줄로 표시했다. 둘 중에서 ❷보다는 ❶이 한자로 표기한 진언에 더욱 부합한 것으로 보인다.

④분투하는 분이시여, 치! 분투하는 분이시여, 캄! ⑤충동들을(?) 쓸어버리는 분이시여, 어리석은 자를 위해 옴! 또한 불길처럼(?) 분노하시는 오추슬마[명왕]이시여, 훔! 훔! 훔! 팟! 팟! 팟! 팟! 팟! 기원하옵니다."

한글 진언집과 『조상경』 등에 수록된 이 다라니가 『혜일영명사지각선사자행록』에는 "몸과 마음으로 안팎의 경계가 실로 모두 청정해지는 진언"인 '예적다라니', 『제경일송집요』에는 예적금강신주(穢跡金剛神咒)로 수록되어 있다.[574] 이처럼 진언의 명칭에 있는 '예적'은 °아촉화신진언³에서 소개한 '오추슬마'를 지칭하므로, 이 다라니는 오추슬마명왕에게 기원하는 진언이다. 마하마라(摩訶摩羅)로 음역된 mahābala의 의미를 '대위력'으로 번역하여, 흔히 이 말을 이 명왕의 이름 앞에 붙이는 것은 오추슬마와 마하마라가 동일한 명왕이기 때문이다. 그래서 예적대원만다라니의 연원도 『대위력오추슬마명왕경』, 『대위노오추삽마의궤경』, 『예적금강설신통대만다라니법술영요문』(이하 『예적금강영요문』) 등에서 찾을 수 있다.

그러나 연원이 되는 진언의 내용에는 예적대원만다라니에 있는 ⑤혜마니(醯摩尼)와 ⑥자가나(斫急那)가 없을 뿐만 아니라, 그 진언들 사이에도 불전에 따라 다소 미묘한 차이가 있다. 그러므로 예

574) 慧日永明寺智覺禪師自行錄(X 63:164a): "穢跡陀羅尼 … 身心內外境界 悉皆清淨 真言曰. 唵 佛舌屈聿 摩訶 鉢囉恨那嘚 勿汁勿 醯摩尼 微吉微 摩那棲 唵 斫急那 烏深暮 屈聿 詳詳吽 泮泮泮泮泮 娑訶"
諸經日誦集要 권中(J 19:162a): "穢跡金剛神咒. 唵 咈咶啒啤 摩訶 般羅狠那嘚 吻汁吻 醯摩尼 微咭微 摩那棲 唵 斫急那 烏深暮 啒啤 吽吽吽 泮泮泮泮泮 莎訶"
여기서는 진언의 분절을 우선 한글 진언집에 표시된 띄어 읽기에 맞추어 두었으나, 추정된 범문에 따라 일부는 바뀔 수 있다.

적대원만다라니의 범문 중 일부는 잠정적으로 추정할 수밖에 없다.[575] 예적대원만다라니의 연원이 되는 진언들 중에서 일차적으로 주목할 만한 것은 『대위노오추삽마의궤경』에서 설하는 대심진언(大心真言)이다. 『오추삽명왕의궤범자』에는 이 진언의 범문이 실담자로 명시되어 있기 때문이다. 이에 의거하여 대심진언의 내용을 다음과 같이 풀이할 수 있다.

❶ 대심진언

唵 嚩日囉 俱嚕馱 摩訶麼囉 訶曩娜訶 跛者 尾馱望娑 烏樞瑟麼 [俱嚕]馱 吽 泮吒[576]

(옴 바아라 구로다 마하마라 하나나하 바자 미다망사 오추슬마 [구로]다 훔 바닥)

oṃ vajra-krodha mahābala hana daha paca vidhvaṃsaya ucchuṣma-krodha hūṃ phaṭ svāhā[577]

"옴! 분노하시는 금강이시여, '대위력을 지닌 분'(마하마라)이시

---

575) 한글 진언집을 비롯한 『조상경』과 『밀교개간집』의 실담자로는 이 다라니의 범문을 전혀 파악할 수 없다. 예컨대 한글 진언집에는 "oṃ pīḥrṣīḥrkerī mahā prahadai mīḥghamīḥ hemaṇi mikirmi maṇase oṃ cakana ausiṃmu korī hūṃ hūṃ hūṃ phaṭ phaṭ phaṭ phaṭ phaṭ svāhā"로 기재되어 있다. 이 중에서 oṃ(唵), mahā(摩訶), hūṃ(吽), phaṭ(泮), svāhā(莎訶)를 제외한 나머지는 범어로 성립될 수 없는 표기이다.

576) 大威怒烏芻澁麼儀軌經. T 21, p. 136b. 원문에는 '烏樞瑟麼 馱'로 되어 있으나, 『오추삽명왕의궤범자』의 범문과 『대위력오추슬마명왕경』에서 설하는 동일한 내용의 진언으로 馱 앞에 '俱嚕'가 누락되었음을 알 수 있다. 大威力烏樞瑟摩明王經 권下(T 21:157c): "復次密言曰. … 唵 嚩日囉 俱路馱 摩訶麼攞 訶曩娜訶 跛者 尾馱望娑也 烏芻瑟麼 俱路馱 吽 頗吒 娑嚩訶"

577) 烏芻澁明王儀軌梵字. T 21, p. 141b. 원문의 vithaṃsaya와 ucchaṣma를 각각 vidhvaṃsaya와 ucchuṣma로 교정했다. 八田幸雄(1985:128, 948번)은 vithaṃsaya를 vidhamanasya(괴멸하시는)으로 교정했는데, 이 경우에는 음역의 형태로 보면 vidhvaṃsaya가 더 적합하고 의미에는 차이가 없다.

여, 타파하고 태우시고 태워 없애 괴멸하게 하소서. 분노하시는 오추슬마[명왕]이시여, 훔! 팟! 기원하옵니다."

여기서 '분노하시는 금강'이란 금강분노(金剛忿怒) 또는 분노금강으로 불리는 명왕을 가리키며 '대위력을 지닌 분'과 함께 오추슬마명왕을 일컫는다.

위의 진언은 『대위력오추슬마명왕경』에서 설한 대위력명왕수호밀언(大威力明王守護密言)의 후반부에 상당하는데, 여기에는 종자인 훔(吽)과 바닥(頗吒)이 3회씩 반복되는 것 외에도 '마타 미기라나'(麼他 尾吉羅拏, matha vikiraṇa)가 중간에 삽입된 점이 크게 다르다.[578] 그리고 진언의 첫 대목에서 '바아라 구로다'(嚩日囉 俱嚕馱, vajra-krodha)는 예적대원만다라니의 빌실구리(佛舌屈律)와도 크게 다른 것처럼 보인다. 그렇지만 이 다라니에서 '오심모 구리'(烏深慕 屈律)의 범어는 'ucchuṣma krodha'가 분명한 만큼, 빌실구리(佛舌屈律)의 구리(屈律)도 krodha의 음역일 것이다. 이 점을 고려하면 빌실(佛舌)도 vajra의 음역일 수 있다. 그런데 이러한 추정에 찬물을 끼얹는 것은 『예적금강영요문』에 수록된 대원만다라니신주예적진언(大圓滿陀羅尼神呪穢跡真言)이다. 티베트 역본으로 복원한 이 진언의 범문에는 와전 또는 속어일 것으로 보이는

578) 大威力烏樞瑟摩明王經 권下(T 21:157c): "復次大威力明王守護密言曰. … 唵 嚩日囉 俱嚕馱 摩訶麼攞 訶曩娜訶 跛者 <u>麼他 尾吉羅拏</u> 尾馱望娑也 烏芻瑟麼 俱路馱 吽吽吽 頗吒 頗吒 頗吒 娑嚩訶" (… oṃ vajra-krodha mahābala hana daha paca <u>matha vikiraṇa</u> vidhvaṃsaya ucchuṣma krodha hūṃ hūṃ phaṭ phaṭ phaṭ svāhā) 여기에 삽입된 부분(밑줄)은 "파괴하소서, 쓸어버리는 분이시여"라는 의미이다. 이 범문은 중국의 智慧宝箧 사이트에 매우 정확하게 소개되어 있다. 여기서는 matha를 mātha로 기재했으나 이 둘은 동일한 의미로 혼용된다. https://wisdombox.org/Mantra/73_t.pdf (2023.08.18 검색)

모호한 단어(bhur)가 포함되어 있지만, 가능한 의미를 헤아려 다음과 같이 풀이할 수 있다.

❷ 대원만다라니신주예적진언

唵 嚩咶啒嘇 摩訶 鉢囉哏那㝵 吻汁吻 微咭 微摩那栖 嗚深慕 啒嘇 吽吽 泮泮泮 娑訶[579]

(옴 빌실구리 마하바라한내 믹즙믹 미길 미마나셰 오심모 구리 훔훔 박박박 사바하)

oṃ bhur[580] kuṃ mahāpraṇaye bhurci bhur kaṃ vimanase ucchuṣma-krodha hūṃ hūṃ phaṭ phaṭ svāhā[581]

---

579) 穢跡金剛說神通大滿陀羅尼法術靈要門. T 21, p. 158b. 이와 동일한 내용이 『고봉용천원인사집현어록』에는 '정수거예(淨水去穢)진언'으로 수록되어 있다.
高峯龍泉院因師集賢語錄 권7(X 65:28a): "(淨水去穢真言曰) 唵 佛咶啒律 摩訶 鉢囉 恨那碍 吻汁吻 微咭 微摩那栖 嗚唚□嚰 啒律 吽吽 哶哶哶 娑訶"
여기에는 예적대원만다라니에 있는 혜마니(醯摩尼)와 자가나(斫急那)가 없고, 훔(吽)과 박(泮)이라는 종자의 숫자가 각각 3개와 5개에서 2개와 3개로 줄어들었다.

580) bhur는 놀라움을 표시하는 감탄사인 'bhuk'의 와전일 수 있다. 그러나 여기서는 선동하거나 분투한다는 의미의 동사 어근인 √bhur를 명사로 사용했을 것으로 추정했다. 뒤에서 언급하는 bhurci는 'bhur ci'로 읽지 않으면 의미가 성립되지 않는다. 미(微)로 음역된 ci는 태산부군(太山府君, Citragupta)을 상징하는 종자이다. 태산부군은 citragupta의 본래 의미(잡다한 색깔을 지닌 수호자)를 무시하고 중국식으로 의역한 이름인데, 그 이름이 'ci'로 시작하기 때문에 이것을 종자로 사용한다. 또한 쿰(kuṃ)은 금강군다리(金剛軍荼利)보살을 상징하는 종자이며, 캄(kaṃ)은 금강업(金剛業)보살 또는 갈마금강(羯磨金剛)을 상징하는 종자이다. 그러나 kaṃ을 '길(咭)'로 음역할 수는 있겠지만, kuṃ을 '구리(啒嘇)'로 음역했다는 것은 납득하기 어렵다.

581) 원문에 bimanase와 ucuṣma로 표기된 것을 각각 vimanase와 ucchuṣma로 교정했다. 이 범문은 한글대장경의 『예적금강설신통대만다라니법술령요문』 및 중국의 显密经藏 사이트에 게시되어 있다. https://w.xianmijingzang.com/tibet/down/id/9827

"옴! 분투하는 분이시여(?), 쿰! 위대한 애정을 위해 분투하는 분이시여, 치! 분투하는 분이시여, 캄! 어리석은 자를 위해 분노하시는 오추슬마[명왕]이시여, 훔! 훔! 팟! 팟! 기원하옵니다."

그런데 위의 진언에서 'bhur kuṃ'을 빌실구리(㗚唎嘱嘍)로 음역했다는 것은 원음과 음역이 너무 판이하므로 그대로 수용하기 어렵다. 더욱이 뒷 대목에서 언급하는 구리(嘱嘍)는 분명히 krodha의 음역인데, 그다지 길지도 않은 범문에서 똑같은 한자로 전혀 다른 발음을 표기했다는 것은 아무래도 납득할 수 없기 때문이다. 아마도 『예적금강영요문』의 역자가 'bhur kuṃ'이 금강분노명왕을 일컫는 것으로 이해하여, 이 말을 명료하게 'vajra-krodha'로 바꾸면서 㗚唎嘱嘍로 음역했을 것이라고 추정하는 것이 그나마 납득할 만하다.582)

(2023.08.19 검색)

582) 대정신수대장경의 각주(T 21:158b, n. 24)에는 다른 판본(甲)에 수록된 대원만다라니신주예적진언이 기재되어 있다. 그런데 이 진언은 앞의 대심진언(①)에서 소개한 대위력명왕수호밀언의 후반부와 마찬가지로 '伐折囉 倶嚕陀'(vajra-krodha)로 시작하며, 나머지도 거의 동일하다. 다만 다음과 같이 중간에 跛者(paca)가 누락되고 '社置羅 藍謨馱羅'가 삽입되어 있으나, 진언의 취지에는 차이가 없다.

"唵 伐折囉 倶嚕陀 麼訶麼羅 訶那娜訶 麼他 微枳羅 尾陀防沙咩 社置羅 藍謨馱羅 烏樞沙麼 倶嚕馱 吽 泮吒 娑婆訶" (oṃ vajra-krodha mahābala hana daha matha vikira vidhvaṃsaya vajra-dharma-dhara? ucchuṣma krodha hūṃ hūṃ phaṭ phaṭ phaṭ svāhā)

여기서 '社置羅 藍謨馱羅'는 이 진언에서만 언급되므로 범어를 확정할 수 없으나, 'vajra-dharma-dhara'(금강의 법을 지닌 분이시여)의 음역일 가능성이 크다. 이처럼 『예적금강영요문』에 수록된 진언이 판본에 따라 차이가 있는 것은 전승 과정에서 변용과 교정이 반복되었기 때문일 것으로 추정된다. 池 麗梅(2011)는 『예적금강영요문』이 원형으로부터 돈황본(敦煌本), 송판(宋板)대장경, 고려대장경, 대정신수대장경에 이르기까지 변용과 교정이 지속되었다는 사실을 고찰했다.

그러나 앞의 두 진언(❶❷)에도 혜마니(醯摩尼)와 자가나(斫急那)는 없을 뿐만 아니라, 다른 불전들에서도 용례를 찾을 수 없다. 그러므로 이 둘의 범어는 순전히 발음과 맥락을 고려하여 가장 근접한 것으로 추정할 수밖에 없다. 잠정적인 추정으로 혜마니와 자가나에 각각 근접하는 범어로는 충동(일시적 감정)을 의미하는 heman의 복수 목적격인 hemāni와 '또한 불'이라는 의미의 cāgni (ca agni)를 지목할 수 있다.

예적대원만다라니는 오추슬마명왕에게 기원하는 진언이고, 『일체경음의』에서는 오추슬마를 분소예악(焚燒穢惡), 즉 '더러운 것과 사악한 것을 태워 버린다'는 의미로 해석한다.583) 이 점을 고려하면 더럽거나 사악한 것에 상당하는 heman(충동)과 태우는 것에 상당하는 agni(불)라는 단어가 예적대원만다라니에 포함되었을 가능성을 상정할 만하다. 이에 따라 예적대원만다라니의 범문에서 혜마니(醯摩尼)는 hemāni(충동들을), 자가나(斫急那)는 cāgni (또한 불길처럼)의 음역일 것으로 추정해 두었다.

오색사진언(五色絲真言): 오색사의 평선(抨線)을 기원하는 진언

> "옴 바아라 삼매야 소다람 아리마리 사바하"
> 唵 嚩日羅 三昧耶 素怛嚂 阿哩摩哩 莎訶
> oṃ vajra-samaya sūtraṃ mātikrama(?) svāhā
> "옴! 금강[과 같은] 평등의 경지여, 평선을 헤아려 넘어가소서, 기원하옵니다."

대장경에는 이와 동일한 명칭이 없다. '오색사진언'이라는 명칭은 한국불교에서만 통용된 것으로 보이는데, 그 연원은 선조 8년

583) 一切經音義 권36(T 54:545c): "梵云烏蒭澀摩 義譯云焚燒穢惡." 더 상세한 설명은 「아촉화신진언」, 池 麗梅(2011) p. 217 참조.

(1575) 보림사(寶林寺)에서 간행된 『제반문』으로 거슬러 올라간다. 다만 이 『제반문』에는 오색사진언이 한자로만 기재되어 있다. 한글 진언집의 경우에는 망월사본(1800년)에서야 실담자와 함께 이 진언을 수록하였으며, 『조상경』의 경우에는 유점사본(1824년)에 망월사본과 동일하게 수록되었다.

그러나 오색사진언의 전거는 『현증삼매대교왕경』에서 설하는 평선결계대명(抨線結界大明)에서 찾을 수 있다.[584] 오색사진언은 이 평선결계대명에 사바하(莎訶)를 붙인 것으로 보이는데, 아리마리(阿哩摩哩)라는 음역의 정체를 알 수 없다는 것이 난관이다. 평선결계대명에는 '아리마리'에 해당하는 말이 마디가라마(摩底訖囉摩, mātikrama)로 표기되어 있다. 한글 『진언집』은 아리마리의 실담자를 'arimari'로 표기했으나, 현재 파악할 수 있는 다른 모든 진언뿐만 아니라 범어에도 이런 말은 없다.[585] 그러므로 오색사진언에서만 언급되는 '阿哩摩哩'는 일단 摩底訖囉摩의 와전일 것으로 추정할 수밖에 없다.

오색사진언에서 말하는 소다람(素怛囕, sūtraṃ)은 경(經)이 아니라 sūtra의 본래 의미인 가닥 또는 실[絲]을 가리킨다. 결계(結

---

584) 佛說一切如來真實攝大乘現證三昧大教王經 권10(T 18:376a): "即說抨線結界大明曰. 唵 嚩日囉 三摩野 蘇怛囕 摩底訖囉摩" 이 진언의 범문은 "vajra-samaya sūtraṃ mātikrama"이다. 그러나 다른 경전의 범본에는 "oṃ vajra-samaya sūtraṃ mātikrama hūṃ"(名取玄喜 2022:146), "oṃ vajra-samaya sūtraṃ mātikrama <u>hūṃ hūṃ oṃ</u> svāhā"(Mori 2009:147-8)라는 범문이 있다. 후자의 경우에는 'hūṃ hūṃ oṃ'을 제외하면 오색사진언과 일치한다.

585) arimari를 'ari-māri'로 교정할 수는 있지만, 이 경우에는 '적을 살해하는 자'라는 의미가 되어 진언의 명칭이나 취지와는 전혀 들어맞지 않는다. 만약 'ari-mali'로 교정할 경우에는 '적을 가진 자'가 되어 역시 이상한 의미가 된다.

界) 의례에서 이 sūtra는 금강선(金剛線)으로 불리므로[586], 평선결계대명이라는 명칭에서 평선(抨線)은 이 금강선을 가리킨다. 그리고 『현증삼매대교왕경』에서는 평선에 관해 다음과 같이 설명한다.

> 저 모든 모퉁이는 본래의 의궤에 의거하여 그 경계의 모퉁이를 알맞게 측량해야 하니, 이것이 바로 평선 의궤이다. 이 다음에는 그렇게 '측량된 선'(평선)을 따라가면서 다섯 가지의 색을 사용하여 깨끗하고 원만하게 한다.[587]

그러므로 오색사진언은 평선 의궤의 원만한 성취를 기원하는 진언이라고 이해할 수 있다.

오여래진언(五如來真言): 다섯 여래님께 기원하는 진언

한글 진언집의 안심사본에는 수록되지 않았던 °아촉불진언, °보생불진언, °무량수불진언, °불공성취불진언, °비로자나불진언이 만연사본과 망월사본에 수록되어 있다. 그런데 5불(佛)에게 기원하는 이 진언들이 『대교왕경약출호마의』에는 각각 아촉여래, 보생여래, 아미타여래, 불공성취여래, 비로자나여래에게 기원하는 '오여래진언'으로 수록되어 있다.[588]

---

586) 密教學會(1983) p. 1089a. 금강선의 온전한 범어는 vajra-sūtra이며, 다섯 분의 여래가 각각 지닌 지혜를 상징하는 5색(白赤黃青黑)의 실을 엮어서 만든 끈을 가리킨다. 佐和隆研(1974) p. 240.

587) 佛說一切如來真實攝大乘現證三昧大教王經 권15(T 18:391c): "彼諸隅分依本儀抨其隅界當如量, 此即抨線儀軌. 然後隨其所抨線 用五種色淨圓滿."

588) 妙吉祥平等觀門大教王經略出護摩儀(T 20:935b): "燒物供養五如來真言曰. 毘盧遮那如來 … 阿閦如來 … 寶生如來 … 阿彌陀如來 … 不空成就如來 …"

오여래진언의 구성과 내용은 매우 간략하다. 즉, 옴(唵)으로 시작하여 해당하는 여래 또는 부처님을 상징하는 종자로 끝나는데, 이 사이에 그 여래의 이름을 부를 뿐이다.

오륜종자진언(五輪種字真言) → 법신진언

오정진언(五淨真言): 다섯 가지로 정화하는 진언

"옴 미셔제[뎨] 사바하"
唵 尾鼠諦 莎賀
oṃ viśuddhe svāhā
"옴! 청정함이여, 기원하옵니다."

이 진언은 안심사본과 만연사본의 한글 진언집에는 없고 망월사본에 수록되어 있으므로 후대에 추가된 것으로 보인다. 그러나 『불설대아미타경』에 이와 동일한 내용이 오정진언으로 수록되어 있다.[589)]

오정(五淨)은 소[牛]의 오줌(尿), 대변(糞), 우유(乳), 낙(酪, 요구르트), 소(酥, 치즈)를 가리킨다. 인도에서는 예로부터 소를 신성시하여 소에서 나오는 이 다섯 가지도 청정한 것으로 여겼다. 그리고 이것들을 재단(齋壇)을 설치할 때 또는 법구(法具)나 재단을 정화하는 재료로 사용했다. 다만 오줌과 대변은 땅에 떨어지기 전에 받은 것을 사용해야 정화의 효력이 있다고 믿었다.

욕건만나라선송 정법계진언(欲建曼拏羅先頌 淨法界真言): 만다라를 세우기 위해 먼저 읊어 법계를 청정하게 하는 진언

---

589) 佛說大阿彌陀經 권上(T 12:327a): "次誦五淨真言. 唵 尾鼠提 娑婆訶"

"옴 람"
唵 囕
oṃ raṃ
"옴! 람!"

이 진언은 한글 진언집에 수록된 세 가지 °정법계진언들 중의 셋째이며, 『범음산보집』에서도 이 진언을 '정법계진언'으로 약칭한다. 여기서 람(囕, raṃ)이라는 종자는 순수하고 청정함을 의미한다.

운심공양진언(運心供養真言): 마음을 움직여 음식을 드시게 하는 진언

"나막 살바 다타아제[뎨]박[뱍] 미새바모계박[뱍] 살바타캄 오나아제[뎨] 사바라[쌔라] 혜맘 옴 아아나 감 사바하"
那莫 薩嚩怛 佗糵帝毗藥[590] 尾濕嚩慕契毗藥 薩嚩佗欠 鄔娜誐帝 娑頗囉 系牟含 唵 誐誐娜 劒 娑嚩賀
namaḥ sarva-tathāgatebhyo viśva-mukhebhyaḥ sarvathā kham udgate sphara he māṃ oṃ gagana-khaṃ svāhā
"모든 것을 인도하시는 일체의 여래들께 귀의하옵니다. 온갖 방법으로 공(空)을 확장하는 분이시여, 오! 저를[591], 옴! 허공 속의 공을 펼치소서, 기원하옵니다."

한글 진언집을 비롯하여 『밀교개간집』, 『불자필람』, 『석문의범』

---

590) 비약(毗藥)은 범어 'bhyo'를 음역한 한자이므로, 한글 진언집에서 이 원음을 구현하기 위해 '뱍'으로 표기했다.

591) 秋山 学(2012:20)은 이에 해당하는 혜맘(系牟含)의 범문을 'he mām'이 아니라 'hi imaṃ'으로 제시한다. 이에 따르면 이하의 번역은 "옴! 실로 이 허공 속의 공을 펼치소서"로 바뀐다. 그러나 그는 거의 동일한 다른 진언에서는(p. 47) 'hi imaṃ'이 아니라 'he māṃ'으로 기재한다.

에도 수록되어 있는 이 진언은 『소실지갈라공양법』에서 설하는 운심공양진언이 확장된 형태이다.592) 『유가집요염구시식의』에는 여기에 옴(唵)이 추가되고 사바라(娑頗囉, sphara)가 사바라납(斯登囉納, spharaṇa)로 바뀐 형태로 수록되어 있으나, 진언의 내용에는 차이가 없다.593) 『밀교개간집』의 한글 표기는 한글 진언집과 동일하지만, 『불자필람』과 『석문의범』에는 한자 및 한글이 약간 다르게 표기되어 있다.594)

원성취진언(願成就真言): 소원 성취를 기원하는 진언

> "옴 아모가 살바다라 사다야 시베 훔"
> 唵 旃暮伽 薩婆怛囉 縒陀野 始廢 吽
> om amogha sarvatra sattvāya śive hūṃ.
> "옴! 견실한 분(不空尊)이시여, 언제 어디서나 중생에게 축복이 있기를, 훔!"

이 진언을 '대원성취진언'으로 일컫는 것은 『석문의범』과 『불자

---

592) 蘇悉地羯羅供養法 권下(T 18:702c): "唵 薩囉嚩 他烏骨那蘖帝 娑頗囉 呬門 伽伽囊劍 莎訶" 이것의 범문은 아래와 같이 파악할 수 있다.
oṃ sarva-tathāgate sphara he maṃ gagana-khaṃ svāhā
"옴! 일체의 여래님이시여, 오! 저를, 허공 속의 공을 펼치소서, 기원하옵니다."

593) 瑜伽集要燄口施食儀(J 19:207a): "那麻 薩哩斡 荅塔葛的毘牙 月說穆契毘牙 <u>唵</u> 薩哩斡塔 肏 烏忒葛的 <u>斯登囉納</u> 兮慢 葛葛捺 肏 莎訶" (namaḥ sarva-tathāgatebhyo viśva-mukhebhyaḥ <u>oṃ</u> sarvathā kham udgate <u>spharaṇa</u> he maṃ gagana-khaṃ svāhā) 첫 구절 다음에 '옴!'이 추가된 것만 제외하고 이 진언의 의미는 운심공양진언과 동일하다.

594) 『석문의범』: "那莫 薩婆怛他 我帝毗藥尾 薩縛 慕契毗藥 薩婆他欠 烏那我帝 頗羅惠輅 唵 我我那劒 婆縛訶 / 나막 살바다타 아뎨뱍미 새바 모계배약 살바다캄 오나아제 바라혜맘 옴 아아나감 사바하" 安震湖(1935下) p. 5.

필람』에서 유래하지만[595], 한글 진언집과 『밀교개간집』에는 '원성취진언'으로 수록되어 있다. 대장경에는 성취를 기원하는 다양한 종류의 진언이 수록되어 있으나, 이 원성취진언와 동일한 내용의 진언은 없다.

월덕수진언(月德水真言): 월덕방에서 물을 길어 오는 진언

"옴 바아라 훔밤 사바하"
唵 嚩日囉 鋑 莎賀
oṃ vajra hūṃ vaṃ svāhā
"옴! 금강이시여, 훔! 밤! 기원하옵니다."

이 진언은 대장경은 물론이고 한글 진언집뿐만 아니라, 조선시대까지 간행된 의례서에서도 찾아볼 수 없다. 심지어 일제강점기에 간행된 『불자필람』과 『석문의범』에도 수록되어 있지 않다. 그러므로 현재 통용되고 있는 이 진언은 비교적 근래에 한국불교에서 창안한 것으로 보인다.[596]

월덕방(月德方)과 월덕수(月德水)는 불전에서도 전혀 언급되지 않는다. 그러나 한국불교에서 월덕수진언은 『예수재의찬요』의 .조전지법(造錢知法)에서 유래했을 것으로 추정해 볼 수 있다. 월덕방은 일찍이 중국에서부터 달[月]로써 길한 방위를 헤아리는 술법으로 통용되었다. 그래서 월덕방은 달의 상서로운 덕(德)을 조응

595) 安震湖(1935上) p. 93. 『불자필람』의 경우에는 동일한 진언을 처음에는 '원성취진언'으로, 나중에는 '대원성취진언'으로 수록했다. 崔就墟・安錫淵(1931) pp. 3, 14.

596) 월덕수진언은 (사)생전예수재보존회에서 2017년부터 간행해 온 『우리말 생전예수시왕생칠재의찬문』의 부록 중 택전의식(擇錢儀式)에서 조전(造錢)진언과 성전(成錢)진언의 바로 앞에 한글로만 수록되어 있다. 그러나 이 전언이 실제 사용된 시기는 이보다 훨씬 이르다.

하는 방위이며, 달마다 다른 이 방위에서 길어 온 물이 월덕수이다.

『예수재의찬요』의 조전지법에서는 "월덕방에서 물을 한 되 길어다가 돈[錢] 위에 두루 뿌리고 성전(成錢)진언 등을 읊어 주(呪)를 설한다."[597]라고 월덕수의 용도를 제시한다. 그런데 후술할 조전진언은 "옴 바아라 훔 사바하"이므로, 이 진언 중의 훔(吽)에 밤(鋑)을 추가하면 월덕수진언이 된다.

위리주(爲利呪): 중생을 이롭게 하는 주문 → **보례삼보진언**[2]

이 같은 명칭의 진언은 대장경을 비롯하여 한국불교의 진언집에서도 볼 수 없다. 그러나 이 명칭의 유래는 『범음산보집』에서 언급한 위리게주(爲利偈呪)에서 찾을 수 있다. 위리게주는 '중생을 이롭게 하는 게송(偈)와 주문(呪)'이라는 뜻으로 풀이되므로, 이 중에서 '이롭게 하는 주문'이라는 의미를 발췌한 명칭이 '위리주'이다.

유해진언(乳海真言): 부처님의 말씀이 바다처럼 넘치는 진언

"나모 사만다 못다남 옴 밤"
南無 三滿多 沒馱喃 唵 鑁
namaḥ samanta-buddhānām oṃ vaṃ
"어디에나 계시는 모든 부처님들께 귀의하옵니다. 옴! 밤!"

597) "汲月德方水一升 周洒於錢上 誦成錢真言等說呪." 朴世敏(1993, 제2집) p. 124. 선조 9년(1576)에 경상도 안동 학가산(鶴駕山)의 광흥사(廣興寺)에서 간행된 판본에는 "월덕방에서 물을 한 되 길어다가 돈[錢]에 뿌려 금은전을 변성하게 한다."(取月德方水一升 洒於錢上 變作金銀錢)라고 기재되어 있다. Kabc=ABC_NC_02676_0001_T_001&imgId=0001_0054

한글 진언집에 수록된 이 진언은 밀교의 불전에서 설하는 유해진언 중 밤(鑁)을 '옴 밤'(唵鑁)으로 바꾸었다.598) 한국불교의 의례서에서 이 진언은 유해주(乳海呪) 또는 유해다라니(乳海陀羅尼)로도 불리는데, 이의 전거는 『시식통람』599) 등의 불전에서 찾을 수 있다.

육자대명왕진언(六字大明王真言): 여섯 글자로 대명왕께 기원하는 진언

"옴 마니반메ᄜᅨ 훔"
唵 麼抳鉢那銘 吽
oṃ maṇipadme hūṃ
"옴, 보주(寶珠)의 연꽃을 지닌 분이여, 훔"

『불설대승장엄보왕경』에서 육자대명왕다라니(六字大明王陀羅尼)로 설하여600) 유명하게 된 이 진언의 온전한 이름을 안심사본과 만연사본의 한글 진언집에서는 '관세음보살미묘본심(觀世音菩薩微妙本心) 육자대명진언'으로 일컫는다. 이는 "대명왕인 관세음보살의 미묘한 본심을 여섯 글자로 응축한 진언"이라는 의미인데, 그 이름을 '관세음보살 육자대명왕진언'으로 축약하거나 아예 관음심주(觀音心呪)로 별칭하기도 한다.

진언의 이름에서 말하는 육자란 범어로 oṃ(옴), ma(마), ṇi(니), pad(파드=반), me(메=몌), hūṃ(훔)이라는 여섯 음절을 가리킨다.

---

598) 焰羅王供行法次第(T 21:375c): "那謨 三滿多 沒馱南 鑁"
瑜伽集要焰口施食儀(T 21:480a): "那麻 薩鬘答 勃塔喃 鑁"

599) 施食通覽(X 57:103b): "佛說施乳海陀羅尼 曩謨 三滿多 沒馱喃 鑁"

600) 佛說大乘莊嚴寶王經 권4(T 20:62c): "聽是六字大明王陀羅尼曰. 唵 麼抳鉢訥銘 吽"

이 여섯 음절은 모든 지혜와 복덕의 근본이 된다고 하여 육자대명주(六字大明呪)로도 불린다. 이 진언의 의미는 학자들에 따라 다양하게 해석되지만, 흔히 "옴! 연꽃 속에 있는 보석이여, 훔!"이라는 의미로 통용되어 있다.601) 그러나 '연꽃 속에 있는 보석'이라는 말은 애매하여 오해의 소지가 있다. 관세음보살님께 기원하는 것이 이 진언의 취지이며, 범어로 Maṇipadma(마니파드마)는 관세음보살의 별칭으로 '보주의 연꽃을 지닌 분'이라는 의미로 해석된다. '보주의 연꽃'이란 부처님이 앉아 계신 자리를 더없이 훌륭한 연꽃에 비유한 말이며, 부처님들이 계신 정토를 상징한다.602)

육자대명주(六字大明呪) → 육자대명왕진언

이포외여래진언(離怖畏如來真言): 이포외여래님께 귀의하는 진언

"나모 바아바데 아배잉 가라야 다타아다야"
曩謨 婆誐嚩帝 阿佩孕 迦囉野 怛佗誐多野
namo bhagavate abhayaṃ karāya tathāgatāya
"두려움이 없게 하시는 여래(이포외여래)이신 세존께 귀의하옵니다."

『불설구발염구아귀다라니경』에서는 "이포외여래의 명호를 부르며 가지(加持)함으로써, 온갖 귀신들이 일으키는 일체의 공포를 모두 다 제거하여 아귀의 세계에서 벗어나게 할 수 있다."라고 이 진언의 효능을 설명한다.603) 한글 진언집에 수록된 이 진언을 『석

601) Lopez(1998) p. 114 이하 참조.

602) Studholme(2002) p. 116 참조.

603) 佛說救拔焰口餓鬼陀羅尼經(T 21:465a): "曩謨 婆誐嚩帝 阿婆孕 迦囉也 怛他蘖多也(此云離怖畏如來). 由稱離怖畏如來名號加持故, 能令諸鬼一切恐怖悉皆除滅, 離餓鬼趣."

문의범』에서는 ‘나무이포외여래’로 수록했는데[604], 이의 전거는 『염라왕공행법차제』와 『시제아귀음식급수법』에서 찾을 수 있다. 이들 두 불전에서는 진언의 효능을 “공포가 모두 제거되고 아귀의 세계에서 벗어난다.”(恐怖悉除 離餓鬼趣)라고 약술한다.[605]

일자수륜주(一字水輪咒) → 수륜관진언

일자수륜관진언(一字水輪觀真言) → 수륜관진언

입측진언(入廁真言): 측간(화장실)에 들어가서 읊는 진언

“옴 하로 다야 사바하”
唵 很嚕 陀耶 莎訶
oṃ hara dāya(?)[606] svāhā
“옴! 제거하시고 정화하소서, 기원하옵니다.”

한국불교의 입측오주 중 하나인 이 진언을『치문경훈』과『입중수지』에서는 오주 중 첫째로 열거한다.[607]

---

604) 安震湖(1935下) p. 254.

605) 焰羅王供行法次第(T 21:376a): “曩謨 婆誐嚩帝 阿婆延 迦羅耶 怛侘誐哆耶. 曩謨離怖畏如來 恐怖悉除 離餓鬼趣.”
施諸餓鬼飲食及水法(T 21:468a): “曩謨 婆伽筏帝 阿婆演 迦羅耶 怛他蘖多耶. 曩謨離怖畏如來 恐怖悉除 離餓鬼趣.” 이 진언에는 실담자가 병기되어 있다.

606) 한글 진언집에서는 ‘하로 다야’의 실담자를 harodaya로 표기했으나 범어로는 성립될 수 없으므로, 이 진언의 취지를 고려하여 ‘hara dāya’로 교정했다.『모리만다라주경』에서 설하는 세수면주(°세수진언 참조)에 hara를 ‘제거하소서’라는 의미로 사용한 예가 있다. dāya는 ‘정화하다’라는 의미의 동사 √dai에서 유래한다.

607) 緇門警訓 권9(T 48:1092b): “入廁 唵狼魯陀耶莎訶”
入眾須知(X 63:560b): “入廁真言 唵 恨魯 陀耶 娑訶”

작양지진언(嚼楊枝真言): 버드나무 가지를 씹을 때 읊는 진언

"옴 바아라하 사바하"
唵 拔玆囉賀 莎訶
oṃ vajrāḥ(?)[608] svāhā
"옴! 금강들이시여, 기원하옵니다."

한글불교의 의례서들은 이 진언을 한결같이 한글 진언집에 의거하여 표기하고 있다. 그러나 이 표기는 와전된 것으로 보인다. 원래의 진언은 『금강정유가중략출염송경』에서 금강미소(金剛微笑), 즉 '금강 같은 미소'라는 밀어(다라니)로 설하는 아래의 진언일 것이다.

"옴 바아라 하사 하"
唵 跋折囉 賀娑 訶[609]
oṃ vajra-hāsa haḥ
"옴! 금강 같은 미소이시여, 하!"

경에서는 이 진언을 제시하기에 앞서 다음과 같이 설명하므로, 이 진언이 작양지진언의 원형일 것임은 거의 확실하다.

> '버드나무 가지'(작양지)를 씹고자 할 때는 먼저 일체여래의 '금강 미소 밀어'를 일곱 번 암송하고 나서 그것을 씹어야 한다. 이로써 모든 번뇌와 수번뇌를 깨뜨릴 수 있다.[610]

---

608) 한글 진언집에서 '바아라하'의 실담자는 vajraha로 표기되어 있다. 그러나 금강(vajra)이 이빨을 상징한다면, 금강은 복수인 금강들(vajrāḥ)로 표현하는 것이 적합하다.

609) 金剛頂瑜伽中略出念誦經 권1. T 18, p. 224c.

610) 若欲嚼楊枝時 應先誦一切如來金剛微笑密語七遍已嚼之. 此能破一切煩惱及隨煩惱. T 18, p. 224bc.

위의 진언에서 하사(賀娑, hāsa)는 미소를 뜻하는 동시에, 웃을 때 하얀 이빨이 눈부시게 드러나는 상태를 가리킨다. 또한 하(訶, haḥ)는 웃음소리를 표현하는 의성어이고, 밀교에서는 금강소(金剛笑)보살을 상징하는 종자이다.

전발진언(展鉢真言): 발우(鉢盂)을 펼치는 진언

"옴 발다나야 사바하"
唵 鉢多羅野 莎訶
oṃ pātrāya svāhā
"옴! 발우에 기원하옵니다."

한글 진언집에는 이 진언이 수록되어 있지 않고,『일용작법』에는 전발게(展鉢偈) 다음에 읊는 진언으로 제시되어 있다.611) 그러므로 '전발진언'이라는 명칭은 여기서 유래한다. 그런데 전발진언에 해당하는 진언이 중국의『비니일용록』에는 식사할 때 읊는 전발게주(展鉢偈呪)로 제시되어 있으며, 이와 동일한 내용의 진언이『비니일용록』이후의『비니일용절요』에는 전발진언으로 간주되어 있다. 그러나 그 진언의 내용은 다음과 같이『일용작법』의 전발진언과는 다르다.

唵 斯麻摩尼 莎訶612)
(옴 사마마니 사바하)
oṃ sarva-maṇe svāhā613)

---

611) "展鉢偈 如來應量器 我今得敷展 願共一切衆 等三輪空寂 '唵 鉢多羅野 莎^{사바}訶'." 朴世敏(1993 제3집) p. 522b.

612) 毗尼日用錄(X 60:147a): "食時展鉢偈呪云 … 唵 斯麻摩尼 莎訶"
毗尼日用切要(X 60:159c): "展鉢 … 唵 斯麻摩尼 莎訶" 생략한 부분(…)은 전발게(展鉢偈)로서『일용작법』의 경우(앞의 각주)와 동일하다.

"옴! 모든 보주(寶珠)여, 기원하옵니다."

그런데 이 진언에 앞서 설한 전발게의 내용614)은 전발진언의 경우와 동일하므로, 전발진언은 필시 『비니일용록』의 전발게주를 수용했을 것이다. 그럼에도 불구하고 전발진언에서 전발게주의 사마마니(斯麻摩尼)가 발다나야(鉢多羅野)로 전혀 다르게 바뀐 것은 주목할 만하다. 사마마니('모든 보주여')보다는 발다나야('발우에')가 이 진언의 취지에 더욱 적합하기 때문이다.

절수진언(絶水真言): 발우 씻은 물을 아귀들에게 베푸는 진언

"옴 마휴라세 사바하"
唵 摩休羅洗 娑婆訶
oṃ mahorase svāhā
"옴! 배[腹]가 '엄청 큰 분'(아귀)에게 기원하옵니다."

한글 진언집에 수록되어 있지 않은 이 진언의 연원은 전발진언의 경우와 동일하다. 『일용작법』에는 이 진언의 내용이 절수게(絶水偈) 다음에 제시되어 있고615), 『불자필람』과 『석문의범』도 이것

613) 坂内龍雄(1986:268)는 이 진언의 범문을 "oṃ sarva-maṇi svāhā"로 기재하고, "일체의 보주에 귀명하오니, 번영이 있기를."이라고 번역했다. 그러나 이 범문에서 摩尼의 발음에 맞추어 범어로 옮긴 'maṇi'는 문법에 부합하지 않는다. 진언에서는 문법을 바르게 적용하지 않은 경우가 적지 않으므로 이 같은 표현도 가능하지만, maṇi는 호격인 maṇe로 바뀌어야 문법에 부합하게 된다.

614) "如來應量器 我今得敷展 願共一切衆 等三輪空寂" (여래께서 응당 헤아린 그릇을 / 제가 지금 나누어 펼치고 / 일체중생과 함께하길 원하옵나니 / 평등한 삼륜(三輪)이 공적하도다.) 여기서 '삼륜'은 보시하는 것, 보시받는 것, 보시한 음식을 가리킨다.

615) "絶水偈 我此洗鉢水 如天甘露味 施汝餓鬼衆 皆令得飽滿. '唵 摩休羅洗 莎賀'."

을 그대로 채택했다. 그리고 『비니일용록』에는 이와 동일한 진언이 세발게주(洗鉢偈呪)로 수록되어 있다.[616]

그런데 중국불교에서는 이 진언에 앞서 읊는 게송의 명칭이 '세발게'로 통용되었지만, 한국불교에서는 이것을 '절수게'로 바꾼 것이 특이하다. 그 이유는 다음과 같은 게송의 내용에서 찾을 수 있다.

내가 발우를 씻은 이 물은 (我此洗鉢水)
천상의 감로 맛과 같으니 (如天甘露味)
그대 아귀들에게 베풀어 (施汝餓鬼衆)
모두 포만할 수 있게 하리라. (皆令得飽滿)

이 게송에서는 '발우를 씻은 물'인 세발수(洗鉢水)가 '천상의 감로 맛'과 같다고 표현한다. 그러므로 그 물을 '비할 데 없는 물'이라는 의미에서 절수(絶水)로 표현한 것은 게송의 취지와 잘 들어맞는다.

정구업진언(淨口業真言): 입으로 지은 죄를 정화하는 진언

"수리수리 마하수리 수수리 사바하"
修唎修唎 摩訶修唎 修修唎 薩婆訶

朴世敏(1993 제3집) p. 523a.

616) 毗尼日用錄(X 60:147c): "洗鉢偈呪云 … 悉令獲飽滿. '唵 摩休囉悉 莎訶'." 이 진언은 『비니일용절요』를 비롯한 중국불교의 의례서에도 이와 동일한 내용으로 수록되어 있다.
毗尼日用切要(X 60:159c): "洗鉢 … 悉皆獲飽滿. '唵 摩休囉悉 莎訶'." 생략 부분(…)은 절수게의 경우(앞의 각주에서 밑줄)와 동일하다. 또한 진언 앞의 실령획포만(悉令獲飽滿)과 실개획포만(悉皆獲飽滿)의 의미도 절수게의 개령득포만(皆令得飽滿: "모두 포만할 수 있게 하리라.")과 동일하다.

śrī śrī mahāśrī suśrī svāhā617)
"길상이시여, 길상이시여, 위대한 길상이시여, 훌륭한 길상이시여! 기원하옵니다."

『금강반야바라밀경주』에 수록된 이 진언618)의 원조인 『불설대아미타경』의 정구업진언은 '옴(唵)'으로 시작한다.619) 그런데 한글 진언집에는 의외로 이 진언이 수록되어 있지 않다.

현재까지 알려진 한국불교의 의례서들 중에서 이 진언을 가장 먼저 수록한 것은 선조 5년(1572) 전라도 천불산(千佛山)의 개천사(開天寺)에서 간행한 『염불작법(念佛作法)』이다. 이 『염불작법』은 한자로만 기재한 정구업진언을 맨 앞에 수록했다.620) 이후에 간행

617) 이 범문은 坂内龍雄(1981:179)에 의거한다. 티베트 역본에 수록된 정구업진언을 범문으로 바꾸면 "oṃ śuri śuri mahāśuri śuśuri svāhā"이 된다. https://www.xianmijingzang.com/tibet/down/id/6315 (2024.08.05 검색) 그러나 이 범문에서 śuri와 śuśuri는 고전 범어에서 통용되지 않는 속음이나 와전일 것으로 간주된다. 修唎修唎(수리수리)는 '修利修利'로도 표기되는데, 이 말의 원어가 이처럼 불명료하기 때문에 중국에서는 이 말을 온전한 한자로 해석하는 주석자도 등장했다. 일례로 『불설고왕관세음경주석』에서는 수리수리(修利修利)를 설명하면서 '수리'의 의미를 다음과 같이 설명한다.
佛說高王觀世音經註釋(X 35:175c): "수(修)는 닦아 지니는 것을 말하고, 리(利)는 자기와 남을 아울러 이롭게 한다는 것이다. '수리'를 중복한 것은 그 뜻을 중시하여 말한 것이니 이로써 그 뜻을 거듭 밝히는 것이다." (修者 修持之謂, 利者利己而兼利人也. 兩句複之重言 以申明之也.)

618) 金剛般若波羅蜜經註 권上(X 24:535c): "淨口業真言 修唎修唎 摩訶修唎 修修唎 薩婆訶"

619) 佛說大阿彌陀經 권上(T 12:327a): "誦淨口業真言 唵 修利修利 摩訶修利 修修利 娑婆訶"
한국불교의 의례서들 중에서는 숙종 30년(1704) 용문사에서 간행한 『승가일용집(僧伽日用集)』의 정구업진언도 옴(唵)으로 시작한다.
Kabc=ABC_NC_07252_0001&imgId=ABC_NC_07252_0001_0020

된 의례서들 중에서 『밀교개간집』(1784년 쌍계사 수도암)은 실담자를 병기한 한글[621]로 이 진언을 수록했으나, 『일용작법』(1869년 해인사)은 한글로만 기재하여 수록했다.[622] 이후 일제강점기에 간행된 『불자필람』 등의 의례서에서는 한글을 "수리수리 마하수리 수수리 사바하"로 바꾸었다.

정결도진언(定決道真言): 선정(禪定)의 도를 결택하는 진언

"옴 합불니(합부리) 사바하"
唵 合佛尼(合富里) 娑婆訶
oṃ 合-buddha-niyama(?) svāhā
"옴! 부처님의 결정에 부합하기를(?) 기원하옵니다."

이 진언으로는 불도(佛道)를 수행하는 사람이 반드시 학습해야 할 가장 기본적인 세 가지의 방면인 계·정·혜(戒定慧)의 삼학 중에서 정학(定學), 즉 선정의 성취를 기원한다(°계장진언 참조).

대장경에서는 찾아볼 수 없고 한글 집언집에도 수록되어 있지 않은 이 진언이 『불자필람』과 『석문의범』에는 합불니(合佛尼)가 합부리(合富里)로 바뀌어 수록되어 있다.[623] 합부리(合富里)는 정

620) Kabc=ABC_NC_02066_0001_T_001&imgId=0001_0003. 그러나 3년 후 용천사에서 간행한 『염불작법』(朴世敏 1993 제2집:3-7)은 이 진언을 수록하지 않았다.

621) "淨口業真言 … 슈리슈리 마하슈리 슈슈리 사바하 śūri śūri mahāśūri śūśūri svāhā." 朴世敏(1993 제3집) p. 241a. 이 실담자를 "sūri sūri mahāsūri sūsūri svāhā"로 교정하면, "현명하고 현명함이여, 위대한 현명함이여, 빼어난 현명함이여, 기원하옵니다."라고 풀이할 수 있다.

622) "淨口業真言 … 슈리슈리 마하슈리 슈슈리 사바하." Kabc=ABC_NC_02788_0001_0012. 그러나 『예념왕생문』(朴世敏 1993 제4집:204b)에는 한자가 병기되어 있다.

623) 佛子必覽: 崔就墟·安錫淵(1931) p. 20. 釋門儀範: 安震湖(1935上) p. 100.

체불명의 용어로서 한자어로 간주하더라도 그 의미를 가늠하기 어렵다. 그러나 이 진언의 연원으로 간주되는 『삼문직지』의 정결도진언에는 이것이 합불니(合佛尼)로 표기되어 있다.624)

合佛尼에서 불니(佛尼)는 범어의 음역임이 분명하지만 대장경에는 이 같은 음역의 용례가 전혀 없다. 다만 불(佛)이 불타(佛陀, Buddha)의 축약으로 통용되어 온 사실을 고려하면, 니(尼)도 축약한 말일 수 있다. 그 가능성은 다음과 같이 불니야마(佛尼夜摩)를 언급하는 『대집대허공장보살소문경』의 법문에서 엿볼 수 있다.

> 선남자여! 보살이 모든 중생의 마음가짐을 잘 안다는 것이란 무엇인가? … 성문(聲聞)의 니야마(尼夜摩) 상태, 연각(緣覺)의 니야마 상태, 부처님(佛)의 니야마 상태 … 이것이 바로 보살이 모든 중생의 마음가짐을 잘 안다는 것이니라."625)

여기서 니야마(尼夜摩)는 niyama(=niyāma)의 음역이다. 불전에서 이 범어는 계를 닦아 익히거나 지키는 것 외에도 결정(決定), 한정(限定), 결판(決判) 등의 의미로도 통용된다. 불니(佛尼)의 니(尼)가 니야마(尼夜摩)의 축약일 것으로 추정하고 이 진언의 명칭에 있는 정결(定決)을 고려하면, 니야마의 의미로는 '결정'이 적합하다.

그러나 다른 한편으로 『불자필람』과 『석문의범』에서 합불니(合

---

624) "唵 合佛尼 娑婆訶 옴 합불니 사바하."
Kabc=ABC_BJ_H0220_T_002&imgId=010_0149_c.
『일용작법』에서는 "定決道真言 옴 합불니 사바하"라고 한글만 발췌했다. 朴世敏(1993 제3집) p. 524b.

625) 大集大虛空藏菩薩所問經 권2(T 13:621c-622a): "善男子 云何菩薩善知一切有情行相 … 或聲聞尼夜摩相 或緣覺尼夜摩相 或佛尼夜摩相 … 是為菩薩善知一切有情行相."

佛尼)를 굳이 합부리(合富里)로 바꾼 이유는 이해하기 어렵다. 만약 의미가 모호한 불니(佛尼)를 '부유한 마을'이라는 의미의 부리(富里)로 바꾸었다면, 합부리(合富里)는 '부유한 마을에 부합하기를'이라고 풀이될 수 있다. 그리고 이 경우의 '부유한 마을'이란 원만하게 성취한 선정의 경지를 비유한 말일 수도 있다.

정로진언(正路真言): 올바른 길로 나아가는 진언

"옴 소싯디 라자리다라 라자리다라 모라다예 자라자라 만다만다 하나하나 훔 바닥"

唵 蘇悉地 囉佐哩多囉 囉左哩多囉 母囉多曳 左囉左囉 滿多滿多 賀那賀那 吽 泮吒

oṃ susiddhi ruciratara(?) ruciratara(?) mūrtaye jvāla jvāla bandha bandha hana hana hūṃ phaṭ

"옴! 교묘하게 성취하신 분이시여, 더욱 눈부신 분이시여, 더욱 눈부신 분이시여, 아름다움을 위해 빛나고 빛나는 화염이시여, [장애를] 결박하고 결박하소서, 타파하고 타파하소서, 훔! 팟!"

한글 진언집에 수록된 이 진언에서 라자리다라(囉佐哩多囉/囉左哩多囉)626)는 전혀 출처를 찾을 수 없는 유일한 표기이다. 이 표기에 가장 근접한 범어로는 '더욱 눈부신'을 의미하는 ruciratara를 지목할 수 있다. 이에 따라 '라자리다라'의 범어를 ruciratara로 추정하면 이 진언은 『소실지갈라공양법』에서 아래와 같이 설하는 정치도로(靜治道路)진언의 의미와 크게 다르지 않다.

"唵 蘇悉地迦哩 入嚩里多喃多 慕囉多曳 入嚩囉 入嚩囉 滿馱滿馱 賀囊賀

---

626) 한글 진언집에서는 이것을 racaritara로 표기했으나 범어로는 racaritara라는 말이 성립되지 않는다.

囊 許 泮吒”[627]
(옴 소싯디가리 입바리다남다 모라다예 입바라 입바라 만다만다 하나하나 훔 바닥)
oṃ susiddhi-kari jvalitānanta-mūrtaye jvāla jvāla bandha bandha hana hana hūṃ phaṭ[628]
“옴! 교묘한 성취를 이루는 분이시여, 눈부시고 무한한 아름다움을 위해 빛나고 빛나는 화염이시여, [장애를] 결박하고 결박하소서, 타파하고 타파하소서, 훔! 팟!”

이 진언의 범문을 정로진언과 비교하면 ‘눈부시고 무한한’(jvalitānanta)이 정로진언에서는 ‘더욱 눈부신’(ruciratara?)을 반복하여 강조하는 것으로 바뀌었을 뿐, 진언의 의미에서는 차이가 없다. 그러므로 정로진언은 정치도로진언의 응용이거나 와전일 것으로 간주할 수 있다.

---

627) 蘇悉地羯羅供養法 권1. T 18, p. 712b. 이와 동일한 명칭과 내용의 진언이 『아촉여래염송공양법』에 제시되어 있고, 『약사의궤일구』에는 약간의 차이가 있지만 ‘정치공중도로진언’으로 수록되어 있다. °개통도로진언 참조.

628) 이 범문은 『소실지갈라공양법』에서 병기한 실담자(“oṃ susidvikari jvālatanāṃta mṛrttaye jvāla jvāla vanva vanva hana hana hūṃ phaṭ”)을 교정한 것이다. 八田幸雄(1985:221, 1778번)과 秋山学(2012:45)은 入嚩里多喃多에 해당하는 ‘jvalitānanta’(눈부시고 무한한)를 ‘jvalita nānānta’(入嚩里多 喃多)로 기재하고 “밝게 빛나는 분이시여, 다양한 극한의”로 번역했다. 그러나 ‘nānānta’는 喃多라는 음역과 합치하지 않는다. 蔡文端(2003)은 入嚩里多喃多의 범어를 jvalitānanta(p. 175)로 추정하면서도 ‘jvalitā-dānta’(p. 129)로도 추정했다. 이 경우, ‘jvalitā-dānta-mūrtaye’는 ‘광휘를 베푸시는 화신(化身)을 위해’라는 의미로도 이해될 수 있다.

정법계진언[1](淨法界真言): 법계를 깨끗이 하는 진언

"나모 사만다 못다남 람 달마다도 사바바바 다마구함"
曩謨 三滿多 沒馱喃 濫 達摩馱覩 沙嚩婆嚩 怛麼矩唅
namaḥ samanta-buddhānāṃ raṃ dharmadhātu-svabhāvātmako 'haṃ
"어디에나 계시는 모든 부처님들께 귀의하옵고, 람! 저는 법계에 본래 갖추어진 본성을 지니고 있사옵니다."

이 진언은 한글 진언집에 세 가지로 수록된 정법계진언 중의 첫째이다. 후술할 둘째 정법계진언은 이 첫째의 앞 부분과 동일한 내용이며, 셋째로 수록된 정법계진언은 °욕건만나라선송 정법계진언과 동일하다. 이 첫째 정법계진언은 『대일경』(대비로자나성불신변가지경) 등의 밀교 불전에서 빈번하게 설하는 다음과 같은 법계생진언(法界生真言)과 거의 동일하다.

曩莫 三滿多 沒馱南 嚂 達麼馱睹 娑嚩婆嚩 句憾
(나모 사만다 못다남 람 달마다도 사바바바 구함)
namaḥ samanta buddhānāṃ raṃ dharma-dhātu-svabhāvako 'haṃ[629]
"어디에나 계시는 모든 부처님들께 귀의하옵고, 람! 저는 법계의 본성을 지니고 있사옵니다."

---

629) 『태장범자진언』에는 법계생진언이 다음과 같이 실담자로만 기재되어 있다.
胎藏梵字真言(T 18:164c): "法界生真言曰. namaḥ samanta buddhānāṃ dharma-dhātu svāhāvako haṃ."
秋山 学(2012:18)과 蔡文端(2003:40)에 의하면, 여기서 'svāhāvako haṃ'은 "svabhāvako 'haṃ"으로 교정된다. 그리고 종자 람(raṃ 嚂)이 누락된 이 범문의 음역은 『대일경』에서 설하는 법계생진언과 합치한다.
大毘盧遮那成佛神變加持經 권2(T 18:12c): "復說法界生真言曰. 南麼 三曼多 勃馱喃 達摩馱睹 薩嚩婆嚩 句痕"

정법계진언[1]을 위의 진언과 비교하면 구함(句憾)이 다마구함(怛麼矩唅)으로 바뀌고, 의미도 '법계의 본성'이 '법계에 본래 갖추어진 본성'으로 바뀌었을 뿐이므로 사실상 정법계진언[1]과 법계생진언은 동일한 진언으로 간주할 수 있다.

정법계진언[2](淨法界真言): 법계를 깨끗이 하는 진언

"나모 사만다 못다남 람"
南無 三曼多 勃馱喃 囕
namaḥ samanta-buddhānāṃ raṃ
"어디에나 계시는 모든 부처님들께 귀의하옵니다. 람!"

정본관자재보살여의륜주(正本觀自在菩薩如意輪呪): 여의륜을 지닌 관자재보살님께 기원하는 정본의 주문

"❶나모 못다야 나모 달마야 나모 싱가야
那謨 富陀野 那謨 陀囉摩野 那謨 僧伽野
❷나모 아리야 바로기디 사[솨]라야 보디사다야 마하사다야 사가라 마하가로니가야 하리다야 만다라 다냐타
那謨 啊哩夜 縛路枳地 莎囉野 普致薩埵野 摩訶薩埵野 沙迦羅 摩賀迦嘍扼迦野 訖哩多野 曼怛囉 怛你也佗
❸가가나 바라디 진다마니 마하무다례 루로루로 디따[싸]
迦迦那 鉢囉地 晉多麼尼 摩賀舞怛隸 嘍嘍嘍嘍 地瑟吒
❹하리다예 비사예 옴 부다나 부다니야 등"
訖哩多曳 毗沙曳 唵 富陀那 富陀尼野 鄧"

❶namo buddhāya namo dharmāya namaḥ saṃghāya
❷nama āryāvalokiteśvarāya bodhisattvāya mahāsattvāya sāgara-mahākāruṇikāya hṛdaya(?) mantra tadyathā.
❸gagana prati-cintāmaṇi-mahāmudre ru ru[630] tiṣṭha

630) 한글 진언집에서는 이에 해당하는 루로루로(嘍嘍嘍嘍)의 실담자를 'rorū

❹hṛdaye(?) bhiṣaje oṃ bodhana bodhaṇīya tvaṃ.

"❶부처님께 귀의하옵고, 가르침에 귀의하옵고, 승가에 귀의하오며,
❷바다처럼 크나크신 자비를 구족하시고 성스러운 관자재보살 마하살님께, 진실한 지식인 진언이여, 이렇게 귀의하옵니다.
❸허공이여, 각종의 여의주(如意珠)와 위대한 수인(手印)을 지닌 분이시여, 루! 루! 일어서소서.
❹진실한 지식인 의약이여, 옴! 깨우침이여, 당신은 제가 깨우쳐야 할 분이옵니다."

한국불교에서 °사대주의 하나로 통용되고 있는 이 진언의 범문은 한글 진언집의 실담자를 참조하여 불명료한 일부를 추정으로 교정한 것이다. 짐작건대 이 진언은『여의륜다라니경』과『관자재보살여의륜염송의궤』에 수록되어 흔히 여의륜관자재근본다라니(如意輪觀自在根本陀羅尼) 또는 '여의륜근본다라니'로 불리고,『불설관자재보살여의심다라니주경』에서는 여의보륜왕(如意寶輪王)다라니'로 설하는 진언들에서 유래한 것으로 보인다. 먼저『여의륜다라니경』에서 설하는 근본다라니의 내용은 다음과 같다.

①娜謨 囉怛娜 怛囉野耶 娜麼 阿唎耶 嚩嚧枳諦 濕嚩囉耶 菩提薩埵耶 摩訶薩埵耶 摩訶迦嚕抳迦耶 怛姪他
②唵 斫羯囉襪囉底 振跢磨抳 摩訶鉢頭謎 嚕嚕 底瑟侘 入嚩攞 阿迦唎沙野 虎許 柿吒 莎嚩訶[631]

---

rorū'로 표기했으나 와전임이 분명하므로, 이와 연관된 진언의 범문에 의거하여 'ru ru'로 교정했다. 범어에서 ru는 소리친다는 동사이며 명사로는 경보음을 의미한다. 그러나 여기서는 대자재천(大自在天) 또는 묘견(妙見)보살을 상징하는 종자일 것으로 간주된다.

631) 如意輪陀羅尼經. T 20, p. 188c.『관자재보살여의륜염송의궤』에도 이와 동일한 내용으로 수록되어 있다.

(①나모 라다나 다라야야 나마 아리야 바로기데 새바라야 모디사다야 마하사다야 마하가로니가야 다냐타
②옴 자거라바라다 진다마니 마하바다미 루루 디따 아바라 아가리사야 훔 바닥 사바하)

①namo ratna-trayāya nama āryāvalokiteśvarāya bodhisattvāya mahāsattvāya mahākāruṇikāya tadyathā.

②oṃ cakravarti-cintāmaṇi mahāpadme ru ru tiṣṭha jvala ākarṣāya hūṃ phaṭ svāhā[632]

"①삼보(三寶)에 귀의하옵고, 크나크신 자비를 구족하시고 성스러운 관자재보살 마하살님께 귀의하오며 이에 읊어 아뢰옵니다.
②옴! 전륜[왕]의 여의주(如意珠)를 지니신 분이시여, 크나큰 연꽃 위에서 루! 루! 일어서소서[633]. 광명이시여, 선처해 이끌어 주시기를 훔! 팟! 기원하옵니다."

이 진언은 삼보에 귀의한다는 발원으로 시작된다. 그런데 『불설

觀自在菩薩如意輪念誦儀軌(T 20:206b): "①曩謨 囉怛曩怛羅夜也 曩莫 阿哩夜嚩路枳帝濕嚩囉也 冒地薩怛嚩也 摩賀薩怛嚩也 摩賀迦嚕抳迦也 怛儞也他 ②唵 斫訖囉襪底 振多麼抳 麼賀跛納銘 嚕嚕 底瑟姹 入嚩攞 阿迦囉灑也 吽 泮吒 娑嚩訶"

632) 八田幸雄(1985:73, 436번)와 德重弘志(2019:159)가 일부의 단어만을 교정한 이 범문은 『여의륜다라니경』에 실담자로 거의 정확하게 병기되어 있다. "①namo ratna-trayāya nama āryāvalokiteśvarāya bodhisatvāya mahāsatvaya mahākāruṇikāya tadyathā ②oṃ cakravartti-cintāmaṇi mahāpadme ru ru tiṣṭa jvala akarṣaya hūṃ phaṭ svāhā." T 20, p. 188c.

633) 德重弘志(2019:159)는 tiṣṭha(일어서소서)를 tiṣṭhate(일어섭니다)로 교정했으나, 『여의륜다라니경』에는 이것이 'tiṣṭa'로 표기되어 있으므로 바른 범어로 교정하면 이것은 'tiṣṭha'가 된다. 八田幸雄(1985:73)은 처격인 mahāpadme(크나큰 연꽃 위에서)를 호격으로 적용하여 "큰 연꽃의 덕이 있는 분이시여"라고 해석했다. 그러나 관자재보살(관음보살)의 좌대를 흔히 연꽃으로 묘사한 전통을 고려하면, 호격보다는 처격이 더 적합할 듯하다.

관자재보살여의심다라니주경』에서 설하는 여의보륜왕다라니에는 이와 동일한 내용의 진언이 다음과 같이 교묘하게 변경되어 있다.

> ①南謨 佛駄耶 南謨 達摩耶 南謨 僧伽耶 南謨 觀自在菩薩摩訶薩 具大悲心者 怛姪他
> ②唵 斫羯羅伐底 震多末尼 謨訶鉢蹬謎 嚕嚕嚕嚕 底瑟他 篅攞 痾羯利沙也 吽 發 莎訶[634]
> (①나모 못다야 나모 달마야 나모 싱가야 나모 관자재보살마하살구대비심자 다냐타
> ②옴 자거라바디 진다마니 마하바다미 루루루루 디따 천라 아가리사야 훔 발 사바하)

이 진언의 첫 구절은 "부처님께 귀의하옵고, 가르침에 귀의하옵고, 승가에 귀의하오며"(南謨 佛駄耶 南謨 達摩耶 南謨 僧伽耶)라고 삼보에 귀의하는 발원이다. 이는 앞의 『여의륜다라니경』에서 "삼보(三寶)에 귀의하옵고"라고 발원한 것을 낱낱이 상술한 것이다. 이것을 제외한 나머지 내용의 범문은 『여의륜다라니경』의 경우와 동일하다.

그리고 "관자재보살마하살 구대비심자"(觀自在菩薩摩訶薩 具大悲心者)는 "아리야 바로기데 새바라야 모디사다야 마하사다야 마하가로니가야"(阿唎耶 嚩嚧枳諦 濕嚩囉耶 菩提薩埵耶 摩訶薩埵耶 摩訶迦嚕抳迦耶)의 범문(크나크신 자비를 구족하시고 성스러운 관자재보살 마하살님께)을 한문으로 번역한 내용이다. 정본관자재보살여의륜주의 전반부(❶❷)에서는 여기까지의 내용에 샤가라(沙迦羅: 바다처럼)만을 추가했을 뿐이고, 후반부(❸❹)에서는 그 일부(晉多麽尼, 嘍嘍嘍嘍 地瑟吒, 唵)만 일치한다.

---

634) 佛說觀自在菩薩如意心陀羅尼呪經. T 20, p. 196c.

정본능엄주(正本楞嚴呪): 능엄경에서 설하는 삼매를 성취하는 정본의 주문

"다냐타 옴 아나례 아나례 미샤네 미샤네 베라 바아라 다례 만다니 만다니 바아라바니 바닥 훔 다롬 바닥 사바하 옴 미로네 사바하"

怛你也佗 唵 阿曩黎 阿曩黎 尾捨禰 尾捨禰 吠囉 嚩日囉 馱𡀔 滿馱顊 滿馱顊 嚩日囉播抳 泮吒 吽 㖿嚕唵 泮吒 娑嚩賀 唵 尾嚕禰 娑嚩賀

tadyathā, oṃ anale anale viśadī viśadī vīra-vajra-dhare bandhane bandhane vajrapāṇe phaṭ hūṃ trūṃ phaṭ svāhā oṃ vairocane(?) svāhā

"이에 읊어 아뢰옵니다. 옴! 불꽃이여, 불꽃이여, 눈부신 분이시여, 눈부신 분이시여, 용맹한 금강지[보살]이시여, 결박하고 결박하시는 금강수[보살]이시여, 팟! 훔! 트룸! 팟! 기원하옵니다. 옴! 비로자나[불]이시여, 기원하옵니다."

이 진언은 °수능엄신주와 동일한 진언으로 간주되지만 일부를 추가한 점에서 약간의 차이가 있다. 즉 수능엄신주과 비교하면 아나례(阿曩黎)와 미샤네(尾捨禰)가 각각 반복되어 있으며, 맨 끝에 "옴 미로네 사바하"(唵 尾嚕禰 娑嚩賀)를 추가했다. 그러나 여기서 尾嚕禰(미로네)[635]는 대장경에 전혀 용례가 없는 생소한 음역이다. 이에 가장 근접한 음역으로는 비로자나(毘盧遮那, vairocana)를 다르게 음역한 미로자나(尾嚕左曩)[636]을 지목할 수 있다.

정삼업진언[1](淨三業真言): 세 가지 업을 깨끗하게 하는 진언

---

635) 한글 진언집에서는 이 말의 실담자를 'mirode'로 표기했으나, 범어로는 성립될 수 없는 와전이다.

636) 진언에서 尾嚕左曩를 언급한 사례는 °소송진언에서 소개한 가지염주진언 참조.

"옴 사바바바 슈다 살바달마 사바바바 슈도함"637)

唵 沙嚩婆嚩 輸馱 薩婆達摩 沙嚩皤嚩 輸度唅

oṃ svabhāva-śuddhāḥ sarva-dharmāḥ svabhāva-śuddho 'ham638)

"옴! 청정한 자성(自性)이 일체의 법이니, 저도 자성이 청정합니다."

정삼업진언은 한국불교의 의례서들에 거의 예외 없이 수록되어 있으며, 그 연원은 『금강정경유가문수사리보살법일품』 등의 불전639)에서 찾을 수 있다. 그런데 한글 진언집에 이와는 다른 내용으로 수록된 °정신기신주(淨身器神呪)도 '정삼업진언'으로 설하는 불전들도 있으므로, 두 진언은 동일한 목적으로 혼용되었을 것으로 짐작할 수 있다.

한글 진언집은 위의 진언을 맨 앞에 수록했고 뒤에서는 실담자와 한자와 한글의 표기가 모두 약간씩 다른 정삼업진언[2]을 수록했

637) 『범음산보집』에는 이 진언이 관욕게주(灌浴偈呪)의 첫 구절로 수록되어 있다. 그러나 이 진언을 "옴 사바바 슈다살바 달마 사바바 슈도 함 / 唵 莎婆嚩 秫馱薩哩嚩 達哩摩 莎婆嚩 秫度 撼"(김두재 2012:520)으로 읽은 것은 이것이 한국불교에서 '정삼업진언'으로 통용되고 있음을 고려하지 않았기 때문일 것이다.

638) 八田幸雄(1985) p. 255, 1808번.

639) 金剛頂經瑜伽文殊師利菩薩法一品(T 20:706b): "淨三業真言曰. 唵 娑嚩婆嚩 舜馱 薩嚩達麼 娑嚩婆嚩 舜度唅."

金剛頂經瑜伽文殊師利菩薩供養儀軌(T 20:717c): "唵 娑嚩婆嚩 秫馱 薩嚩達麼 娑嚩婆嚩 秫度憾"

金剛經註解(X 24:759a): "淨三業真言, 唵 娑嚩婆嚩 秫馱 娑嚩達摩 娑嚩婆嚩 秫度憾."

『약사의궤일구』에서는 이 진언을 향수정삼업(香水淨三業)진언으로 설한다.

藥師儀軌一具(T 19:30c): "次香水淨三業真言曰. 唵 薩嚩婆嚩 輸馱 薩嚩達麼 薩嚩婆嚩 輸度唅."

으나, 대장경에서 출처를 찾아 대조해 보면 그 둘은 거의 같은 진언이다. 두 진언 사이에는 셋째 단어인 슈다(輸馱)가 있음과 없음의 차이만 있다.

정삼업진언[2](淨三業真言): 세 가지 업을 깨끗하게 하는 진언

"옴 살마바바 살바달마 살마바바 숟마함"
唵 薩網婆嚩 薩嚩達摩 薩網婆嚩 述摩含
oṃ svabhāvāḥ sarva−dharmāḥ svabhāva−śuddho 'ham
"옴! 자성(自性)이 일체의 법이니, 저도 자성이 청정합니다."

한글 진언집에 두 가지로 수록된 정삼업진언 중에서 둘째인 이 진언은 주로 수륙재와 관련된 불전들에 수록되어 있다.640) 그리고 이 진언은 살마바바(薩網婆嚩)로 시작하므로, 사바바바(沙嚩婆嚩)로 시작하는 앞의 정삼업진언[1]과는 다른 진언인 것처럼 보인다. 그러나 『금강정유가중략출염송경』에서 "청정을 구하여 바른 생각에 머물고자 하는 자는 잊지 않고 늘 생각하는 마음으로 이 진언을 읊어야 한다."고 제시한 진언에는 범문을 거의 확실하게 추정할 만한 단서가 병기되어 있으므로641), 이에 의거하면 두 진언의

---

640) 法界聖凡水陸勝會修齋儀軌 권1(X 74:784b): "淨三業真言 謹當宣誦. 唵 薩網婆縛 薩婆達磨 薩網婆縛 述磨含."
法界聖凡水陸大齋普利道場性相通論(X 74:831b): "有淨三業真言 謹當宣誦 … 唵 薩網婆縛 薩婆達摩 薩網婆縛 述摩含."
水陸道場法輪寶懺 권9(X 74:1049a): "唵 薩網婆嚩 薩婆達摩 薩網婆嚩 述摩含(淨三業)"

641) 金剛頂瑜伽中略出念誦經 권1(T 18:226a): "欲求清淨住於正念者 以心存念而誦此密語. 唵 薩網婆縛(自性也) 薩婆達磨(一切法也) 薩網婆嚩 述度含(我亦清淨)." 여기서는 음역한 구절의 의미를 번역하여 괄호로 병기했는데, 이 번역으로 음역한 구절의 범어를 다음과 같이 환원할 수 있다.
살마바바(薩網婆縛): 자성(自性), svabhāva

내용은 크게 다르지 않다.

환원한 범문을 두 진언과 비교해 보면, 위의 정삼업진언²은 정삼업진언¹에서 '청정한'을 의미하는 슈다(輸馱)만 생략했다.

정수진언(淨水真言): 물을 정화하는 진언

"옴 바시 바라마니 사바하"
唵 婆枲 八羅摩尼 莎賀
oṃ bhāsi(?)-pramaṇi svāhā
"옴! 눈부시고 수승한 보주(寶珠)여, 기원하옵니다."

대장경에서는 내용이 서로 다른 최소 다섯 가지 이상의 정수(淨水)진언을 찾아볼 수 있으나, 위의 정수진언은 망월사본의 한글 진언집에만 수록되어 있는 점에서 독특하다. 더욱이 한글『진언집』에서는 °세족진언과 정수진언을 병렬하여 수록했는데, 두 진언의 한글 표기는 똑같고 한자와 실담자의 표기만 약간 다를 뿐이다. 그리고 두 진언의 실담자를 비교해 보면, 세족진언의 vasi를 bhasī로 바꾼 것이 정수진언임을 알 수 있다.

	세족진언	정수진언
한글	옴 바시 바라마니 사바하	
한자	唵 嚩始 鉢羅摩尼 莎賀	唵 婆枲 八羅摩尼 莎賀
실담자	oṃ vasi pramaṇi svāhā	oṃ bhasī pramaṇi svāhā

둘 중에서 vasi는 'vaśi'(자재로운)의 와전일 것으로 쉽게 단정할 수 있는 반면, bhasī는 'bhāsi'(눈부신)의 와전일 것으로 추정

살바달마(薩婆達磨): 일체법(一切法), sarva-dharma
술도함(述度含): 아역청정(我亦淸淨), śuddho 'ham

된다.[642] 이와 같이 추정하면, 세족진언과 정수진언 사이에는 동일한 기원의 대상인 보주를 각각 '자재롭고'와 '눈부시고'로 표현한 차이만 있을 뿐이다.

그러나 대장경에서는 한글『진언집』에 수록된 이 정수진언과는 내용이 다른 정수진언들을 볼 수 있다. 이것들 중에서 정수(淨水)라는 용도와 잘 부합하는 진언은『불설여의륜연화심여래수행관문의』에 수록된 정수진언[643]과『불공견삭신변진언경』에서 다음과 같이 설하는 정수진언이다.

> 唵 旃暮伽 惹攞 跛囉塞囉嚩虋 鈝[644]
> (옴 아모가 야라 바라새라부바 훔)
> oṃ amogha-jala-prasravaṇe hūṃ[645]
> "옴! 견실한 물의 분출이여, 훔!"

이에 비해『소실지갈라경』과『고봉용천원인사집현어록』의 정수진언에서는 물[水]이 아니라 금강(金剛)을 언급하는데, 한글『진언집』의 정수진언에서 보주(寶珠)를 언급한 것은 여기서 유래했을 수도 있다.

> ❶『소실지갈라경』의 정수진언
> 唵 鈝 賀曩 嚩日囉 嚩日啸儜 賀[646]

642) 표기로 보면 'bhaṣī'의 와전일 가능성이 더 크지만, bhaṣī는 암캐를 의미하므로 진언의 내용과는 전혀 어울리지 않는다.

643) 이 정수진언의 범문은 "옴! 청정함이여, 정화를 위해 기원하옵니다."라고 번역된다. 상세한 내용은 °무병수진언 참조.

644) 不空羂索神變真言經 권30(T 20: 397a): "淨水真言 唵 旃暮伽 惹攞 跛囉塞囉嚩虋 鈝"

645) 티베트 역본에 의거하여 복원한 범문은 "oṃ amogha-jala-sravaṇe hūṃ"(옴! 견실한 물의 흐름이여, 훔!)이다. 84000(2022) 2.1989, n.2941.

(옴 훔 하나 바아라 바아례녕 하)
oṃ hūṃ hana vajri vajreṇa hā[647]
"옴! 훔! 금강을 지닌 분이시여, 금강으로 타파하소서, 하!"

❷『고봉용천원인사집현어록』의 정수진언
唵 拔折羅 舍尾 吽吽[648]
(옴 바아라 사니 훔훔)
oṃ vajrāśani hūṃ hūṃ
(… vajra-aśani …)
"옴! 금강의 벽력이시여, 훔! 훔!"

위의 두 진언 중에서 ❷의 연원은 °쇄향수진언³에서 소개한『염라왕공행법차제』의 쇄정(灑淨)정수진언에서 찾을 수 있다. 쇄정정수진언은 바닥(泮吒 phaṭ)이라는 종자로 끝나는데, ❷의 정수진언에서는 이것이 훔(吽 hūṃ)으로 바뀌었을 뿐이다. 끝으로『대비공지금강경』의 정수진언은 다음과 같이 간결하다.

唵 梨 梨 吽 恪[649]

---

646) 蘇悉地羯囉經 권上(T 18:637c): "淨水真言曰. 唵 餅 賀囊 嚩日囉 嚩日隷儜賀."

647) 이 범문을 실담자로 정확하게 병기한『소실지갈라공양법』에 따르면 이 진언의 명칭은 교수진언(攪水真言)이다.
蘇悉地羯羅供養法 권1(T 18:707a): "oṃ hūṃ hana vajri vajreṇa hā 唵 餅 賀囊 嚩日哩 嚩日囇拏 訶(攪水真言)"
진언의 말미에 있는 hā는 'haḥ'로 기재한 판본들도 있다. 이 진언의 경우에 hā는 예적금강(穢跡金剛)을 상징하고 haḥ는 금강소보살(金剛笑菩薩)을 상징하는 종자로 간주할 수 있다.

648) 高峯龍泉院因師集賢語錄 권7(X 65:27a): "(淨水真言曰) 唵 拔折羅 舍尾 吽吽"

649) 佛說大悲空智金剛大教王儀軌經 권3(T 18:595a): "淨水真言曰. 唵 梨梨 吽 恪." 대정신수대장경에는 '물을 정화하는 진언'(pāya-mantraḥ)이라는 이 진언의 명칭과 범문이 각주(T 18:595, n. 8-9)로 제시되어 있다.

(옴 리 리 훔 각)
oṃ rī rī hūṃ khaḥ
"옴! 나아가고 나아가소서, 훔! 태양이시니."

범본의 원전에서는 "옴! 리! 리! 훔! 카하!"라는 다섯 개의 종자로만 구성된 것이 이 진언의 내용일 수 있다. 다만 대장경에서는 rī(梨)와 khaḥ(恪)가 종자로 사용된 예를 거의 찾아볼 수 없으므로, 위의 번역에서는 그 둘의 의미를 반영해 두었다. 그리고 『대비공지금강경』의 범본(*Hevajra-tantra*)에는 이 진언에서 '리 리'(rī rī)가 '니 리'(nī rī)로 바뀐 것이 세족진언, 즉 '발을 씻는 진언'(pādya-mantraḥ)[650]으로 수록되어 있다. 이처럼 음절 하나의 차이로 진언의 명칭이 정수진언 또는 세족진언으로 바뀐 것은, 한글 『진언집』에 수록된 세족진언과 정수진언의 경우와 마찬가지이다.

정식진언[1](淨食真言): 음식을 정화하는 진언

"옴 다가바아라 훔"
唵 馱伽嚩曰囉 吽
oṃ dhāka(?)[651] vajra hūṃ
"옴! 음식이여, 금강이여, 훔!"

이 진언은 한글 진언집을 비롯하여 한국불교의 의례서들에 정

---

650) "oṃ nī rī hūṃ khaḥ | pādyamantraḥ | " 상세한 내용은 °세족진언 참조.

651) 한글 진언집에서 다가(馱伽)의 실담자를 dhagha로 표기한 것은 독음과 일치하지만 범어로는 통용되지 않는다. 馱伽의 독음과 합치하는 범어로 dhāka는 음식 또는 그릇을 의미하므로, dhagha는 dhāka의 와전일 것으로 추정된다.

식진언으로 수록되어 있으나, 진언의 내용이 『불공견삭신변진언경』에서 설하는 정식진언[2]과는 전혀 다르다. 따라서 이것은 다음에 소개할 또 하나의 정식진언과는 달리 한국불교에서 창안한 정식진언으로 간주된다.

『불공견삭신변진언경』에서 설하는 정식진언의 범문은 티베트 역본에 의거하여 파악되어 있다. 범문의 일부에 불명료한 표현이 있지만, 진언의 내용은 대체로 다음과 같은 의미일 것으로 해석된다.

①娜謨 囉怛娜 怛囉耶野 那莫 旖唎耶 婆路枳諦 濕縛囉野 菩地薩埵野 摩訶薩埵野 摩訶迦嚕抳迦野 怛亸他
②度唎 度唎 跋馹邏陀囉 鉢頭麼惹廢 弭誐跢縛囉
③廢誐 廢誐 度拄 度拄 薩縛弭惹畢唎曳 勃陀 達磨 僧歌 薩底曳娜 弭唎 弭唎 莎縛訶[652)]
(①나모 라다나 다라야야 나막 아리야 바로기데 새바라야 모디사다야 마하사다야 마하가로니가야 다냐타
②도리 도리 바아라다라 바다마야폐 미가다바라
③폐가 폐가 도주 도주 살바미야필리예 발다 달마 승가 살저예나 미리 미리 사바하)
①namo ratna-trayāya nama āryāvalokiteśvarāya bodhisattvāya mahāsattvāya mahākāruṇikāya tadyathā.
"삼보에 귀의하옵고, 크나크신 자비를 구족하시고 성스러운 관자재보살 마하살님께 귀의하오며 이에 읊어 아뢰옵니다."
②dhure dhure vajra-dhara padma-jape vigatā varade

---

652) 不空羂索神變真言經 권10. T 20, p. 277a. 이 진언에서 ①은 °불정심관세음보살모다라니의 첫 구절, 그리고 『여의륜다라니경』에서 설하는 근본다라니(°정본관자재보살여의륜주 참조)의 첫 구절과 동일하다. 나머지 ②와 ③의 범문은 『불공견삭신변진언경』의 서장본과 범본(*Amoghapāśakalparāja*)으로 알 수 있다. 84000(2022) n.993-995 참조.

"선두에서 선두에서 금강저를 지닌 분이시여, 연꽃을 음송하시는 분께, 사라짐이여(청정함이여?), 은혜를 베푸시는 분께"

③vega vega dhuṭa dhuṭa sarva-bīja-priye

buddha-dharma-saṅgha-satyena mili mili svāhā.

"분출하고 분출함이여, 제거되고 제거됨이여, 모든 종자를 사랑하시는 분께, 불·법·승의 진리로써 동참하소서 동참하소서, 기원하옵니다."

정식진언[2](淨食真言): 음식을 정화하는 진언

"옴 살바 나유타 발다나야 반다반다 사바하"

唵 薩婆 那由他 鉢多那野 般多般多 娑婆訶

oṃ sarva-nayuta-pātrāya(?) bandha bandha svāhā

"옴! 일체의 무수한 발우를 위해 타파하고 타파하소서, 기원하옵니다."

한글 진언집을 비롯한 기존 의례서에서는 이 같은 내용의 진언을 찾아볼 수 없다. 그런데 일제강점기에 간행된 『불자필람』과 『석문의범』에서 정식게(淨食偈)에 첨부한 위의 진언이 현재 '정식진언'이라는 명칭으로 통용되고 있다. 그러므로 정식게는 이 정식진언의 연원을 추적할 수 있는 단서가 된다. 먼저 이 정식게는 『비니일용록』에 수록된 음수게(飮水偈)를 차용했다는 것을 한눈에 알 수 있다. 그러나 두 게송에 첨부된 진언의 내용은 다르다. (아래의 표에서 괄호 안의 내용은 필자)

	『불자필람』과 『석문의범』653)	『비니일용록』654)
원문(번역)	淨食偈 吾觀一滴水 八萬四千虫 若不念此呪 如食衆生肉 ("나는 한 방울의 물에서 8만 4천의 벌레를 보나니, 만약 이 주문을 염송하지 않으면 중생의 살을 먹는 것과 같으리라.")	飮水偈呪 佛觀一鉢水 八萬四千蟲 若不誦此呪 如食衆生肉 ("부처님은 한 방울의 물에서 8만 4천의 벌레를 보시나니, 만약 이 주문을 암송하지 않으면 중생의 살을 먹는 것과 같으리라.")
진언	唵 薩婆 那由他 鉢多那野 般多般多 沙婆訶	唵 嚩悉 波羅摩尼 莎訶
독음	옴 살바나유타 발다나야 반다반다 사바하	(옴 바시 바라마니 사바하)

여기서 정식게는 음수게의 첫 단어인 '부처님'을 '나'로 바꾸었을 뿐인데, 각각 첨부한 진언의 내용은 전혀 다르다. 이 때문에 이 정식진언²은 근대의 한국불교에서 창안했을 것으로 추정되기 쉽지만, 『관자재보살수심주경』 등에서는 이와 거의 동일한 내용의 진언을 다음과 같은 총섭인주(總攝印呪)로 설한다.

唵 薩婆 那庾多 慕陀囉耶 盤陀盤陀 莎訶655)
(옴 살바 나유다 모다라야 반다반다 사바하)
oṃ sarva-nayuta-mudrayā bandha bandha svāhā

---

653) 『불자필람』: 崔就墟・安錫淵(1931) p. 22.
『석문의범』: 安震湖(1935上) pp. 102, 106.

654) 毗尼日用錄. X 60, p. 146b. 게송에 첨부된 진언(음수게주)의 내용은 세족진언과 동일하며 '방생주'로도 불린다. °세족진언 참조.

655) 觀自在菩薩隨心呪經. T 20, p. 461b.
觀自在菩薩怛嚩多唎隨心陀羅尼經(T 20:467a): "唵 薩婆 那庾多 慕陀羅耶 盤陀盤陀 娑嚩訶"
蓮華部多利心菩薩念誦法(X 59:96c): "總攝印呪曰. 唵 薩婆 那庾多 母陀囉耶 盤陀盤陀 莎訶."

"옴! 일체의 무수한 인계(印契)로써 타파하고 타파하소서, 기원하옵니다."

이 총섭인주의 모다라야(慕陀囉耶)가 정식진언^{2}에서는 발다나야(鉢多那野)로 바뀌었으며, 두 단어 사이에는 혼동의 여지가 없어 보인다. 그러므로 총섭인주의 '모다라야'를 '발다나야'로 바꾼 것이 정식진언^{2}이며, 진언의 의미에서는 '인계로써'(mudrayā)가 '발우를 위해'(pātrāya?)로 바뀐 것으로 이해된다.

정신기신주(淨身器神呪): 몸을 정화하는 신령스런 주문

"옴 슈뎐도 슈다나야 사바하"
唵 秫殿杜 輸駄那野 莎賀
oṃ śudhyantu(?) śodhanāya svāhā[656]
"옴! 정화하소서, 청정함을 위해 기원하옵니다."

한글 『진언집』은 『불설대아미타경』에서 설하는[657] 이 진언을 일부 한자의 표기만 바꾸어 수록했다. 그러나 불전들에서는 이 진언이 '정신기신주'라는 명칭 이외에도 정삼업(淨三業)진언[658] 또는 정기계(淨器界)진언으로 불리는 것을 확인할 수 있다. 이 중에서 정기계진언만은 예외적으로 기존의 진언 앞에 "나모 살바못다 모지사다바"(曩莫 薩縛沒馱 冒地薩怛縛)라는 구절을 추가했다.[659]

---

656) 한글 『진언집』에 병기된 실담자(oṃ soḍyanto sodhānaya svāhā)만이 이 범문을 추정할 수 있는 유일한 단서이다. 이 실담자에서 'soḍyanto'는 진언의 용도로 보아 'śudhyantu'(정화하소서)의 와전일 것이다.

657) 佛說大阿彌陀經 권上(T 12:327a): "淨身器神呪 唵 秫殿都 戍陀那耶 娑婆訶"

658) 大虛空藏菩薩念誦法(T 20:603b): "淨三業真言曰. 唵 舜第耨 戍馱曩耶 娑囉賀."
金剛童子持念經(T 21:133b): "淨三業真言. 唵 秫弟耨 戍馱曩野 娑嚩賀."

659) 白傘蓋大佛頂王最勝無比大威德金剛無礙大道場陀羅尼念誦法要(T 19:399a):

정신진언(淨身真言): 몸을 청정하게 하는 진언

"옴 바아라 뇌가닥 사바하"
唵 跋折囉 惱迦吒 娑嚩賀
oṃ vajra nikaṭ(?) svāhā
"옴! 가까이 계시는 금강이시여, 기원하옵니다."

한국불교에서 입측오주(入厠五呪)의 하나로 꼽히는 이 진언은 『치문경훈』에서 유래하고, 『제경일송집요』에는 정신주(淨身咒)로 수록되었다.[660] 이 진언에서 뇌가닥(惱迦吒)의 원어를 파악할 수 있는 전거는 전혀 없으나, 한글 진언집을 참고하면 '가까이'라는 의미의 부사인 'nikaṭ'일 것으로 추정된다.

그러나 밀교 경전에서는 이와는 전혀 다른 내용을 정신진언으로 설한다. 이뿐만 아니라 중국불교의 불전들 중에서 『선문제조사게송』은 위의 정신진언을 거예주(去穢呪)로 일컫고[661] 있듯이, 이후 『칙수백장청규』(1338년) 등에서는 °거예진언으로 간주한다.[662]

"淨器界真言曰. 曩莫 薩縛沒馱 冒地薩怛縛 唵 秫殿努 戍馱曩野 娑縛賀." 이 정기계진언의 범문과 의미는 다음과 같이 추정된다.
namaḥ sarva-buddha-bodhisattva oṃ śudhyantu(?) śodhanāya svāhā
"귀의 하옵나니 모든 부처님과 보살님이시여, 옴! 정화하소서, 청정함을 위해 기원하옵니다."

660) 緇門警訓 권9(T 48:1092b): "淨身 唵 吰折羅 惱迦吒 莎訶"
諸經日誦集要 권中(J 19:160c): "淨身咒. 唵 跋折囉 惱迦 莎訶." ; 권下(J 32:578b): "淨身咒. 唵 跋折囉 惱迦吒 莎訶."

661) 禪門諸祖師偈頌(X 66:751c): "去穢呪. 唵 跋折羅 惱迦吒 娑訶." 『선문제조사게송』은 12세기 후반에서 13세기 중반 사이에 편찬된 것으로 추정된다. 賴霈澄(2020) pp. 93-94 참조.

662) 勅修百丈清規 권6(T 48:1145c): "去穢(唵 吰折囉 曩伽吒 娑訶)"
增修教苑清規 권下(X 57:342a): "去穢(唵 拔枳羅 腦迦吒 婆呵)"

그런데 이 같은 혼동은 중국불교에서 진언을 개발하면서 발생한 것으로 보일 수 있지만, 그 발단은 밀교의 불전에서부터 찾을 수 있다. 밀교 불전에서 이와는 다른 내용으로 설하는 정신진언도 유사한 혼동을 드러내기 때문이다. 예컨대 『금강정연화부심염송의궤』에서는 아래의 진언을 정신진언으로 명시한다.

娑嚩婆嚩 秫馱 薩嚩達摩[663]
(사바바바 슈다 살바달마)
svabhāva-śuddhāḥ sarva-dharmāḥ
"청정한 자성(自性)이 일체의 법이도다."

이 같은 정신진언은 앞에서 소개한 '정삼업진언[1]'의 일부를 발췌한 것이지만, 『금강정경』에서는 정삼업진언[1]과 동일한 내용을 정신진언으로 설한다.[664] 더욱이 이 진언이 『대일여래검인』에는 신속하게 삼업(身·語·意業)의 청정을 얻을 수 있는 진언[665]으로 제시되어 있으며, 『성하야흘리박대위노왕입성대신험공양염송의궤법품』에서는 '청정(淸淨)진언'[666]으로 불리고, 『불설대마리지보살경』에서는 '삼업청정(三業淸淨)진언'[667]으로 불린다. 이뿐만 아니

律苑事規 권8(X 60:127a): "去穢(唵 扳枳羅 腦迦吒 娑訶)"
入衆須知(X 63:560b): "去穢 唵 跋斫囉 那伽吒 娑訶"

663) 金剛頂蓮華部心念誦儀軌(T 18:299b): "淨身真言曰. 娑嚩婆嚩 秫馱 薩嚩達摩." 이 진언의 온전한 내용은 다음 각주 참조.

664) 金剛頂一切如來真實攝大乘現證大教王經 권上(T 18:311a): "淨身真言曰. 唵 薩嚩婆嚩 秫馱 薩嚩達摩 薩嚩婆嚩 秫度憾." 이 밖의 사례는 정삼업진언[1] 참조.

665) 大日如來劍印(T 18:198c): "身語意業速得淸淨 真言曰. oṃ svabhāva śuddhā sarva dharmā svabhāva śuddhā haṃ 唵 娑嚩婆嚩 秫馱 薩嚩達磨 娑嚩婆嚩 秫度憾."

666) 聖賀野紇哩縛大威怒王立成大神驗供養念誦儀軌法品 권上(T 20:156c): "如理相應誦淸淨真言 三遍 真言曰. 唵 娑嚩婆嚩 秫馱 薩嚩達莫 娑嚩婆嚩 秫度憾."

라 『불공견삭신변진언경』에서는 다음과 같이 아주 색다른 정신진언을 설한다.

> 唵 縒曼多 播㗚訖沙迦 悞呬野陀𠼝 者囉者囉 吽[668)]
> (옴 사만다 바리가사가 오혜야다례 자라자라 훔)
> oṃ samanta-parikṣaya(?)[669)] guhyatare cara cara hūṃ
> "옴! [더러운 것을] 완전히 없애 버리소서, 더욱 은밀한 곳으로 나아가소서 가소서, 훔!"

이 밖의 정신진언들 중에서는 『대준제보살분수실지참회현문』에 "唵 哆唎哆唎 咄侈唎 咄咄哆唎 娑婆訶"[670)](옴 다례다례 도다례 도도다례 사바하)라고 수록된 정신진언이 특기할 만하다. 매우 생소한 이 정신진언의 정체를 추적하면, 이것이 『대일여래검인』과 『불설유가대교왕경』에서 설하는 '다라보살(多羅菩薩)진언'에서 유래했을 것으로 짐작할 수 있다. 『대일여래검인』에서 진언마다 병기한 실담자를 참고하면 다라보살진언의 의미는 다음과 같이 파악된다.

> 唵 跢哩 覩跢哩 覩哩 娑嚩賀
> (옴 다례 도다례 도례 사바하)
> oṃ tāre tutāre ture svāhā[671)]

---

667) 佛說大摩里支菩薩經 권6(T 21:281c): 即誦三業清淨真言. 唵 娑嚩婆嚩 秫駄 薩里嚩達里摩 娑嚩婆嚩 秫度憾.

668) 不空羂索神變真言經 권23. T 20, p. 356b.

669) 바리가사가(播㗚訖沙迦)의 범어가 한글 대장경의 각주에는 'parikhiśaka'로 기재되어 있다. 그러나 범어로 성립되지 않은 이것은 parikṣaka의 와전일 것이지만, 짐작건대 parikṣaka는 parikṣaya의 오기일 것으로 추정된다.

670) 大准提菩薩焚修悉地懺悔玄文(X 74:559a): "淨身真言 唵 哆唎哆唎 咄侈唎 咄咄哆唎 娑婆訶"

"옴! 구제하는 분이시여, 오직 구제하는 분이시여, 강력하신 분께 기원하옵니다."

위의 진언에서 '구제하는 분'이란 대승불교, 특히 밀교에서 중생을 피안으로 인도하여 구제하고 보호하기로 유명한 타라(tārā) 보살이다. 한역 불전에서는 이 보살의 이름이 '다라(多羅)'라는 음역으로 널리 통용되므로, 이 다라보살에게 기원하는 위의 진언은 '다라보살진언'으로 불린다. 이와 더불어 다라보살진언은 8세기 무렵까지 "oṃ tāre tuttāre ture svāhā"의 형태로 통용되기에 이른 것으로 알려져 있다.[672)]

---

671) 大日如來劍印. T 18, p. 201a. 『불설유가대교왕경』과 『불설일체불섭상응대교왕경성관자재보살염송의궤』에서 똑같이 설하는 다라보살진언도 이와 동일하게 "옴 다례 도다례 도례 사바하"라고 독음된다.
佛說瑜伽大教王經 권1(T 18:563a): "多羅菩薩真言曰. 唵 多哩 咄多哩 咄哩 娑嚩賀."
佛說一切佛攝相應大教王經聖觀自在菩薩念誦儀軌(T 20:65b): "復次說多羅菩薩真言曰. 唵 多哩 咄多哩 咄哩 娑嚩賀."
범문에서 도다례(覩跢哩)의 원어인 'tutāre'는 'tu tāre'로 읽어야 의미가 통한다. 후술할 원전에는 이것이 'tuttāre'로 표기되어 있다.

672) Powell(2018) p. 80 참조. 이 진언은 *Saṃpuṭa-tantra*(*Sampuṭodbhava* 2.4.3)에 "oṃ tāre tuttāre ture svāhā"로 기재되어 있다.
Skorupski(2001) p. 260 ; 84000(2021) ap2.356. 또한 『다라니집경』의 범본(*Dhāraṇīsaṃgraha*)에도 이와 동일하게 수록되어 있다. Hidas(2021) p. 28, 22행. 그런데 이 진언의 정중앙에 있는 'tuttāre'가 'tu tāre'의 속음 형태라는 사실은 *Saṃpuṭa-tantra*에서(Skorupski 2001:260) "중앙에 있는 'tu'라는 말은 보호를 에둘러 표현하는 'tu'로 적용시켜야 한다."(madhye nāma tu rakṣā-vākyaṃ tu kārayet)라고 설명하는 것으로 알 수 있다.

진언	한자 표기 / 독음	범문 / 번역
다라보살진언 ❶	唵 跢哩 覩跢哩 覩哩 娑嚩賀 옴 다례 도다례 도례 사바하	oṃ tāre tutāre ture svāhā 옴! 구제하는 분이시여, 오직 구제하는 분이시여, 강력하신 분께 기원하옵니다.
다라보살진언 ❷	唵 跢哩 都跢哩 覩哩哩 娑嚩賀 옴 다례 도다례 도례례 사바하	oṃ tāre tutāre turere[673] svāhā 옴! 구제하는 분이시여, 오직 구제하는 분이시여, 강력하신 '바로 그'(?) 분께 기원하옵니다.
정신진언 ❸	唵 哆唎哆唎 咄侈唎 咄咄哆唎 娑婆訶 옴 다례다례 도다례 도도다례 사바하	oṃ tāre tāre tutāre tu tutāre svāhā 옴! 구제하고 구제하는 분이시여, 오직 구제하고 참으로 오직 구제하는 분이시여, 기원하옵니다.

다라보살진언을 약간 변형한 진언들이 등장한 것은 다라보살진언(❶)이 그만큼 유명했기 때문일 것이다. 이러한 변형은 착오 또는 와전이 아니라면, 우선 『대일여래검인』에도 또 하나의 다라보살진언(❷)[674]로 반영되어 있다. 또한 앞서 언급한 『대준제보살분수실지참회현문』의 정신진언(❸)도 다라보살진언의 변형일 것임을 앞의 대조로 간파할 수 있다.

다른 한편으로 『불설다라니집경』에서는 다라보살진언(❶)의 맨 앞에 다음과 같이 '다냐타(跢姪他)'만 붙인 진언을 관세음보살수심인주(觀世音菩薩隨心印呪)로 설한다.

673) turere(覩哩哩)는 ture(覩哩)의 오기가 아니라면, 일단은 ture(강력하신 분께)를 강조하는 속음일 것으로 간주할 수밖에 없다. 감탄사로서 re는 경멸의 뜻을 표현하고, 종자로서 re는 규성(奎星)이라는 별자리를 상징하므로 이 진언에는 적합하지 않다. 八田幸雄(1985:53, 315번)은 turere를 'ture re'로 적고 단순히 '오!'라는 감탄사로 간주하는 데 그쳤다.

674) 大日如來劍印(T 18:196b): "多羅菩薩真言. oṃ tare tutare turere svāhā 唵 跢哩 都跢哩 覩哩哩 娑嚩賀." 'tare tutare'는 'tāre tutāre'의 오기.

跢姪他 唵 多唎多唎 咄多唎 咄唎 莎訶675)
(다냐타 옴 다례다례 도다례 도례 사바하)
tadyathā oṃ tāre tāre tutāre ture svāhā
"이에 읊어 아뢰옵나니 옴! 구제하고 구제하는 분이시여, 오직 구제하는 분이시여, 강력하신 분께 기원하옵니다."

이로부터 더 나아가 이 관세음보살수심인주에 정신진언(❸)의 '도도다례'를 삽입한 진언은 『관자재보살수심주경』에서 설하는 수심인주(隨心印呪)에 포함된다. 신인주(身印呪) 또는 도인주(都印呪)로도 불리는 수심인주는 아래와 같이 두 가지 진언으로 조합되어 있다.

①那謨 喝囉怛那 跢囉夜耶 那謨 阿唎耶 婆路枳帝 攝婆羅耶 菩提薩埵耶 摩訶薩埵耶 摩訶迦嚧尼迦耶
②跢姪他 唵 哆唎哆利 都多唎 都都多唎 咄唎 莎訶676)
(①나모 애라다나 다라야야 나모 아리야 바로기데 새바라야 모디사다야 마하사다야 마하가로니가야

675) 佛說陀羅尼集經 권5(T 18:827a): "觀世音菩薩隨心印呪 第六 … 跢姪他 唵 多唎多唎 咄多唎 咄唎 莎訶"

676) 觀自在菩薩隨心呪經(T 20:457c): "隨心印呪 第一(亦名身印呪亦名都印呪) … "
『관자재보살수심주경』을 달리 번역한 『관자재보살달부다리수심다라니경』에서도 이와 동일한 진언을 다라니로 설한다.
觀自在菩薩怛嚩多唎隨心陀羅尼經(T 20:463b): "即說陀羅尼曰. ①曩謨 囉怛那 哆囉野耶 曩謨 阿唎耶 嚩嚧枳帝濕嚩囉耶 冒地薩怛嚩耶 摩訶薩怛嚩耶 摩訶迦嚧尼迦耶 ②怛儞也他 唵 多唎多唎 咄多唎 咄咄哆唎 咄唎 娑嚩訶."
다만 이 경전의 말미(T 20:470b)에 실담자로 첨부한 이 진언의 범문에는 일부가 누락되어 있다. 실담자를 바른 범문으로 아래와 같이 교정하면 대괄호([]) 부분이 누락되었음을 알 수 있다.
"①namo ratna-trayāya nama āryāvalokiteśvarāya bodhisattvāya mahāsattvāya mahākāruṇikāya ②tadyathā oṃ tāre [tāre] tutāre tu tutāre ture svāhā."

②다냐타 옴 다례다례 도다례 도도다례 도례 사바하)

①namo ratna-trayāya nama āryāvalokiteśvarāya bodhisattvāya mahāsattvāya mahākāruṇikāya

②tadyathā oṃ tāre tāre tutāre tu tutāre ture svāhā

"삼보에 귀의하옵고, 크나크신 자비를 구족하시고 성스러운 관자재보살 마하살님께 귀의하오며,

②이에 읊어 아뢰옵나니 옴! 구제하고 구제하는 분이시여, 오직 구제하고 참으로 오직 구제하는 분이시여, 강력하신 분께 기원하옵니다."

여기서 첫째 진언(①)은 『여의륜다라니경』에서 설하는 근본다라니의 첫 구절(°정본관자재보살여의륜주 참조)이다. 둘째 진언(②)은 『불설다라니집경』의 관세음보살수심인주가 약간 확장된 변형이다. 그리고 위의 수심인주가 『범음산보집』에는 관욕게주(灌浴偈呪)의 후반부로 수록되어 있다. 다만 이 관욕게주에서는 수심인주의 둘째 진언(②)에 있는 도례(咄唎)가 도다례(咄哆唎)로 바뀌었는데, 한글 진언집에서는 바로 이 형태의 진언을 °멸죄청정주로 수록했다. 이 진언의 원형을 『대일여래검인』의 다라보살진언에서 찾을 수 있으므로, 이로부터 점차 변형된 양상은 아래의 대조표로 확인할 수 있다.

둘째 진언(②)의 변형

해당 진언 (출처)	한글 독음 / 한자 표기
다라보살진언 (『대일여래검인』)	옴 다례 도다례 도례 사바하
	唵 路哩 覩路哩 覩哩 娑嚩賀
관세음보살수심인주 (『불설다라니집경』)	다냐타 옴 다례다례 도다례 도례 사바하
	路姪他 唵 多唎多唎 咄多唎 咄唎 莎訶
수심인주 (『관자재보살수심주경』)	다냐타 옴 다례다례 도다례 도도다례 도례 사바하

	跢姪他 唵 哆唎哆利 都多唎 都都多唎 咄唎 莎訶
관욕게주 (『범음산보집』)	다냐타 옴 다례다례 도다례 도도다례 도다례 사바하
	怛你也他 唵 哆唎哆唎 咄哆唎 咄咄哆唎 咄哆唎 莎嚩賀
멸죄청정주 (한글 진언집)	다냐타 옴 다례다례 도다례 도도다례 도다례 사바하
	怛伱也佗 唵 哆唎哆唎 咄哆唎 咄咄哆唎 咄哆唎 娑嚩賀

정의진언(整衣真言): 의복을 정돈하는 진언

"옴 사만다 사다라나 바다메^메 훔 박"
唵 三滿多 娑馱囉拏 鉢頭米 吽 登"
oṃ samanta-sādhāraṇa(?)-padme hūṃ phaṭ
"옴! 완전하고 평등한 연꽃이여, 훔! 팟!"

한국불교의 의례서들에 한결같이 이렇게 수록된 정의진언은『불공견삭신변진언경』에서 유래한다.677) 그러나 진언이 있는 사다라나(娑馱囉拏)의 범어를 추정할 수 있는 단서는 한글 진언집에 병기된 실담자678)뿐이다.

정지진언(淨地真言): 땅을 정화하는 진언

"옴 나유바아다 살바달마"
唵 囉儒婆誐多 薩婆達摩
oṃ rajo 'pagatāḥ sarva-dharmāḥ679)

677) 不空羂索神變真言經 권19(T 20:329c): "整衣真言 唵 三曼彈 娑馱囉拏 鉢頭米 鈝 怖"

678) 한글 진언집의 실담자로는 sadharaṇa이고, 이것에 가장 근접한 바른 범어는 평등, 보편, 공통 등을 의미하는 sādhāraṇa이다.

"옴! 더러움이 사라진 일체의 법이여!"

이 진언은 『금강정연화부심염송의궤』에 제시되어[680] 있으나, 한글 진언집에는 수록되어 있지 않다. 1694년에 금산사에서 간행한 『제반문』에는 한글과 한자를 병기한 정지진언이 수록되었으나[681], 『밀교개간집』에는 한글로만 수록되었다.[682] 한편 『대비공지금강경』에서 설하는 정지진언은 다음과 같이 이와는 전혀 다른 내용이다.

唵 犖叉 犖叉 犖叉 吽吽吽 發吒 莎賀[683]
(옴 낙차 낙차 낙차 훔훔훔 바닥 사바하)
oṃ rakṣa rakṣa hūṃ hūṃ hūṃ phaṭ svāhā
"옴! 보호하고 보호하고 보호하소서, 훔! 훔! 훔! 팟!
기원하옵니다."

정토결계진언(淨土結界真言): 정토의 경계(境界)를 한정하는 진언

"옴 소로소로 훔"
唵 素嚕素嚕 吽
oṃ suru suru hūṃ
"옴! 흘러내리고 흘러내리게 하소서, 훔!"

---

679) 坂内龍雄(1981) p. 170.

680) 金剛頂蓮華部心念誦儀軌(T 18:299b): "淨地真言曰 唵 囉儒波誐哆 薩嚩達摩"

681) "옴 나유바아다 살바달마 唵 囉儒婆誐多 薩婆達摩." 朴世敏(1993, 제2집) p. 528a.

682) "淨地真言 옴 라유바 아다 살바달마." 朴世敏(1993, 제3집) p. 264b.

683) 佛說大悲空智金剛大教王儀軌經 권1(T 18:588c): "淨地真言曰 …." 아래의 범문은 T 18, p. 588c, n. 49 참조.

『불공견삭신변진언경』에서 명칭이 없이 설한 진언[684]을 그대로 채택한 이 진언이 한글 진언집에는 수록되어 있지 않으나, 『제반문』에는 한자로만 수록되었고 『석문의범』에는 한자와 한글로 병기되었다.[685] 그리고 진언의 내용은 °계도도장진언("옴 아모가 자라미망기 소로 소로 사바하")에서 '아모가 자라미망기'를 삭제한 형태이다.

제석천왕제구예진언(帝釋天王除垢濊真言): 제석천왕이 더러움을 없애는 진언

> "아지부 제[뎨]리나 아지부 제[뎨]리나 미아 제[뎨]리나 오소 제[뎨]리나 아부다 제[뎨]리나 구소 제[뎨]리나 사바하"
> 若支不 帝利那 阿支不 帝利那 彌闍 帝利那 烏蘇 帝利那 若富哆 帝利那 區蘇 帝利那 娑嚩賀
> jacipū telina acipū telina mija telina oso telina japūta telina kusū telina svāhā[686]

이 진언은 『칠불소설신주경』과 『다라니잡집』에 호소도나대신주(胡穌兜那大神咒)로 수록되어 있다. 여기서는 이 진언을 다음과 같이 설명하는데, 한글 진언집에서 이것을 '제구예(除垢濊)진언'으로 호칭한 것도 이 때문일 것이다.

"도리천왕(=제석천왕)[687]인 나는 중생을 가엾이 여겨 이름이 '호소

684) 不空羂索神變真言經 권4(T 20:249a): "唵 素嚕素嚕 莎" 이 진언의 범문은 『불공견삭신변진언경』의 범본에 있다. 84000(2022) 2.252 ; n.403.

685) 朴世敏(1993, 제2집) p. 489a ; 安震湖(1935上) p. 133.

686) 한글 진언집의 실담자를 옮긴 이 범문은 의미가 통하지 않는 와전이므로 교정 범문은 후술한다.

687) 제석천왕은 삼십삼천(三十三天)의 주인이고, 이 삼십삼천은 도리천(忉利天)

도나'인 대신주를 설하고자 하니, (진나라 말로는) 더러운 때를 제거하고 자비로써 돕고 제도하여 중생의 괴로움을 뽑아 버린다는 뜻이다."688)

이어서 곧장 제시된 호소도나대신주는 '지부(支不)'로 시작한다.689) 그러나 한글 진언집을 비롯하여 『예수재의찬요』와 『조상경』에 이와 동일한 내용으로 수록된 제석천왕제구예진언은 '아지부(若支不)'로 시작한다. 그러므로 아지부(若支不)의 아(若)는 착오일 것으로 간주할 수 있다. 더욱이 한글 진언집에서 실담자로 명기한 이 진언의 범문은 의미가 전혀 통하지 않을 뿐만 아니라, 티베트 역본에 의거한 범문690)과도 거의 일치하지 않는다. 이 범문도 고전 범어에서는 통용되지 않는 특이한 조어(造語)로 구성되어 있으므로 난해하지만, 이 범문을 최소한으로 교정하여 제석천왕제구예진언의 원의를 다음과 같이 추정해 볼 수 있다.

支不 帝利那 阿支不 帝利那 彌闍 帝利那 烏蘇 帝利那 若富哆 帝利那

의 원어인 'Trāyastriṃsā devāḥ'를 번역한 말이다. 그러므로 도리천왕은 제석천왕의 별칭이다.

688) 七佛所說神呪經 권2(T 21:549c): "我忉利天王愍念眾生故 欲說大神呪名胡穌兜那, (晉言)去除垢穢 慈悲拯濟 拔眾生苦." 진언(다음 각주)은 이 다음에 곧장 제시된다.

689) 七佛所說神呪經 권2(T 21:549c): "支不 帝梨那 阿支不 帝梨那 彌闍 帝梨那 烏穌 帝梨那 若副多 帝梨那 驅穌 帝梨那 莎呵." 『다라니잡집』에 수록된 진언도 이와 동일하다.
陀羅尼雜集 권2(T 21:590c): "支不 帝梨那 阿支不 帝梨那 彌者 帝梨那 烏蘇 帝梨那 若副多 帝梨那 驅蘇 帝梨那 莎呵"

690) 중국의 显密经藏 사이트에서 제공한 이 범문은 아래와 같다.
"ciputrina aciputrina mikṣitrina usutrina capudatrina kṣusutrina svāhā"
http://www.xianmijingzang.com/tibet/down/id/8025 (2021.09.06 검색)

區蘇 帝利那 娑嚩賀
(지부 제리나 아지부 제리나 미아 제리나 오소 제리나 아부다 제리나 구소 제리나 사바하)
ci-putriṇa a ci-putriṇa mi-kṣitriṇa uṣṭriṇa ja-pūtatriṇa(?) kṣoṣṭriṇa svāhā[691] (… kṣa-uṣṭriṇa …)
"부모를 엄호하시는 분이시여, 오! 부모를 엄호하시는 분이시여, 파괴자를 심판하는 분이시여, 쟁기 끄는 황소를 가진 분이시여, 밝고 청정하게 하시는 분이시여, 전답과 쟁기 끄는 황소를 가진 분이시여, 기원하옵니다."

위의 범문에서 ci-, mi-, ja- 등은 동사 어근을 접두사로 사용한 조어로 간주된다.[692] 이와 같이 파악하지 않으면 이 진언의 의미를 거의 이해할 수 없다.

제석천진언(帝釋天真言) → 소청제석천진언

조전진언(造錢真言): 저승돈을 만드는 진언

"옴 바아라 훔 사바하"
唵 嚩日囉[693] 吽 莎訶
oṃ vajra hūṃ svāhā

---

691) 고전 범어의 음성 법칙을 적용하면 이 범문은 "ci-pautriṇa a ci-pautriṇa mi-kṣaitriṇa auṣṭriṇa ja-pautatriṇa(?) kṣauṣṭriṇa svāhā"로 바뀐다.

692) 어근 ci와 mi에는 각각 엄호와 심판의 의미가 있고, 어근 jan에서 유래하는 ja는 발생 또는 야기의 의미로 사용된다.

693) 『오종범음집』의 조전진언(朴世敏 1993 제2집:193b)에서 嚩日囉를 阿日囉로 기재한 것은 의심의 여지가 없는 오기이다. 『석문의범』(安震湖 1935上:235-6)에서는 조전진언을 두 차례 언급하는데, '바아라'로 읽은 이것을 처음에는 婆阿羅로 기재하고 바로 뒤에서는 縛囉로 기재했다. 두 조전진언을 동일하게 "옴 바아라 훔 사바하"으로 읽은 것으로 보아, 縛囉는 縛日囉의 오기일 것이다.

"옴! 금강이시여, 훔! 기원하옵니다."

돈[錢]과 연관된 일곱 가지 진언들 중의 하나인 이 진언은 『예수재의찬요』694)와 『오종범음집』에 한자로만 수록되었고, 『석문의범』에서는 한글도 위와 같이 병기했다.

준제진언(准提眞言): 준제보살님께 기원하는 진언

"나모 사다남 삼먁삼못다 구치남 다냐타 옴 자례주례 준제 사바하 부림"

曩謨 薩陀喃 三藐三沒馱 嶋致喃 怛野他 唵 左隷主隷 準提 娑婆訶 部臨695)

namaḥ saptānāṃ samyak-saṃbuddha-koṭīnāṃ tadyathā oṃ cale cūle cundi svāhā bhrūṃ696)

"완전하고 바르게 깨달으신 7천만 분(부처님)들께 귀의하옵고 이에 읊어 아뢰옵니다. 옴! 유행(遊行)하는 분이시여, 상투머리를 하신 분이시여, 준제[보살]이시여, 기원하옵니다. 브룸!"

---

694) 朴世敏(1993, 제2집) p. 124b.

695) 이 진언의 한글과 한자 표기는 『불자필람』을 인용함. 崔就墟・安錫淵(1931) p. 7.

696) 이 범문은 坂内龍雄(1981:83)과 八田幸雄(1985:66, 409-b번)의 교정을 채택함. 이 진언을 기재한 실담자에서 'cūle cundi'는 대체로 'cule cuṃde(=cunde)'로 표기되어 있다. 그러나 특히 cule는 범어에서 통용되지 않는다. 이 때문에 Giebel(2012:205)도 cule의 의미는 불명료하다고 지적하면서, 어쩌면 cale로부터 cunde라는 진언으로 명상하는 과정에서 선택적으로 변형된 말이 cule일지 모른다고 추정했다. 다만 이에 앞서 일본에서 통용된 전통에 따르면(密教學會 1983:1106c) cale는 覺動(깨달아 활동함), cule는 起昇(일어나 올라감), cundi 또는 cunde에 해당하는 śundhe는 淸淨(깨끗함)을 의미하는 것으로 해석된다.

『밀교개간집』과 『일용작법』에는 이 준제진언이 특이하게 수록되어 있다. 즉 한자는 기재하지 않고 한글과 실담자로만 기재했지만, 특히 『일용작법』(해인사본)의 경우에는 실담자를 진언의 후반부에만 병기했다.[697] 그리고 준제진언의 전거를 『불설칠구지불모준제대명다라니경』과 『칠불구지불모심대준제다라니법』 등에서 찾을 수 있으며[698], 본래 명칭이 한글 『진언집』에 기재된 것처럼 칠구지불모심대준제다라니(七俱胝佛母心大準提陀羅尼)라는 사실은 『현밀원통성불심요집』 등의 불전을 통해 알 수 있다.[699] 다만

---

697) 『밀교개간집』(朴世敏 1993 제3집:236b): "나모사다남 삼먁 삼몯다 긕디람 다냐타 <u>옴</u> 자례쥬례 쥰뎨 사바하 부림. 此准提真言."
『일용작법』(朴世敏 1993 제3집:532a): "准提真言. 나모 사다남 삼먁 삼못다 구디남 다냐타 <u>옴 자례쥬례 쥰뎨 사바하 부림</u>." 밑줄은 실담자가 병기된 부분.

698) 佛說七俱胝佛母准提大明陀羅尼經(T 20:173a):
"說過去七俱胝准提如來等佛母准提陀羅尼 乃至我今同說. 即說大明曰. 娜麼 颯哆南 三藐三勃陀 俱胝南 怛姪他 唵 折隷主隷 准提 莎嚩訶."
七佛俱胝佛母心大准提陀羅尼法(T 20:186b): "namaḥ saptanāṃ(saptānāṃ) samyak-saṃbuddhā-koṭināṃ(koṭīnāṃ) tadyathā oṃ cale cule cāddhe(śuddhe?) svāhā 那麼 颯哆喃 三藐三勃佗 俱胝喃 怛姪也他 唵 折戾主戾 准提 娑嚩訶" 괄호 안은 필자의 교정.

699) 아래의 『현밀원통성불심요집』과 『준제심요』에서 병기한 실담자에는 사소한 오기가 있으나 다라니의 내용은 준제진언과 동일하다. 괄호 안은 필자의 교정.
顯密圓通成佛心要集 권上(T 46:994c): "七俱胝佛母心大准提陀羅尼真言曰. 南無 颯哆喃 三藐三菩馱俱胝喃 怛儞也他 唵 折隷 主隷 准提 娑婆訶 部林 namo saptanāṃ(saptānāṃ) samyak-saṃbuddhā-kuṭīnāṃ(koṭīnāṃ) tadyathā oṃ cale cule cuṃde(cunde) svāhā bhrūṃ."
準提心要(X 59:245c): "七俱胝佛母心大准提陀羅尼真言曰. 南無 颯哆喃 三藐三菩馱俱胝喃 怛你也他 唵 折隷 主隷 隷提 娑婆訶 唵 部林 namo sattanāṃ(saptānāṃ) samyak-saṃbuddhā-koṭināṃ tadyathā oṃ cale cule conde(cunde) svāhā oṃ bhrūṃ."
위의 범문에서 실담자의 오기는 괄호 안에 화살표로 교정해 두었다.

망월사본 이전의 한글 진언집에는 칠구지불모심대준제다라니가 없고, 망월사본에는 다음과 같이 준제진언의 후반부만을 중복한 형태로 기재되어 있다.

"옴 자례주례 준제^쥰뎨^ 사바하 바림"
唵 左隸 注隸 準提 娑婆訶 部臨
oṃ cale cole cuṃde svāhā bhrūṃ

망월사본에서 위의 진언을 '또[又]'라는 말로 연결하여 한글과 한자는 동일하게 두 차례 기재하면서 실담자는 서체를 약간 바꾸어 표기했다. 이 같은 외면상으로는 원래 진언의 후반부만을 중시하여 사용하려는 의도가 엿보이는데, 그 이유는 우선『조상경』에서 찾을 수 있다.

망월사본의 한글 진언집보다 약간 늦게 간행된 유점사본(1824년)의『조상경』도 이전의 판본들과는 달리 이 같은 칠구지불모심대준제다라니를 수록했다. 그러나 다음과 같이 진언을 낱자 단위로 기재한 이 경우에는 진언의 말미에 있는 바림/부림(部臨, bhrūṃ)이라는 종자를 배제했다.

七俱胝佛母心大准提陁羅尼 oṃ옴唵 ca자左 le례隷 cu주注 le례隷 cuṃ쥰准 de제提 svā사바沙波 hā하訶[700)]

700) 朴世敏(1993, 제3집) p. 346b. 密敎學會(1983:1106c)에 따르면 평소에는 이처럼 oṃ(唵) 이하를 칠구지불모심대준제다라니의 근본 진언으로 사용하며, "唵 折隷 主隷 准提 莎訶"로도 표기되는 이 진언의 범문은 "oṃ cale cule śundhe svāha"이다. 이 경우에는 준제(准提)의 범어를 śundhe로 표기한 것이 특이하지만,『칠불구지불모심대준제다라니법』에서 准提를 아마 śuddhe의 오기일 cāddhe로 표기한 사례가 있다. 坂内龍雄(1981:83)는 준제의 범어를 cundi로 표기하면서도 이것을 '청정하신 분이여'라고 번역했는데, 이는 청정(淸淨)이라는 śundhe 또는 śuddhe의 의미를 채택

그런데 진언을 이와 같이 기재한 것은 이 아홉 개의 음절을 소위 '준제의 아홉 가지 성스러운 범자'(准提九聖梵字)로 중시해 왔기 때문이다. 칠구지불모심대준제다라니를 수록하지 않은 판본의 『조상경』에도 이 아홉 글자의 의미를 해설하는 내용은 수록되어 있다. 그리고 해설은 부분적으로 기존 불전들을 인용하거나 참고한 것이지만, 특이하게도 아홉 글자를 역순으로 배열하여 설명한다. 즉 "hā하訶 → svā사바沙波 → de제提 → cuṃ쥰准 → le례隸 → cu주注 → le례隸 → ca자左 → oṃ옴唵"의 순서이다. 설명의 내용은 시작과 끝을 예로 들면 다음과 같다.

> hā하訶: 양쪽 발을 편안하게 한다. 하(訶)자는 일체법에 원인도 없고 결과도 없다는 뜻이다. 풀이해 말하자면, 하(訶)는 곧 여래께서 증득한 것을 끊는 문이다. 증득한 것을 끊을 때는 선후가 없고, 반야는 근본도 아니고 말단도 아니기 때문에 원인도 없고 결과도 없다고 말하는 것이다.
>
> …
>
> oṃ옴唵: 정수리를 편안하게 한다. 옴(唵)자는 삼신(三身)을 의미하고 또한 일체법이 본래 불생(不生)이라는 뜻이다. 풀이해 말하자면, 옴(唵)은 곧 여래께서 선행을 다하는 문이다. 삼신이 원만하고 이치와 현상이 청정하며 공(空)과 색(色)은 참으로 발생과 소멸이 없기에 이르기 때문에 본래 불생(不生)이라고 말하는 것이다.[701]

실담자의 표기에 따라 흔히 '준제 9자'(准提九字)로 불리는 아홉

한 것이다.

701) "hā訶하 安兩足. 訶字 一切法 無因無果義也. 解云 訶是如來絶證門 絶證之時無先後 般若非本亦非末, 由是名爲無因無果. … oṃ옴唵 安頂上. 唵字 三身意 亦一切法本不生義也. 解云 唵字是如來極善門. 三身圓滿理事淸 空色至真無起滅, 由是名爲本不生." 朴世敏(1993, 제3집) pp. 356-7.

글자에 대한 이와 같은 설명은 각 글자의 기본 의미를 간결하게 제시한 후 뜻풀이(義解)를 추가한 형태로 구성되어 있다. 한국불교의 의례서들에서 이 설명을 수록할 경우에는 한결같이 이와 동일한 내용과 형태를 유지한다. 다만 『오종범음집』에서 '9자(字)'를 '9안(安)'으로 바꾸어[702] 이 설명을 수록한 것은, 9자에 대한 설명이 모두 '편안하게 한다'는 의미의 안(安)으로 시작하기 때문이다. 그리고 이 설명의 전거로서 9자의 기본 의미는 『칠구지불모소설준제다라니경』과 『현밀원통성불심요집』 등에서 찾을 수 있다. 이 불전들에서는 '준제 9자'의 기본 의미를 다음과 같이 설명한다.

'준제 9자'에 대한 해설의 전거

『칠구지불모소설준제다라니경』[703]	『현밀원통성불심요집』[704]
다음에는 자모(字母)로 이루어진 종자의 뜻을 두루 생각해야 한다.	혹은 준제의 아홉 가지 성스러운 범자에는 하나하나마다 갖가지 광명이 있음을 떠올리고 자기 몸의 각 부분에 두어 평안하게 한다. 말하자면 떠올리기를
① 옴(唵 oṃ)자는 3신(身)을 뜻하고 또한 일체법이 본래 불생(不生)이라는 것을 의미한다.	옴(唵 oṃ)자는 머리 위를 편안하고 하고
② 자(者 ca)자는 일체법이 불생(不生)이요 불멸(不滅)이라는 것을 의미한다.	정(折 ca)자는 양쪽 눈을 평안하게 하고
③ 례(禮 le)자는 일체법의 모습은 얻을 수 없다는 것을 의미한다.	례(隷 le)자는 목을 평안하게 하고
④ 주(主 co)자는 일체법은 발생과 소멸이 없다는 것을 의미한다.	주(主 cu)자는 마음을 평안하게 하고
⑤ 례(禮 le)자는 일체법은 더러움이 없다는 것을 의미한다.	례(隷 le)자는양쪽 어깨를 평안하게 하고

702) "准提九安兼義解 …" 朴世敏(1993, 제2집) p. 206b.

⑥ 준(准 cun)자는 일체법은 평등하게 깨달을 것이 없다는 것을 의미한다.	준(准 cuṃ)자는 배꼽 속을 평안하게 하고
⑦ 니(泥 de)자는 일체법은 취하거나 버릴 것이 없다는 것을 의미한다.	제(提 de)자는 양쪽 넓적다리를 평안하게 하고
⑧ 사바(娑嚩 svā)자는 일체법은 평등하여 말로 설명할 것이 없다는 것을 의미한다.	사바(娑婆 svā)는 양쪽 정강이를 평안하게 하며
⑨ 하(賀 hā)자는 일체법은 원인이 없다는 것을 의미한다.	하(訶 hā)자는 양쪽 발을 평안하게 한다.

『칠구지불모소설준제다라니경』에서는 이 설명에 이어, 준제 9자의 의미를 두루 생각하면서 일체법에 관해 얻게 되는 깨달음의 내용을 곧장 덧붙인다.

①②일체법은 본래 불생(不生)이기 때문에 곧 불생불멸(不生不滅)이 된다. ③불생불멸이기 때문에 곧 모습을 얻을 수가 없게 된다. ④모습을 얻을 수가 없기 때문에 곧 발생과 소멸도 없게 된다. ⑤발생과 소멸이 없기 때문에 곧 더러움도 없게 된다. ⑥더러움이 없기 때문에 곧 평등하게 깨달을 것도 없게 된다. ⑦평등하게 깨달을 것이 없기 때문

703) 七俱胝佛母所說准提陀羅尼經(T 20:183c): "次應思惟字母種子義. ①唵(oṃ)字者是三身義 亦是一切法本不生義. ②者(ca)字者 一切法不生不滅義. ③禮(le)字者 一切法相無所得義. ④主(co)字者 一切法無生滅義. ⑤禮(le)字者 一切法無垢義. ⑥*准(cun)字者 一切法無等覺義. ⑦**泥(de)字者 一切法無取捨義. ⑧娑嚩(svā)字者 一切法平等無言說義. ⑨賀(hā)字者 一切法無因義." *准(cun)과 **泥(de)는 각각 准(cu)와 泥(nde)를 교정한 것.

704) 顯密圓通成佛心要集 권上(T 46:996b): "或想准提九聖梵字 每一一字有種種光明安自身分之中. 所謂想 ①唵(oṃ)字 安頭上, ②折(ca)字 安兩目, ③隸(le)字 安項頸, ④主(cu)字 安於心, ⑤隸(le)字 安兩肩, ⑥准(cuṃ)字 安臍中, ⑦提(de)字 安兩髀, ⑧娑婆(svā) 安兩脛, ⑨訶(hā)字 安兩足."

에 곧 취하거나 버릴 것도 없게 된다. ⑧취하거나 버릴 것이 없기 때문에 곧 평등하여 말로 설명할 것도 없게 된다. ⑨평등하여 말로 설명할 것이 없기 때문에 원인도 없고 결과도 없으며, 반야와 상응하여 얻을 것이 없게 된다. 이런 까닭에 방편으로 진정한 의미의 진실에 들어가 곧장 법계의 진여를 증득한다.[705]

『조상경』과 『오종범음집』의 경우처럼 한국불교에서 준제 9자의 의미로 통용되어 온 설명은 위에 예시한 것과 같은 기존의 설명들을 조합한 것이다. 그러나 한국불교에서는 이에 그치지 않고 독자적인 해석을 '뜻풀이'로 추가하여 준제 9자의 의미를 더욱 심화하고 의례에 활용했다. 그 단적인 예로 들 수 있는 것이 준제 9자의 각각을 사방(四方)과 사우(四隅)와 중앙에 배치한 준제구자천원지도(准提九字天圓之圖)이다.

준제진언의 본명인 '칠구지불모심대준제다라니'에서 칠구지불모(七俱胝佛母)[706]는 관음보살의 화신인 준제관음 또는 준제보살의 별명이다. 그리고 준제(准提/準提)는 범어로는 찬디(Caṇḍī), 속어로는 춘디(Cundī)의 음역이며, 힌두교에서는 쉬바(Śiva) 신의 아내인 두르가(Durgā) 여신의 별명이다. 불교에서 준제는 과거에 헤아릴 수 없이 많이 출현했던 부처님들의 어머니로 신봉되어 '칠구지불모'로 불리게 되었다. 준제는 '부처님들의 어머니'로 불리는 만큼 깊고 큰 자비로 중생을 옹호하는 보살이므로, 준제진언은 장

705) 七俱胝佛母所說准提陀羅尼經(T 20:183c-184a): "①②由一切法本不生故即得不生不滅. ③由不生不滅故即得相無所得. ④由相無所得故即得無生滅. ⑤由無生滅故即得無垢. ⑥由無垢故即得無等覺. ⑦由無等覺故即得無取捨. ⑧由無取捨故即得平等無言說. ⑨由平等無言說故即得無因無果 般若相應無所得. 以為方便入勝義實則證法界真如." 필자가 임의로 붙인 번호는 9자의 각각에 적용된다.

706) 구지(俱胝)는 범어로 1천만을 의미하는 코티(koṭī)의 음역이므로, 칠구지는 7천만이라는 숫자이다.

수와 건강을 기원하여 여러 부처님들을 불러 청하는 진언으로 간주된다.[707)]

지단주(指壇呪) → 지단진언

지단진언(指壇真言): 불단을 가리키는 진언

"옴 예이혜 베뻬로자나야 사바하"
唵 曳硒呬 吠路左那野 莎阿
oṃ ehy ehi vairocanāya svāhā
"옴! 오시옵소서, 오시옵소서, 비로자나님께 기원하옵니다."

대장경에서 볼 수 없는 이 진언은 조선조의 성종(成宗) 1년(1470)에 간행된 『법계성범수륙승회수재의궤』에 수록되었다.[708)] 이것이 안심사본(1569년)의 한글 진언집에 수록된 이래 한국불교의 각종 의례서에도 수록되었다. 다만 『오종범음집』에서는 지단진언을 지단주(指壇呪)로 일컫는다.

지장보살멸정업진언(地藏菩薩滅定業真言) → 멸정업진언

진공진언(進供真言): 공양을 올리는 진언

"옴 반자 사바하"
唵 畔左 娑嚩賀
oṃ pañca svāhā

---

707) 八田幸雄(1985) p. 42, 220번 참조.

708) 그러나 CBETA의 『법계성범수륙승회수재의궤』(X 74, No. 1497)에는 이 진언이 없고 국내에서 유통된 판본에 있다.
『수륙수재의궤』: "下有指壇真言 謹當宣念 唵 曳硒呬 吠路左曩野 莎賀." 朴世敏(1993, 제1집) p. 608a.

"옴! 다섯 [공양]이여, 기원하옵니다."

대장경에서는 볼 수 없는 이 진언은 안심사본의 한글 진언집에 수록된 이래 한국불에서만 통용되어 온 진언으로 간주된다. 진언에서 반좌(畔左)는 숫자 5(다섯)를 의미하는 pañca의 음역이다. 이 경우에 다섯은 5공양, 즉 도향(塗香), 화만(華鬘), 소향(燒香) 또는 분향(焚香), 음식(飮食), 등명(燈明)을 가리킨다.[709]

집령진언(執鈴真言): 금강령을 잡으면서 읊는 진언

"옴 바아라 건다 훔"
唵 嚩日囉 健哆 吽
oṃ vajra−ghaṇṭa hūṃ[710]
"옴! '금강의 방울'(금강령)이여, 훔!"

밀교의 불전들에도 '집령진언'으로 불리는 진언은 없으나 지반(志磐) 스님의 『법계성범수륙승회수재의궤』에는 집령진언이 °집저진언과 함께 수록되어 있다.[711] 그러므로 이 진언은 °지단진언의

709) 범본에 서술되어 있는 5공양에 관해서는 °도향진언 참조. 그러나 이것은 한국불교에서 통용되어 온 5공양 또는 6공양과는 다르다. 현재 한국불교에서는 향(香), 등(燈), 화(花), 과(果), 다(茶), 미(米)를 6공양으로 일컫고 이것들 중 화(花)를 제외한 나머지는 5공양이다. 그리고 공양을 변하게 하는 진언권공(真言勸供)에서 상단(上壇)의 불보살을 대상으로 공양을 권할 때는 정법계진언을 올리고, 중단(中壇)의 신중(神衆) 등 여러 신을 대상으로 공양을 권할 때는 진공진언을 올린다.

710) 범문은 八田幸雄(1985) p. 132, 991번을 채택. 종방울을 의미하는 범어는 여성명사로 ghaṇṭā이지만, 진언에서는 이것을 남성명사로 사용하기도 한다.

711) 『수륙수재의궤』: "執鈴真言 唵 縛日囉 健哆 吽." 朴世敏(1993, 제1집) p. 583a. CBETA의 전산본(X 74, No. 1497)에는 이 진언이 없다.

경우와 마찬가지로 중국에서 개발되어 안심사본의 한글 진언집에 수용된 이래 한국불교에서 유통된 것으로 보인다. 그리고 중국 명나라의 주굉(袾宏, 1535-1615)이 개정했다고 하는 『유가집요시식의궤』에는 이와 직결되는 진언이 가지령저(加持鈴杵)진언으로 수록되어 있다.

"이 진언을 읊을 때는 꽃과 쌀을 손으로 집어 금강령과 금강저에 위에 뿌리면서 지혜의 씨앗이 성취되는 것을 떠올린다."라는 설명이 첨부된 가지령저진언의 내용은 다음과 같다.[712]

①唵 斡資囉 薩答 啞 吽. ②唵 斡資囉 看吒 啞 吽.
(①옴 알자라 살답 아 훔. ②옴 알자라 간타 아 훔)
①oṃ vajra-sattva aḥ hūṃ. ②oṃ vajra-ghaṇṭa aḥ hūṃ
①"옴! 금강살타이시여, 아하! 훔!"
②"옴! '금강의 방울'이여, 아하! 훔!"

위의 두 진언은 마지막 종자 앞에 아(啞, aḥ)가 삽입되어 있는데, 이의 연원은 『금강정경』에서 16존에게 기원하는 진언으로 설하는 십육존(十六尊)진언의 첫째 진언에서 찾을 수 있다.[713] 대일여래의 권속 가운데 최상위의 보살인 금강살타(金剛薩埵)는 왼손으로는 금강령, 오른손으로는 금강저를 쥔 형상으로 묘사된다. 십육존진언에서 금강살타와 금강령을 맨 먼저 언급하는 것도 이 때

---

712) 瑜伽集要施食儀軌(X 59:254c): "加持鈴杵真言 (誦真言時 手拈花米 灑在鈴杵上 想成智慧種) 唵 斡資囉 薩答 啞 吽. 唵 斡資囉 看吒 啞 吽." 『수습유가집요시식단의』(修習瑜伽集要施食壇儀 X 59:303c)와 『유가염구주집찬요의궤』(瑜伽燄口註集纂要儀軌 X 59:327b)에도 이와 동일한 내용이 있다.

713) 金剛頂一切如來真實攝大乘現證大教王經 권下(T 18:317c): "唵 嚩日囉 薩怛嚩 噁." 이 진언의 범문은 "oṃ vajra-sattva aḥ"인데, 가지령저진언은 여기에 종자 훔(吽, hūṃ)을 추가했다.

문일 것으로 이해할 수 있다. 집령진언은 위의 둘째 진언(②)에서 종자 '아(啞)'를 생략한 형태이다.

집령진언의 내용은 °동령진언에서 소개한 영진언(鈴真言)의 변형에 속하지만, 이 진언들은 금강령진언 및 후술할 °집저진언과 함께 명칭과 내용에서 유사하거나 동일한 진언으로 혼동을 자아내기도 한다. 예컨대 집령진언과 금강령진언의 차이는 진언의 서두 또는 말미에 있는 하나의 종자뿐이다. 이 같은 차이는『금강왕보살비밀염송의궤』,『대륜금강수행실지성취급공양법』,『수습반야바라밀보살관행염송의궤』등[714]으로 확인할 수 있다. 또한 아래의 대조로 드러나듯이 동령진언과 영진언의 내용이 동일하고, 집령진언에서는 금강령진언의 종자 혹(斛)이 훔(吽)으로 바뀌었다.

진언 명칭	진언 내용	비고
동령진언(動鈴真言)	唵 嚩日囉 建多 都史野 斛 (옴 바아라 건다 도샤 혹)	동일
영진언(鈴真言)	唵 嚩日羅 健吒 覩使也 斛 (옴 바아라 건다 도샤 혹)	
집령진언(執鈴真言)	唵 嚩日囉 健哆 吽 (옴 바아라 건다 훔)	종자만 다름
금강령진언(金剛鈴真言)	唵 嚩日囉 健吒 斛 (옴 바아라 건다 혹)	

714) 金剛王菩薩祕密念誦儀軌(T 20: 573c): "是為金剛鈴真言曰. 唵 嚩日囉 健吒 斛."
大輪金剛修行悉地成就及供養法(T 21:0169a): "當振金剛鈴 真言曰. 唵 嚩日囉 健吒 惡."
맨 끝의 악(惡)은 흔히 종자 아하(aḥ)의 음역으로 표기되지만, 여기서는 혹(斛)과 동일하게 종자 호호(hoḥ)의 음역이다. 그러나『수습반야바라밀보살관행염송의궤』의 금강령진언에는 맨 앞의 옴(唵)이 생략되어 있다.
修習般若波羅蜜菩薩觀行念誦儀軌(T 20:612c): "金剛鈴真言曰. 嚩日囉 巘滯 斛."

이것들 중에서 금강령진언은 다음과 같은 집저진언과 거의 동일하다.

집저진언(執杵真言): 금강저를 잡으면서 읊는 진언

"옴 바아라 건제[뎨] 혹"
唵 嚩日囉 健帝 斛
oṃ vajra-ghaṇṭe hoḥ[715)]
"옴! '금강의 방울'(금강령)이여, 호호!"

이 진언은 『수륙수재의궤』에서 °집령진언의 바로 다음에 수록된[716)] 이래 한글 진언집을 비롯한 한국불교의 의례서에 수용된 것으로 보인다. 그리고 집저진언은 금강령진언의 건다(健吒, ghaṇṭa)가 건제(健帝, ghaṇṭe)로 바뀌었으나 진언의 의미에서는 차이가 없다.

착의진언[1](著衣真言): 옷을 입는 진언

"옴 바아라 바사세 사바하"
唵 嚩日囉 嚩沙細 莎訶
oṃ vajra-vāsase svāhā
"옴! 금강의 의복이여, 기원하옵니다."

한글 진언집에는 착의진언이 두 가지로 수록되어 있는데, 이것

715) 범문은 八田幸雄(1985) p. 132, 996번 참조. 이 진언의 내용은 *Sampuṭodbhava*(8.4.4)에 있는 금강령진언을 발췌한 형태인데, 금강령진언의 전문은 "oṃ āḥ vajra-ghaṇṭe hoḥ haṃ svāhā"이다. 84000(2021) ap8.1539.

716) "執杵真言 唵 嚩日囉 健帝 斛." 朴世敏(1993, 제1집) p. 583a. CBETA의 전산본(X 74, No. 1497)에는 이 진언이 없다.

은 첫째 착의진언이다. 밀교의 불전에서 '착의진언'으로 제시한 것은 최소한 세 종류이다. 이것들 중 하나는 °수의진언과 동일한 것이고, 나머지 둘 중의 하나가 『불설일체여래안상삼매의궤경』에서 설하는717) 위의 진언이다.

착의진언²(著衣真言): 옷을 입는 진언

"옴 아모가 바띠례 샤나야 훔"
唵 旃暮伽 嚩悉窒嚟 擔那野 吽
om amogha-vastre chādaya hūṃ
"옴! 견실한 옷이여, [제가] 입게 하소서, 훔!"

『불공견삭신변진언경』에서는 한글 진언집에 두 번째로 수록된 이 착의진언을 '취의착의(取衣著衣)진언'으로 설한다.718) 한글 진언집에서 '바띠례 샤나야'(嚩悉窒嚟 擔那野)를 실담자로 표기한 'vaṣṭire sanaya'는 통용될 수 없는 범어이다. 『불공견삭신변진언경』의 티베트 역본에 의거하면, 이 진언의 범문은 "om amogha-vastre chāda hūṃ"(옴! 견실한 옷이여, [저를] 감싸소서, 훔!)이다.719) 그런데 『불공견삭신변진언경』에서 정작 착의진언으로 설한 것은 다음과 같은 내용이다.

唵 旃暮伽 跛囉縛囉拏 畝嚕 畝㘑 鞊毢迦始迦 三皤縛覩 跢囉 跢囉 莎縛

717) 佛說一切如來安像三昧儀軌經(T 21:934b): "沐浴畢已 即誦著衣真言. 唵 嚩日囉 嚩娑細 娑嚩賀"

718) 不空羂索神變真言經 권30(T 20:397a): "取衣著衣真言. 唵 旃暮伽 嚩悉窒嚟 擔 娜野 許"

719) 84000(2022) n.2947. 여기서 chāda는 √chad(감싸다)의 2인칭 단수 명령법이고, 앞의 착의진언에서 chādaya(擔那野)는 이것이 사역형으로 바뀐 것이다.

訶[720]

(옴! 아모가 바라바라나 무루 무리 니야가시가 삼바바도 다라 다라 사바하)

om amogha-prāvaraṇa muru muri divya-kaśikaṃ sambhavatu tara tara svāhā[721]

"옴! 견실한 의복이여, 감싸고 감싸소서, 성스럽고 부드럽게 되게 하시고, 구제하고 구제하소서, 기원하옵니다."

참회진언(懺悔真言): 참회하는 진언

"옴 살바 못자모지[722]몯다몯디 사다야 사바하"

---

720) 不空羂索神變真言經 권2(T 20:238c): "著衣真言 …"
『불설불공견삭다라니의궤경』에서도 다음과 같이 이와 동일한 진언을 설하는데, 표기는 『불공견삭신변진언경』이 더 정확하다.
佛說不空羂索陀羅尼儀軌經 권下(T 20:441b): "次復說著衣真言曰. 唵 婀姥伽鉢囉嚩羅拏 畝嚕哩 鞞地也迦始迦 三皤嚩覩 哆囉 哆囉 莎嚩訶"

721) 범문은 84000(2022) n.174. 이 범문의 kaśikaṃ을 '부드럽게'(84000 2022:2.61)라고 번역한 것은 이 말이 kāśikaṃ의 속어형이라고 파악했기 때문이다. kāśikaṃ은 바라나시의 옛 이름인 Kāśi의 토산품, 특히 비단을 일컫는다. 현재까지도 바라나시는 비단으로 유명하다. 이처럼 예로부터 Kāśi는 비단으로 유명해서, 범어에서 kāśika는 '비단결 같은'이라는 형용사로도 통용된다. 한편 이 범문에서 'muru muri'는 'muru muru'와 동일하다. Chandra(1988:188)는 이 말을 아리송한 반복이라고 단정하면서 일단 '오소서 오소서'라고 풀이했다. 그가 이렇게 해석한 것은, 이 같은 아리송한 반복을 통해 기원하는 대상이 강림하여 은혜를 베푸는 것으로 기쁘게 해 주기를 간청한다고 판단했기 때문이다. 그러나 이 착의진언의 경우에는 muru 또는 muri를 √mur(둘러싸다)에서 유래한 말로 해석하면 진언의 취지와 잘 부합한다.

722) 한글 진언집에서 '몯다몯디'(만연사본에서는 '몯따몯띠')로 표기한 것을 '못자모디' 또는 '못자모지'로 읽은 것은 『불자필람』과 『석문의범』에서 유래한다.
『불자필람』: "唵 薩婆 沒陀 謨地 娑多野 娑婆訶 / 옴 살바 못자 모디 사다야 사바하." 崔就墟・安錫淵(1931) p. 98.

唵 薩婆 菩陁菩提 薩埵耶 莎訶
oṃ sarva-buddha-bodhi-sattvāya svāhā
"옴! 모든 불보살님들께 기원하옵니다."

이 진언의 범문은 한글 진언집의 실담자를 참고하여 교정한 것이다. 그리고 한글 진언집은 『관자재보살수심주경』에서 설하는 대참회인주(大懺悔印呪)를[723] 그대로 수용하되, 명칭은 '참회진언'으로 바꾸었다. 그러나 한국불교에서 이렇게 통용된 참회진언은 『아촉여래염송공양법』 등에서 정작 '참회진언'이라는 명칭으로 다음과 같이 설하는 것과는 전혀 다르다.

唵 薩嚩播跛 娑普吒 娜訶曩 嚩日囉野 娑嚩訶[724]
(옴 살바파파 사보타 나하나 바아라야 사바하)
oṃ sarva-pāpa-sphoṭa-dahana-vajrāya svāha
"옴! 모든 죄를 분쇄하고 태워 버리는 금강[보살]님께 기원하옵니다."

『대일경』에는 이와 동일한 내용을 진언을 '출죄방편(出罪方便) 진언'[725]으로 설하며, '출죄진언'[726]으로 약칭하는 불전도 있다.

『석문의범』: "唵 薩婆 沒多母地 婆陀耶 娑婆訶 / 옴 살바 못자모지 사다야 사바하." 安震湖(1935上) p. 43.

723) 觀自在菩薩隨心呪經(T 20:458b): "大懺悔印呪 … 唵 薩婆 菩陀菩提 薩埵耶 莎訶." 『관자재보살달부다리수심다라니경』에서는 이 진언을 더욱 정확하게 표기하여 '대참회인진언'이라는 명칭으로 설한다.
觀自在菩薩怛嚩多唎隨心陀羅尼經(T 20:464b): "大懺悔印真言 … 唵 薩婆 菩陀冐地 薩哆嚩耶 娑嚩訶."

724) 阿閦如來念誦供養法(T 19:16a): "懺悔真言曰 …"

725) 大毘盧遮那成佛神變加持經 권7(T 18:46b): "出罪方便真言曰. 唵 薩婆播波 薩怖吒 娜訶曩 伐折羅也 莎訶."
Sørensen(2022:17)은 이 진언의 범문을 "oṃ sarvapāpasoṭadahana

이뿐만 아니라 『일체여래대비밀왕미증유최상미묘대만나라경』에서는 이것과도 다른 내용의 참회진언을 설한다.

唵 阿迦舍 馱覩 誐里鼻 娑嚩賀727)
(옴 아가사 다도 아리비 사바하)
oṃ ākaśa-dhātu-garbhe svāhā
"옴! 공계(空界)의 모태(母胎)에 기원하옵니다."

한국불교에서 이 같은 참회진언을 채택하지 않고 『관자재보살수심주경』과 『관자재보살달부다리수심다라니경』의 '대참회인주' 또는 '대참회인진언'을 참회진언으로 채택한 것은 두 불전에서 이 진언의 효용을 분명하게 제시했기 때문일 것으로 이해된다. 즉 대참회인주의 경우에는 "이 주문을 외우고 참회하면, 모든 업장(業障) 등의 죄를 제거할 수 있다."728)라고 설명하고, 대참회인진언

---

vajrāya svāha"로 기재했으나, 여기서 soṭa는 'sphoṭa'의 오기임이 분명하다.
한편 『유가집요구아난다라니염구궤의경』에서 설하는 아래의 참회진언에는 사보타(娑普吒, sphoṭa)가 미사보타(尾娑普吒, visphoṭa)로 바뀌어 있다. 이는 '분쇄하고'를 '낱낱이 분쇄하고'로 바꾸어 의미를 더욱 강화한 것이다. 『유가염구주집찬요의궤』에 수록된 참회진언의 내용도 이와 동일하다.
瑜伽集要救阿難陀羅尼焰口軌儀經(T 21:470c): "懺悔真言曰. 唵 薩嚩播跛 尾娑普吒 那賀曩 嚩日囉野 娑嚩賀."
瑜伽燄口註集纂要儀軌 권下(X 59:341c): "懺悔真言曰. 唵 薩哩斡巴鉢 月斯普吒 怛賀納 斡資囉耶 莎訶."

726) 大毘盧遮那成佛神變加持經蓮華胎藏菩提幢標幟普通真言藏廣大成就瑜伽 권上(T 18:144b): "出罪真言曰(大慧刀印). 唵 薩嚩播波 薩怖吒 娜訶曩 嚩日囉野 娑嚩賀."

727) 一切如來大祕密王未曾有最上微妙大曼拏羅經 권5(T 18:559a): "懺悔真言曰 …"

728) 觀自在菩薩隨心呪經(T 20:458b): "大懺悔印呪 … 誦呪懺悔 能除一切業障等罪"

의 경우에는 "이 진언의 인계를 짓고 참회하면 모든 업장 등의 죄를 제거하고 이 모두를 소멸할 수 있다."729)라고 설명한다.

청제보살진언(請諸菩薩真言): 모든 보살님들을 초청하는 진언

"옴 살바 모디사다야 인혜인혜 사바하"
唵 薩婆 菩提薩埵耶 湮醯湮醯 莎訶
oṃ sarva-bodhisattvāya ehy ehi svāhā
"옴! 모든 보살님들께, 오시옵소서! 오시옵소서! 기원하옵니다."

이 진언은 『수륙수재의궤』에 수록된730) 이래 한글 진언집을 통해 한국불교에서 통용되었던 것으로 보이지만, 밀교의 불전에서는 이와 동일한 명칭의 진언을 볼 수 없다. 그러나 이 진언은 『관자재보살달부다리수심다라니경』에서 설한 소청인(召請印)의 진언을 '청제보살진언'으로 명명한 것임을 알 수 있다. 즉 『관자재보살달부다리수심다라니경』에서는 "이 진언의 인계를 짓고 안실향(安悉香)을 태우면서 일곱 번 읊어 보살이 곧 오시기를 청한다."라는 용도로 소청인의 진언을 설하는데731), 이 진언의 내용과 동일한 것이 청제보살진언이다.

청제여래진언(請諸如來真言): 모든 여래님들을 초청하는 진언

---

729) 觀自在菩薩怛嚩多唎隨心陀羅尼經(T 20:464b): "大懺悔印真言 … 此真言印懺悔能除一切業障等罪悉皆消滅"

730) "請諸菩薩真言 唵 薩婆 菩提薩埵耶 湮醯湮醯 莎訶." 朴世敏(1993, 제1집) p. 586a. CBETA의 『법계성범수륙승회수재의궤』(X 74, No. 1497)에는 이 진언이 없다.

731) 觀自在菩薩怛嚩多唎隨心陀羅尼經(T 20:464a): "召請印 … 真言曰. 唵 薩婆 菩提薩埵嚩耶 移醯堙醯 娑嚩訶. 此真言印燒安悉香誦七遍 請菩薩即來."

"옴 미보라 바라라례 도로도로 훔훔"
唵 微布羅 鉢囉囉嚟 杜嚕杜嚕 吽吽
oṃ vipula pravare dhuru dhuru hūṃ hūṃ
"옴! 광대한 분이시여, 수승한 분이시여, 지탱하시고 지탱하소서, 훔! 훔!"

한글 진언집은 이 진언을 『수륙수재의궤』에 수록된 그대로 채택하였으며, 『예수재의찬요』도 사실상 이와 똑같은 내용으로 수록하였다.[732] 진언의 내용 중에서 바라라례(鉢囉囉嚟)는 이 같은 전승을 입증하는 결정적인 증거가 된다. 범어로 성립할 수 없는 鉢囉囉嚟가 바라바례(鉢囉嚩嚟)의 오기라는 사실은 이 진언의 전거인 『대보광박누각선주비밀다라니경』의 청일체여래(請一切如來) 진언[733]으로 확인할 수 있는데, 이 오기가 『수륙수재의궤』를 통해 한국불교에서도 그대로 전승되었다. 이와 아울러 청제여래진언의 본래 명칭은 청일체여래주(請一切如來呪) 또는 청일체여래진언이었음을 알 수 있다.

청일체여래진언의 범문을 실담자로 기재한 『보누각경범자진언』에 의하면 바라바례(鉢囉嚩嚟)는 pravare('수승한 분이시여')의 음역이다.[734] 또한 이 진언을 '청일체여래주'로 설하는 『모리만다라

---

732) 『수륙수재의궤』: "請諸如來真言曰 唵 微布囉 鉢囉囉嚟 杜嚕杜嚕 吽吽." 朴世敏(1993, 제2집) p. 102b. 『예수재의찬요』의 경우(朴世敏 1993 제2집:102b)도 이와 완전히 일치하며, 여기서는 微布羅의 羅가 동일한 발음인 囉로만 바뀌었다. CBETA의 『법계성범수륙승회수재의궤』(X 74, No. 1497)에는 이 진언이 없다.

733) 大寶廣博樓閣善住祕密陀羅尼經 권中(T 19:627a): "請一切如來真言曰 唵 微布羅 鉢囉嚩黎 杜嚕杜嚕 吽吽." 微布羅를 素微布羅(suvipula)로 표기한 판본도 있다(이하 각주 참조).

734) 寶樓閣經梵字真言(T 19:635b): "請一切如來. oṃ suviprala pravare dhuru dhuru hūṃ hūṃ." 이 범문에서 suviprala는 素微布羅 또는 蘇毘布羅로

주경』[735]과 함께 실담자 범문을 참고하면, 미보라(微布羅)는 접두사 su(素/蘇)가 누락된 표기로서 본래의 범어는 suvipula('특히 광대한 분이시여')이다.

참고로 『광대보누각선주비밀다라니경』에 의하면, 이 같은 청일체여래주(=청제보살진언)에 바라(鉢囉, vara)를 중복하여 읊는 것만으로 보살보다는 한층 상위인 부처님을 초청하는 청일체제불주(請一切諸佛呪)가 된다.

唵 蘇微布羅 鉢囉鉢囉縛黎 杜嚧杜嚧 吽吽[736]
(옴 소미보라 바라바라바례 도로도로 훔훔)
oṃ su-vipula vara-pravare dhuru dhuru hūṃ hūṃ
"옴! 특히 광대한 분이시여, 가장 수승한 분이시여, 지탱하시고 지탱하소서, 훔! 훔!"

청제현성진언(請諸賢聖真言): 모든 성현들을 초청하는 진언

"옴 아가로 모항 살바 달마나 아냐아녹 다반나다"
唵 阿哥嚕 目亢 薩嚩 達摩拏 阿軇耨 怛半那埵
om akāro mukhaṃ sarva-dharmāṇām ādyānutpannatā[737]
"옴! [모든 것은] 본래 불생(不生)이니, 아(a)라는 글자는 일체법

음역된 'suvipula'의 와전이다.

735) 牟梨曼陀羅呪經(T 19:660b): "復次請一切如來呪 二十八 嗚唵 蘇毘布羅 鉢羅縛哩 徒嚧徒嚧 虎許 虎許." 蘇毘布羅는 suvipula의 음역이다.

736) 廣大寶樓閣善住祕密陀羅尼經 권中(T 19:643a): "次請一切諸佛呪曰 …"

737) 범문은 八田幸雄(1985) p. 4, 7번. 이 진언은 종자가 없어 불완전한 것처럼 보인다. 범본에서는 다음과 같이 완전한 상태의 진언(Skorupski 2001:157, fn. 26)을 볼 수 있다.
"oṃ akāro mukhaṃ sarva-dharmāṇām ādy-anutpannatvāt oṃ āḥ hūṃ phaṭ svāhā."
(옴! [모든 것은] 본래 불생(不生)이므로 아(a)라는 글자는 일체법의 시초이니 옴! 아하! 훔! 팟! 기원하옵니다.)

의 시초입니다."

한글 진언집에는 이 진언의 한자가 이와 같이 표기되어 있으나, 『수륙수재의궤』와 『예수재의찬요』에는 이보다 정확한 표기로 이 진언이 수록되어 있다.[738] 그런데 이 표기는 『불설최상근본대락금강불공삼매대교왕경』에서 현성을 초청할 때 읊어야 하는 소청명(召請明)으로 제시한 진언[739]과 완전히 일치한다. 그러므로 청제현성진언의 전거를 여기서 찾을 수 있다.

청제현성진언은 앞서 소개한 청제보살진언 및 청제여래진언과 동일한 성격임에도 진언의 내용은 그 둘과 판이하다. 청제현성진언의 내용은 소위 아자문(阿字門)에 대한 불전의 설명을 인용한 것이다. 아(阿)는 범어의 모음인 아(𑖀, a)를 음역한 글자이다. 아자문은 이 아(𑖀)자의 이치를 깨닫는 법문, 즉 '아'자를 모든 말의 근본으로 생각하여 '아'자가 본래 발생하거나 소멸하는 일이 없는 이치를 체득하는 것이다.

범어의 자모는 아(a)부터 시작하므로, 청제현성진언은 성현들을 '아(a)'라는 글자에 비유하여 초청한다는 취지일 것으로 이해된다. 그러나 진언의 실제 내용은 '아(a)'자에 대한 정의이다. 이 정의에 의하면 아(a)는 '모든 것'(일체법)이 불생 또는 무생(無生)이라는 사실을 함의하며, 또한 일체법의 시초이자 근원인 점에서 대일여래의 종자심(種子心)을 상징한다.[740] 이 같은 의미의 정의가 『대일

---

738) 『수륙수재의궤』: "請諸賢聖真言. 唵 阿哥嚕 目亢 薩哩嚩 達哩摩拏 阿鞞 阿耨怛 半那埵." 朴世敏(1993, 제1집) p. 586a. 『예수재의찬요』의 경우(朴世敏 1993 제2집:102b)도 이와 완전히 일치한다. CBETA의 『법계성범수륙승회수재의궤』(X 74, No. 1497)에는 이 진언이 없다.

739) 佛說最上根本大樂金剛不空三昧大教王經 권4(T 8:804c): "當召請賢聖 其召請明曰. 唵 阿哥嚕 目亢 薩哩嚩 達哩摩拏 阿鞞阿耨怛半那埵."

경』 등에는 "아자문으로 불리는 것은 일체의 모든 것이 본래 불생(不生)이기 때문이다."[741]라고 제시되어 있는데, 청제현성진언은 바로 이 정의를 내용으로 반영하였다.

출생공양진언(出生供養真言): 공양하는 마음을 내게 하는 진언

"옴"
唵
oṃ
"옴!"

『수륙재의촬요』에는 출생공양진언이 '옴'을 '스물 한 번'(21편) 송창하는 진언[742]으로 수록되어 있다. 그러나 한글 진언집 중에서는 망월사본만 이 진언을 수록했고 이후 『작법귀감』과 『밀교개간집』도 이 진언을 수록했다.[743] 이로 보아 한국불교에서는 이 진언이 비교적 늦은 시기에 통용된 듯하지만 그 뿌리는 매우 깊다.

이 진언은 인도에서 예로부터 성스러운 소리로 신봉되어 온 옴

---

740) 예컨대 『대일경』에서는 이 종자심을 다음과 같이 설명한다.
大毘盧遮那成佛神變加持經 권7(T 18:52b): "대일여래의 종자심을 '나모 사만다 못다남 아'라고 읊는다. 아자문이란 일체법이 본래 불생이기 때문이라는 것이니 앞에서 이미 설명한 바와 같다." (大日如來種子心曰 '南麼 三曼多勃馱喃 阿.' 阿字門所謂一切法本不生故 已如前說.)
여기서 제시한 진언 "나모 사만다 못다남 '아'"의 범문(namaḥ samanta-buddhānām a)은 "어디에나 계시는 모든 부처님들께 귀의하옵고, 아(a)여!"라고 풀이할 수 있다.

741) 大毘盧遮那成佛神變加持經 권2(T 18:10a): "謂阿字門 一切諸法本不生故"

742) "出生供養真言 … 唵 二十一徧." 朴世敏(1993, 제1집) p. 634b.

743) 作法龜鑑 권上: 朴世敏(1993, 제3집) p. 379b. 密敎開刊集: 朴世敏(1993, 제3집) p. 249b. 『작법귀감』과 『밀교개간집』에는 망월사본과 마찬가지로 송창할 횟수는 명기되어 있지 않다.

(oṃ)이라는 한 음절로만 이루어져 있다. 그리고 이 때문에 진언이 함축하는 의미도 더욱 궁금증을 자아낸다. 이와 관련하여 『현밀원통성불심요집』에서는 다음과 같이 이 진언을 설명한다.

> 출생공양진언을 스물 한 번 읊는다. 이 진언은 '옴'이라고 말하는 것이다.
>
> 옴(唵)자를 진언으로 읊거나 인계로 지음으로써 불가사의한 힘은 저절로 법계에 두루 미치니 향과 꽃, 등촉, 당번, 산개, 의복, 와구, 누각, 궁전, 음악, 가무 등으로 그지없는 각종의 온갖 공양이 갖추어져 있다. 이 모든 공양은 법계의 무량한 불·법·승 삼보와 모든 천신 등에게 두루 미친다.[744]

이 같은 설명에 따르면 출생공양진언은 옴(oṃ)의 불가사의한 힘이 온갖 공양물로 변하여 출생하게 하는 진언이라고 이해할 수 있다. 이에 따라 '옴'이라고 간절하게 읊는 것은 그 자체가 공양이 되므로 자연스럽게 공양하는 마음을 일으킨다.

치의진언(治衣真言): 의복을 바로잡는 진언

"옴 아모가 닙먀바 사다례 주로주로 사바하"
唵 旃暮伽 𥪹弛嚩 塞窒𡅖 主嚕主嚕 莎賀
om amogha-vidyā-vastre curu curu svāhā[745]

---

744) 顯密圓通成佛心要集 권下(T 46:1004c): "誦出生供養真言 二十一遍. 真言曰 (oṃ) 唵. 由誦唵字真言及印不思議力 自然遍法界 有無盡香華 燈燭 幢旛 傘蓋 衣服 臥具 樓閣 宮殿 音樂 歌舞等 種種諸供養具. 盡供養遍法界無量佛法僧三寶諸天等."
七俱胝佛母所說準提陀羅尼經會釋(X 23:755c)과 持誦準提真言法要(X 59:250b) 등에서도 이와 거의 동일하게 설명한다.

745) 『불공견삭신변진언경』의 티베트 역본에 의거한 이 범문은 84000(2022) 2.1081, n.1582. 여기서 번역한 사례가 전혀 없는 curu는 culu의 속음으

"옴! 견실한 지혜의 의복이여, 오르소서 오르소서, 기원하옵니다."

이 치의진언은 『불공견삭신변진언경』에서 설한[746] 만큼 뿌리 깊은 진언이다. 이것이 『수륙도량법륜보참』 등에 수록되어[747], 수륙재에서 '망자(亡者)에게 의복을 주는 진언'[748]으로 사용되었다. 한글 진언집은 이것을 거의 그대로 채택하여 수록했다.

칠불여래멸죄진언(七佛如來滅罪真言): 일곱 분의 부처님께 죄를 멸해 주기를 기원하는 진언

"이바이바제 구하구하제 다라니제 니하라제 비리니제 마하갈제 진영갈제 사바하"

離婆離婆帝 求訶求訶帝 陀羅尼帝 尼訶囉帝 毗黎你帝 摩訶伽帝 真陵乾帝 莎婆訶

oṃ līva-līvati guha-gūhate dharaṇīte niharate vilīnīte[749]

mahāgate ciliṅgānte svāhā

"집착하고 집착하듯이 동굴[같은 마음] 속에 감추어진 것, 얻어

로 간주된다. 坂内龍雄(1981:199-200)은 culu를 '향상하라'로 번역했는데, 이는 culu를 어근 √cul(상승하다, 늘리다)에서 유래한 명령법으로 해석한 것이다.

746) 不空羂索神變真言經 권16(T 20:309b): "治衣真言 唵 旃暮伽 鞁徙縛 塞窒嚇 主嚕主嚕 莎縛訶"

747) 法界聖凡水陸勝會修齋儀軌 권3(X 74:808a): "我佛如來有治衣真言 謹當宣誦. 唵 旃暮伽 鞁徙縛 塞窒嘍 主嚕主嚕 莎縛訶."
水陸道場法輪寶懺 권9(X 74:1049c): "唵 阿慕伽 顭虒嚩 塞室隷 主嚕主嚕 娑嚩訶(治衣真言)"

748) 鷹巢 純(2006) p. 203.

749) 면밀한 고찰로 이 범문을 추정한 대만의 法爾悉曇研究班(1998:6-8, 14)은 vilīnīte와 viridite가 모두 가능할 것으로 추정하면서도 viridite를 채택했다. 그러나 viridite의 의미를 '해탈'로 해석한 것은 과도친 추정이며, 문맥에 그다지 부합하지도 않은 것으로 보인다.

붙들고 있는 것, 탈취한 것, 얻어 매달리고 있는 것이 완전히 사라져 마음의 집착이 종식되기를 기원하옵니다."

한글 진언집에도 수록되어 있지 않은 이 진언이 『석문의범』[750]에 한글로만 기재되어 있다. 『석문의범』에서 명기하지 않은 이 진언의 한자는 『제경일송집요』에서 찾을 수 있지만, 이 경우에는 진언의 명칭이 '칠불멸죄진언'[751]이다.

중국불교에서 칠불멸죄진언은 10소주(小呪)의 하나로 중시되고 있으며[752] 그 연원은 『대방등다라니경』에서 찾을 수 있다. 즉 『법원주림』은 대방등경에서 설한 진언을 칠불설멸죄주(七佛說滅罪呪)[753]로 수록했는데, 여기서 말하는 대방등경은 『대방등다라니경』을 지칭한다. 그리고 『대방등다라니경』에서 과거칠불(과거의 일곱 부처님)이 널리 말씀하신 것이라고 문수사리에게 교시된 다라니[754]는 『법원주림』의 칠불설멸죄주와 동일한 내용이다. 그러나

750) 安震湖(1935下) p. 179.

751) 諸經日誦集要 권下(J 19:171b): "七佛滅罪真言 離婆離婆帝 求訶求訶帝 陀羅尼帝 尼訶囉帝 毗黎你帝 摩訶伽帝 真陵乾帝 莎婆訶." 『제경일송집요』에는 °멸죄진언에서 소개한 '칠불멸죄주'도 있는데, 이것은 칠불멸죄진언과는 전혀 다른 내용의 진언이다.

752) 중국불교에서는 『제경일송집요』에 다음과 같이 연달아 수록되어 있는 10개의 진언을 10소주(小呪)로 일컫는다.
①여의보륜왕다라니(如意寶輪王陀羅尼), ②소재길상신주(消災吉祥神咒), ③공덕보산신주(功德寶山神咒), ④불모준제신주(佛母準提神咒) 또는 준제신주, ⑤성무량수결정광명왕다라니(聖無量壽決定光明王陀羅尼), ⑥약사관정진언(藥師灌頂真言), ⑦관음감응진언(觀音感應真言) 또는 관음영감(靈感)진언, ⑧칠불멸죄진언, ⑨왕생정토신주(往生淨土神咒) 또는 왕생주, ⑩선천녀주(善天女咒) 또는 대길상천녀주(大吉祥天女咒).

753) 法苑珠林 권60(T 53:738b): "大方等經七佛說滅罪呪 離婆離婆帝 仇呵仇呵帝 陀羅離帝 尼呵羅帝 毘摩離帝 莎訶."

754) 大方等陀羅尼經 護戒分 권4(T 21:656b): "離婆離婆諦 仇呵仇呵帝 陀羅離帝 尼

다음과 같이 추정한 이 칠불설멸죄주의 내용은 『제경일송집요』의 칠불멸죄진언과는 부분적으로 다르다.

離婆離婆帝 仇呵仇呵帝 陀羅離帝 尼呵羅帝 毘摩離帝 莎訶[755)]
(이바이바제 구하구하제 다라리제 니하라제 비마리제 사바하)
līva-līvati guha-gūhate dharalite niharate vimalite svāhā[756)]
"집착하고 집착하듯이 동굴[같은 마음] 속에 감추어진 것, 간직한 것이 분쇄되고 제거되어 청정해지기를 기원하옵니다."

한국불교에서 '칠불여래멸죄진언'으로 개칭된 칠불멸죄진언은 위의 진언에 "마하갈제(摩訶伽帝) 진영갈제(真陵乾帝)"를 추가하면서 비마리제(毘摩離帝)를 비리니제(毗黎你帝)로 바꾸었다. 대장경

呵羅帝 毘摩離帝 莎呵. 文殊師利 此陀羅尼 是過去七佛之所宣說."

755) 일본불교에서는 이 진언이 '멸죄진언'으로 전승되었을 것임은 12세기 중반(~1154~)에 편찬된 것으로 알려진 『행림초』로 알 수 있다. 다만 아래에서 尼伽羅離帝는 尼呵羅帝의 와전일 것이다.
行林抄(T 76:10c): "滅罪真言 離婆離婆帝 倶訶倶訶帝 陀羅尼帝 尼伽羅離帝 毘摩利帝 娑婆訶."

756) 『한만몽장사체합벽대장전주(漢滿蒙藏四體合壁大藏全咒)』에 수록된 칠불멸죄진언의 티베트어를 범어로 바꾸면 "ripha riphati guha guhati dharaṇiti niharati bhimariti svāha"가 된다.
https://www.xianmijingzang.com/tibet/id/286/subid/1281/의 七佛滅罪真言 (2024.07.18 검색)
그러나 부정확한 이 범문을 교정하는 데는 견해가 일치하지 않는다. 여기서는 대만의 法爾悉曇研究班(1998:14)에서 면밀하게 고찰하여 교정한 범문을 채택했으나, vimālite는 vimalite로 수정했다. 이 밖에 중국의 佛书网(https://shu.fo/)에서 제공한 「漢傳十小咒梵中對照」 중 "lipa lipate guha guhate taralite niharate vimalite svāhā"로 교정한 범문도 참고할 만하다. https://books.fo/document/462bba95d4310f16 (2024.07.16 검색) 이 범문은 guhate를 gūhate로 수정하면, "더럽히고 더럽히듯이 동굴[같은 마음] 속에서 달랑거리는 것이 제거되어 청정해지기를 기원하옵니다."라고 번역된다.

에서는 이 같은 변경의 전거를 찾을 수 없으므로 해당하는 단어들의 범어도 진언의 취지를 고려한 추정에 의지할 수밖에 없다.

파지옥진언[1](破地獄真言): 지옥을 깨뜨리는 진언

"나모 아따싸시디남 삼먁삼못다 구티남 옴 아자나 바바시 디리디리 훔"
曩謨 阿洒吒始地喃 三藐三沒馱 鳩致喃 唵 惹左那 嚩婆始 地哩地哩 吽
namo 'ṣṭāśītīnāṃ saṃyak-saṃbuddha-koṭīnām oṃ jñānāvabhāsi dhiri dhiri hūṃ[757] (namo aṣṭāśītīnāṃ … jñāna-avabhāsi …)
"완전하고 바르게 깨달으신 88억 부처님들께 귀의하옵니다. 옴! 지혜의 광명이여, [지혜를] 간직하고 간직하소서. 훔!"

한글 진언집에 두 가지로 수록된 파지옥진언 중 첫째인 이 진언은 이에 앞서 조선시대 초기에 간행된 『수륙재의촬요』에 수록되었다.[758] 그리고 이 진언의 원형은 『대일여래검인』에 수록된 '지거여래(智炬如來)진언'이며[759], 이후 『현밀원통성불심요집』에서는

---

757) 이 교정 범문은 八田幸雄(1985:72, 430번)에 따르지만 avabhāse는 'avabhāsi'로 수정했다. 法護(2005:10)는 'dhiri'를 'dīdi'로 추정하여 '光明이여!'로 번역했다. 이 추정은 의미로 보면 그럴 듯하지만, 이 진언의 실담자(이하 각주 참조)로는 전혀 입증할 수 없다. 『다라니집경』의 범본과 특히 『불공견삭신변진언경』의 범본에서는 dhara와 dhiri와 dhuru가 "dhara dhara, dhiri dhiri, dhuru dhuru"처럼 중첩하여 자주 언급된다. 이것들 중에서 dhara는 √dhṛ(지탱하다, 보존하다)의 2인칭 단수 명령법이고, dhiri와 dhuru는 dhara의 변형인 동의어로 간주된다.

758) "破地獄真言曰 … 曩謨 阿洒吒始地喃 三藐三沒馱 鳩致喃 唵 惹左拏 嚩婆始 地哩地哩 吽." 朴世敏(1993, 제1집) p. 630b.

759) 大日如來劍印(T 18:200c): "智炬如來真言曰 namo aṣṭāśītinām samya-sabuddhā-kuṭinām oṃ jñānavabhāsa dhiri hūṃ 曩謨 阿瑟吒始底南 三藐三沒馱 矩胝南 唵 枳孃曩 嚩婆細 地哩 吽." 여기에 병기된

이 진언을 '지거여래심(智炬如來心)파지옥진언'으로[760] 수록했다. 이와 동일한 진언을 『지각선사자행록』과 『수습유가집요시식단의』 등에서는 '파지옥진언'[761]으로 일컫고, 『유가집요염구시식의』에서는 '파지옥주'[762]로 일컫는다. 그런데 이것을 '파지옥다라니'로 수록한 『고봉용천원인사집현어록』에는 진언의 일부가 다음과 같이 추가되어 있다.

南無 阿瑟吒扇啼喃 三藐三歿陀 俱胝喃 怛姪哆 唵 枳曩枳曩 嚩婆細 地唎地唎 吽吽[763]
(나모 아슬타선제남 삼먁삼못다 구티남 다냐타 옴 지나지나 바바시 디리디리 훔훔)
namo 'ṣṭāśītīnāṃ saṃyak-saṃbuddha-koṭīnām tadyathā oṃ

실담자는 상당히 정확하며, 파지옥진언과의 차이는 dhiri(地哩)를 한 번만 기재한 것뿐이다.

760) 顯密圓通成佛心要集 권下(T 46:1005b): "若救地獄 誦智炬如來心破地獄真言一遍 … 真言曰. 曩謨 阿灑吒悉底喃 三摩也三母馱 故緻喃 唵 艮齧曩 嚩婆悉 蹄哩提哩 吽." 이 진언에 음절별로 삽입한 실담자를 추출하여 연결하면 "namo aṣnaśītīnāṃ samyak-saṃbuddhā-kuṭināṃ oṃ jñāna vabhasi ṭhiri dhiri hūṃ"이라는 범문을 읽을 수 있으나, 일부의 표기는 부정확하다. 『칠구지불모소설준제다라니경회석』의 경우도 이와 마찬가지이다. 七俱胝佛母所說準提陀羅尼經會釋 卷下(X 23:778a): "智矩如來心破地獄真言 … 真言曰. 曩謨 阿灑吒悉底喃 三摩也三母馱 故緻喃 唵 艮齧曩 嚩婆悉 蹄哩提哩 吽 namo a[ṣṭaśa]tenāṃ saṃmyak-saṃbuddha-koṭīnāṃ oṃ [jñanā]vabhāśa dhīre dhare hūṃ."

761) 慧日永明寺智覺禪師自行錄(X 63:164b): "破地獄真言曰. 喃謨 阿瑟吒始帝喃 三藐三勃陀 俱胝喃 惹羅 嚩囉薩斯 地利地利 薩婆訶." 修習瑜伽集要施食壇儀 권下(X 59:313a): "破地獄真言 … 那麻 阿瑟吒瑟吒攝諦喃 三藐三勃塔 俱胝喃 唵 撮辣納 嚩婆細 提哩提哩 吽."

762) 瑜伽集要燄口施食儀(J 19:208a): "誦破地獄咒. 那麻 阿瑟吒瑟吒攝諦喃 三藐三勃塔 俱胝喃 唵 撮辣納 縛婆細 提哩提哩 吽."

763) 高峰龍泉院因師集賢語錄 권8(X 65:31a): "為汝加持 破地獄陀羅尼曰 …"

jñāna jñānāvabhāsi dhiri dhiri hūṃ hūṃ

"완전하고 바르게 깨달으신 88억 부처님들께 귀의하옵니다. 이에 읊어 아뢰옵나니 옴! 지혜여, 지혜의 광명이여, [지혜를] 간직하고 간직하소서. 훔! 훔!"

이 진언의 중간에는 tadyathā(怛姪咜)가 삽입되고 jñāna(枳曩)와 hūṃ(吽)이 중첩되어 있다. 그리고 이 같은 확장의 원형을 돈황에서 발견된 필사본에서 찾을 수 있는데, '지구여래(智矩如來)파지옥진언'이라는 명칭으로 기재한 이 경우에는 jñāna(抰孃曩)와 hūṃ을 한 번씩만 표기했다.764)

파지옥진언[2](破地獄真言): 지옥을 깨뜨리는 진언

"옴 가라제[뎨]야 사바하"
唵 迦囉帝野 莎賀
oṃ kharādīya(?) svāhā
"옴! 카라디야[산]이여, 기원하옵니다."

한글 진언집에 두 가지로 수록된 파지옥진언 중 둘째인 이 진언은 중국 남송(南宋)의 종효(宗曉, 1151~1214) 스님이 1204년에 편찬한『시식통람』에 '파지옥주'765)로 처음 수록된 이후 중국과 한

---

764) 敦煌寶藏, 제45책 제6304호(T 57:365-6): "智矩如來破地獄真言 曩謨 阿瑟吒室底喃 三貌三没馱 倶胝喃 怛你他 唵 抰孃曩 嚩婆細 地哩地哩 吽." 盧在性(1993) p. 78 재인용. 이 진언에서 抰孃曩의 抰(앙)은 枳(지)의 오기일 것이다.

765) 施食通覽(X 57:119c): "誦破地獄呪感驗 … 唵 佉羅帝耶 薩訶."
이후 중국에서 파지옥주 또는 파지옥진언은『경률계상포살궤의』,『제경일송집요』,『비니일용록』등에 수록되었다.
經律戒相布薩軌儀(X 60:800c): "破地獄真言曰 唵 伽羅帝耶 莎訶 (七遍)"
諸經日誦集要 권下(J 19:175b): "破地獄真言 唵 伽羅帝耶 娑婆訶 (三遍)"

국에서 유통된 것으로 보인다.

위의 파지옥진언이 한국불교에서 맨 처음 언급된 사례로는 서산대사 휴정(休靜, 1520~1604) 스님의 『운수단가사』를 들기도 한다.[766] 그러나 『운수단가사』는 이 같은 시기의 문제보다 진언에 있는 가라제야(迦囉帝野)의 정체를 파악하는 데 크게 기여한다. 한글 진언집에는 '가라뎨야'의 실담자를 'karateya'로 표기했으나, 이는 독음에 맞춘 것으로 범어로는 성립되지 않는 말이다.[767] 『운수단가사』에서는 다음과 같이 『화엄경』에서 인용한 게송[768]에

毗尼日用錄(X 60:145b): "破地獄呪云 唵 伽羅帝耶 莎婆訶 (七遍)"

766) 盧在性(1993) p. 79. 그러나 『운수단가사』는 서산대사가 입적한 후에 간행되었고, 이에 앞서 1569년에 간행된 안심사본의 한글 진언집에는 '파지옥진언'이 수록되었다. 그러므로 『운수단가사』의 작성 시기가 확정되지 않는 한, 『운수단가사』를 최초의 사례로 단정할 수는 없다.

767) 이 karateya의 정체를 고찰한 김현덕(2016:168-9)은 'karaneya'가 'karateya'로 오기되었을 가능성을 제기하고, 진언의 의미를 "옴! 파지옥을 위하여, 축복이 있기를!"이라고 해석했다. 우선 기발하다고 평할 만한 이 추정에 의하면 지옥을 의미하는 naraka의 음절 na-ra-ka를 거꾸로 쓰면 'karana'가 되며, 이에 따라 말의 의미도 반대가 되어 '지옥을 뒤집다' 즉, '지옥을 깨부수다'는 의미를 포함하게 되었다. 그리고 karana에 이차 접미사인 '-eya'를 첨가한 karaneya는 '파지옥에 관한'을 의미하는데, 실담자에서 na와 ta의 글꼴은 혼동하기 쉽기 때문에 'karaneya'로 쓴 것이 'karateya'로 읽히게 되었을 것으로 추정된다.
원래 karana(바른 표기로는 행위 또는 수단을 의미하는 karaṇa)에는 '지옥을 깨부수다'는 의미가 없지만, na-ra-ka를 거꾸로 표기하여 그런 의미를 부여하였을 것이라는 이 같은 추정과 해석은 그럴 듯해 보이지만, 문법적 근거와 문헌적 전거가 없어 황당하기 그지없다. 실담자의 일부 글꼴(ta, da, na)이 혼동을 초래한다는 사실을 제외하고, 글자를 반대로 표기하여 의미도 반대로 드러낸다는 사례는 전거를 제시하지 않으면 전혀 공감할 수 없다.

768) 大方廣佛華嚴經 권19(T 10:102b): "若人欲了知 三世一切佛 應觀法界性 一切唯心造"

"옴 가라제야 사바하"라는 진언을 덧붙인다. 그러나 이 진언의 명칭은 언급되어 있지 않다.

> 만약 어떤 사람이 삼세의 모든 부처님을 알고자 할진댄
> 마땅히 법계의 성품을 관하라. 모든 것은 다 마음이 짓는 것이니라.
> 옴 가라제야 사바하769)

이 같은 서술의 전거로는 중국에서 『시식통람』 이후에 편찬된 『법계성범수륙승회수재의궤』(1270년)를 지목할 수 있다. 그리고 특히 주목할 만한 것은 이 서술이 파지옥진언[2]과 결부되어 있다는 사실이다. 즉 『법계성범수륙승회수재의궤』에서는 "또 파지옥진언을 지니고 염송하는 것으로, 모든 지옥에서 고통받는 죄수 무리가 저승에서 영원히 벗어나 '좋은 세계'(善道)로 다시 태어나게 할 수 있다."라고 설명하고 나서 위의 게송과 진언을 첨부한다.770) 이로

---

769) 雲水壇歌詞: "若人欲了知 三世一切佛 應觀法界性 一切唯心造. 唵 伽羅帝野 莎訶."
Kabc=ABC_BJ_H0144_T_001&imgId=007_0747_a
『수설유가집요시식단의』 등에서는 앞서 소개한 파지옥진언[1]도 이 『화엄경』의 게송과 연관지어 수록했다.
修設瑜伽集要施食壇儀(X 59:261c): "若人知了知 三世一切佛 應觀法界性 一切惟心造. 次結破地獄印 … 那麻 阿瑟吒瑟吒攝諦喃 三藐三勃塔 俱胝喃 唵 撮辣納 嚩婆細 提哩提哩 吽." 이와 동일한 내용은 修習瑜伽集要施食壇儀 권下(X 59:312c-313a), 瑜伽燄口註集纂要儀軌 권下(X 59:338a) 등에서도 볼 수 있다.

770) 法界聖凡水陸勝會修齋儀軌 권3(X 74:807a): "及為持誦破地獄真言 能使一切地獄受苦囚徒. 永脫幽區 轉生善道. 若人欲了知 三世一切佛 應觀法界性 一切唯心造 … 唵 佉羅帝耶 娑訶."
『제경일송집요』(J 19:175b, 573a)에서도 『화엄경』의 게송에 덧붙여 파지옥진언[2]을 제시한다. 이 게송을 '파지옥게'로 일컫는 것(廬在性 1993:79)은 이 때문일 것이다.

써 이 파지옥진언에서 관건이 되는 가라제야(迦囉帝野/伽羅帝野)는 거라제야(佉羅帝耶)로도 표기되었음을 알 수 있다. 그리고 이 '거라제야'는 『대승대집지장십륜경』에서 유명한 산(山)의 이름으로 언급되는데, 『대승대집지장십륜경』에서 거라제야산은 지옥의 중생을 제도하는 데 주력하는 지장보살의 위덕을 증명한다.

> 그때 지장보살 마하살이 이와 같이 '대기명주총지장구'를 연설하자 거라제야산이 두루 모두 진동하고, 수천만 천상의 음악이 연주하지 않아도 스스로 울리고, 한량없는 각종 천상의 교묘한 향과 꽃과 진귀한 보배 등이 비처럼 쏟아지니, 모여 있는 일체의 대중은 모두 다 놀라 기뻐하면서 일찍이 없었던 희귀한 일이라고 생각하였다.[771]

이와 같은 서술에 따라 거라제야산은 부처님이 흔히 '지장십륜경'이라는 약칭으로 통용되는 『대승대집지장십륜경』을 설한 장소로 알려져 있다. 그리고 여기서 말하는 거라제야(佉羅帝耶)의 원어는 카라디야(kharādīya)로 파악되어 있다.[772] 『지장십륜경』을 통해 가라제야(=거라제야)산을 알고 있었다면, 파지옥진언에서 이 산을 거명하는 것은 충분히 납득할 수 있다. 파지옥, 즉 지옥을 깨뜨리는 일은 지장보살이 지옥의 중생을 구제하는 일이기도 하며, 가라제야산은 지장보살의 정토이기 때문이다.

771) 大乘大集地藏十輪經 序品(T 13:727a): "爾時 地藏菩薩摩訶薩 演說如是大記明呪總持章句時, 佉羅帝耶山普皆震動 俱胝天樂不鼓自鳴, 雨無量種天妙香花及珍寶等, 一切衆會咸悉驚躍 皆獲希奇得未曾有."

772) 佛光大辭典(釋慈怡 1988:2762)에서는 佉羅帝耶의 범어를 kharādīya로 제시하고 이것을 지장보살의 정토라고 설명한다. 부처님의 전생 이야기를 팔리어로 전승한 *Jātaka*, 즉 『생경(生經)』 중에는 「Kharādiya-jātaka」도 있다.

팔십종호진언(八十種好真言): 팔십종호를 갖추신 부처님께 기원하는 진언

"옴 마하 다나바라 모나라야 사바하"
唵 摩訶 特娜波囉 謀那囉野 莎訶
oṃ mahā-dānapara(?)-maitrya svāhā
"옴! 크나크고 너그럽게 베푸시는 [부처님의] 자애(慈)여, 기원하옵니다."

대장경에서는 찾아볼 수 없으나 °삼십이상진언과 함께 짝을 이루어 한글『진언집』에 수록된 이 진언은 한국불교에서 비교적 늦게 개발한 독특한 진언으로 간주된다. °삼십이상진언과 마찬가지로 망월사본(1800년)의 한글 진언집에 수록된 이 진언을『조상경』은 유점사본((1824)에 이르러 거의 그대로 채택한 것으로 보인다.[773)]

이 진언의 범문을 파악할 수 있는 유일한 단서는 한글『진언집』에서 "oṃ mahā tnapra modraya svāhā"라고 표기한 실담자이다. 이 중에서 'tnapra modraya'는 '特娜波囉 謀那囉野'(다나바라 모나라야)의 범어로 표기한 것이지만, 범어에는 이런 말이 없다. 그러나 이 진언은『금강정유가천수천안관자재보살수행의궤경』등에서 다음과 같이 설하는 대자삼마지진언을 응용한 것으로 추정할 수 있다.

唵 摩賀 昧怛囉夜 娑頗囉[774)]

---

773)『조상경』에 실담자와 함께 "唵 摩訶 特那波羅 謨那羅野 沙嚩訶 옴 마하 다나바라 모나라야 사바하"(朴世敏 1993 제3집:363a)로 수록된 내용에서 한자 沙嚩訶(사바하)를 제외하면, 사실상 한글『진언집』의 경우와 동일하다.

774) 金剛頂瑜伽千手千眼觀自在菩薩修行儀軌經 권上(T 20:73a): "大慈三摩地真言

(옴 마하 매다라야 사바라)
oṃ mahā-maitrya sphara
"옴! [부처님의] 크나크신 자애(慈)여, 널리 퍼지소서."

팔십종호진언에서 모나라야(謀那囉野)는 이 같은 대자삼마지진언의 매다라야(昧怛囉夜)를 달리 표기한 것이 거의 확실하지만, 다나바라(特娜波囉)의 경우에는 원어를 파악할 만한 사례나 단서가 전혀 없다. 오직 이 말의 표기와 진언의 취지를 고려하여 추정한 범어가 '베푸는 데 헌신'한다는 의미의 dānapara이다.

항마진언(降魔真言): 악마의 무리를 항복시키는 진언

"옴 소마 니소마니 훔 하리한나 하리한나 훔 하리한나 바나야 훔 아나야 혹 바아밤 바아라 훔 바닥"[775]
唵 素摩 尼素摩尼 吽 訖哩限那 訖哩限那 吽 訖哩限那 嚩那野 吽 阿那野 斛 嚩誐鍐 嚩日囉 吽 潑吒
oṃ sumbha nisumbhani hūṃ gṛhṇa gṛhṇa hūṃ gṛhṇāpaya hūṃ ānaya ho[776] bhagavan vajra hūṃ phaṭ[777] (… hūṃ gṛhṇa āpaya

---

曰. 唵 摩賀(引) 昧(引)怛囉夜(三合引) 娑頗囉"
여기서 '昧(引)怛囉夜(三合引)'라고 표기한 것은 이것의 범어를 maitryā로 간주한 것이다. 이 경우에 maitryā는 '자애로'라는 어색한 의미가 되므로 秋山 学(2012:54)이 고찰한 대로 maitrya가 보다 적합하다. 대자삼마지진언은 아래와 같이 다른 불전에서도 동일하다.
大毘盧遮那成佛神變加持經蓮華胎藏菩提幢標幟普通真言藏廣大成就瑜伽(T 18:144c): "大慈三摩地真言曰. 唵 摩賀 昧怛囉也 娑頗囉."
金剛頂經瑜伽文殊師利菩薩供養儀軌(T 20:718c): "即誦大慈三摩地真言曰. 唵 摩賀 昧怛囉夜 娑頗囉."

775) 한글 진언집 등에서는 '소마니 소마니'(素摩尼 素摩尼)로 읽었으나 이하에서 소개할 이 진언의 전거에 따르면 이것을 '소마 니소마니'(素摩 尼素摩尼)로 읽어야 하고, '하리한나 바나야'는 '하리한나바야'가 와전된 것으로 이해된다.

… hūṃ)

"옴! 파괴하는 분이시여, 살육하는 분시여, 훔! 붙드시고 붙드소서, 훔! 붙들어 쓰러뜨리소서, 훔! 끌어내소서, 호! 세존이신 금강이시여, 훔! 팟!"

대장경에는 '항마진언'으로 일컫는 진언이 없음에도 한국불교에서는 한글 진언집을 비롯한 대부분의 의례서들이 이 항마진언을 수록하고 있다. 그러므로 이 진언은 확실한 전거를 갖고 있을 것으로 짐작할 수 있는데, 실제로 이 항마진언의 내용은 『묘길상대교왕경』에서 다음과 같이 설하는 '바아라바다라 대명왕진언'과 동일하다.

唵 遜婆 儞遜婆儞 吽 仡哩恨拏 仡哩恨拏 吽 仡哩恨拏播野 吽 阿曩野斛 婆誐鑁 嚩日囉 吽 癹吒 娑嚩賀[778]

(옴 손바 니손바니 훔 하리한나 하리한나 훔 하리한나바야 훔 아나야 혹 바아밤 바아라 훔 바닥 사바하)

oṃ sumbha nisumbhani hūṃ gṛhṇa gṛhṇa hūṃ gṛhṇāpaya hūṃ ānaya ho bhagavan vajra hūṃ phaṭ svāhā[779]

---

776) 이 ho(斛)는 종자인 혹(斛, hoḥ)과는 달리, 사람을 부르거나 도전할 때 지르는 감탄사이다.

777) 八田幸雄(1985:191, 1561번)은 이에 해당하는 진언의 범문에서 hūṃ을 'huṃ'으로 표기했으나, 범본(다다음 참조)에 따르면 'hūṃ'이 정확하다.

778) 妙吉祥平等祕密最上觀門大教王經 권1(T 20:909b): "下方 嚩日囉播多羅大明王真言曰. 唵(1) 遜婆儞遜婆儞(2) 吽(3) 仡哩恨拏仡哩恨拏(4) 吽(5) 仡哩恨拏播野(6) 吽(7) 阿曩野斛(8) 婆誐鑁嚩日囉吽(9) 癹吒娑嚩賀" 이 원문의 분절은 범문에 입각하여 비교적 정확하게 표시되어 있다. 다만 儞遜婆儞는 원래의 범어인 nisumbha(儞遜婆)에 ni(儞)를 덧붙인 것이다. 이는 필사의 착오일 수도 있지만, skambha(기둥)와 skambhani가 동의어로 통용되는 예가 있듯이 의미에는 변화가 없다.

779) 다른 불전(*Sampuṭodbhava*와 *Vajrāvalī*)에 수록된 아래의 범문과 비교하면, 이 진언은 범문에 중복되어 있는 일부를 생략하고,

"옴! 파괴하는 분이시여, 살육하는 분시여, 훔! 붙드시고 붙드소서, 훔! 붙들어 쓰러뜨리소서, 훔! 끌어내소서, 호! 세존이신 금강이시여, 훔! 팟! 기원하옵니다."

항마진언은 이 '바아라바다라 대명왕진언'에서 맨 끝의 사바하(娑嚩賀)만을 생략했다. 그리고 이 진언들은 방산석경(房山石經)의 『석교최상승비밀장다라니집』에 수록된 항삼세명왕(降三世明王)진언의 둘째 단락에 해당하는데, '항마진언'이라는 명칭도 여기서 유래했을 것으로 보인다. 두 단락으로 구성된 이 항삼세명왕진언[780]의 내용은 다음과 같다.

❶ 曩謨 喇怛曩 怛囉夜野 曩莫 室戰拏 嚩日囉 播拏曳 摩賀藥乞义 細曩鉢多曳

(나모 라다나 다라야야 나모 실전나 바아라 파나예 마하약걸차 세나발다예)

namo ratna-trayāya namaś caṇḍa-vajra-paṇaye

mahā-yakṣa-sena-pataye

"삼보에 귀의하옵고, 손에 금강저를 쥔 무서운 분이시요 야차 군대의 우두머리이신 위대한 분께 귀의하옵니다."

❷ 唵 遜婆(sumbha) 顊(ni)遜婆 吽(huṃ) 屹哩恨拏 屹哩恨拏 吽 屹哩恨拏(hṇa)跛野 吽 阿曩野 斛 婆誐鍐 嚩日囉 吽(huṃ) 泮吒 娑嚩賀[781]

---

vidyārāja(明王)를 bhagavan(世尊 또는 尊者)으로 바꾸었다.
"oṃ sumbha nisumbha hūṃ hūṃ phaṭ | oṃ gṛhṇa gṛhṇa hūṃ hūṃ phaṭ | oṃ gṛhṇāpaya gṛhṇāpaya hūṃ hūṃ phaṭ | ānaya ho bhagavān vidyārāja hūṃ hūṃ phaṭ svāhā |" 84000(2021) ap7.1262, n.674 ; Mori(2009) pp. 320-1.

780) 釋教最上乘秘密藏陁羅尼集 권25(F 28:192a): "降三世明王真言 … (아래의 ❶과 ❷) …"

781) 괄호는 방산석경의 원문에서 음역된 한자들 중 일부의 범어를 혼동하지 않도록 실담자로 표기하여 첨언한 것이다.

(옴 손바 니손바 훔 하리한나 하리한나 훔 하리한나바야 훔 아나야 혹 바아밤 바아라 훔 바닥 사바하)
oṃ sumbha nisumbha hūṃ gṛhṇa gṛhṇa hūṃ gṛhṇāpaya hūṃ ānaya ho bhagavan vajra hūṃ phaṭ svāhā
"옴! 파괴하는 분이시여, 살육하는 분시여, 훔! 붙드시고 붙드소서, 훔! 붙들어 쓰러뜨리소서, 훔! 끌어내소서, 호! 세존이신 금강이시여, 훔! 팟! 기원하옵니다."

이 같은 항삼세명왕진언에서 첫 단락(❶)은 °금강부진언에서 소개한 『소실지갈라공양법』의 금강부정수주(金剛部淨數珠)진언 중 전반부와 동일한 내용이다. 둘째 단락(❷)은 '손바 니손바니'(遜婆儞遜婆儞)가 '손바 니손바'(遜婆 顗遜婆)로 바뀐 것만 제외하고 『묘길상대교왕경』의 '바아라바다라 대명왕진언'과 일치하며, 진언의 의미에는 아무런 차이가 없다.

항마진언에서 말하는 소마(素摩)와 항삼세명왕진언에서 말하는 손바(遜婆)는 모두 명왕의 이름인 Sumbha(°아미타화신진언[3] 참조)의 음역이므로 동일한 말이다. 그리고 『소실지갈라경』에서는 이것을 소바(蘇嚩)로 표기하여 소바명왕에게 적용하는 진언782)을 설

782) 蘇悉地羯囉經 권上(T 18:634c): "亦用明王 號曰蘇嚩 用此真言, 為補瑟徵迦真言曰. ❶囊謨 囉怛囊 怛囉夜也 囊莽 室戰拏 嚩日囉 簸儜曳 莽訶藥乞沙細囊鉢多曳 ❷唵 素唵婆 寧素唵[婆] 許 蘖嘌恨儜 蘖嘌恨儜 許 蘖嘌恨儜 許阿囊也 護 薄伽梵 尾儞夜囉若 許 泮吒 囊莽."
이 진언을 항삼세명왕진언과 대조해 보면 ❶의 경우에는 양측이 동일하고, ❷의 경우에는 다음과 같이 풀이한 범문으로 약간의 차이가 드러난다.
❷ oṃ sumbha nisumbha hūṃ gṛhṇa gṛhṇa hūṃ gṛhṇāpaya hūṃ ānaya ho bhagavan vidyārāja hūṃ phaṭ namaḥ
"옴! 파괴하는 분이시여, 살육하는 분시여, 훔! 붙드시고 붙드소서, 훔! 붙들어 쓰러뜨리소서, 훔! 끌어내소서, 호! 세존이여, 명왕이시여, 훔! 팟! 귀의하옵니다."

하는데, 바로 이 진언이 항삼세명왕진언의 원조일 것으로 짐작된다.[783] 『저리삼매야부동존성자염송비밀법』에도 이와 거의 동일한 진언이 '항삼세명왕진언'이라는 명칭으로 수록되어 있다.[784]

해예진언(解穢真言): 더러운 것을 해소하는 진언

"옴 소리마리 마마리 소소마리 사바하"
唵 素哩摩哩 摩摩哩 素素摩哩 娑嚩賀
oṃ śrīmali mamali susumali(?) svāhā[785]
"옴! 길상을 누림이여, 행복을 누림이여, '훌륭하고 훌륭한 누림이여!'(?) 기원하옵니다."

한글 진언집에 일찍이 수록된 이 진언의 연원은 『불설다라니집

여기서 언급한 vidyārāja(尾儞夜囉若: 명왕이시여)와 namaḥ(曩莽: 귀의하옵니다)가 항삼세명왕진언에서는 각각 vajra(嚩日囉: 금강이시여)와 svāhā(娑嚩賀: 기원하옵니다)로 바뀌었다.

783) 陳燕珠(1995:469)에 의하면 『석교최상승비밀장다라니집』이 조성된 시기는 1146~1147년이므로, 『소실지갈라경』이 번역된 시기(726년)는 이보다 훨씬 이르다.

784) 底哩三昧耶不動尊聖者念誦祕密法 권上(T 21:15c): "亦名降三世明王真言曰.
❶曩謨 囉怛曩 怛囉夜耶 曩莽 室戰荼 嚩日囉 簸拏曳 摩賀藥乞叉 細曩鉢多曳
❷唵 嗉婆 儞嗉婆 吽 仡哩亶拏 仡哩亶拏 吽 仡哩亶拏播耶 吽 阿娜耶 護薄伽梵 尾儞夜 嚩日囉囉闍 吽 泮吒 曩莽."
이 진언을 바로 앞서 소개한 『소실지갈라경』의 소바명왕진언과 비교하면 둘째 단락(❷)에만 약간의 차이가 있다. 즉 소바명왕진언에서 언급한 '미니야라야'(尾儞夜囉若, vidyārāja)가 이 진언에서는 '미니야바아라라야'(尾儞夜 嚩日囉囉闍, vidyā-vajrarāja)로 확장되었으며, 이에 따라 그 의미도 '명왕(지혜의 왕)이시여'에서 '지혜의 금강왕이시여'로 바뀐다.

785) 이 범문이 한글 진언집의 실담자로는 "oṃ sorimari mamari sosmari svāhā"로 표기되어 있지만, oṃ과 svāhā를 제외한 나머지는 범어로 통용될 수 없는 와전이다.

경』에서 설하는 해예주(解穢呪)일 것이다. 그러나 다음과 같은 해예주와 비교하면 위의 해예진언에서 말하는 '소소마리(素素摩哩)'는 '마리 소소리'를 착각한 것일 수 있다.786)

蘇利摩利 摩摩利 摩利 蘇蘇利 莎訶787)
(소리마리 마마리 마리 소소리 사바하)
śrīmali mamali mali suśrī svāhā788)
"길상을 누림이여, 행복을 누림이여, 누림이여, 훌륭한 길상이시

---

786) 아래의 해예주에 있는 '摩利 蘇蘇利'(마리 소소리)를 한글 진언집의 방식으로 바꾸어 '摩哩 素素哩'로 표기해야 할 것을 素素摩哩(소소마리)로 잘못 기재했을 수 있다. 그러나 素素摩哩가 범어의 접두사 'su'를 활용하여 고의로 변경한 것이라면, 범어로는 'su-su-mali'라는 조어(造語)가 가능하다.

787) 佛說陀羅尼集經 권9(T 18:869b): "解穢呪 … "『불설다라니집경』이 이에 앞서(T 18:863b) '오추사마해예법인'을 설명하면서 제시한 이 진언은 소리(蘇利)를 '수리(修利)'로 표기하기도 한다. 다른 판본에 따르면 이 진언에는 맨 앞의 옴(唵)이 누락되어 있다.

"烏樞沙摩解穢法印 第十七 … [唵] 修利摩利 摩摩利 摩利 修修利 莎訶"

『수륙도량법륜보참』은 바로 이 진언을 그대로 수용했지만, 修利摩利(수리마리)를 修利修利(수리수리)로 오기했다.

水陸道場法輪寶懺 권9(X 74:1043a): "修利修利 摩摩利 摩利 修修利 莎訶"

짐작건대 이 같은 오기는『불설대아미타경』에서 설하는 °정구업진언(唵 修利修利 摩訶修利 修修利 娑婆訶)의 修利修利가 먼저 떠올랐기 때문일 수 있다.

788) 坂内龍雄(1981:270)이 이 범문을 "oṃ śrimali mamali mali śuśri svāhā"로 기재한 것은 일관성을 상실하여 부정확하다. °정구업진언에서 śri를 śrī로, śuśri를 suśrī로 표기한 것(坂内龍雄 1981:179)이 바른 범어와 합치한다. 한편 八田幸雄(1985:191, 1561-c번)은 이 진언의 범문을 "śuri mari mamari mari śuśuri svāhā"로 제시했으나 의미를 알 수 없다(文意不明)고 명기했다. 이는 티베트 역본에 의거한 이 범문이 속음 또는 와전의 형태이기 때문일 것이다.

https://www.xianmijingzang.com/tibet/down/id/7621 (2024.08.05 검색)

여! 기원하옵니다."

『불설다라니집경』에서는 오추사마해예법인(烏樞沙摩解穢法印)[789]을 짓는 방법과 이 진언을 제시하고 나서 해예의 대상, 즉 해예진언으로 해소해야 할 '더러운 것'(穢)을 다음과 같이 예시한다.

> 주법을 실행하는 사람이 만약 죽은 시체나 부인이 출산하는 곳이나 여섯 가지 축생이 태어나 피가 흐르는 곳을 볼 때, 이와 같은 갖가지 종류의 더러운 것을 볼 때, 바로 이 인계(오추사마해예법인)를 짓고 해예주를 읊으면, 곧장 청정을 얻어 실행한 주법은 모두 효험을 갖게 된다.[790]

해원결진언(解冤結真言): 맺힌 원한을 해소하는 진언

"옴 삼다라 가다 사바하"
唵 三陀囉 伽陀 莎訶
oṃ saṃtāra ghāta svāhā[791]
"옴! 제도하심이여, 박멸하심이여, 기원하옵니다."

한국불교에서 이 진언은 조선시대 초기의 『수륙재의촬요』에 수록[792]된 이래 한글 진언집을 비롯한 대부분의 의례서들을 통해 널리 유통되었다. 중국에서 개발되었을 이 진언이 원(元)나라 시

789) 명왕을 일컫는 '오추사마'의 의미는 아촉화신진언[3] 참조.

790) 佛說陀羅尼集經 권9(T 18:863b): "行呪法人 若見死尸 婦人產處 六畜產生血光流處, 見如是等種種穢時, 即作此印誦解穢呪, 即得清淨 所行呪法悉有効驗." 『수륙도량법륜보참』(X 74:1043a)은 밑줄 부분을 그대로 인용하여 해예의 대상을 명시한다.

791) 法護(2005) p. 11. 한글 진언집의 실담자는 "oṃ saṃdhara ghadha svāhā"로 표기되었으나, 'saṃdhara ghadha'는 정체불명의 단어이다.

792) 朴世敏(1993, 제1집) p. 638a.

대(1271~1368)의 여영(如瑛) 스님이 편찬한 『고봉용천원인사집현어록』에는 해원결다라니(解冤結陀羅尼)라는 명칭으로 수록되었는데, 진언의 내용 중 가다(伽陀)가 '가다라(佉多囉)'로 표기된 점이 특이하다.[793] 그러나 이후의 불전들에서 이 진언은 '해원결진언', 간혹은 '해결(解結)진언'으로 불리면서 '가다라'도 한결같이 '가다'(伽陀/佉多)로 바뀌어 정착되었다.[794]

헌등진언(獻燈真言): 등(燈)을 공양하는 진언

"옴 바아라 아로기 아 훔"
唵 巴玆囉 啊嚕枳 啊 吽
oṃ vajra-āloke āḥ hūṃ
"옴! 금강 같은 등빛[燈明]이여, 아하! 훔!"

대장경에는 이보다 더 긴 헌등진언이 있지만, 한글 진언집에서는 『수륙재의촬요』에 수록된 이 진언[795]을 그대로 채택하면서 실담자와 한글을 병기한 것으로 보인다. 한글 진언집에서 啊嚕枳啊를 '아로기아'로 읽은 표기는 『밀교개간집』에도 그대로 채택되어 있다.[796]

---

793) 高峰龍泉院因師集賢語錄 권9(X 65:36b1): "准我佛如來有解冤結陀羅尼 … 唵 三多囉 佉多囉 娑婆訶."

794) 水陸道場法輪寶懺 권9(X 74:1050a): "唵 三多囉 佉多 娑訶(解冤結真言)"
諸經日誦集要 권下(J 19:175c): "解冤結真言 唵 三陀囉 伽陀 娑婆訶"
楞嚴解冤釋結道場密教 권中(Z 6:211a): "解冤結真言 唵 三哆羅 佉多 薩婆訶"
佛說藥師三時儀文(Z 7:178a): "今有解結真言 唵 三哆囉 伽陀 娑婆訶." 이 불전에서는 이 해결진언을 11회 반복한다.

795) "献燈真言曰 … 唵 巴玆囉 啊嚕枳啊 吽." 朴世敏(1993, 제1집) p. 635a.

796) 한글 진언집에서 啊嚕枳啊의 실담자를 ārokiā로 표기한 것은 '아로기아'라는 독음에 맞춘 것이고 범어와는 무관하다. 『밀교개간집』은 이 실담자와 한글 표기를 그대로 채택했다(朴世敏 1993 제3집:250a).

啊嚕枳啊(아로기아)라는 말은 한국불교의 헌등진언에서만 사용되므로, 이 말의 정체를 파악하는 것이 우선적인 관건이다. 헌등진언은 범본의 불전에서 볼 수 있는 오종공양 진언의 하나이고 대장경에서도 흔히 볼 수 있으므로, 『수륙재의촬요』에서 아무런 근거도 없이 '啊嚕枳啊'라는 말을 사용했을 리는 없다.

범본에서 헌등진언의 등(燈)에 해당하는 범어는 dīpa와 āloka인데, 이 둘을 따로따로 사용한 두 가지의 헌등진언이 통용되었다. 예컨대 『대비공지금강경』에서는 'dīpa를 사용한 헌등진언'(①)을 다음과 같이 설한다.

> 唵 嚩日囉 禰閉 阿 吽 薩嚩訶[797)]
> (옴 바아라 녜폐 아 훔 사바하)
> oṃ vajra-dīpe āḥ hūṃ svāha[798)]
> "옴! 금강 같은 등불(燈)이여, 아하! 훔! 기원하옵니다."

범문과 대조하면 이 진언의 한자는 범문을 고스란히 음역한 표기임을 확인할 수 있다. 특히 진언에서 아(阿 āḥ)와 훔(吽 hūṃ)은 별개의 종자이다. 이처럼 종자를 사용하는 것은 'āloka를 사용하는 헌등진언'(②)의 경우에도 마찬가지이다. 『염송결호법보통제부』에서 이 같은 헌등진언을 볼 수 있다.[799)] 이 진언에 있는 노계니

797) 佛說大悲空智金剛大教王儀軌經 권3. T 20, p. 595a. 여기서 '禰閉阿吽'를 '녜폐 아 훔'으로 띄어 읽어야 하는 이유는 아래의 범문으로 알 수 있다.

798) *Hevajra-tantra* 2.1.4. Snellgrove(1959) p. 42.

799) 念誦結護法普通諸部(T 18:903b): "獻燈真言曰 唵 跋折羅 盧計儞." Sørensen(2022:29)이 이 진언의 범문을 "oṃ vajra lokini"로 추정한 것은 범어로 lokini(로키니)가 盧計儞의 발음(노계니)과 부합하는 때문이다. 그는 이 범문의 의미를 제시하지는 않았지만, 곧이곧대로 번역하면 "옴! 금강이여, 세계의 소유자여"로 어색한 의미가 된다. 이 범문을 "oṃ vajra-lokini"로 변경하면 "옴! 금강 같은 [밝은] 세계를

(盧計儞)의 니(儞)는 종자인 dīḥ(디히)를 음역한 한자이다. 이와 동일한 진언을 설하는 『금강정경』의 경우에는 종자 'dīḥ'가 닉(溺)으로 음역되어 있다.

> 唵 嚩日囉 路計 溺[800]
> (옴 바아라 로게 닉)
> oṃ vajrāloke dīḥ (… vajra-āloke …)[801]
> "옴! 금강 같은 등빛[燈明]이여, 디히!"

한글 진언집의 헌등진언은 dīpa와 āloka 중에서 āloka를 사용하는 진언(②)을 채택하되, 종자는 dīpa를 사용한 진언(①)에서 채택한 형태이다. 즉 'oṃ vajrāloke'(②)에 'āḥ hūṃ'(①)"을 결합했다. 이 중에서 āloke는 아로기(啊嚕枳)로 음역하고 āḥ는 아(啊)로 음역했다. 따라서 이 진언의 취지를 바르게 이해하기 위해서는 아로기아(啊嚕枳啊)를 '아로기(啊嚕枳) 아(啊)'로 읽어야 한다.

참고로 『금강정경』에서 정형구를 사용하여 다양하게 설하는 진

지니시기를"이라고 번역할 수 있어 무난한 의미가 된다. 그러나 이 경우는 진언에 있는 니(儞)가 별개의 종자라는 것을 배제할 때라야 가능하다.

800) 金剛頂一切如來眞實攝大乘現證大教王經 권下. T 18, p. 318a. 이 닉(溺)과 니(儞)가 동일한 범어를 표기한 것이라는 사실은 이와 동일한 진언이 수록한 『묘길상평등유가비밀관신성불의궤』로 알 수 있다.
妙吉祥平等瑜伽祕密觀身成佛儀軌(T 20:933b): "唵 嚩日囉 路計儞"
이상의 路計溺, 路計儞, 盧計儞 등에서 닉(溺) 또는 니(儞)의 범어는 dīḥ(디히)라는 종자이기 때문에 진언의 뜻을 이해하려면 앞의 글자와는 분리하여 읽어야 한다. 닉(溺) 또는 니(儞)로 음역되는 dīḥ는 등명(燈明)을 상징하는 종자이다.

801) 이 범문은 秋山 学(2012) p. 66. 『묘길상대교왕경』에서 설하는 이 진언의 끝에는 종자 훔(吽 hūṃ)이 추가되어 있다.
妙吉祥平等祕密最上觀門大教王經 권3(T 20:923a): "唵 嚩日囉 路計 儞 吽"

언들 중에는 dīpa를 사용한 아래의 헌등진언도 포함되어 있다.

唵 薩嚩 怛他誐哆 <u>儞播</u> 布惹銘伽 三母捺囉 娑頗囉拏 三摩曳 吽[802]
(옴 살바 다타아다 니파 보아명가 삼모나라 사바라나 삼마예 훔)
oṃ
sarva-tathāgata-<u>dīpa</u>-pūjā-megha-samudra-spharaṇa-samaye
hūṃ[803]
"옴! 서원하건대 모든 여래님께 올리는 등 공양[의 공덕]이 구름 바다처럼 퍼져 나가기를, 훔!"

헌식진언(獻食真言): 음식을 공양하는 진언

"옴 바아라 니미디아 훔"
唵 嚩日囉 尼尾地啊 吽
oṃ vajra-naivedye hūṃ

---

802) 金剛頂一切如來真實攝大乘現證大教王經 권下. T 18, p. 320a.『법계성범수륙대재보리도량성상통론』에서는 이와 동일한 내용을 헌등진언으로 수록했다.

法界聖凡水陸大齋普利道場性相通論 권4(X 74:840c): "有獻燈真言 … 唵 薩婆 怛他揭多 <u>儞婆</u> 布闍瞑伽 三慕達囉 窣發囉拏 三末曳 吽." 이 밖에 아래의 경우도 이와 동일한 진언이다.

金剛頂蓮華部心念誦儀軌(T 18:307c): "唵 薩嚩 怛他誐多 儞波 布惹咩伽 三母捺囉 薩發囉拏 三摩曳 吽"

新集浴像儀軌(T 21:489b): "次捧燭臺誦奉燈真言一遍 真言曰. 唵 薩嚩 怛佗誐多 儞比野 布惹謎伽 三母捺囉 娑頗羅拏 三麼曳 吽."『신집욕상의궤』의 찬술자인 혜림(慧琳) 스님은 여기서 착오를 일으킨 듯하다. 진언에 있는 니비야(儞比野)는 dīpa(燈)의 음역인 니파(儞波/儞播)를 잘못 기재했을 가능성이 크다. 儞比野는 음식을 의미하는 naivedya의 음역일 것이지만, 헌식진언은 이 진언의 직전에 제시되었다. 다만 직전의 헌식진언에서는 음식에 해당하는 범어로 naivedya가 아니라 말리(沫里)로 음역되는 bali를 사용한 점이 특이하다. 짐작건대 이 때문에 naivedya를 떠올리다가 dīpa(儞波/儞播)를 '儞比野'로 기재했을 수도 있다.

803) 범문은 秋山 学(2012) p. 71. 범문에서 pūja는 pūjā로 교정.

"옴! 금강 같은 공양 음식이여, 훔!"

한글 진언집은 『수륙재의촬요』에 수록된 이 진언의 한자 표기[804]를 그대로 채택하고, 여기에 실담자와 한글 독음을 병기하였다. 대장경에는 짧거나 긴 다양한 종류의 헌식진언이 수록되어 있다. 그렇지만 헌식명(獻食明)으로 불리는 진언까지 포함한 그것들 중 어느 것도 한국불교에서 통용된 이 헌식진언과는 일치하지 않는다. 이뿐만 아니라, 진언에서 언급하는 니미디아(尼尾地啊)는 한국불교에서만 유일하게 사용된 음역어임에도 이에 해당하는 범어를 찾을 수 있다는 점에서 감탄할 만하다. 이 같은 헌식진언의 연원이 밀교의 범본에는 5공양에 읊는 진언들 중의 하나로 다음과 같이 기재되어 있다.

(1) *Hevajra-tantra*

❶ oṃ vajra-naivedye āḥ hūṃ svāhā[805]

("옴! 금강 같은 공양 음식이여, 아하! 훔! 기원하옵니다.")

❷ oṃ dhvaṃ dhvaṃ dhvaṃ | naivedya-mantraḥ ‖[806]

("옴! 드왐! 드왐! 드왐! 헌식진언")

(2) *Kriyāsaṃgraha*

❶ oṃ vajra-naivedye hūṃ[807]

("옴! 금강 같은 공양 음식이여, 훔!")

---

804) "獻食真言曰 … 唵 嚩日囉 你尾地啊 吽." 朴世敏(1993, 제1집) p. 635b.

805) *Hevajra-tantra* 2.1.4. Snellgrove(1959) p. 42. 이 범문이 『대비공지금강경』(T 20:595a)에는 "唵 嚩日囉 迺尾儞 阿 吽 薩嚩訶"로 음역되어 있다.

806) *Hevajra-tantra* 2.1.14. Snellgrove(1959) p. 44.

807) 乾 仁志(1991) p. 173. 서기 13세기 이전부터 네팔에서 널리 유포되었을 것으로 추정되는 Kriyāsaṃgraha는 *Kriyāsaṃgraha-nāma-pañjikā*의 약칭이다.

❷ oṃ āḥ vajra-naivedye hūṃ[808]
("옴! 아하! 금강 같은 공양 음식이여, 훔!")

한글 진언집의 헌식진언은 위의 (1)❶에서 āḥ[809]와 svāhā를 생략한 형태이고 (2)❷와는 일치한다. 이 범문에서 나이베디야(naivedya)는 음식을 공물로 바친다는 헌식(獻食)을 의미하는데, 한글 진언집의 헌식진언에서는 이 범어를 니미디야(尼尾地啊)로 음역했음을 알 수 있다.[810]

또한 헌식진언들 중에서 가장 짧은 것은 『대비공지금강경』에서 설하는 "옴 탐탐"(唵 探探)인데, 이것의 연원을 (1)❷에서 찾을 수 있다는 것도 특기할 만하다. 특히 *Hevajra-tantra*는 『대비공지금강경』의 범본에 해당하므로, "헌식진언왈 옴 탐탐"(獻食真言曰 唵 探探)[811]은 "oṃ dhvaṃ dhvaṃ dhvaṃ | naivedya-mantraḥ ‖" 라는 범문을 한문으로 옮기면서 'dhvaṃ'[812]이라는 종자를 셋에서 둘로 줄였을 뿐이다.

그런데 『금강정경』에서 정형구를 사용하여 설하는 각종 진언들 중에는 5공양의 진언도 포함되지만, 음식 공양에 읊을 헌식진언

808) 乾 仁志(1991) p. 168.

809) 한자로는 보통 噁(오)로 표기하고 '악'으로 읽는 아하(āḥ)는 주로 대일여래를 상징하는 종자이며, 오전구족(五轉具足)이라는 심오한 의미도 함축한다. 부록의 「종자 일람」 참조.

810) 平川 彰(1997:819)에 따르면 naivedya는 nivedya와 혼용되기도 하는데, 중국에서는 이것들을 헌식(獻食)으로 번역했다. 범어를 음역한 한자에서 미(尾)는 대체로 vi 또는 ve의 음역이며 니(尼)는 ni뿐만 아니라 nai의 음역으로도 통용된다.

811) 佛說大悲空智金剛大教王儀軌經 권3(T 18:595a): "獻食真言曰 唵 探探"

812) 탐(探)으로 음역한 드왐(dhvaṃ)은 고통받게 될 내생의 소멸을 함의하고 무량광(無量光)보살을 상징하는 종자이다.

이 누락되어 있는 것은 납득하기 어렵다. 중국 당나라 시대의 혜림(慧琳) 스님도 이 점을 이상하게 여긴 듯하다. 그래서 그는 『신집욕상의궤』를 찬술하면서 정형구를 사용한 헌식진언을 다른 공양 진언들과 함께 수록했을 것으로 짐작된다.

唵 薩嚩 怛佗誐多 沬里 布惹謎伽 三母捺囉 娑頗囉拏 三麼曳 吽[813)]
(옴 살바 다타아다 말리 보아명가 삼모나라 사바라나 삼마예 훔)
oṃ
sarva-tathāgata-bali-pūjā-megha-samudra-spharaṇa-samaye
hūṃ
"옴! 서원하건대 모든 여래님께 올리는 음식 공양[의 공덕]이 구름바다처럼 퍼져 나가기를, 훔!"

위의 진언에서 沬里(말리)를 제외한 나머지는 다른 진언들에도 똑같이 적용되는 정형구이므로 범문을 파악하는 것도 수월하다. 그러나 여기서는 沬里의 정체를 파악하는 일이 관건이다. 헌식진언의 식(食), 즉 음식에 해당하는 범어는 앞서 예시한 범본으로도 알 수 있듯이 'naivedya'임에도 불구하고 굳이 생소한 '沬里'를 채택했기 때문이다. 沬里는 음식, 특히 제사에서 공양하는 음식인 bali의 음역이다.

혜림 스님은 중국불교에서 가장 방대한 어휘 사전인 『일체경음의』(별칭은 『혜림음의』)를 100권으로 편찬했을 만큼 어휘에 관해서는 풍부한 지식의 소유자로 인정된다. 이처럼 그는 불교 어휘에 해박했으므로 다른 불전의 용례를 적용했을 가능성이 농후하다. 그 용례로는 『대비로사나성불신변가지경연화태장비생만다라광대성취의궤』와 『대일경지송차제의궤』에 수록된 '음식공양진언'을

813) 新集浴像儀軌(T 21:489b): "如前稱誦獻食真言 誠心奉獻 真言曰 …"

들 수 있다. 특히 『대일경지송차제의궤』는 실담자로 이 진언의 범문도 병기했다.

①歸命 阿羅羅 迦囉囉 未隣 捺娜弭 沫隣 捺彌 摩訶沫瀝 娑嚩賀[814)]
(귀명 아라라 가라라 미린 나나미 매린 나니 마하매력 사바하)

②南麼 三曼多 勃馱喃 阿囉囉 迦囉囉 末隣 捺娜弭 沫隣 捺泥 摩訶沫履 莎訶[815)]
(나모 사만다 못다남 아라라 가라라 말린 나나미 말린 나니 마하 말리 사바하)
namaḥ samanta-buddhānāṃ arara-karara-baliṃ dadāmi baliṃ dade mahābali svāhā[816)]

---

814) 大毘盧舍那成佛神變加持經蓮華胎藏悲生曼荼羅廣大成就儀軌 권上(T 18:132b): "飮食供養真言曰 …"

815) 大日經持誦次第儀軌(T 18:185a): "獻食真言曰. namaḥ samanta-buddhānāṃ arara-karara-valiṃ dādavi valiṃ dade mahāvaliṃ svāhā …"
범어에서 'vali'와 bali는 혼용되고 'arara-karara'는 alala-kalala와 거의 동일하게 들리는 발음이므로, 실담자로 표기한 이 범문은 상당히 정확한 편이다. 그러나 특히 'dādavi'가 dadāmi의 오기일 것임은 이것의 음역인 나나미(捺娜弭)로 알 수 있다.

816) 이 범문은 坂内龍雄(1981:181)과 Giebel(2005:253 en. 39)이 동일하다. 다만 Giebel은 arara와 karara(또는 kalala)의 의미를 알 수 없다고 방치한 반면, 坂内龍雄은 과거의 주석과 현대 학자의 해석을 소개한다. 이에 의하면 arara-karara는 alala-kalala로도 읽으며, 『대비로자나성불경소』에서는 阿囉囉(arara/alala)를 즐겁지 않게 들리는 좋지 않은 소리로 해석하고, 迦囉囉(karara/kalala)를 그 좋지 않은 고성이 멈추어 고요하고 적막하다는 의미로 해석한다.
大毘盧遮那成佛經疏 권9(T 39:676c): "右初云阿囉囉 是不可樂聞聲不善聲義 … 次云迦囉囉 是止前不善高聲 是恬漠寂怕之義." 『대일경』을 최초로 주석한 『대비로자나성불경소』의 저자는 신라 출신의 스님으로 당나라에 유학하여 선무외(善無畏, 637~735)의 문하에서 밀교를 배웠다는 사실만 알려져 있고, 이름은 알 수 없다는 의미의 '불가사의(不可思議)'로 전해져 있다.

"어디에나 계시는 모든 부처님들께 귀의하옵고, 저는 '이런저런 제사에'(?) 음식을 베푸오니 당신도 음식을 베푸소서. 기원하옵니다."

위의 두 진언은 서두에서 차이가 있는 것처럼 보이지만, 그 내용은 사실상 동일하다. °도향진언에서도 똑같은 예가 있었듯이, 진언 ①에서 귀명(歸命)은 진언 ②의 '나모 사만다 못다남'(어디에나 계시는 모든 부처님들께 귀의하옵고)을 축약한 번역이기 때문이다. 그리고 두 진언에서는 bali(음식)를 다음과 같이 다양하게 음역했다.

① 미린(未隣), 매린(沫隣), 매력(沫瀝)
② 말린(末隣/沫隣), 말리(沫履)

짧은 편에 속하는 하나의 진언에서 동일한 단어를 이처럼 세 가지로 음역한 사례를 고려하면, 혜림 스님이 『신집욕상의궤』에서 bali를 沫里(말리)라는 음역으로 표기한 것은 전혀 이상하지 않다.

헌전진언(獻錢真言): 저승돈을 드리는 진언

"옴 아자나 훔 사바하"

한편 현대 학자(田久保 周誉)의 해석에 따르면, '아라라 가라라'(阿囉囉 迦囉囉)는 수행 시절의 석가모니에게 잠시 스승이었던 '아라다 칼라마'(Ārāḍa-kālāma)라는 외도(外道)를 가리킨다. 그러므로 '아라라 가라라'는 외도에게도 차별 없이 음식을 베푼다는 의미를 함축한 것으로 해석된다.
위의 두 가지 해석 중에는 후자가 그럴 듯하지만 확정할 수는 없다. 범어 arara에는 '제사의 일부'라는 의미가 있으므로 karara도 이와 유사할 것으로 추정하면, 범문에서 'arara-karara-baliṃ'을 '이런저런 제사에 음식을'이라는 의미로 이해해도 무방할 듯하다.

唵 阿遮那 吽 沙訶[817]
oṃ ajana(?) hūṃ svāhā
"옴! 부추기는 분이시여, 훔! 기원하옵니다."

돈[錢]과 연관된 일곱 가지 진언들 중의 하나인 이 진언은『예수재의찬요』와『작법귀감』에 수록되어 있다.[818] 그러나 이 진언에서 아자나(阿遮那)는 대장경에도 용례가 없고 한국불교의 의례서에서만 언급되는 용어이다. 따라서 이것의 원어는 추정에 의존할 수밖에 없다. 여기서 阿遮那로 음역할 수 있는 범어로는 acana와 ajana를 들 수 있다. 그런데 acana 또는 이와 유사한 말이 범어로는 성립되지 않는 반면, ajana는 어떤 일을 시작하도록 부추긴다는 의미를 가진 범어이다. 이에 따라 阿遮那를 ajana의 음역으로 추정하면, 진언에서 이 말은 헌전(獻錢)하도록 부추기는 것을 타오르는 불에 비유한 것으로 이해하는 것이 가능할 것이다.[819]『오종범음집』의 헌전진언은 阿遮那가 阿遮尼로 바뀐 점에서만 차이가 있다.[820]

---

817) 이 진언은『오종범음집』의 성전주와 동일하다(°성전진언 참조). 그러나『석문의범』에는 이 진언이 두 차례에 걸쳐 헌전진언으로 수록되어 있으며, 아자나(阿遮那)가 처음에는 我自那로도 표기되어 있다. 安震湖(1935上) pp. 214, 236.

818)『예수재의찬요』: 朴世敏(1993, 제2집) pp. 87, 124.『작법귀감』: 朴世敏(1993, 제3집) p. 454a.

819) 현대 중국어에서 阿遮那는 힌두교의 성전인 *Bhagavad-gītā*에서 주역으로 등장하는 Arjuna의 음역이다. 일반명사로서의 arjuna는 백색, 은색, 발광 등을 의미한다. 만약 阿遮那의 범어를 arjuna로 추정한다면, 이 arjuna는 은전(銀錢) 또는 광휘를 함의할 수도 있다. 그러나 대장경에서 arjuna는 阿殊那, 阿誅那, 遏受那, 遏樹那, 遏竪那, 頞誰那, 遏順那, 閼順那, 頞純那, 頞順那, 額誰那 등으로 다양하게 음역되면서도 '阿遮那'로 음역된 사례가 없다.

헌좌진언[1](獻座真言): 자리를 마련해 드리는 진언

"옴 바아라 미라야 사바하"
唵 嚩日羅 尾羅野 莎訶
oṃ vajra-vīrāya svāhā
"옴! 금강 같은 영웅님께 기원하옵니다."

『수륙수재의궤』와 『수륙재의촬요』에는 2종의 헌좌진언이 수록되어 있는데, 3종의 헌좌진언을 수록한 한글 진언집도 진언에 실담자와 한글을 병기하면서 앞의 둘을 그대로 채택했을 것으로 보인다. 첫째로 수록된 이 헌좌진언이 『소실지갈라공양법』에는 실담자와 함께 '금강부봉좌(金剛部奉座)진언'으로 수록되어 있다.821)

헌좌진언[2](獻座真言): 자리를 마련해 드리는 진언

"옴 가마라 싱하 사바하"
唵 迦摩囉 僧賀 莎訶
oṃ kamala-siṃha svāhā
"옴! 연꽃 위의 사자(獅子)이시여, 기원하옵니다."

한글 진언집에는 이 진언이 『수륙수재의궤』 및 『수륙재의촬요』의 경우처럼 둘째 헌좌진언으로 수록되어822) 있으며, 『범음산보

---

820) "唵 阿遮尼 吽 沙訶." 朴世敏(1993 제2집) p. 193b. 阿遮那의 범어를 ajana로 추정하면 阿遮尼의 범어로는 ajane가 적합하다. 이에 따라 "oṃ ajane(?) hūṃ svāhā"로 추정할 수 있는 헌전진언의 범문은 "옴! 부추기는 분께, 훔! 기원하옵니다."라고 해석된다.

821) 蘇悉地羯羅供養法 권2(T 18:713b): "金剛部奉座真言曰. oṃ vajra vīraya svāhā 唵 嚩日囉 味囉也 莎訶." 범문에서 vīraya는 vīrāya의 오기이다.

822) 『수륙수재의궤』(朴世敏 1993 제1집:600b), 『수륙재의촬요』(同 제1집:630a), 『작법귀감』(同 제3집:383a)에서는 이 진언의 싱하(僧賀)를 星賀

집』에서는 이 진언을 무려 20회나 반복한다.823) 이 진언의 전거는 『약사유리광여래소재제난염송의궤』에서 찾을 수 있는데, 여기서는 이 진언을 "인계(印契)에서 연화사자좌(蓮華師子座)가 유출되는 모습을 떠올리면서 읊는 진언"824)으로 제시한다.

그러므로 진언에서 말하는 '가마라 싱하'(연꽃 위의 사자)는 연화대(蓮花臺)를 사자좌에 비유한 연화사자좌를 의미한다. 이처럼 진언의 범문에서 좌(座)에 해당하는 말이 생략된 것으로 간주되는 대표적인 사례로는 연화좌(蓮花座)진언을 들 수 있다.825) 실제로 다음에 소개할 셋째 헌좌진언에는 이 '연화사자좌'가 직접 언급되어 있다.

헌좌진언[3](獻座真言): 자리를 마련해 드리는 진언

"옴 살바 다타아다 가마라 싱하 아사나 보아미가 삼모나라 사바라나 삼매예 훔"

唵 薩嚩 怛佗誐多 迦摩囉 星賀 阿薩那 布惹彌伽 三母捺囉 薩頗囉拏 三昧曳 吽

oṃ

sarva-tathāgata-kamala-siṃhāsana-pūjā-megha-samudra-spharaṇa-samaye hūṃ (… siṃha-āsana …)

로 표기한다.

823) 『범음산보집』은 '싱하'를 상권과 중권에서는 星賀로 표기하고, 하권에는 거의 僧賀로 표기한다.

824) 藥師瑠璃光如來消災除難念誦儀軌(T 19:21b): "想從印流出 蓮華師子座 真言曰. 唵 迦麼攞 悉孕賀 娑嚩賀."

825) 無量壽如來觀行供養儀軌(T 19:70b): "蓮花座真言曰 唵 迦麼攞 娑嚩賀." 이 진언의 범문(oṃ kamala svāhā)은 "옴! 연꽃(=연화)이여, 기원하옵니다."로 번역된다. 여기에는 좌(座)를 의미하는 āsana가 없지만 kamala(연화) 다음에 āsana(좌)가 생략되었다고 이해하여 이 진언을 '연화좌진언'으로 일컫는다.

"옴! 서원하건대 모든 여래님께 올리는 연화사자좌 공양[의 공덕]이 구름바다처럼 퍼져 나가기를, 훔!"

한글 진언집에 셋째 헌좌진언으로 수록되어 있는 이 진언은[826] 한국불교에서 기존의 다른 진언을 활용하여 개발한 것으로 특기할 만하다. 대장경에서는 이 진언의 내용과 완전히 일치하는 사례를 발견할 수 없지만, 일부분(밑줄)을 제외한 나머지 구문은 흔하게 볼 수 있는 정형구에 속한다. 『금강정경』에서 빈번하게 구사하는 예를 들면 다음과 같다.[827]

①唵 薩嚩 怛他誐哆 <u>補瑟波</u> 布惹銘伽 三母捺囉 娑頗囉拏 三摩曳 吽
(옴 살바 다타아다 <u>보슬파</u> 보아명가 삼모나라 사바라나 삼마예 훔)
②唵 薩嚩 怛他誐哆 <u>巘馱</u> 布惹銘伽 三母捺囉 娑頗囉拏 三摩曳 吽[828]
(옴 살바 다타아다 <u>헌다</u> 보아명가 삼모나라 사바라나 삼마예 훔)
③唵 薩嚩 怛他誐哆 <u>儞播</u> 布惹銘伽 三母捺囉 娑頗囉拏 三摩曳 吽[829]
(옴 살바 다타아다 <u>니파</u> 보아명가 삼모나라 사바라나 삼마예 훔)

위의 진언들은 5공양 중 꽃(華, puṣpa)과 향(香, gandha)과 등(燈, dīpa)을 공양하는 진언인데, 밑줄 부분을 제외하면 헌좌진언[3]과 동일하다는 것을 한눈에 알 수 있다. 여기서 첫째 진언(①)의

---

826) 『범음산보집』에서는 이 진언을 수용하여 헌좌안위게주(獻座安位偈呪)로 수록했다.
"獻座安位偈呪 … 唵 <u>菩嚩</u> 怛他阿誐哆 迦摩攞 星賀 阿薩那 布惹彌伽 三母棕囉 薩頗囉拏 三摩曳 吽." 朴世敏(1993, 제3집) p. 79b. 여기서 서두의 菩嚩는 薩嚩(살바)의 오기로 간주된다. 김두재(2012:505)가 菩嚩의 한글을 '살바'로 표기한 것은 이 때문일 것이다.

827) 아래 한문은 金剛頂一切如來真實攝大乘現證大教王經 권下. T 18, p. 320a.

828) 이 진언의 범문과 의미는 °도향진언 참조.

829) 이 진언의 범문과 의미는 °헌등진언 참조.

범문을 예로 들어 풀이하면 아래와 같다.

> oṃ
> sarva-tathāgata-puṣpa-pūjā-megha-samudra-spharaṇa-samaye hūṃ[830)]
> "옴! 서원하건대 모든 여래님께 올리는 꽃 공양[의 공덕]이 구름 바다처럼 퍼져 나가기를, 훔!"

이 범문은 "oṃ sarva-tathāgata … pūjā-megha-samudra-spharaṇa-samaye hūṃ"이라는 정형구를 형성하기 때문에 나머지 진언들은 생략 부분(…)에 해당하는 공양의 대상, 즉 향(gandha)과 등(dīpa)을 대입하면 완성된다. 헌좌진언[3]도 이 같은 정형구를 활용하여 대입할 자리에 연화사자좌(蓮華師子座)로 번역되는 '가마라 싱하 아사나'(迦摩囉 星賀 阿薩那, kamala-siṃha-āsana)를 넣었다. 그리고 '가마라 싱하 아사나'도 바로 앞서 소개한 °헌좌진언[2]의 활용이다.

헌향진언(獻香真言): 소향(燒香)을 공양하는 진언

> "옴 바아라 도비 아 훔"
> 唵 巴玆囉 杜卑 啊 吽
> oṃ vajra-dhūpe āḥ hūṃ
> "옴! 금강 같은 소향이여, 아하! 훔!"

°도향진언의 향(香)이 gandha를 지칭하는 것과는 대조적으로, 이 헌향진언의 향은 소향(燒香)으로 번역되는 dhūpa를 지칭하므

830) 범문은 八田幸雄(1985) p. 203, 1647번 ; 秋山 学(2012) p. 71 ; Sørensen(2022) p. 24 참조. 이들의 범문에서 pūja(八田幸雄과 秋山 学)는 pūjā로, samaya(Sørensen)는 samaye로 교정했다.

로 이 진언은 '소향진언'으로도 불린다. 이 같은 사례는 『염송결호법보통제부』에서 볼 수 있으며831) 『수륙수재의궤』에서는 위의 헌향진언과 동일한 내용을 소향진언으로 수록했다.832)

『수륙재의촬요』에서 채택하여 한글 진언집에 수록되었을 헌향진언833)에서 도비아(杜卑啊)를 '도비(杜卑) 아(啊)'로 분리하여 읽는 이유는 °헌등진언의 경우와 마찬가지로 아(啊)는 āḥ(아하)라는 종자이기 때문이다. 이 사실은 다음과 같은 『금강정경』(①)과 『대비공지금강경』(②)으로 확인할 수 있다.

①唵 嚩日囉 度閉 婀834)
②唵 嚩日囉 度閉 阿 吽 薩嚩訶835)
oṃ vajra-dhūpe āḥ hūṃ svāhā836)
"옴! 금강 같은 소향이여, 아하! 훔! 기원하옵니다."

헌향진언은 위의 ①에 훔(吽 hūṃ)을 추가하거나 ②에서 사바하(薩嚩訶 svāhā)를 생략한 형태이다. 그리고 『금강정연화부심염송

831) 念誦結護法普通諸部(T 18:903b): "燒香真言曰 唵 跋折羅 杜鞞 阿"

832) "燒香真言 … 唵 縛日囉 度閉 啊 吽." 朴世敏(1993, 제1집) p. 592b.

833) 한글 진언집은 『수륙재의촬요』(朴世敏 1993 제1집:634b)에 "献香真言曰 … 唵 巴玆囉 杜卑 啊 吽"으로 수록된 이 진언을 그대로 수용하여 실담자와 한글 독음을 병기했다.

834) 金剛頂一切如來真實攝大乘現證大教王經 권下. T 18, p. 318a. 『자씨보살략수유아염송법』에는 이 진언이 '헌소향(獻燒香)진언'으로 실담자와 함께 수록되어 있다.
慈氏菩薩略修愈誐念誦法 권上(T 20:592b): "oṃ vajra dhupe aḥ 奉獻燒香真言曰. 鄔쓹 跋耽囉 耽羅 度閉 惡." 실담자의 표기에서 'dhupe aḥ'는 'dhūpe āḥ'의 오기이다.

835) 佛說大悲空智金剛大教王儀軌經 권3. T 20, p. 594c.

836) *Hevajra-tantra* 2.1.4. Snellgrove(1959) p. 42.

의궤』에는 『금강정경』에서 설한 것과 같은 방식으로 정형구를 사용한 헌향진언이 수록되어 있다.

唵 薩嚩 怛他誐多 度波 布惹咩伽 三母捺囉 薩發囉拏 三摩曳 吽[837)]
(옴 살바 다타아다 도파 보아미가 삼모나라 사바라나 삼마예 훔)
oṃ
sarva-tathāgata-dhūpa-pūja-megha-samudra-spharaṇa-samaye hūṃ[838)]
옴! 서원하건대 모든 여래님께 올리는 소향 공양[의 공덕]이 구름바다처럼 퍼져 나가기를, 훔!"

헌화진언(獻花真言): 꽃을 공양하는 진언

"옴 바아라 보삐[씨] 아 훔"
唵 巴玆囉 布厮卑 啊 吽
oṃ vajra-puṣpe āḥ hūṃ
"옴! 금강 같은 꽃이여, 아하! 훔!"

『수륙재의촬요』에 수록된[839)] 이래 한글 진언집 등에서 수용했

---

837) 金剛頂蓮華部心念誦儀軌. T 18, p. 307c. 『신집욕상의궤』에 수록된 아래의 진언도 이와 동일한 내용이다.
新集浴像儀軌(T 21:489a): "齊誦焚香真言普心奉獻 真言曰. 唵 薩嚩 怛佗誐多 度波 布惹謎伽 三母捺囉 娑頗囉拏 三麼曳 吽."

838) 秋山 学(2012:71)이 제시한 범문에서 pūja는 pūjā로 교정함.
Sørensen(2022:23)은 돈황의 필사본에 "唵 薩縛 怛他誐哆 度波 布惹茗伽 三母捺囉 娑頗羅拏 三昧耶 吽"라고 기재된 이 진언의 범문을 "oṃ sarva tathāgata pūja dhūpa megha samudra spharaṇa samaya hūṃ"으로 제시했다. 그가 여기서 'pūja dhūpa'로 쓴 것은 'dhūpa(度波) pūja(布惹)'의 순서가 바뀐 착오이다.

839) "献花真言曰 … 唵 巴玆囉 布厮卑 啊 吽." 朴世敏(1993, 제1집) p. 635a.
『수륙수재의궤』의 경우에는 "獻華真言 … 唵 縛日囉 補瑟卑 啊 吽"(朴世敏 1993 제1집:593a)처럼 진언의 표기가 다르다. 이것으로 한글

을 이 진언이 한국불교에서 통용된 배경도 °헌등진언의 경우와 동일하다. 이 헌화진언을 『불설일체여래안상삼매의궤경』에서 설하는 헌화진언[840]과 비교해 보면, 진언에서 말하는 보삐아(布厮卑啊)의 아(啊)는 °헌등진언의 경우처럼 앞 글자와는 분리되는 종자라는 것을 알 수 있다. 그리고 5공양의 진언을 하나씩 설하는『대비공지금강경』과 이것의 범본으로 아(啊)는 āḥ(아하)라는 종자의 음역임을 확인할 수 있다.[841]

『금강경경』에서 정형구를 사용하여 설하는 온전한 형태의 헌화진언은 앞서 고찰한 헌좌진언3에서 예문 ①로 소개해 두었다. 이와 동일한 내용은 헌화진언은『금강정연화부심염송의궤』와 중국 당나라의 혜림(慧琳) 스님이 찬술한『신집욕상의궤』에서도 볼 수 있다.[842]

혜철수진언(慧徹修真言): 지혜를 철저히 닦고자 기원하는 진언

진언집에서는『수륙수재의궤』의 헌화진언을 채택하지 않았음을 알 수 있다.

840) 佛說一切如來安像三昧儀軌經(T 21:934b): "先誦獻花真言. 唵 嚩日囉 補瑟閉 吽." Vam(2021:61)에 의하면 이 진언의 범문은 "oṃ vajra-puṣpe hūṃ"이다.『묘길상평등유가비밀관신성불의궤』에도 이와 동일한 진언이 있다.
妙吉祥平等瑜伽祕密觀身成佛儀軌(T 20:933b): "唵 嚩日囉 補澁波 吽"

841) 佛說大悲空智金剛大教王儀軌經 권3(T 20:594c): "唵 嚩日囉 補瑟閉 阿 吽 薩嚩訶." 이 진언의 범문은 "oṃ vajra-puṣpe āḥ hūṃ svāhā"이다. *Hevajra-tantra* 2.1.4. Snellgrove(1959) p. 42.『수륙재의촬요』의 헌화진언은 이 범문에서 맨 끝의 svāhā(사바하)를 생략한 형태이다.

842) 金剛頂蓮華部心念誦儀軌(T 18:307b): "唵 薩嚩 怛他誐多 補澁波 布惹咩伽 三母涅囉 薩發囉拏 三摩曳 吽"
新集浴像儀軌(T 21:489a): "向佛遙散奉華 真言曰. 唵 薩嚩 怛佗誐多 補澁跛 布惹謎伽 三母捺囉 娑頗囉拏 三麼曳 吽."

"옴 라자바니(나자바니) 사바하"
唵 囉字般尼(羅左婆尼) 娑婆訶
oṃ ra-字(rāja?)-prajñi svāhā
"옴! 라(ra)자의(왕다운?) 지혜로움이여, 기원하옵니다."

이 진언으로는 계·정·혜(戒定慧)의 삼학 중에서 혜학(慧學), 즉 지혜의 성취를 기원한다(°계장진언 참조). 대장경뿐만 아니라 한글 집언집에도 수록되어 있지 않은 이 진언은 『삼문직지』에 처음으로 수록되어 있다.843) 그런데 이후 『불자필람』과 『석문의범』에서844) 이 진언의 라자바니(囉字般尼)를 나자바니(羅左婆尼)로 바꾼 것은 납득하기 어렵다.

『삼문직지』에서 표기한 囉字般尼의 라자(囉字)는 범어 '라(ra)'라는 글자를 가리키는 것이 분명하지만, 바니(般尼)의 범어는 확정하기 어렵다. 그렇지만 이 말의 의미를 추정할 수 있는 단서는 많은 불전들에서 찾을 수 있다.

단적인 예로 『일체여래대비밀왕미증유최상미묘대만나라경』에서 "라(囉)자는 지혜의 의미를 표시한다."라고 설하고, 『비로자나오자진언수습의궤』에서는 "라(囉)자를 정수리 위에 떠올려 진실한 뜻을 두루 생각하라"고 설한다.845) 특히 『화엄경』에서는 "라(囉)자를 읊을 때는 실로 깊게 반야바라밀의 문으로 들어갈 수 있다

843) "唵 囉字般尼 娑婆訶 옴 라자바니 사바하."
Kabc=ABC_BJ_H0220_T_002&imgId=010_0149_c.
『일용작법』에서는 "慧徹修真言 옴 라자바니 사바하"라고 한글만 발췌했다. 朴世敏(1993 제3집) p. 524b.

844) 佛子必覽: 崔就墟·安錫淵(1931) pp. 20-21. 釋門儀範: 安震湖(1935上) p. 100.

845) 一切如來大祕密王未曾有最上微妙大曼拏羅經 권1(T 18:543b): "囉字表智義"
毘盧遮那五字真言修習儀軌(T 18:188b): "想囉字於頂上 思惟真實義"

."[846]라고 설하는데, 이로써 라(囉)자는 반야바라밀이라는 지혜의 완성과 직결되어 있음을 알 수 있다. 그리고 다른 불전들에서는 이 라(囉)자의 '囉'가 범어로 र(ra)임을 명기한다. 예컨대 『대방광불화엄경입법계품사십이자관문』에서는 다음과 같이 설한다.

> 囉(ra)자를 읊을 때는 한계와 차별이 없는 반야바라밀의 문으로 들어간다. 모든 법이 더러운 것들에서 떠나 있음을 깨닫기 때문이다.[847]

그리고 『염송결호법보통제부』에서는 "항상 음식 위에 라(囉)자가 있음을 떠올림으로써 음식을 정화한다."[848]라고 설하는데, 이는 『일용작법』에서 혜철수진언을 식당작법의 용도로 배열한 것과도 무관하지는 않을 듯하다.

이처럼 라자바니(囉字般尼)의 '囉字'가 '라(ra)'라는 글자를 지칭한 것은 분명해 보인다. 다만 바니(般尼)의 경우는 囉字와 지혜(반야바라밀)와의 연관성을 고려하면, 반야(般若, prajñā)의 변형으로서 지혜롭다는 의미를 지닌 prajñi의 음역일 가능성이 가장 유력하다.

그러나 『불자필람』과 『석문의범』의 편찬자는 라자(囉字)의 용례를 고려하지 않았기 때문에, 라자바니(囉字般尼)를 온전한 음역어로 간주하여 나자바니(羅左婆尼)로 표기했을 것으로 추정된다. '자(字)'라는 한자가 범어의 음역으로 사용된 예는 거의 없기 때문이다. 이 경우, 나자(羅左)로 음역할 수 있는 범어로는 왕(王)을 의미하는 라자(rāja)를 우선적으로 지목할 수 있다. 만약 나자바니(羅

846) 大方廣佛華嚴經 권31(T 10:804b): "唱囉字時 能甚深入般若波羅蜜門"

847) 大方廣佛華嚴經入法界品四十二字觀門(T 19:707c): "र(ra) 囉字時 入無邊際差別般若波羅蜜門. 悟一切法離塵垢故."

848) 念誦結護法普通諸部 (T 18:902b): "常於食上想有囉字以淨於食"

左婆尼)를 'rāja-prajñi'의 음역일 것으로 간주했다면, 이 羅左婆尼는 '왕다운(고귀한) 지혜로움'이라는 의미로 풀이할 수 있다.

호신진언(護身真言): 몸을 보호하는 진언

"옴 차ᄎ림"
唵 齒臨
oṃ śrūṃ
"옴! 쉬룸!"

밀교의 불전들에는 비교적 짧은 호신진언이 몇 가지로 수록되어 있으나 한글 『진언집』에서 채택한 호신진언은 가장 간략하게 '옴'과 하나의 종자로만 구성되어 있다. 망월사본 이전의 한글 진언집에는 이 진언이 수록되어 있지 않다. 이에 앞서 간행된 『밀교개간집』에는 호신진언이 수록되었으므로 한글 『진언집』은 이 호신진언을 채택했을 것으로 짐작된다. 이 근거로는 齒臨('차림' 또는 '치림')으로 음역한 종자의 실담자가 'cchrīṃ'으로 동일한 점을 들 수 있다.[849]

이 호신진언을 실담자와 함께 수록한 『현밀원통성불심요집』에 따르면 종자 齒臨의 범어는 śrūṃ(쉬룸)이다.[850] 『칠구지불모소설준제다라니경회석』처럼 이것의 범어를 'cchrīṃ'으로 표기한 사례도 있지만[851], 밀교에서 종자로 통용될 수 있는 것은 cchrīṃ이

849) 『밀교개간집』(朴世敏 1993 第3집:236b)에서는 호신진언을 "옴 oṃ 치림 cchrīṃ"으로 기재했고, 한글 『진언집』에서는 "oṃ cchrīṃ 唵 齒臨二合 옴 ᄎ림"으로 기재했다. 한글 표기에 약간의 차이가 있는 것은 실담자로 쓴 cchrīṃ의 발음을 한글로 표기하는 데 곤란이 있었기 때문일 것이다.

850) 顯密圓通成佛心要集 권上(T 46:994b): "次誦護身真言 … 唵 齒嚂 oṃ śrūṃ." 종자로서의 śrūṃ은 발생불정(發生佛頂), 즉 부처님의 지혜가 발생함을 상징한다.

아니라 śrūṃ이다. 이처럼 종자 齒臨의 범어를 오해한 예는 『준제심요』에서도 볼 수 있다.[852]

호신피갑진언(護身被甲真言): 몸을 보호하는 갑옷을 입는 진언

> "옴 바아라 아니 바라 닙다야 사바하"
> 唵 嚩日囉 祇儜 鉢囉 伱鉢多野 薩嚩賀[853]
> oṃ vajrāgni-pradīptāya svāhā[854] (oṃ vajra-agni- …)
> "옴! [마군을 퇴치할] 금강 같은 불길이 활활 타오르기를 기원하옵니다."

이 진언은 안심사본 이래의 한글 진언집에 수록되었고 이로부터 『제반문』, 『밀교개간집』, 유점사본의 『조상경』 등을 통해 한국불교에 유통되었을 것으로 보인다.[855]

그런데 『금강수명다라니경』에서 정작 '호신피갑진언'이라는 명

---

851) 七俱胝佛母所說準提陀羅尼經會釋 권下(X 23:773c): "次誦護身真言 … 唵 齒臨 … oṃ cchrīṃ"

852) 準提心要(X 59:245b): "次誦護身真言 … 唵 嚙臨 … oṃ clī"

853) 한글 진언집에서 祇儜를 祇儜二合으로 표기한 것은 祇儜의 범어가 'gni'이기 때문이다. 이에 따르면 祇儜는 '아니'가 아니라 '기니'라고 읽는 것이 적합하다.

854) 이 교정 범문은 秋山 学(2012) p. 10. 한글 진언집에 실담자로 표기한 이 범문은 "oṃ vajrāgni pradiptaya svāhā"이므로 매우 정확한 편이다.

855) 1694년 모악산 금산사에서 간행된 『제반문』에 이 진언은 "옴 바아라 아니 바라 닙다야 사바하 唵 嚩日囉 擬儜 鉢囉 稔鉢多野 娑嚩賀"(朴世敏 1993 제2집:530a)로 수록되어, 한글 표기는 한글 진언집과 동일하지만 한자 표기에는 약간의 차이가 있다. 『밀교개간집』(朴世敏 1993 제3집:264b)은 한글 진언집의 한글 표기만을 그대로 수록했으며, 『조상경』은 내용을 확장한 유점사본에서야 이 진언을 수록했는데(朴世敏 1993 제3집:362b), 薩嚩賀(사바하)를 沙嚩訶로 표기한 것을 제외한 실담자와 한글은 한글 진언집의 표기와 거의 동일하다.

칭으로 설하는 진언의 내용은[856] 한국불교에서 통용되어 온 호신피갑진언과는 다르다. 한글 진언집의 호신피갑진언은 『소실지갈라공양법』에 '호신오처(護身五處)진언'으로 교시되어 있다.[857] 또한 『소실지갈라공양법』에서는 이 호신오처진언도 '호신진언'으로 불릴 수 있다고 명기했으며[858], 『무량수여래관행공양의궤』에는 이것이 아예 '호신진언'으로 수록되어 있다.[859] 그럼에도 불구하고 한글 진언집은 '호신오처진언'이나 '호신진언'보다는 굳이 '호신피갑진언'이라는 명칭을 채택하여 다양한 종류의 호신진언과는 차별화했다.

화신진언(化身真言): 신체를 변화시키는 진언

"아라바자나"
阿囉跛左曩
arapacana
"아(a) 라(ra) 바(pa) 자(ca) 나(na)"

---

856) 金剛壽命陀羅尼經(T 20:577c): "次當誦護身被甲真言曰. oṃ ddhāṃ vajra yuḥ 唵 砧 嚩日囉 欲." 이 진언의 범문에서 ddhāṃ(바른 표기로는 ddhaṃ)은 종자인 것은 분명하지만 의미나 상징을 알 수 없고, yuḥ는 보현연명보살(普賢延命菩薩)을 상징하는 종자이다.

857) 蘇悉地羯羅供養法 권1(T 18:707b): "護身五處真言曰. oṃ vajragani pradaptāya svāhā 唵 嚩日囉祇寧 鉢囉 儞鉢多也 莎訶(護身真言)." 上同(T 18:710b): "oṃ vajragni pradiptaya svāhā 唵 嚩日囉祇寧 鉢囉 儞鉢多也 莎訶."
위의 범문을 교정하면 "oṃ vajrāgni pradīptāya svāhā"가 된다.

858) 蘇悉地羯羅供養法 권上(T 18:694c): "護身五處真言曰. 唵 嚩日囉祇寧 鉢囉 儞鉢多也 莎訶(五遍誦之此是護身真言)." 여기서는 말미에 "이것을 다섯 번 읊는 것이 바로 호신진언이다."라고 부기(附記)했다.

859) 無量壽如來觀行供養儀軌(T 19:68c): "護身真言曰. 唵 嚩日囉儗儞 鉢囉 捻跛跢野 娑嚩賀."

한글 진언집은 이 화신진언을 안심사본부터 수록했고 만연사본부터는 출실지(出悉地)라는 명칭으로도 추가했다. 『밀교개간집』에서는 이것을 '출실지'와 함께 화신주(化身呪)로 수록했고, 『조상경』에서는 삼출실지(三出悉地)라는 제목으로 이 진언을 수록했다.[860]

그러나 밀교의 불전들에서 이 진언은 화신진언으로 불리지 않고 오자진언(五字真言), 오자다라니(五字陀羅尼), 문수보살오자심주(文殊菩薩五字心呪) 등으로 불린다.[861] 그런데 『만수실리동자보살오자유가법』에서 언급하듯이[862] 밀교에서 말하는 오자진언은 5종이나 있으므로, 화신진언을 특정할 때는 '문수보살오자심주'가 가장 적합한 명칭일 것이다.

---

860) 『밀교개간집』(朴世敏 1993 제3집:246b): "出悉地 亦名化身呪 아라바자나"
『조상경』(上同 355b): "三出悉地 a阿아 ra羅라 pa縛바 ca左자 na那나"
위의 두 문헌에서 '바'를 표기한 실담자는 사실상 pa가 아니라 'va'로 읽힌다.
『불정존승심파지옥전업장출삼계비밀다라니』에 따르면 이 진언을 '출실지'로 부르는 이유는 '아라바자나'가 하품실지(下品悉地)진언이기 때문이다.
佛頂尊勝心破地獄轉業障出三界祕密陀羅尼(T 18:915b):
"阿羅波遮那(此是下品悉地真言)是名出悉地"
한편 '아라바자나'를 화신진언으로 명명한 전거로는 『전선무외소역삼부밀교의궤출처급연대고』를 들 수 있다.
傳善無畏所譯三部密教儀軌出處及年代考(Z 4:406a): "化身真言 阿羅波灑娜"

861) 金剛頂超勝三界經說文殊五字真言勝相(T 20:709b): "即說五字真言曰 阿囉跛左曩"
金剛頂經瑜伽文殊師利菩薩供養儀軌(T 20:722c): "即誦五字陀羅尼曰 阿囉跛左曩"
七俱胝佛母所說準提陀羅尼經會釋 권下(X 23:779b): "文殊菩薩五字心呪. 阿囉跛者娜(梵書) arapacana."

862) 曼殊室利童子菩薩五字瑜伽法(T 20:723b): "次五字真言有五種 一曰. arapacana 阿囉跛左曩."

화신진언의 아라바자나(arapacana)는 “아(a), 라(ra), 바(pa), 자(ca), 나(na)”라는 다섯 글자로 문수보살의 지혜가 작용하는 것을 상징하는 진언이다. 이에 따라 각 글자가 함축한 심오한 의미를 관찰함으로써 그 글자를 통해 진실한 세계를 깨닫게 하려는 것이 이 진언의 취지이다.[863] 이 같은 취지는 『대방광불화엄경입법계품사십이자관문』에 상술되어 있다. 여기서 부처님은 해탈의 근본이 되는 종자로서 42자를 읊으면서 깨달아야 할 각 글자의 의미를 설명하는데, 42자를 차례대로 낱낱이 열거하는 이 설명은 ‘아-라-바-자-나’(a-ra-pa-ca-na)의 순서로 다음과 같이 시작된다.

> a: 아(阿)자를 읊을 때는 … 일체법이 본래 불생(不生)임을 깨닫는다.
> ra: 라(囉)자를 읊을 때는 … 일체법이 먼지와 때에서 벗어나 있음을 깨닫는다.
> pa: 바(跛)자를 읊을 때는 … 일체법의 궁극적 진리가 불가득임을 깨닫는다.
> ca: 자(左)자를 읊을 때는 … 일체법에 제행(諸行)이 없음을 깨닫는다.
> na: 나(曩)자를 읊을 때는 … 일체법의 성질과 모습이 불가득임을 깨닫는다.[864]

그러므로 화신진언이라는 명칭에서 말하는 신체[身]는 바른 이치를 깨닫지 못한 중생의 신체를 의미하며, 이 신체를 각자(覺者)의 몸으로 변화시킬 수 있는 것이 화신진언이라는 것이다.

---

863) 八田幸雄(1985) pp. 14-15, 58번 참조.

864) 大方廣佛華嚴經入法界品四十二字觀門(T 19:707c): “a 阿字時 … 悟一切法本不生故. ra 囉字時 … 悟一切法離塵垢故. pa 跛字時 … 悟一切法勝義諦不可得故. ca 左字時 … 悟一切法無諸行故. na 曩字時 … 悟一切法性相不可得故.”

화의진언[1](化衣真言): 의복을 변화시키는 진언

"옴 미망라 사바하"
唵 微莽囉 薩嚩賀
oṃ vimala svāhā
"옴! 청정무구함이여, 기원하옵니다."

이 진언은 한글 진언집을 비롯하여 『수륙수재의궤』와 『범음산보집』에도 수록되어 있지만865) 대장경에서는 '화의진언'이라는 명칭을 볼 수 없다. 그러나 『소실지갈라공양법』에는 이 화의진언과 동일한 내용이 쇄정환의(灑淨換衣)진언 또는 쇄의진언(灑衣真言)으로 교시되어 있다.866)

화의진언[2](化衣真言) → 소전진언[1]

화의재진언(化衣財真言): 의복과 재물을 변화시키는 진언867) → 소전진언[1]

화취진언(火聚真言): 불더미에 기원하는 진언

"옴 살바바바 사보다 나하나868) 바아라야 사바하"

---

865) 『수륙수재의궤』: "唵 微莽囉 莎賀." 朴世敏(1993, 제1집) p. 607b.
『범음산보집』: "唵 微莽囉 莎婆訶." 김두재(2012) p. 157.

866) 蘇悉地羯羅供養法 권上(T 18:696a): "唵 微莽囉 莎訶(此是灑淨換衣真言)"
蘇悉地羯羅供養法 권1(T 18:709a): "oṃ vimali svāhā 唵 微莽囉 莎嚩訶(是灑衣真言)" 다른 판본에 따르면 vimali는 vimala의 오기로 간주된다.

867) 한자의 의미는 이와 같지만, 설행의 실제에서는 종이옷(紙衣)을 태워 해탈복으로 만드는 진언이다.

868) 한글 진언집의 표기에 따르면 '사보다나 하나'(沙普吒那 賀曩)로 읽지만 범문에 맞추면 '사보다 나하나'(沙普吒 那賀曩)로 읽어야 한다. 한국불교에서 이 진언을 맨 먼저 한글로 표기한 것은 용천사본(1575)의 『조상경』이다. 『조상경』에서는 각 글자마다 '실담자-한자-한글'을 표기할 뿐이고

唵 薩嚩播波 沙普吒 那賀曩 嚩日囉野 娑嚩訶
oṃ sarvapāpa-sphoṭa-dahana-vajrāya svāhā[869]
"옴! 모든 죄악을 깨부수어 태어 버리는 금강[같은 부처]님께 기원하옵니다."

대장경에서는 '화취진언'으로 불리는 진언을 볼 수 없다. 화취(불더미)가 부정적인 의미로 쓰일 때는 죄업의 과보로 지옥에서 고통을 겪게 하는 맹화의 불길을 비유한다. 그러나 이와는 반대로 화취는 석가여래의 다섯 가지 지혜를 상징하는 5불정의 하나인 화취불정(火聚佛頂) 또는 광취불정(光聚佛頂)을 지칭하기도 한다. 이 같은 용례에 따라 화취진언은 『대일경』에서 설하는 '화취불정 진언'[870]에서 유래했을 듯하지만, 이 진언과 화취진언의 내용은

띄어 읽기를 구분하지 않았다. '사보다나 하나'로 띄어 읽은 것은 만연사본(1777)의 한글 진언집에서 시작하여 『밀교개간집』(1784)과 망월사본(1800)의 한글 진언집에서 고착되었다. 이 화취진언을 '출죄방편진언'으로 수록한 『대일경지송차제의궤』(다음 각주 참조)에는 띄어 읽기가 범문에 맞추어 정확히 표시되어 있다.

869) 『대일경지송차제의궤』에는 이 범문이 아래와 같이 비교적 정확하게 병기되어 있다.

大日經持誦次第儀軌(T 18:181b): "出罪方便真言曰. oṃ sarvapāpa sphaṭ dahana vajraya svāhā 唵(1) 薩婆播跛(2) 薩叵吒(3) 那訶曩(4) 跋惹囉野(5) 莎訶."

八田幸雄(1985:215, 1720번)은 sphaṭ를 sphoṭa로, vajraya를 vajrāya로 교정했다.

870) 大毘盧遮那成佛神變加持經 권2(T 18:16b): "火聚佛頂真言曰. 南麼 三曼多 勃馱喃 怛憐." 이 진언의 범문은 "namaḥ samanta-buddhānāṃ"이라는 상투적인 정형구에 'trīṃ'이라는 종자를 추가하여, "어디에나 계시는 모든 부처님들께 귀의하옵고, 트림!"이라고 번역된다. 여기서 怛憐(다린)으로 음역된 종자 trīṃ은 『비로자나성불신변가지경의석』에 따르면 怛羅(다라)로도 음역되며, 화취불정을 가리키고 여여무구(如如無垢) 또는 불 바퀴를 의미한다.

전혀 다르므로 그런 추정은 불가하다.

『대일경』 등의 밀교 불전에서는 화취진언과 동일한 내용의 진언을 출죄방편(出罪方便)진언으로 설한다.[871] 그러므로 화취진언의 본래 취지는 출죄방편, 즉 '죄를 쫓아내는 방편'이었으며, 진언의 내용도 이런 취지와 합치한다. 그러나 『불설일체여래안상삼매의궤경』에서는 이와 동일한 내용의 진언을 다음과 같이 설하지만, 이 경우에는 '출죄방편진언' 또는 '화취진언'과 같은 진언의 명칭을 언급하지는 않는다.

> 소유한 불상이 동쪽을 향하도록 안치하고 누런 옷을 덮개로 사용하여 덮는다. 아사리는 관상(觀想)을 하되, 부처님이 한 더미의 불과 같다고 생각하면서 이 진언을 일곱 번 염송하고 흰 겨자를 내던진다. "옴 살리바바바[872] 사보다 나하나 바아라야 사바하"[873]

이처럼 『불설일체여래안상삼매의궤경』에서는 『대일경』 등에서 설한 출죄방편진언의 용도가 불상을 안치할 때 사용하는 진언으

毗盧遮那成佛神變加持經義釋 권7(X 23:394b): "火聚佛頂 (trīṃ) 怛羅是如如無垢義亦是火輪義"

871) 大毘盧遮那成佛神變加持經 권7(T 18:46b): "出罪方便真言曰. 唵 薩婆播波 薩怖吒 娜訶曩 伐折羅也 莎訶."
大毘盧遮那經廣大儀軌 권上(T 18:91a): "出罪方便真言曰(用大慧刀印) 唵 薩嚩播波 薩怖吒 娜訶曩 嚩日囉也 娑嚩賀"
大日經持誦次第儀軌(T 18:181b): "出罪方便真言曰 … 唵 薩婆播跛 薩叵吒 那訶曩 跋惹囉野 莎訶."

872) '薩哩嚩(二合)播(引)波'로 표기한 '살리바바바'는 살바바바(薩嚩播波)보다 더욱 정확하게 범어 sarvapāpa(사르바파파)를 음역한 것이다.

873) 佛說一切如來安像三昧儀軌經(T 21:933c): "所有佛像面東安置 用黃衣蓋覆. 阿闍梨作觀想 想佛如一聚火 誦此真言七遍 擲白芥子. 唵 薩哩嚩(二合)播(引)波 娑普(二合)吒 那賀曩 嚩日囉(二合引)野 薩嚩(二合)賀."

로 바뀌어 있다. 그런데 바로 이렇게 바뀐 용도가 한국불교의 『조상경』에 수용되면서 진언의 명칭도 '화취진언'으로 변경되었다. 그 과정을 살펴보면, 맨 먼저 간행된 용천사본(1575년)의 『조상경』은 이 진언을 인용하기에 앞서 그 출처가 안상경(安像經)이라는 사실을 다음과 같이 밝히고 있다.

> 안상경에서 말하기를, 만일 조성한 불상의 의궤와 상호가 부족한 따위의 경우라면 그 상(像)을 안치하여 경축하고 찬탄할 수 없다.[874]

여기서 말하는 '안상경'은 『불설일체여래안상삼매의궤경』을 가리킨다.[875] 또한 여기서 아직 진언의 명칭을 제시하지 않은 것은 『불설일체여래안상삼매의궤경』에서 그 명칭을 언급하지 않았기 때문일 것이다. 그러나 용천사본 이후 능가사본(1697년)의 『조상경』에서는 이 진언에 '화취진언'이라는 제목을 달았다.

> 조성한 불상이 동쪽을 향하도록 안치하고 누런 옷을 덮개로 삼아 덮는다. 아사리는 관상을 하되, 부처님이 하나의 불더미와 같다고 생각하면서 이 진언을 일곱 번 염송하고 약간의 흰 겨자를 내던진다. '화취진언' … [876]

---

874) "安像經云 若所造佛像儀相闕等 不得安像慶讚."
Kabc=ABC_NC_02807_0001&imgId=ABC_NC_02807_0001_0017
이 진언과 관련하여 용천사본의 『조상경』에서 서술한 내용은 개심사본(1740)과 김룡사본(1746)에도 그대로 수록되었다.

875) 용천사본의 서술은 『불설일체여래안상삼매의궤경』의 서두에 있는 아래의 서술(T 21:933b)을 그대로 인용하되, '조금'(少)을 '따위'(等)로 한 글자만 바꾸었을 뿐이다.
"만일 조성한 불상의 의궤와 상호가 조금이라도 부족하면 그 상(像)을 안치하여 경축하고 찬탄할 수 없다." (若所造佛像儀相闕少 不得安像慶讚.)

876) "所造佛像面東安置 以黃衣蓋覆. 阿闍利作觀想 想佛如一火聚 誦此真言七遍 擲

이후 만연사본(1777년) 이래의 한글 진언집은 이에 의거하여 화취진언을 수록했을 것으로 보인다. 그리고 망월사본(1800년)의 한글 진언집보다 늦게 간행된 유점사본(1824년)의 『조상경』은 기존의 설명에서 언급한 '이 진언'(此真言)을 '화취진언'으로 특정한 후에 '화취진언'이라는 제목으로 이 진언을 수록했다.877)

진언의 내용에서 '사보다'는 원래 '샛다'로 표기된 것을 편의상 한자 沙普吒에 맞추어 읽은 것이다. 이 한자는 sphoṭa(스포타)라는 범어를 음역한 말이므로, '샛다'라는 한글 표기는 원음(스포타)을 정확히 구현하려는 노력을 드러낸다. 예컨대 『조상경』의 경우, 沙普吒에 대한 한글 표기의 변화를 보면 '샛타'(용천사본), '쓰타'(1697년 능가사본), '샛타'(1740년 개심사본), '보타'(1824년 유점사본)이다. 그리고 개심사본 이후 만연사본과 망월사본의 한글 진언집에서는 '샛다'로 표기했다. 두 한글 진언집 사이에 간행된 『밀교개간집』에서는 '샛나'로 표기했다. 이것들 중에서는 '보타'가 가장 부적합 표기이지만, 이후 『석문의범』의 화취진언878)에서 '보다'로 표기한 것은 바로 그 '보타'를 채택했기 때문인 듯하다. 아래의 표로 이 같은 시대별 표기의 추이를 한눈에 파악할 수 있다.

白芥子若干. 火聚真言 …" 朴世敏(1993 제3집) p. 343a.

877) "想佛如一火聚 誦火聚真言 … 火聚真言 …" 朴世敏(1993 제3집) p. 343a.

878) "唵 薩婆婆婆 普陀那 賀那 婆阿羅野 娑婆訶 옴 살바바바 보다 나하나 바아라야 사바하." 安震湖(1935下) p. 296. '보다 나하나'는 '보다나 하나'를 교정한 것.

표기 대상	沙普吒(sphoṭa)						
조상경	ᄲᅩ타· (1575)	ᄲᅳ타· (1697)	ᄲᅩ타· (1740)			보타· (1824)	
한글 진언집				ᄲᅩ다· (1777)			
밀교개간집					ᄲᅩ나· (1784)		
석문의범							보다· (1935)

현재 주로 통용되는 표기인 '사보다'는 만연사본 이래의 한글 진언집에 따른 것이다.

용도별 진언 분류

결수문, 지반문, 자기문(仔夔文) 등과 같은 기존의 전통 의례문들은 수륙재를 비롯한 주요 의례에서 사용하는 순서대로 진언들을 배열하고 있다. 진언집들에서 진언을 수록한 순서도 대체로 이와 마찬가지이다. 그러나 이는 지금의 상용 의례문과 비교하면 상대적으로 방대할 뿐만 아니라, 진언의 용도별 검색이 어렵고 내용도 상이하다. 그러므로 여기서는 진언들의 기본 용도를 한눈에 파악할 수 있도록, 현재의 상용 의례에서 사용되는 진언들을 가급적 그 의례의 형식과 내용에 부합하도록 분류하였다.

진언들의 분류에는 세 단계를 적용했다. 먼저 대분류는 전체 진언들을 크게 구분한 아래의 여섯 범주이다. 이 범주는 차후 다양한 의례들과 함께 더욱 면밀한 검토를 거쳐 정비되어 할 것이지만, 우선은 일종의 시안(試案)으로 적용한다.

1. 송경의식, 조석송주, 각단불공 사전의식(事前儀式)
2. 상단·중단 소청 및 권공, 후송진언
3. 사십구재 및 천도의식(대령, 관욕, 시식, 봉송, 방생)
4. 불상점안, 불복장, 지전점안
5. 대법회(수륙재, 예수재) 특정 진언
6. 공양 및 일상수행 진언

중분류(명칭 앞에 ㅇ)는 이상의 여섯 범주에 속하는 진언들을 해당 의례의 순서에 따라 구분한 세부 용도이다. 그리고 소분류(명칭 앞에 -)는 앞의 세부 용도에 해당하는 낱낱의 진언들이다. 그러나 일상수행 진언처럼 의례 순서가 중요하지 않은 것들은 진언 명칭의 가나다순으로 배열하였다. 그리고 앞의 대분류 중 제5("대법회 특정 진언")에서는 반복과 번잡함을 줄이고자 일반 의례에서도 통용되는 진언들은 제외하고, 수륙재나 예수재와 같은 해당 의례에서만 주로 사용되는 특정 진언만을 배열했다.

이하의 분류는 현재 널리 사용 중인『석문의범』을 주로 참고하였고,『작법귀감』및『밀교개간집』등의 전통 의례문과 이 밖의 상용 의례문도 참조하여 보완하였다.

이하 열거한 진언들 명칭에서 굵은 글씨로 기재한 것들은 이 책에서 고찰한 진언들임을 표시한다.

1. 송경의식과 조석송주 및 각단불공 사전의식(事前儀式)

○ 보례의식(신중 및 중위 소청전)
- **보례진언**

○ 송경 선송진언
- **정구업진언**
- **안위제신진언(=안토지진언)**
- **개법장진언**

○ 송경 후송진언

- 보궐진언
- 반야무진장진언
- 금강심진언
- 보회향진언

ㅇ 일체불공선송 4대진언

- 정삼업진언[1]
- 개단진언
- 건단진언
- 정법계진언[2]

ㅇ 아침 송주진언 (사대주)

- 정구업진언
- 오방내외안위제신진언
- 개법장진언
- 사대주 (①수능엄신주, ②정본관자재보살여의륜주, ③불정심관세음보살모다라니, ④불설소재길상다라니)
- 욕건만나라선송 정법계진언
- 호신진언
- 관세음보살본심미묘육자대명왕진언
- 준제진언

ㅇ 저녁 송주진언879)

- 정구업진언
- 안위제신진언(=안토지진언)
- 개법장진언
- 신묘장구대다라니

---

879) 『천수경』은 저녁 송주이자 "일체불공선송 4대진언"에 앞서 함께 봉송하는 불교 의례의 대표적인 사전의식이다.

- 참회진언
- 욕건만나라선송 정법계진언
- 호신진언
- 관세음보살본심미묘육자대명왕진언
- 준제진언

ㅇ 정토인연 송주편880)

- 무량수불설왕생정토주
- 결정왕생정토진언
- 상품상생진언
- 아미타불본심미묘진언
- 아미타불심중심주
- 무량수여래심주
- 무량수여래근본다라니
- 답살무죄진언
- 해원결진언
- 발보리심진언
- 보시주은진언
- 보부모은중진언
- 선망부모왕생정토진언
- 문수보살법인능소정업주(=문수사리법인주)
- 보현보살멸죄주
- 관세음보살멸업장진언(=멸업장진언)
- 지장보살멸정업진언(=멸정업진언)
- 대원성취진언
- 보궐진언
- 보회향진언

---

880) 아래는 『석문의범』의 아침 송주편에 '정토업진언'으로 명명하여 수록한 진언들이다.

ㅇ 상주권공[881]

- 정토결계진언
- 쇄향수진언[2]
- 복청대중동송창화신묘장구대다라니(=천수주)
- 참회진언
- 정삼업진언[1]
- 개단진언
- 건단진언
- 정법계진언[2]

2. 상단·중단 소청 및 권공, 후송진언

ㅇ 소청상위(삼보통청) ~ 상단권공

- 보소청진언
- 헌좌진언[1]
- 보공양진언
- 욕건만나라선송 정법계진언
- 운심공양진언
- 사다라니 (①무량위덕자재광명승묘력변식진언, ②시감로수진언=시감로진언, ③일자수륜관진언, ④유해진언)
- 출생공양진언
- 정식진언[1]
- 보공양진언
- 대원성취진언
- 보회향진언

881) 진언의 구성은 대례왕공과 동일.

- 보궐진언

○ 상단권공 후송진언
- 보궐진언
- 나무대불정여래밀인수증요의제보살만행수능엄신주
- 정본관자재보살여의륜주
- 불정심관세음보살모다라니
- 불설소재길상다라니
- 석가여래종자심진언

○ 소청신중(중위청) ~ 신중권공
- 보소청진언
- 헌좌진언[2]
- 보공양진언
- 진공진언
- 운심공양진언
- 무량위덕자재광명승묘력변식진언
- 시감로수진언(=시감로진언)
- 일자수륜관진언
- 유해진언
- 보공양진언
- 대원성취진언
- 보회향진언

○ 신중권공 후송진언
- 반야주
- 금강심진언
- 소청팔부진언
- 예적대원만다라니

- 항마진언
- 제석천왕제구예진언
- 십대명왕본존진언
- 불설소재길상다라니
- 보궐진언

ㅇ 신중단 송주진언

- 정법계진언[2]
- 오방내외안위제신진언
- 예적대원만다라니
- 십대명왕본존진언
- 소청팔부진언
- 불공대관정광진언
- 소청일체천룡주
- 소청일체선신주
- 소청제명선신진언
- 소청호법신진언
- 소청삼계제천주
- 소청제석천진언
- 소청대력선신주
- 소청지신진언
- 소청제용왕진언
- 소청주십이궁진진언
- 항마진언

ㅇ 명부시왕청

- 소청염마라왕진언

(이외 소청신중 ~ 신중권공 동일)

○ 용왕청

- 소청제용왕진언
  (이외 소청신중 ~ 신중권공 동일)

○ 가람청

- 소청호법신진언

○ 사자청

- 소청사자진언

○ 오로청(오방청)

- 오방찬진언(=삼밀진언)
- 개통도로진언

3. 사십구재 및 천도의식(대령, 관욕, 시식, 방생, 봉송)

○ 대령

- 파지옥진언[1]
- 멸악취진언
- 소아귀진언
- 보소청진언
- 보공양진언

○ 관욕

- 신묘장구대다라니

- 반야주
- 정로진언
- 목욕진언[1]
- 작양지진언
- 수구진언(漱口真言)
- 세수면진언
- 화의재진언
- 수의진언(授衣真言)
- 착의진언[1]
- 정의진언
- 지단진언
- 헌좌진언[1]
- 수위안좌진언
- 보공양진언

○ 관음시식

- 보공양진언
- 신묘장구대다라니
- 파지옥진언[2]
- 해원결진언
- 보소청진언
- 헌좌진언[1]
- 보공양진언
- 수위안좌진언
- 보공양진언
- 변식진언
- 시감로수진언(=시감로진언)
- 일자수륜관진언
- 유해진언

- 시귀식진언[2]
- 보공양진언
- 보회향진언

○ 전시식(대례시식)882)
- 보공양진언
- 신묘장구대다라니
- 파지옥진언[2]
- 해원결진언
- 보소청진언
- 지장보살멸정업진언
- 관세음보살멸업장진언
- 삼매야계진언
- 선밀가지신전윤택업화청량각구해탈승묘력변식진언
- 시감로수진언(=시감로진언)
- 일자수륜관진언
- 유해진언
- 시귀식진언[2]
- 시무차법식진언
- 보공양진언
- 참회진언
- 반야주
- 무량수불설왕생정토주
- 결정왕생정토진언

882) 영남 지방에서는 전시식(奠施食)이 대례시식(大禮施食)과 동일하여 매우 장엄하고 짜임새를 잘 갖춘 완전한 형태의 의식임에 비해, 서울의 전시식은 매우 단순한 형태의 약식 시식이다. 아래의 진언들은 영남 지방의 전시식에서 선별한 것들이다.

ㅇ 화엄시식

- 발보리심진언

ㅇ 구병시식

- 해백생원가다라니

ㅇ 방생의식

- 신묘장구대다라니
- 칠불여래멸죄진언
- 참회진언
- 불설왕생정토진언
- 결정왕생정토진언
- 상품상생진언
- 아미타불본심미묘진언
- 아미타불심중심주

ㅇ 봉송편(삼단도배송)883)

- 소전진언
- 봉송진언
- 상품상생진언
- 보회향진언(봉송하위)
- 화의재진언(=소전진언[1])
- 보회향진언(봉송중위)
- 소송진언

---

883) 엄밀하게 구분하면, 봉송편은 마당에서 시작하여 마지막 인사를 마치고 소대까지 이동하여 소대에서 마치는 의식의 총체이다. 그리고 소대의식에도 각단배송과 삼단도배송 등이 있는데. 아래의 진언들은 소대의식의 삼단도배송에 가장 일반적으로 많이 사용되는 것들이다. 사실상 각단배송의 진언들도 이와 크게 다르지는 않다.

- 보회향진언(봉송상위)

4. 불상점안, 불복장, 지전점안

○ 불상점안

- 신묘장구대다라니
- 화취진언
- 참회진언
- 보소청진언
- 정지진언
- 해예진언
- 정삼업진언[1]
- 도향진언
- 정법계진언[2]
- 개단진언
- 건단진언
- 결계진언
- 부동존진언
- 호신피갑진언
- 항마진언
- 발보리심진언
- 집저진언
- 집령진언
- 동령진언
- 불부소청진언
- 연화부소청진언
- 금강부소청진언

- 오색사진언
- 개안광명진언
- 안불안진언
- 목욕진언[2]
- 시수진언
- 안상진언
- 삼십이상진언
- 팔십종호진언
- 안장엄진언
- 헌좌진언884)

○ 권공의식 진언

- 보례진언

(이외는 점안 대상에 따라 권공의 상례에 따른다.)

○ 점필법

- 가지주(=삼밀진언)의 정순(옴－아－훔) 또는 역순(훔－아－옴)
- 법신진언의 역순(캄－함－람－밤－함)
- 준제진언의 역순885)

○ 불복장(佛腹藏)

- 신묘장구대다라니
- 정삼업진언[1]
- 개단진언

---

884) 대상에 따라 헌좌진언[1](“옴 바아라 …”) 또는 헌좌진언[2](“옴 가마라 …”)를 사용함.

885) 이 준제진언은 유점사본의 『조상경』에 ‘칠구지불모심대준제다라니’로 수록된 진언이다. 이 진언의 정순은 “옴-자-례-주-례-쥰-졔-사바-하”이므로 역순은 “하-사바-졔-쥰-례-주-례-자-옴”이 된다.

- 건단진언
- 정법계진언[2]
- 삼매야계진언
- 화취진언
- 문수사리법인진언
- 금강바라밀보살진언(東四方青色瑪瑙寶甁加持 **金剛波羅蜜菩薩真言**)
- 보생바라밀보살진언(南三角黃色摩尼寶甁加持 **寶生波羅蜜菩薩真言**)
- 연화바라밀보살진언(西圓通紅色珊瑚寶甁加持 **蓮華波羅蜜菩薩真言**)
- 갈마바라밀보살진언(北半用綠色琉璃寶甁加持 **羯摩波羅蜜菩薩真言**)
- 근본바라밀보살진언(中圓月白色水精寶甁加持 **根本波羅蜜菩薩真言**)
- 아촉불진언(麥稷稻豆麻五穀加持 **阿閦佛真言**)
- 보생불진언(金珠銀琉珀五寶加持 **寶生佛真言**)
- 무량수불진언(人甘桂梨付五藥加持 **無量壽佛真言**)
- 불공성취불진언(木丁藿沈乳五香加持 **不空成就佛真言**)
- 비로자나불진언(大雄小紫牛五黃加持 **毗盧遮那佛真言**)
- 아촉화신진언[1](青紫白黑黃五茶子加持東方焰曼怛迦大明王 **阿閦化身真言**)
- 비로화신진언(南方鉢羅抳也怛迦大明王 **毗盧化身真言**)
- 보생화신진언(西方鉢納摩怛迦大明王 **寶生化身真言**)
- 아미타화신진언[1](北方尾仡羅怛迦大明王 **阿彌陀化身真言**)
- 불공화신진언(東南方托枳羅惹大明王 **不空化身真言**)
- 아촉화신진언[2](西南方尼羅能拏大明王 **阿閦化身真言**)
- 아촉화신진언[3](西北方摩訶摩羅大明王 **阿閦化身真言**)
- 아미타화신진언[2](東北方阿左羅囊他大明王 **阿彌陀化身真言**)
- 아미타화신진언[3](下方縛羅播多羅大明王 **阿彌陀化身真言**)
- 아촉화신진언[4](上方塢尼灑作仡羅縛里帝大明王 **阿閦化身真言**)
- 금강수보살진언(青紅白黑黃五色幡加持 **金剛手菩薩真言**)
- 수구진언(青紅白黑黃五色絲幡加持中方本尊 **隨求真言**)
- 허공보살진언(五時花加持 **虛空菩薩真言**)

- 지장보살진언(五菩提樹葉加持 地藏菩薩真言)
- 길상초진언(五吉祥草加持 吉祥草真言)
- 백산개진언(五傘盖加持 白傘盖真言)
- 금강저진언(五金剛杵加持 金剛杵真言)
- 오륜종자진언(=법신진언)
- 진심종자진언
- 준제진언
- 법신진언
- 보신진언
- 화신진언
- 사방진언
- 팔엽개다라니
- 소보협다라니

ㅇ 지전점안 및 헌전의식

- 보소청진언
- 헌좌진언[2]
- 보공양진언
- 월덕수진언
- 조전진언
- 성전진언
- 쇄향수진언[3]
- 변성금은전진언
- 개전진언
- 괘전진언
- 헌전진언
- 제석천왕제구예진언

5. 대법회(수륙재, 예수재) 특정 진언

o 수륙재886)

- 정법계진언[1]
- 도향진언(=선취도향좌지우도진언)
- 결계진언
- 분향진언
- 삼매야계진언
- 청제여래진언
- 청제보살진언
- 청제현성진언
- 불부소청진언
- 연화부소청진언
- 금강부소청진언
- 봉영거로진언
- 관욕진언(상단관욕)
- 오자게진언887)
- 석가여래종자심진언
- 소청삼계제천주
- 소청오통제선주
- 소청대력선신주
- 소청제명선신진언
- 소청일체천룡주
- 소청일체선신주
- 소청염마라왕진언

886) 요즘의 설행에서 주로 참고하는 중례문과 결수문 중에서 일반적인 진언은 생략하고 수륙재의 특정 진언 및 주요 진언만을 발췌함.

887) '위리주'로 불리는 보례삼보진언[2] 참조.

- 관욕진언(중단관욕)
- 구소제악취중진언(하단 소청편)
- 치의진언(하단 관욕편)
- 화의진언[1]
- 착의진언[2]
- 오여래진언 (①다보여래진언, ②묘색신여래진언, ③광박신여래진언, ④이포외여래진언, ⑤감로왕여래진언)
- 헌향진언
- 헌등진언
- 헌화진언
- 헌과진언
- 헌수진언
- 헌병진언
- 헌식진언
- 시귀식진언[1]
- 십이인연진언
- 해원결진언
- 발보리심진언(발사홍서원)
- 귀의삼보진언
- 시계진언(또는 지계진언)
- 항마진언

○ 생전예수재888)

- 계도도장진언
- 쇄정호마다라니
- 관욕진언889)

---

888) 주로 『예수시왕생칠재의찬요』에 의거하여 구성되는 생전예수재의 진언들은 극히 일부를 제외하고 바로 앞에 제시한 수륙재의 경우와 거의 동일하다.

889) 중단관욕에 사용되는 "옴 미마라 출제 사바하"이며, 이 책에서 고찰한

6. 공양 및 일상수행 진언

ㅇ 발우공양
- 전발진언
- 반야주
- 불삼신진언
- 법삼장진언
- 승삼승진언
- 계장진언
- 정결도진언
- 혜철수진언
- 생반진언
- 정식진언[2]
- 절수진언

ㅇ 입측오주(화장실・욕실)
- 입측진언
- 세정진언
- 세수진언
- 거예진언
- 정신진언
- 무병수진언
- 작양지진언
- 세수면진언
- 수구진언(漱口真言)
- 정수패진언

관욕진언과는 다르다.

ㅇ 일상수행 진언

- 비시식진언
- 삭발진언
- 세족진언
- 시수진언
- 오정진언
- 정수진언(淨水眞言)
- 정신기신주

종자 일람

진언의 종자(種子, 種字)가 상징하는 의미는 진언의 용도에 따라 매우 다양하다. 그러므로 이하에서는 이 책에서 고찰한 진언의 용도에 국한하여 종자가 함축하거나 상징하는 의미를 간략하게 소개한다.

- 가(伽, gaḥ): =악(虐)
- 가(迦, ka): 십일면관음(十一面觀音)보살과 일광(日光)보살 등을 비롯하여 여러 천신(天神)을 상징한다. 특히 보통종자심(普通種子心)진언에서는 여래로서의 본래 청정한 행동, 또는 부처님과 같은 대자대비(大慈大悲)의 마음을 상징한다.
- 길(咭, kaṃ): 금강업(金剛業)보살 또는 갈마금강(羯磨金剛)을 상징하는 종자.
- 남(喃, ṇaṃ): 귀의한다는 뜻을 상징한다.
- 니(儞, dīḥ): =닉(溺, dīḥ)
- 닉(溺, dīḥ): 등명(燈明) 또는 다양한 이름의 등명보살을 상징하는 종자.
- 다(吒/咤, ṭha): '길러 양성한다'는 장양(長養)을 의미하는 종자로서 희소하게 사용된다.
- 다라(怛羅, trīṃ): =달린(怛嶙, trīṃ)
- 다라다(坦囉咤, traṭ): 분노를 표현하는 소리이며, 종자로는 금강만

(金剛鬘)보살을 상징한다.

- 다락(怛啗/怛洛, trāḥ): 범어로는 보호한다는 말에서 유래한 종자로서 주로 보생여래(寶生如來) 또는 보바라밀보살(寶波羅蜜菩薩)을 상징한다.
- 다랑(怛朗, trāḥ): =다락(怛啗/怛洛)
- 다롬(納嚕唵, trūṃ/troṃ): 밀교에서 5불정(佛頂) 중의 하나인 광대불정(廣大佛頂) 또는 광취불정(光聚佛頂)을 상징한다. 부처님의 정수리를 일컫는 불정이 실제로 의미하는 것은 부처님의 지혜이다.
- 다리(地唎/多里, dhīḥ): 불교에서 흔히 반야(般若)로 불리는 지혜를 상징하는 종자이므로 반야보살을 상징하기도 한다. 이것을 단지 '제(提)'로 음역한 경우도 있다.
- 달린(怛憐, trīṃ): 화취불정(火聚佛頂) 또는 광취불정(光聚佛頂)을 상징하는 종자로서 있는 그대로 변함이 없고 무구(無垢)함을 의미하며, 일체가 청정한 공(空)의 세계를 상징한다.
- 도로옹(都盧甕, trūṃ/troṃ): =다롬(納嚕唵)
- 디리(瑟緻哩, ṣṭri): 대위덕명왕(大威德明王)을 상징한다. 불법(佛法)을 수호하는 대위덕명왕은 화염(火焰) 모양의 후광에 여러 가지 무기를 손에 들고 분노한 형상으로 묘사된다. 그러므로 이 종자는 악을 분쇄해 달라는 소원을 표시한다.
- 라(囉, ra): 지수화풍공의 5대 중 화(火)를 상징한다. 법신진언 참조.
- 람(覽, raṃ): 순수하고 청정함을 의미한다. 오지(五智)여래 중에서는 아미타여래를 상징하고, 지수화풍공의 5대 중에서는 화(火)를 상징한다. 법신진언 참조.
- 루(嘍, ru): 대자재천(大自在天) 또는 묘견(妙見)보살을 상징한다.
- 맘(鋡, māṃ): 부동존(不動尊)으로 불리는 부동명왕을 상징한다.
- 미(微, ci): 태산부군(太山府君)을 상징하는 종자. 염라대왕의 권속

인 Citragupta를 중국식으로 의역한 이름이 태산부군이다. 그 본명이 'ci'로 시작하기 때문에 이것을 종자로 사용한다.

- 바(嚩, va): 지수화풍공의 5대 중 수(水)를 상징한다. 법신진언 참조.
- 바(嚩, vaḥ): 혼자서 깨달은 독각(獨覺) 또는 연각(緣覺)을 상징한다.
- 바(婆, bhaḥ): =박(縛)
- 바(婆/擺, phaṭ): =바닥(泮吒/抪吒/癹吒/發吒)
- 바닥(泮吒/抪吒/癹吒/發吒, phaṭ): 종자는 아니지만 원음인 팟(phaṭ)은 부서지는 소리를 표현하는 의성어로서, 진언에서는 끝에 붙여 모든 마장(魔障)을 파괴한다는 의미로 종자처럼 빈번하게 사용된다. 진언에서 이 말은 대체로 장애를 척파하거나 힐책하는 소리로 정화(淨化)를 추구하는 뜻을 표현하므로, '장애가 사라지기를!'이라고 기원하는 소리라고 이해하는 것이 무난하다. 낱자로는 바(擺). 박(泮/抪/怖), 발(抪/㧊/癹/發) 등으로도 표기된다.
- 바림(部臨, bhrūṃ): =부림(部林/部臨, bhrūṃ)
- 박(泮/抪/怖, phaṭ): =바닥(泮吒/抪吒/癹吒/發吒)
- 박(縛, bhaḥ): 온갖 공포나 두려움을 무너뜨리고 보호를 다지는 분, 특히 석가여래를 상징한다.
- 발(抪/㧊/癹/發, phaṭ): =바닥(泮吒/抪吒/癹吒/發吒)
- 밤(鑁/鋑/鋄, vaṃ): 기본적으로는 금강계(金剛界)를 상징하는 종자로서 용도가 다양하다. 오지(五智)여래 중에서는 보생여래를 상징하고, 지수화풍공의 5대 중에서는 화(火) 또는 수(水)를 상징한다. 법신진언 참조.
- 부림(部林/部臨, bhrūṃ): 금륜불정(金輪佛頂), 치성광불정(熾盛光佛頂), 대륜불정(大輪佛頂), 불안불모(佛眼佛母) 등을 상징하는 종자. 불정의 의미는 다롬(納嚕唵, trūṃ/troṃ) 참조.

- 살타밤(薩怛鑁, stvaṃ): 금강살타를 상징한다.
- 아(阿, a): 범어에서는 모든 글자의 시초가 되는 모음이다. 이에 따라 밀교에서는 깨달음과 열반으로 나아가는 발심과 보리심을 상징할 뿐만 아니라, 모든 부처님을 상징할 수 있는 종자이다. 삼밀진언(삼자총지진언)에서는 어밀(語密) 또는 구밀(口密), 무량수불(아미타불)을 상징한다. 오지(五智)여래 중에서는 대일여래를 상징하고, 지수화풍공의 5대 중에서는 지(地)를 상징한다.
- 아(阿, ā): 기본적으로는 적정(寂靜)을 함의하고 개부화왕여래(開敷華王如来), 금강살타, 소청동자(召請童子) 등을 상징한다. 발심수행(發心修行)의 경우에는 a가 발심을 상징하는 데 비해 ā는 수행을 상징한다.
- 아(啊, āḥ): =악(噁, āḥ)
- 아(啞, aḥ): 삼자총지진언(三字總持真言)의 둘째 종자로서 무량수불(아미타불)을 상징하기도 한다.
- 악(虐, gaḥ): 금강도향(金剛塗香)보살을 상징하는 종자로서 성천(聖天)을 의미하며, 간혹 가(伽)로도 표기된다. 한자의 발음은 '학'이지만 한글『진언집』에서는 '악'으로 표기한다.
- 악(惡/噁, aḥ): 나쁜 것들로부터 멀리 벗어난다는 원리(遠離)의 의미를 함축한다. 이에 따라 장애의 제거, 깨달음의 세계로 편입, 열반을 뜻하는 것으로도 간주된다. 또한 불공성취여래(不空成就如來)와 갈마바라밀보살을 비롯하여 갈마부(羯磨部)에 속하는 여러 보살들을 상징한다.
- 악(噁, āḥ): 발심(發心), 수행(修行). 증보리(證菩提), 입열반(入涅槃), 방편구경(方便究竟)이라는 '다섯 가지로 바뀌어 가는 덕이 구비되어 있음'(五轉具足)을 의미하는 종자이다. 불보살 중에서는 주로 대일여래를 상징한다.
- 악(惡, hoḥ): =혹(唬)

- 약(嚩, aḥ): =악(惡/噁)
- 암(暗, aṃ): 기본적으로는 깨달음의 덕과 성취를 상징한다. 오지(五智)여래 중에서는 아촉(阿閦)여래를 상징하고, 지수화풍공의 5대 중에서는 수(水)를 상징한다. 법신진언 참조.
- 오암(嗚唵/烏唵, oṃ): =옴(唵)
- 오훔(嗚餠, hūṃ): =훔(吽/餠/餠/唅)
- 오훔(鄔餠, oṃ): =옴(唵)
- 옴(唵, oṃ): 오암(嗚唵/烏唵), 오훔(鄔餠/)으로도 표기되지만 이것들을 모두 '옴'으로 읽는다. 모든 문자를 대표하므로 무량한 공덕을 지닌 것으로 신봉되어 온 이 종자는 기원할 때 맨 처음으로 읊는 성스러운 소리이며, 최대로 찬양한다는 뜻을 담고 있다. 각종 진언의 끝에 붙이는 경우도 있지만 앞에 붙이는 경우가 더 많으며 귀의, 공양, 삼신(三身), 경각(驚覺), 진압 등의 뜻을 함축하여 사용된다. 3신(身) 중에서는 화신(化身), 부처님의 3업 중에서는 신업(身業)을 상징한다. 특히 삼밀진언(삼자총지진언)에서는 신밀(身密)과 비로자나불을 상징한다.
- 욕(欲, yuḥ): 보현연명보살(普賢延命菩薩)을 상징하는 종자.
- 치림(齒臨, śrūṃ): 밀교에서 3불정(佛頂) 중의 하나인 발생불정(發生佛頂), 즉 불정이 발생함을 상징하는 종자. 불정의 의미는 다롬(納嚕唵, trūṃ/troṃ) 참조.
- 카(佉, kha): 지수화풍공의 5대 중 공(空)을 상징한다. 법신진언 참조.
- 캄(坎/欠/佉, khaṃ): 창공을 의미하는 kha에서 유래한다. 오지(五智)여래 중에서는 대일여래를 상징하고, 지수화풍공의 5대 중에서는 공(空)을 상징한다. 법신진언 참조.
- 쿰(kuṃ): 금강군다리(金剛軍荼利)보살을 상징하는 종자.
- 탐(探, dhvaṃ): 멸악취(滅惡趣), 즉 고통받게 될 내생의 나쁜 세

계를 소멸한다는 의미를 함축하는 종자로서 무량광(無量光)보살을 상징한다.

- 하(賀, ha): 웃음이나 기쁨 등의 다양한 의미를 지닌다. 지수화풍공의 5대 중에는 풍(風)을 지칭하므로(법신진언 참조), 풍신(風神)을 상징하기도 한다. 진언의 종자로서는 '원인이 되는 업'(因業)을 의미하고 금강명왕, 지장보살, 귀자모신(鬼子母神) 등을 싱징한다.
- 하(賀/訶, hā): 일상어로는 좋거나 나쁜 뜻밖의 상황에 부닥쳤음을 표현하는 감탄사이지만, 종자일 경우에는 부정금강(不淨金剛) 또는 예적금강(穢跡金剛), 항삼세명왕(降三世明王), 여래소보살(如來笑菩薩) 등을 상징한다.
- 하(訶, haḥ): 웃음소리를 표현하는 의성어이고, 밀교에서는 금강소보살(金剛笑菩薩)을 상징하는 종자이다.
- 하릭(紇哩/訖哩/啮哩/紇哩以, hrīḥ): 원어인 흐리히(hrīḥ)는 겸손하게 조심한다는 말에서 유래하여 주로 아미타불, 관자재보살과 천수천안관음을 비롯한 여러 관음보살, 항삼세명왕(降三世明王) 등을 부르는 뜻으로 사용된다.
- 학(虐, gaḥ): =악(虐)
- 함(唅/憾/憾, haṃ): 범어에서는 예의와 존경을 표시하는 감탄사로 쓰인다. 오륜종자와 오지(五智)여래에서 불공성취여래 또는 석가여래를 상징하고, 지수화풍공의 5대 중에서는 풍(風) 또는 공(空)을 상징한다. 법신진언 참조.
- 함(憾, hāṃ): 부동존(不動尊)으로 불리는 부동명왕을 상징한다.
- 함(唅, hūṃ): =훔(吽/訃/訃/唅)
- 호(虎/斛, ho): 사람을 부르거나 놀라움을 표현하는 감탄사이지만, 종자로는 무량수불 또는 아미타여래를 상징한다.
- 호훔(虎訃, hūṃ): 진언에서는 '훔'으로 읽는다. =훔(吽/訃/訃/唅)
- 혹(唬/斛, hoḥ): 경애(敬愛)와 환희의 뜻을 표시한다. 이 혹(唬)은

곡(斛) 또는 악(惡)으로도 표기하는 경우가 있는데, 특히 斛의 발음은 중국어로 '후'이기 때문일 것이다.

- 훔(hūṃ, 吽/鈝/詠/唅): 호훔(虎鈝), 오훔(嗚鈝)으로 표기하는 경우가 있으나 이것들도 '훔'으로 읽는 관행이 통용된다. 공포로써 삿된 무리를 척파하여 항복시키며, 모든 장애를 제거하고 속된 마음을 정화하여 보리심으로 이끄는 '지혜의 불'(智火)을 상징한다. 불보살 중에서는 아촉여래와 금강수보살 등을 상징하고, 명왕부(明王部) 또는 금강부(金剛部)에 두루 통용되는 종자이다. 3신(身) 중에서는 법신(法身), 부처님의 3업 중에서는 심업(心業) 또는 의업(意業)을 상징한다. 특히 삼밀진언(삼자총지진언)에서는 심밀(心密) 또는 의밀(意密)과 아촉불(부동불)을 상징한다.
- 희릉(呬凌): =하릭(紇哩/訖哩/唭哩)
- 힐리(纈哩/頡里, hrīḥ): =하릭(紇哩/訖哩/唭哩)

참고 문헌

● 약호 및 약칭

ABC: 동국대학교 불교학술원, 불교기록문화유산 아카이브(Archives of Buddhist Culture). https://abc.dongguk.edu/abc/

B: 大藏經補編. 台北: 華宇出版社, 1985.

F: 房山石經. 北京：華夏出版社, 2000.

J: 嘉興大藏經 新文豐版(嘉興藏). 台北: 新文豐, 1987.

K: 高麗大藏經(高麗藏). 台北: 新文, 1982.

Kabc: 인터넷 주소 "https://kabc.dongguk.edu/viewer/view?dataId"

T: 大正新脩大藏經. 東京: 大藏出版株式會社, Popular Edition in 1988.

X: 卍新纂大日本續藏經(卍新纂續藏). 東京: 株式會社國書刊行會, 1975-1989.

Z: 卍大日本續藏經(卍續藏). 京都: 藏經書院, 1905-1912.

결수문(結手文)=수륙재의촬요:『水陸無遮平等齋儀撮要』. → 朴世敏(1993, 제1집).

금강정경: 금강정일체여래진실섭대승현증대교왕경 (金剛頂一切如來真實攝大乘現證大教王經)

대비공지금강경: 불설대비공지금강대교왕의궤경

(佛說大悲空智金剛大教王儀軌經)
대일경: 대비로자나성불신변가지경 (大毘盧遮那成佛神變加持經)
묘길상대교왕경: 묘길상평등비밀최상관문대교왕경
(妙吉祥平等祕密最上觀門大教王經)
범음산보집: 智還 集,『天地冥陽水陸齋儀梵音刪補集』. → 김두재 역(2012), 朴世敏(1993, 제3집).
수륙수재의궤(=지반문): 志磐 撰.『法界聖凡水陸勝會修齋儀軌』. → 朴世敏(1993, 제1집).
수륙재의찬요: 竹庵 編.『天地冥暘水陸齋儀纂要』. → 朴世敏(1993, 제2집).
수륙재의촬요(=결수문):『水陸無遮平等齋儀撮要』. → 朴世敏(1993, 제1집).
예수재의찬요: 大愚 集述,『預修十王生七齋儀纂要』. → 朴世敏(1993, 제2집).
예적금강영요문: 예적금강설신통대만다라니법술영요문
(穢跡金剛說神通大滿陀羅尼法術靈要門)
일용작법: 僧家日用食時默言作法.
지반문(志磐文)=수륙수재의궤: 志磐 撰.
『法界聖凡水陸勝會修齋儀軌』. → 朴世敏(1993, 제1집).
현증삼매대교왕경: 불설일체여래진실섭대승현증삼매대교왕경
(佛說一切如來真實攝大乘現證三昧大教王經)
한글 진언집: 만연사(萬淵寺), 안심사(安心寺), 망월사(望月寺)에서 간행한 진언집.
만연사본 Kabc=ABC_NC_04240
안심사본 Kabc=ABC_NC_02338
망월사본 Kabc=ABC_NC_04241
이태승・안주호(2004).『悉曇字記와 望月寺本 眞言集

研究』. 서울: 글익는 들.

● 동양서(국어, 중국어, 일어)

乾 仁志(1991).「Kriyāsaṃgrahaの本尊瑜伽: 梵本テキスと(上)」, 『高野山大学密教文化研究所紀要』, 第4号. 高野山: 密教文化研究所, pp. 152-184.
高崎直道 外(1987).『仏教・インド思想辞典』. 東京: 春秋社.
김두재 역(2012).『천지명양수륙재의범음산보집』. 서울: 동국대출판부.
김현덕(2016).「실담 문자(siddhamātṛkā) 음사(音寫) 연구: 진언집(眞言集) 소재 진언의 한자 및 한글음사 비교·분석」,『불교학연구』, 제46호. pp. 149-188.
多屋頼俊・横超慧日・舟橋一哉 編(1955).『佛教學辭典』. 京都: 法藏館.
大西秀城(1994).「十忿怒尊について」, 185号. 高野山: 密教研究会, pp. 42-64.
德重弘志(2019).「『聖なる観自在の如意宝珠』のチベット語訳校訂テクストおよび和訳: 如意輪観音の名称に関する新出資料」,『高野山大学密教文化研究所紀要』, 第32号. 高野山: 密教文化研究所, pp. 135-162.
盧在性(1993).「破地獄偈の信仰化について」,『印度學佛教學研究』, 41巻 2号. 東京: 日本印度学仏教学会, pp. 77-79.
賴霈澄(2020).「論禪門詩偈選集之流變: 以《禪宗雜毒海》為例」,『中華佛學研究』, No. 21. 新北: 中華佛學研究所, pp. 73-102.
望月新亨(1958).『望月佛教大辭典』, Vol. 2. 3版 ; 東京:

世界聖典刊行協会.
名取玄喜(2022).「Subhūtipālita著 *Śrībhūtaḍāmaramaṇḍalopayikā* 校訂テクスト(2)」,『豊山学報』, 第六十五号. 東京: 真言宗豊山派総合研究院, pp. 137-159(L).
夢隱 等 編.『密敎開刊集』. 雙溪寺 修道菴, 1784년. → 朴世敏(1993, 제3집)
密教學會 編(1983).『密教大辭典』. 改訂增補版 ; 京都: 法藏館.
朴世敏 編(1993).『韓國佛敎儀禮資料叢書』, 제1~3집. 서울: 三聖庵.
박영만(2018).『韓國佛敎水陸齋儀文의 成立 및 變容 研究』. 서울: 동방문화대학원대학교, 박사학위논문.
白石眞道(1979).「般若心経梵本の解釈について」,『印度學佛教研究』, 28巻 1号. 東京: 日本印度学仏教学会, pp. 92-97(L).
法爾悉曇研究班(1998).「七佛滅罪真言之探討(之1-2)」,『悉曇密教: 咒語研究考證』, www.dharmazen.org/X1Chinese/D25Siddham/3001SDResearch/SDR5002-2.pdf.
法護(2005).「大輪金剛陀羅尼」,『蒙山施食儀軌』. https://t1.daumcdn.net/cfile/blog/141401365025F62B28?download (2023.06.13 검색)
菩提金剛(2018).『瑜伽集要施食壇儀』. Bangkok: Tripurity Books.
釋慈怡 編(1988).『佛光大辭典』. 台灣: 佛光出版社.
釋惠敏(2017).「佛教飮食儀式運用於「飮食教育」之初探: 以禪宗《入眾日用》為例」,『新世紀宗教研究』, 第16卷

第2期. 新北市:
財團法人世界宗教博物館發展基金會附設出版社, pp. 45-77.
성청환(2020). 「생전예수재 상징성의 인도적 연원」,
『생전예수재의 불교문화』. 서울: (사)
생전예수재보존회.
송일기
2020 「생전예수재 의식집 <預修十王生七齋儀纂要>의
서지적 연구」, 『생전예수재의 불교문화』. 서울:
(사)생전예수재보존회.
2021 『조선 사찰본 서지 연표』. 완주:
현재기록유산보존연구원.
2024 「대성사 소장 불교의례 문헌의 현황과 가치」,
『우면산 대성사 불교고문헌 조사와 현황』. 서울:
불교의례문화연구소.
松長有慶(1978). 「三種悉地と破地獄」, 『密教文化』, 121号. 高野山:
密教研究会, pp. 1-13.
安震湖 編(1935). 『釋門儀範』, 上・下編. 京城: 卍商會.
五島清隆(2017). 「チベット訳『梵天所問経』: 和訳と訳注(6)」,
『インド学チベット学研究』, No. 21. 京都:
インド哲学研究会, pp. 87-122(L).
鷹巣 純(2006). 「途上としての空—水陸画と空中表現—」,
『国際比較神話学シンポジウム原稿集
風と鳥の神話学—天がける神霊』. 広島市: 広島市立大学
比較神話学研究組織. pp. 196-207.
임종욱 역(2007).
『천지명양수륙재의찬요(天地冥陽水陸齋儀纂要)』.
동해시: 대한불교조계종 삼화사.

靜 慈圓(1997).『梵字悉曇』. 大阪: 朱鷺書房.
정승석(2008).「실담 범어의 음역과 원어」,『인도철학』, 제25집. 서울: 인도철학회, pp. 143-174.
정태혁(1998).『인도철학과 불교의 실천사상』. 서울: 민족사.
佐和隆研 編(1974).『密教辞典』. 京都: 法藏館.
中村 元(2001).『広說佛教語大辭典』. 東京: 東京書籍.
池 麗梅(2011).「『穢跡金剛說神通大滿陀羅尼法術靈要門』の受容と変容: 日本古写経本の発見とその意義」,『鶴見大学仏教文化研究所紀要』, 16号. 横浜: 鶴見大学, pp. 215-241.
智冠 編著(2006).『伽山佛敎大辭林』, 권8. 서울: 사단법인 가산불교문화연구원.
陳 敏齢(2016).「顕意『楷定記』と宋代天台浄土教との対論」,『印度學佛教學研究』, 65巻 1号. 東京: 日本印度学仏教学会, pp. 52-59(L).
陳燕珠(1995).『新編補正房山石經題記彙編』. 台北: 覺苑出版社.
蔡文端 譯(2003).『梵文復譯陀羅尼集』. Rawang(萬撓): 萬撓佛教會.
村上真完(2019).「初唐における智通訳の観音経類が意味するもの」,『論集』, 第46号. 仙台: 印度学宗教学会, pp. 212(1)-179(34).
村田 忠兵衛(1975).「五種不飜是非」,『印度學佛教研究 』, 24巻 1号. 東京: 日本印度学仏教学会, pp. 52-57.
崔就墟・安錫淵 編(1931).『佛子必覽』. 醴泉: 蓮邦舍.
秋山 学(2012).「呉音から西洋古典語へ: 第1部 印欧語文献としての弘法大師請来密教経典」,『文藝言語研究. 言語篇』, 61号. 筑波:

筑波大学文藝・言語学系, pp. 1-81.
秋山 学(2018).「両部典礼論」,『古典古代学』, 第10号. つくば市: 筑波大学大学院人文社会科学研究科古典古代学研究室, pp. 67-108.
湯山 明(1971).「《十二因縁呪》 覚え書き」,『印度學佛教學研究』, 20巻 1号. 東京: 日本印度学仏教学会, pp. 48-52(L).
坂内龍雄
1981 『真言陀羅尼』. 東京: 株式会社平河出版社.
1986 「護符」,『印度學佛教研究』, 34巻 2号. 東京: 日本印度学仏教学会, pp. 225-230.
八田幸雄(1985).『眞言事典』. 東京: 平河出版社.
平川 彰 (Hirakawa, Akira)
1977 *Index to the Abhidharmakośabhāṣya (Taisho Edition)*, Part Two. Tokyo: Daizo Shuppan Kabushikikaisha. [平川彰 編.『俱舍論索引』, 第二部. 東京: 大藏出版株式會社, 1977.]
1997 *Buidhist Chinese-Sanskrit Dictionary*. Tokto: The Reiyukai. [平川彰 編.『佛教漢梵大辭典』. 東京: いんかあとりっぷ社, 1997.]

● 서양서 및 범어 원전

84000(2020). *The Root Manual of the Rites of Mañjuśrī: Mañjuśrīmūlakalpa*. https://read.84000.co/translation/toh543.html.
84000(2021). *Emergence from Sampuṭa: Sampuṭodbhavaḥ*. First published 2020 ; Current version v 1.11.9.

https://read.84000.co/translation/toh381.html.

84000(2022). *The Sovereign Ritual of Amoghapāśa: Amoghapāśakalparāja*. https://read.84000.co/translation/toh686.html.

Castro Sánchez, Pedro Manuel (2011). *The Indian Buddhist Dhāraṇī: An Introduction to its History, Meanings and Functions*. Sunderland: University of Sunderland, MA Buddhist Studies.

Chandra, Lokesh (1988). *The Thousand-armed Avalokiteśvara*. New Delhi: Abhinav Publications.

Davidson, Ronald M. (2014). "Studies in dhāraṇī literature II: Pragmatics of dhāraṇīs", *Bulletin of the School of Oriental and African Studies*, Vol. 77, No. 1. London: University of London, pp. 5-61.

Edgerton, Franklin ed. (1953). *Buddhist Hybrid Sanskrit Grammar and Dictionary*, Vol. Ⅱ. New Haven: Yale University Press.

Farrow, G. W. & Menon, I. tr & ed. (1992). *The Concealed Essence of the Hevajra Tantra*: With the Commentrary *Yogaratnamāliā*. Delhi: Motilal Banarsidass Publishers Private Limited.

Gaṇapati Sāstrī, T. ed. (1922). *The Aryamanjusrīmūlakalpa*, Part Ⅱ. Trivandrum: Government Press.

Giebel, Rolf W.

2005 *The Vairocanābhisaṃbodhi Sutra: Translated from the Chinese(Taishō Volume 18, Number 848)*. Berkeley: Numata Center for Buddhist

Translation and Research.
2012 "Notes on Some Sanskrit Texts Brought Back to Japan by Kūkai", *Pacific World*, 14-3. Berkeley: Journal of the Institute of Buddhist Studies, pp. 187-230.
2019 "Taishō 1316 (English Translation)", Unpublished Materials.
https://independent.academia.edu/RolfWGiebel
2020 "Taishō 1386 (English Translation)", Unpublished Materials.
https://independent.academia.edu/RolfWGiebel

Griffiths, Arlo & Nicolas Revire & Rajat Sanyal (2013). "An Inscribed Bronze Sculpture of a Buddha in bhadrāsana at Museum Ranggawarsita in Semarang (Central Java, Indonesia)", *Arts Asiatiques*, tome 68. Paris: École française d'Extrême-Orient, pp. 3-26.

Hidas, Gergely
2014 "Two Dhāraṇī Prints in the Stein Collection at the British Museum", *Bulletin of the School of Oriental and African Studies*, Vol. 77, No. 1. Cambridge: Cambridge University Press, pp. 105-117.
2021 *Powers of Protection: The Buddhist Tradition of Spells in the Dhāraṇīsaṃgraha Collections*. Berlin/Boston: Walter de Gruyter GmbH.

Lopez, Donald S. (1998). *Prisoners of Shangri-la: Tibetan Buddhism and the West*. Chicago: University of

Chicago Press.

Lye, Hun Yeow (2002). *Feeding Ghosts: A Study of the Yuqie Yankou Rite*. Charlottesville: University of Virginia.

Mori, Masahide ed. (2009). *Vajrāvalī of Abhayākaragupta: Edition of Sanskrit and Tibetan Versions*, Vol. 1. Tring: The Institute of Buddhist Studies.

Orlina, Roderick (2012/2013). "Epigraphical evidence for the cult of Mahāpratisarā in the Philippines", *Journal of the International Association of Buddhist Studies*, Vol. 35 No. 1-2. https://poj.peeters-leuven.be/content.php?url=issue&journal_code=JIABS&issue=1&vol=35

Powell, Kellie Marie (2018). *Rituals and Ruins: Recovering the History of Vajrayāna Buddhism in Sri Lanka*. Berkeley: University of California.

Revire, Nicolas & Rajat Sanyal & Rolf Giebel (2021). "Avalokiteśvara of the "Three and a Half Syllables": A Note on the Heart-Mantra Ārolik in India", *Arts Asiatiques*, tome 76. Paris: École française d'Extrême-Orient. pp. 5-30.

Rhys Davids, T. W. & Stede, William ed. (1921-1925). *The Pali Text Society Pali-English Dictionary*. London: The Pali Text Society.

Sheth, Hargovind Das T. ed. (1928). *Pāia-sadda-mahaṇṇavo: A Comprehensive Prakrit-Hindi Dictionary*. Delhi: Motilal Banarsidass.

Skilling, Peter (2018). "Namo Buddhāya Gurave (K. 888): Circulation of a Liturgical Formula across Asia", *Journal of the Siam Society*, Vol. 106. Bangkok: The Siam Society.

Skorupski, Tadeusz (2001). "The Saṃpuṭa-tantra: Sanskrit and Tibetan Versions of Chapter Two", *The Buddhist Forum*, Vol. VI. Tring: The Institute Of Buddhist Studies, pp. 223-269.

Snellgrove, D. L. (1959). *The Hevajra Tantra: A Critical Study*, Part 2, Sanskrit and Tibetan Texts. London: Oxford University Press.

Sørensen, Henrik H. (2022). "Esoteric Buddhist Liturgy and Spells in Dunhuang: A Study of the Manuscript P. 2322 and Its Implications", *BuddhistRoad Paper* 2.6. Bochum: Ruhr-Universität Bochum, Center for Religious Studies. https://omp.ub.rub.de/index.php/BuddhistRoad/catalog/book/250

Studholme, Alexander (2002). *The Origins of oṃ maṇipadme hūṃ: A Study of the Kāraṇḍavyūha Sūtra*. Albany: State university of New York Press.

Tambiah, S. J. (1968). "The Magical Power of Words", *Man*, Vol. 3, No. 2. London: Royal Anthropological Institute of Great Britain and Ireland, pp. 175-208.

Vam, Leela (2021). *Cakrasaṃvara Samādhi*. Corvallis: Oregon State University.

Wayman, Alex(1985). "Imperatives in the Buddhist Tantra

Mantras", *Berliner Indologische Studien*, Band 1. Berlin: Institute of Asian and African Studies, pp. 35-40.

Yokochi, Yuko(2013). *The Skandapurāṇa Volume III Adhyāyas 34.1-61, 53-69: The Vindhyavāsinī Cycle*. Leiden: Brill.

찾아보기

▷숫자◁

▷한글/한자◁

ㄱ

ㄴ

ㄷ

ㄹ

ㅁ

ㅂ

ㅅ

싱하 351

ㅇ

아(a) 90, 320
아(啞) 144
아(啞, aḥ) 310
아(啊) 342, 354, 356
아(阿) 91, 320
아(阿, a) 93, 94
아(阿 āḥ) 341
아(啞)자 145
아(阿)자 143
아(阿 a)자 144
아귀 70, 168, 212, 213, 266
아나 삼마삼마(誐誐那 三摩三莫) 78
아나(誐那) 164
아나례(阿曩黎) 278
아난 82
아누스와라(anusvāra) 90
아라다 칼라마(Ārāḍa-kālāma) 348
아라다나(阿囉怛那) 55, 56
아라라 가라라(阿囉囉 迦囉囉) 348
아라바자나(arapacana) 362, 363
아라혜(仡囉係) 188
아라혜새바리(仡囉係說嚩哩) 187
아로기(啊嚕枳) 342
아로기아(啊嚕枳啊) 340, 341, 342
아로륵가(阿路力迦) 245
아로륵계(阿盧勒繼) 41
아리다라(仡哩哆囉) 221
아리마리(阿哩摩哩) 254
아모가(旃暮伽, amogha) 119
아미타 79
아미타여래(阿彌陀如來) 80, 94, 119, 217, 222, 224, 255 → 아마타불
아미타불 80, 81, 145, 220, 221 → 아마타여래
아미타불본심미묘(阿彌陀佛本心微妙)진언 220, 374, 381
아미타불심주(阿彌陀佛心呪) 81, 220, 221, 222
아미타불심중심주 81, 221, 222, 374, 381
아미타여래진언 80, 222
아미타화신진언(阿彌陀化身真言) 218, 222, 228, 229
아미타화신진언1 107, 218, 222, 384
아미타화신진언2 218, 223, 384
아미타화신진언3 218, 225, 238, 336, 384
아비달마집이문족론(阿毘達磨集異門足論) 99
아수라(阿修羅) 191, 226, 227
아슬니쇄 작흘라 박리제(阿瑟抳灑 作訖囉 嚩哩帝) 237
아자나(阿遮那) 156, 349
아자라가리(阿左囉訖哩) 223, 224
아자라나타(阿左攞曩他)대명왕 224
아자문(阿字門) 320, 321
아지부(若支不) 299
아촉불(阿閦佛) 97, 144, 149, 229 → 아촉여래
아촉불진언 229, 255, 384
아촉여래(阿閦如來) 119, 145, 217, 232, 233, 236, 255 → 아촉불

ㅈ

ㅊ

ㅋ

ㅌ

▷로마자◁

re 293
rī(梨) 284
rorū 274
ruciratara 271, 272
ru ru 275

(S) (ś) (ṣ)
Saddharmapuṇḍarīka 219
sadharaṇa 296
samantāgra 178
samaya 142, 353
samādhi 143
Sampuṭodbhava 163, 334
samāpatti 242
sani 185
sarasara 211
sarasaradi 211
sarva 113, 211
sarvapāpa 366
sattva 48, 114, 149
sattva-mokṣa 114
sattva-vajrī 48
sattvāya 133
saṃbhara 213
saṃmaṇi 72
Saṃpuṭa-tantra 163, 292
Sampuṭodbhava 163
sari 135
sarvapāpa 366
sādhāraṇa 296
sāra 211
siddham 16
siddhi 125
skambha 334
skambhani 334
Skanda-purāṇa 227
sphara 151, 258
spharaṇa 258
sphoṭa 316, 368
sru 208
stvaṃ 141
su(素/蘇) 159. 319
su-su-mali 338
Sukhāvatīvyūha 219
Sumbha 227, 228, 336
suru 208
suruyā 28
surūpā 28
surūpāya 27
susuru 27
Suvikrāntavikrāmi 219
suviprala 318
suvipula 318, 319
surūpā 28
sūtra 254
sūtraṃ 254
svā 306
svāhā 15, 25, 26, 50, 151, 154, 345, 354

śakra 183
śakra-deva-indra 183
śārdūla-karṇa 188
Śiva 23, 165, 231, 307
śodhana 207
śri 338
Śri-hevajra-dākinījāla-saṃbara-mahā tantrarāja 66

집필자 소개

대표 저자 **정승석**: 동국대학교 명예교수, 인도철학불교학연구소 소장

동국대학교 불교대학 교수, 불교대학장, 불교대학원장, 일반대학원장, 불교학술원장, 인도철학회장 역임.
『인도의 이원론과 요가』, 『윤회의 자아와 무아』, 『불교 강좌 100문 100답』을 비롯한 29편의 저역서와 「범본 반야심경 음역과 원문의 재조명」을 비롯한 87편의 논문을 발표했다.

공동 저자 **연산(황갑수)**: 동국대학교 불교대학 연구교수, 통영 보광사 주지

동국대학교대학원 인도철학과에서 『한국불교 관욕의식(灌浴儀式) 연구』로 철학박사 학위를 취득하고 「대령의식의 대상와 의미: 백파긍선의 『作法龜鑑』을 중심으로」, 「한국 불교의례에 관한 자료 연구」를 비롯한 5편의 논문을 발표했다.

공동 저자 **성청환**: 동국대학교 불교대학 연구교수

미국 University of Florida 종교학 박사. 『생전예수재』를 비롯한 3편의 저서와 「한국불교 의례의 인도적 연원의 의의」, 「불교인식논리학에서 유사지각과 자증지 해석에 관한 지각 논쟁」을 비롯한 19편의 논문을 발표했다.

한국불교의 상용진언
| 단문편 |

초판 1쇄 발행 2024년 12월 27일

지은이 정승석 · 연산(황갑수) · 성청환
발행인 원명(김종민)
펴낸곳 ㈜조계종출판사

등록 2007년 4월 27일(제2007-000078호)
주소 서울시 종로구 삼봉로 81 두산위브파빌리온 1308호
전화 02-720-6107
전송 02-733-6708
이메일 jogyebooks@naver.com
구입 문의 불교전문서점 향전(www.jbbook.co.kr) 02-2031-2070

ISBN 979-11-5580-245-8 03220